U0375281

高职经管类精品教材

财务管理

主　审　高克智
主　编　陈　颖　李　霞
副主编　庄胡蝶　郑　敏
　　　　翟卫华

中国科学技术大学出版社

内 容 简 介

本书主要包含财务管理的价值观念、筹资管理、投资管理、营运资金管理、收益分配管理等内容。注重培养学生的资金需要与筹集、资金投入与运用、成本分析与控制、利润分配等基础性分析能力、资本运作能力和一般财务决策能力。

本书适合作为高职院校财会类专业教材,也可供相关从业人员参考。

图书在版编目(CIP)数据

财务管理/陈颖,李霞主编.—合肥:中国科学技术大学出版社,2019.2(2021.1重印)
ISBN 978-7-312-04583-7

Ⅰ.财… Ⅱ.①陈… ②李… Ⅲ.财务管理 Ⅳ.F275

中国版本图书馆CIP数据核字(2019)第000999号

出版 中国科学技术大学出版社
安徽省合肥市金寨路96号,230026
http://press.ustc.edu.cn
https://zgkxjsdxcbs.tmall.com
印刷 安徽省瑞隆印务有限公司
发行 中国科学技术大学出版社
经销 全国新华书店
开本 787 mm×1092 mm 1/16
印张 20.75
字数 531千
版次 2019年2月第1版
印次 2021年1月第2次印刷
定价 42.00元

前　言

本书以培养学生成才为目标，以课程内在逻辑为主线，系统介绍了财务管理的基本理论和理财岗位实务。全书分为一个财务管理岗位准备阶段、五个典型工作岗位内容，共包含十个项目，凸显“岗位认知、任务驱动”的特色。在财务管理岗位准备阶段，主要介绍财务管理基本认知、计算技能和财务预算；在之后的典型工作岗位内容中，从工作过程入手，分别从筹资管理岗位、投资管理岗位、营运管理岗位、收益分配岗位和财务分析岗位，按照财务管理的内容介绍具体的工作任务。每个项目之前有知识结构图，并由简短的“案例”入手，同时列出本章的学习目标；每个项目后均列有学习小结，并设计了拓展训练和实训项目等。此外，根据内容需要，部分章节还安排了“相关链接”“小资料”，力求内容丰富多彩。本书具有以下四个特点：

第一，内容新颖，具有高职特色。融入《企业会计准则》(2018年版)财务管理新理论、新方法，反映了财政部、审计署、证监会、银监会、保监会等五部委联合发布的《企业内部控制基本规范》及配套指引对财务管理的要求。根据高素质、高技能会计与财务管理应用型人才目标培养需求以及前后相关课程衔接要求，针对高职学生的特点与就业定位，贯彻“素能本位、岗位导向、理实一体”的嵌入式财务管理人才培养模式。

第二，理论实用，结构完整。理论阐述主要包含三个方面的内容：一是学生毕业后从事实际工作必需的理论知识；二是参加财务会计类各种职业资格考试必备的基本知识；三是后续课程学习必要的基础知识。每一章都包括知识结构图、学习目标、重点难点、案例导读、正文(理论阐述、小提示、应用案例或边学边练)、小结、习题(单选题、多选题、思考题、计算题、案例分析或实训)等，符合教学规律，便于教师教学和学生自学，加深学生对课堂知识的理解，促进学生发现问题、分析问题和解决问题能力的提高。

第三，案例精练，图文并茂。注重教材的实践性、可操作性和趣味性，适时结合内涵丰富的短小案例进行分析和讨论。财务管理理论和程序的运用一般抽象复杂，较为晦涩，本书试图通过简明、直观的图表方式把相关的原理和方法融于实务操作过程，更加符合财务管理课程的教学规律和学生的认知规律，以期提高学生的学习兴趣和学习效果。

第四，配套课件，可在线学习。本书配套资源丰富，配套教学视频、教学课件(PPT)、题库等资源，读者可利用碎片化时间随时随地进行学习和练习。

本书由安徽工商职业学院陈颖、李霞任主编，庄胡蝶、郑敏、翟卫华任副主编。具体分工如下：陈颖编写项目一、项目二、项目八和项目十，庄胡蝶编写项目六、项目七，李霞编写项目四和项目五，郑敏编写项目三，翟卫华编写项目九。高克智教授主审全书内容，并对具体的编写提出了许多有重要参考价值的建议，在此深表感谢。

本书是安徽省高等学校省级质量工程大规模在线开放课程MOOC示范项目“财务管理”(2016MOOC012)、安徽工商职业学院院级质量工程(2016XJJXYJ08)和安徽工商职业学院2018年校级品牌课程“财务管理”(2019yjppkc06)的阶段性研究成果。

在本书的编写过程中，编者参考了国内外多本财务管理著作，得到了有关领导、专家的大力支持，在此一并表示感谢。

由于编者水平有限，书中难免有不妥之处，恳请广大同仁和读者提出宝贵意见。

编　者

目　　录

前言 ……………………………………………………………………（ i ）

财务管理岗位准备

项目一　基本认知 ……………………………………………………（ 3 ）
项目导航 ……………………………………………………………（ 3 ）
学习目标 ……………………………………………………………（ 4 ）
重点难点 ……………………………………………………………（ 4 ）
案例导读 ……………………………………………………………（ 4 ）
任务一　财务管理概述 ……………………………………………（ 5 ）
任务二　财务管理目标 ……………………………………………（13）
任务三　财务管理环境 ……………………………………………（21）
学习小结 ……………………………………………………………（32）
拓展训练 ……………………………………………………………（32）
实训项目 ……………………………………………………………（34）
项目二　价值观念 ……………………………………………………（35）
项目导航 ……………………………………………………………（35）
学习目标 ……………………………………………………………（35）
重点难点 ……………………………………………………………（36）
案例导读 ……………………………………………………………（36）
任务一　资金时间价值 ……………………………………………（36）
任务二　投资风险价值 ……………………………………………（55）
学习小结 ……………………………………………………………（62）
拓展训练 ……………………………………………………………（62）
实训项目 ……………………………………………………………（65）
项目三　财务预算 ……………………………………………………（66）
项目导航 ……………………………………………………………（66）
学习目标 ……………………………………………………………（66）
重点难点 ……………………………………………………………（67）

案例导读 ……………………………………………………………………（67）
任务一　财务预算认知 ……………………………………………………（67）
任务二　财务预算编制方法 ………………………………………………（68）
任务三　财务预算编制 ……………………………………………………（73）
学习小结 ……………………………………………………………………（83）
拓展训练 ……………………………………………………………………（84）
实训项目 ……………………………………………………………………（88）

典型工作岗位——筹资管理岗位

项目四　筹资管理 ………………………………………………………（93）
项目导航 ……………………………………………………………………（93）
学习目标 ……………………………………………………………………（94）
重点难点 ……………………………………………………………………（94）
案例导读 ……………………………………………………………………（94）
任务一　筹资概述 …………………………………………………………（95）
任务二　权益筹资 …………………………………………………………（100）
任务三　负债筹资 …………………………………………………………（107）
学习小结 ……………………………………………………………………（117）
拓展训练 ……………………………………………………………………（118）
实训项目 ……………………………………………………………………（120）
项目五　资本成本与资本结构 …………………………………………（122）
项目导航 ……………………………………………………………………（122）
学习目标 ……………………………………………………………………（123）
重点难点 ……………………………………………………………………（123）
案例导读 ……………………………………………………………………（123）
任务一　资本成本 …………………………………………………………（124）
任务二　杠杆效应 …………………………………………………………（131）
任务三　资本结构 …………………………………………………………（136）
学习小结 ……………………………………………………………………（139）
拓展训练 ……………………………………………………………………（139）
实训项目 ……………………………………………………………………（144）

典型工作岗位——投资管理岗位

项目六　项目投资管理 …………………………………………………（149）
项目导航 ……………………………………………………………………（149）

学习目标 ……(150)
重点难点 ……(150)
案例导读 ……(150)
任务一　项目投资概述 ……(150)
任务二　现金流量估算 ……(155)
任务三　项目投资财务评价指标 ……(162)
任务四　项目投资决策实际应用 ……(173)
学习小结 ……(180)
拓展训练 ……(181)
实训项目 ……(185)

项目七　证券投资管理 ……(187)

项目导航 ……(187)
学习目标 ……(188)
重点难点 ……(188)
案例导读 ……(188)
任务一　证券投资认知 ……(189)
任务二　债券投资管理 ……(191)
任务三　股票投资管理 ……(197)
任务四　证券投资组合管理 ……(201)
学习小结 ……(207)
拓展训练 ……(208)
实训项目 ……(211)

典型工作岗位——营运管理岗位

项目八　营运资金管理 ……(215)

项目导航 ……(215)
学习目标 ……(216)
重点难点 ……(216)
案例导读 ……(216)
任务一　营运资金管理概述 ……(217)
任务二　现金管理 ……(218)
任务三　应收账款管理 ……(226)
任务四　存货管理 ……(234)
任务五　流动负债管理 ……(240)
学习小结 ……(246)
拓展训练 ……(246)

实训项目 ……(248)

典型工作岗位——收益分配岗位

项目九　收益分配管理 ……(253)
项目导航 ……(253)
学习目标 ……(254)
重点难点 ……(254)
案例导读 ……(254)
任务一　收益分配管理认知 ……(255)
任务二　股利种类与股利支付 ……(258)
任务三　股利分配政策 ……(261)
任务四　股票分割与股票回购 ……(268)
学习小结 ……(272)
拓展训练 ……(272)
实训项目 ……(275)

典型工作岗位——财务分析岗位

项目十　财务分析 ……(279)
项目导航 ……(279)
学习目标 ……(279)
重点难点 ……(280)
案例导读 ……(280)
任务一　财务分析基本方法 ……(280)
任务二　财务指标的计算 ……(285)
任务三　财务综合分析的实践应用 ……(301)
学习小结 ……(305)
拓展训练 ……(306)
实训项目 ……(309)
附表 ……(314)
参考文献 ……(322)

财务管理岗位准备

项目一 基本认知

项目导航

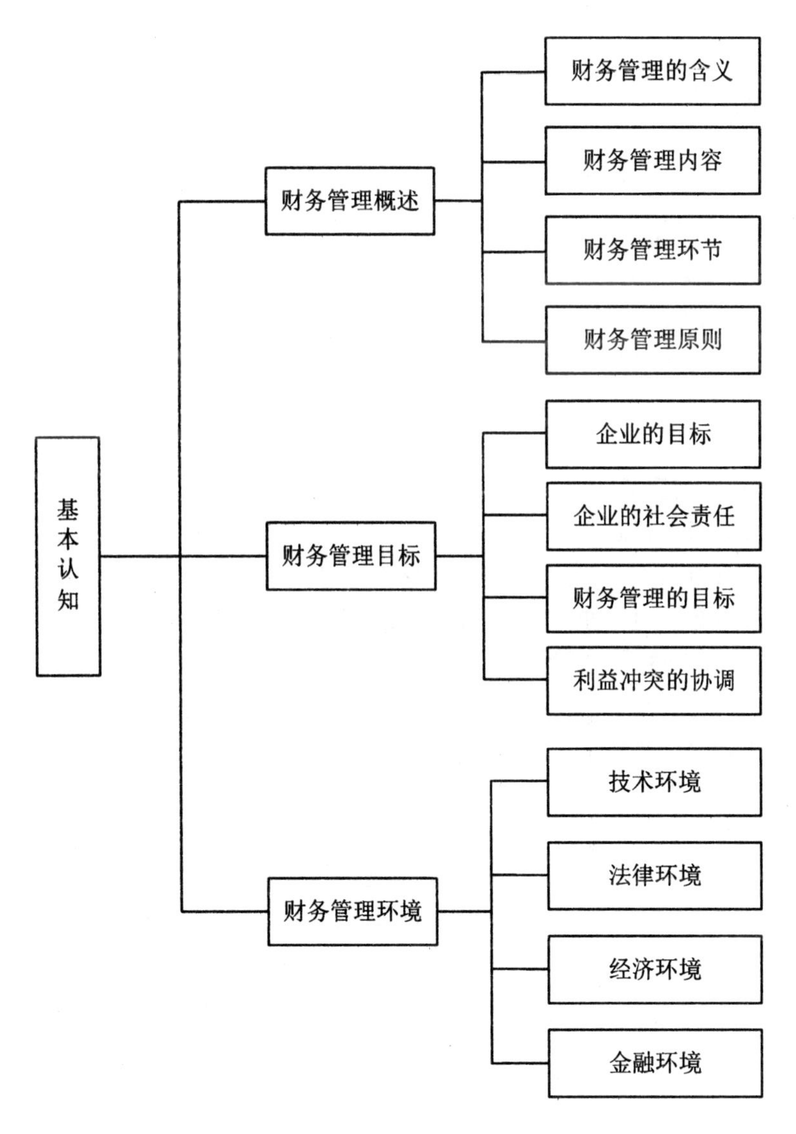
基本认知
财务管理概述
财务管理的含义
财务管理内容
财务管理环节
财务管理原则
财务管理目标
企业的目标
企业的社会责任
财务管理的目标
利益冲突的协调
财务管理环境
技术环境
法律环境
经济环境
金融环境

学习目标

在理解财务活动、财务关系和财务管理基本含义的基础上，重点掌握财务管理的内容和职能；在了解财务管理目标主要观点的基础上，掌握每种财务管理目标的优缺点，重点掌握企业价值最大化和股东财富最大化两种目标的区别以及企业代理问题；在了解金融市场的概念和主要功能的基础上，掌握金融市场的类型和构成要素，重点掌握利率的决定因素和利率的期限结构。

重点难点

各种财务管理目标对企业理财的指导意义和优缺点，金融环境对企业财务管理的影响。

案例导读

两名会计贪污4 850万　单位财务管理太混乱

2016年12月23日，两名“80后”财务人员季某、陈某在江苏省扬州市中级人民法院接受一审判决：被告人季某犯贪污罪，判处有期徒刑15年，并处罚金600万元；犯挪用公款罪判处有期徒刑10年；决定执行有期徒刑19年，并处罚金600万元。被告人陈某犯贪污罪，判处有期徒刑12年，并处罚金200万元；犯挪用公款罪，判处有期徒刑6年；决定执行有期徒刑14年，并处罚金200万元。涉案的别墅、汽车、珠宝等全部没收上缴国库。2017年1月10日，被告人季某对犯罪事实没有异议，以量刑过重为由提起上诉。同年3月13日，上诉人书面撤回上诉，江苏省高级法院同意并下达裁定。

到底是什么原因促使正值韶华的她们走上了犯罪迷途呢?时间回溯到2011年6月，两名“80后”会计架不住祝某“糖衣炮弹”的进攻，成为其挪用公款的帮手，局面不可收拾后又决定干脆贪污公款用于自己消费和“享受”。滨江新城管委会、农经站账目极度混乱，财物凭证残缺不全，银行对账单和拆迁合同不论是纸张还是签名都漏洞百出，但是这起案件时隔多年才被发现。

在本案例中，滨江新城管委会、农经站资金管理十分松散混乱，未针对财务及高管人员建立起有效的监督检查机制，导致贪污腐败几乎以窝案形式爆发。

请思考以下问题：

企业财务管理的目标是什么？怎样有效地进行财务管理？

（资料来源：《财会信报》，2017年9月4日，第B05版）

任务一 财务管理概述

一、财务管理的含义

任何企业的生产经营活动，都是运用人力、资金、物资与信息等各项生产经营要素来进行的，其中包含了生产经营的业务活动和财务活动两个方面，与之对应的，在企业中必然存在两种基本管理活动，即生产经营管理和财务管理。企业财务是指企业生产经营过程中的资金运动及其所体现的财务关系。财务管理是组织企业财务活动、处理财务关系的一项经济管理工作。要理解企业财务管理的基本概念，必须先了解资金运动、财务活动及财务关系等相关概念。

(一) 资金运动

企业的资金运动与商品经济的存在和发展是分不开的。如图1-1所示，就制造业企业而言，企业资金从货币资金形态开始，通过供应、生产、销售三个阶段，分别表现为货币资金、生产储备资金、在产品资金、产成品资金等各种不同形态，然后又回到货币资金。企业取得营业收入，使资金完成了从货币形态开始，经过一系列的形态变化，又回到货币形态的资金循环过程。这一循环过程称为资金周转。要搞好企业财务管理，管理者必须充分认识和运用企业资金运动中的规律。

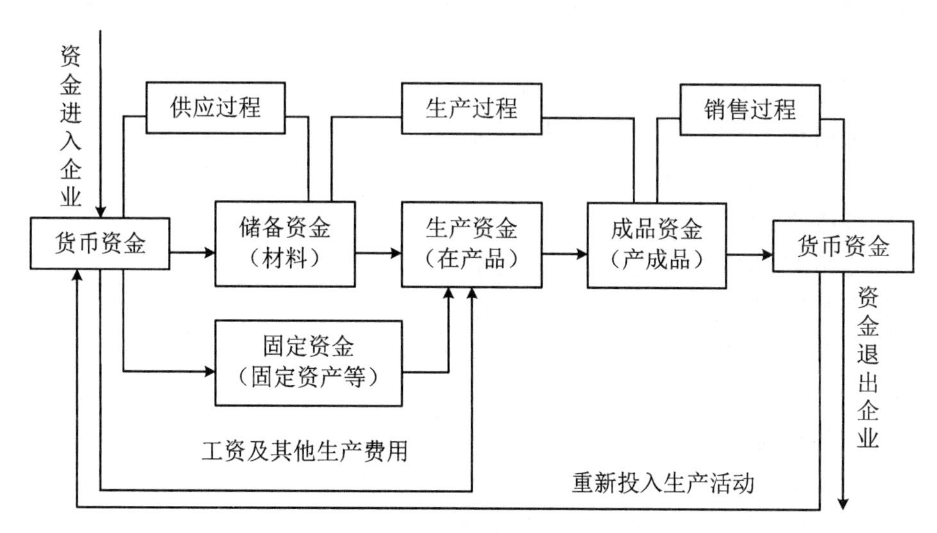

图1-1 制造业企业资金运动

1. 资金筹集

资金筹集是资金运动的起点，是投资的必要前提。企业作为从事生产经营的经济组织，必须拥有一定数量的资金。这些资金的来源主要包括两部分：一是投资者投入的资本金以及资本公积金和留存收益；二是企业的负债，包括流动负债和非流动负债。企业从投资者和债权人那里筹集来的资金，有货币资金、实物、无形资产等形态。

2. 资金投放

企业用筹集来的资金购建生产经营所需的房屋、建筑物、设备、材料以及技术投资，形成了企业的各项资产，如企业的流动资产、长期投资、固定资产、无形资产等。

3. 资金耗费

资金耗费是指企业在生产经营过程中所发生的以价值形式表现的消费，具体表现为产品的制造成本，企业的销售费用、管理费用和财务费用等。

4. 资金回收

企业筹集和运用资金的目的是为了取得理想的收入，即所取得的收入不仅能补偿生产经营中资金的耗费，还能带来利润。收入是指企业在日常活动中形成的、会导致所有者权益增加的、与所有者投入资本无关的经济利益的总流入。

5. 资金分配

资金的分配包括两个方面的内容：① 企业的营业收入扣除成本、费用和各种流转税及附加税费后，补偿生产经营中资金的耗费，形成营业利润，这是资金的初次分配。② 企业的营业利润，再加(减)营业外收支净额，构成企业的利润总额。利润总额扣除所得税费用后形成净利润。企业的净利润可以在投资者之间进行分配，这是资金的二次分配。

（二）财务活动

如前所述，企业资金运动过程是资金形态的不断转化及增值的过程，这一过程是通过一系列的财务活动实现的。所谓财务活动是指资金的筹集、运用、耗资、收回及分配等一系列行为。财务活动具体由筹资活动、投资活动、资金营运活动和分配活动四部分组成。

1. 筹资活动

筹资是指企业为了满足生产经营活动的需要，从一定的渠道、采用特定的方式筹措和集中所需资金的过程。筹集资金是企业进行生产经营活动的前提，也是资金运动的起点。一般而言，企业的资金可以从以下三个方面筹集并形成两种性质的资金来源，从而为企业开展生产经营业务活动提供资金保障。

(1) 从投资者处取得的资金形成企业资本金。

(2) 从债权人处取得的资金形成企业负债。

(3) 从企业盈利中取得的资金形成部分所有者权益。

2. 投资活动

企业筹资的目的是为了投资，投资是为了实现企业的经营目标，追求企业价值最大化。投资有广义和狭义之分。广义的投资是指企业将筹集的资金投入使用的过程，包括企业内部使用资金的过程以及企业对外投放资金的过程。狭义的投资是指企业采取一定的方式以现金、实物或无形资产对外或其他单位进行投资。企业内部使用资金的过程构成企业内部投资，具体由流动资产投资、固定资产投资、无形资产投资、递延资产投资等组成。

3. 资金营运活动

资金营运活动是财务活动的又一项核心内容。企业将资金投放于生产经营活动中之后，形成企业的各种资产，这些资产主要分为两大类：一类是流动资产，包括现金、应收账款、存货等；另一类是固定资产（或长期资产），主要包括厂房、机器设备等。在企业生产经营中，对固定资产的管理一般由使用部门负责。流动资产在企业经营中随着经营过程的进行不断变换其形态，其周转速度和使用效率直接影响企业的经营收益，由此形成企业财务管理的重要内容。对流动资产周转速度和使用效率的管理，一般称为企业营运资金管理。

4. 分配活动

企业通过资金的投放和使用，必然会取得各种收入，各种收入抵补各种支出、缴纳税金后形成利润。企业必须在国家分配政策的指导下，根据公司章程确定的分配原则，合理分配企业利润，以使企业获得最大的长期利益。

（三）财务关系

企业组织资金运动，进行资金筹集、资金运用和资金分配等财务活动，必将与有关各方发生广泛的经济联系，这种联系的核心是经济利益，是因企业的财务活动而引起的，因此，将企业在财务活动中与有关各方发生的一定经济利益关系称为财务关系，它体现了人与人之间的关系。根据契约理论，现代企业是一系列契约的总和。每一种财务关系实际上就是企业与某相关者签订的一份契约。企业的财务关系主要表现为：

1. 企业与所有者之间的财务关系

企业与所有者之间的财务关系，主要是指所有者向企业投入资金，并据以拥有企业净资产的终极所有权和收益分配权的关系。任何一个企业都是由所有者出资投入才得以成立的，企业的所有者与企业之间是所有权关系。根据出资主体不同，企业的所有者可以是国家，也可以是其他法人单位或个人。所有者按投资章程或合同的规定，向企业投入资金，形成企业的资本金；企业在经营获利以后，也必须按合同、章程的规定向所有者分配利润。企业所有者按投入资金比例的不同，分为拥有控制权的所有者与不拥有控制权的所有者。拥有控制权的所有者直接影响企业的重大经营决策，不拥有控制权的所有者一般只获得投资收益。所有者的资金一旦进入企业，在企业正常经营期间不能抽回，但可以按规定的程序转让。企业经营获利的最大受益者是所有者，企业经营亏损的最大承担者也是所有者。企业财富的增大意味着所有者财富的增大；反之，企业财富的减少也意味着所有者财富的减少。因此，企业与所有者之间的财务关系，体现着所有权的性质及所有者在企业中的利益。

2. 企业与债权人之间的财务关系

企业与债权人之间的财务关系，主要是指企业向债权人借入资金，并按债务合同的规定向债权人按期支付利息和偿还本金的合同关系。负债经营是现代企业的一种普遍的经营方式。企业通过借入资金，可以扩大经营规模，相应地还可以降低企业的筹资成本，提高主权资本的收益率。企业可以向银行或其他非银行金融机构借入资金，也可以通过发行债券向社会筹措债务资金。另外，企业在经营中由于与其他单位在结算往来（购进商品或劳务）中利用商业信用也会形成一定的债务资金。企业借入的资金，必须按债务合同的规定定期向债权人支付利息，并按约定的期限归还债权人本金。企业与债权人之间的财务关系性质上属于债务与债权关系。

3. 企业与债务人之间的财务关系

企业与债务人之间的财务关系，主要是指企业将资金以购买债券或商业信用等形式出借给其他单位并要求债务人按期交付利息和偿还本金的合同关系。企业资金在保证正常经营需要的情况下，为了增大投资收益，可适当地购进部分债券，形成企业的对外投资。进行债券投资，企业有权要求债务人按合同的规定定期支付利息和到期偿还本金。企业在日常经营中，由于与其他单位销售商品或劳务的结算往来利用商业信用形式，使企业资金被其他单位所占用，企业有权要求购货方在合同规定的期限内偿还货款。企业与债务人之间的财务关系体现的是债权与债务关系。

4. 企业与被投资单位的财务关系

企业与被投资单位的财务关系，主要是指企业将资金以购买股票或直接投资的方式向其他单位投资所形成的财务关系。企业以股权的方式进行对外投资，可实现企业的多元化经营，降低企业的经营风险，增大企业收益。如果企业对被投资单位拥有控制权，不仅可获得投资收益，还可以控制被投资单位的重大经营决策，实现企业的经营目标。即便是没有控制权的投资，也可按出资数额的大小分配被投资单位的税后利润。因此，企业与被投资单位的财务关系体现的是企业投资的所有权性质与被投资单位的利益关系。

5. 企业与职工之间的财务关系

企业与职工之间的财务关系，主要是指企业向职工支付劳动报酬过程中所形成的财务关系。企业职工是企业生产经营活动的主要参与者，在企业生产经营中付出了体力的和脑力的劳动。企业必须根据职工提供的劳动数量和质量，用其收入向职工支付劳动报酬，并提供必要的福利和保险待遇。企业与职工之间的这种财务关系，体现了企业与职工个人在劳动成果上的分配关系。

6. 企业内部各单位之间的财务关系

企业内部各单位之间的财务关系，主要是指企业内部各单位之间在生产经营各环节中相互提供产品或劳务所形成的经济关系。企业在实行厂内分级核算制和内部经营责任制的条件下，企业产供销各个部门以及各个生产单位之间，相互提供产品和劳务也要计价结算。这种在企业内部形成的结算关系，体现了企业内部各单位之间的利益关系。

7. 企业与国家之间的财务关系

企业与国家之间的财务关系，主要是指由企业向国家纳税所形成的国家与企业之间的财务关系。国家政权机关承担对全社会的管理工作，为维持国家机器的正常运转，必须向各类纳税人(包括企业)征收税款。任何企业在其正常的经营过程中，都要依法向国家缴纳各种税金，包括所得税、流转税和计入成本的税金等。向国家缴纳各种税金是每个企业必须履行的责任和义务。这种由企业向国家纳税所形成的国家与企业之间的财务关系，是自企业成立便形成的。这种关系体现的是一种强制和无偿的分配关系。

综上所述可以看出，企业的财务活动引起了企业与各方面的财务关系，这就要求企业在组织财务活动的过程中，必须正确处理与各方面的经济关系，遵守国家的法律法规，履行有关合同，保护各方面的利益，协调与各方面的关系，以提高企业生产经营活动的效率。

财务管理，简言之，就是对企业财务的管理。财务一般是指与钱物有关的事务，即理财的事务，是财务活动和财务关系的统一(见图1-2)。企业财务是指企业在生产经营过程中的财务活动及其与有关各方发生的财务关系。因而,企业财务管理是组织企业财务活动,处理企业财务关系的经济管理工作,是关于资金的筹集、运用和分配的管理工作。具体来说,财务管理是以价值形式对企业的生产经营活动进行综合管理,利用资金、成本费用、收入利润等价值形式来反映企业经济活动中的劳动占用量、劳动消耗量和劳动成果,进而反映出企业经济效益的好坏。财务管理的内容就是财务管理对象的具体化,财务管理的对象是企业再生产过程中的资金活动。就一般状态下的企业而言,财务管理的主要内容是投资管理、融资管理和利润分配管理。

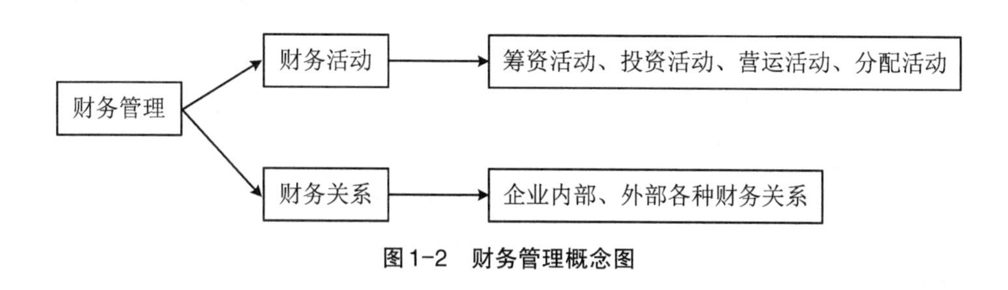

图1-2 财务管理概念图

二、财务管理的内容

公司的基本活动可以分为筹资、投资、运营和分配四个方面。从财务管理角度看,筹资可以分为长期筹资和短期筹资,投资也可以分为长期投资和短期投资,由于短期筹资、短期投资和营业现金流管理有着密切的关系,通常合并在一起讨论,称为营运资金管理。因此,本书把财务管理的内容分为筹资管理、投资管理、营运资金管理与分配管理四个部分。

(一) 筹资管理

企业要根据其生产经营、发展战略、投资和资本结构等的需要,通过筹资渠道和资本市场,运用筹资方式,依法、经济、有效地筹集企业所需资金,进行筹资管理。无论是建立新企业,还是经营现有企业,都需要筹措一定数量的资金。在进行筹资活动时,企业一方面要科学预测筹资的总规模,以保证所需资金;另一方面要通过筹资渠道和筹资方式的选择,确定合理的筹资结构,降低资本成本,增加公司的利益,控制相关的风险。筹集资金管理是企业财务管理的一项重要内容。

(二) 投资管理

投资是企业生存、发展及进一步获取利润的基本前提。企业取得资金后,必须将其投入使用,以谋求良好的经济效益。在进行投资管理活动时,企业必须考虑投资规模,同时还必须通过投资方向和投资方式的选择来确定合适的投资结构,提高投资效益,降低投资风险。不同的投资项目,对企业价值和财务风险的影响程度不同。企业的投资,有对内投资和对外投资之分。对内投资是指企业把筹集到的资金用于本企业的资产上,如购置固定资产、无形资产等,企业把筹集到的资金用于购买股票、债券、出资新组建公司或与其他企业联营等,便形成对外投资。如果投资决策不科学、投资结构不合理,那么投资项目往往不能达到预期效益,影响企业盈利水平和偿债能力,从而产生财务风险,对待投资管理要慎重。

（三）营运资金管理

企业在日常的生产经营活动中，会发生一系列流动资产和流动负债资金的收付。企业的营运资金在全部资金中占有较大的比重，是企业财务管理工作的一项重要内容，主要涉及现金持有计划的确定，应收账款的信用标准、信用条件和收款政策的确定，存货周期、存货数量、订货计划的确定，短期借款计划、商业信用筹资计划的确定等。如何节约资金成本，提高资金使用效率，进行流动资产的投融资以及如何管理流动负债都需要企业提前做好规划。

（四）收入与分配管理

收入与分配管理是对企业收入与分配活动及其形成的财务关系的组织与调节，是企业进行销售预测和定价管理，并将一定时期内所创造的经营成果合理地在企业内、外部各利益相关者之间进行有效分配的过程。收入反映的是企业经济利益的来源，而分配反映的是企业经济利益的去向，两者共同构成企业经济利益流动的完整链条。收入的初次分配是对成本费用的弥补，这一过程随着再生产的进行而自然完成，而利润分配则是对收入初次分配的结果进行再分配。根据投资者的意愿和企业生产经营的需要，企业实现的净利润可以作为投资收益分配给投资者，也可以暂时留存企业形成未分配利润，或者作为投资者的追加投资。企业的财务人员要合理确定分配的规模和结构，确保企业取得最大的长期利益。

企业财务管理的上述四部分内容是相互联系、相互制约的。筹资是基础，离开企业生产经营所需的资金筹措，企业就不能生存与发展，而且企业筹资数量还制约着企业投资的规模。企业所筹措的资金只有有效地投放出去，才能实现筹资的目的，并不断增值与发展，而投资的规模又反过来决定了企业筹资的规模和所需要的时间。投资和筹资的成果都需要通过资金的营运才能实现，筹资和投资在一定程度上决定了企业日常经营活动的特点和方式，但企业日常活动还需要对营运资金进行合理的管理与控制，努力提高营运资金的使用效率与效果。成本管理则贯穿于投资、筹资和营运活动的全过程，渗透在财务管理的每个环节之中。分配影响着筹资、投资、营运资金管理的各个方面，收入与分配的来源是企业上述各方面共同作用的结果，同时又会对上述各方面产生反作用。因此，筹资管理、投资管理、营运资金管理、分配管理都是企业价值创造的必要环节，是保障企业健康发展、实现可持续增长的重要内容。

三、财务管理环节

企业财务管理活动是通过一定的环节实施的。这些环节主要包括：财务预测、财务决策、财务预算、财务控制、财务分析等。

（一）财务预测

财务预测是企业根据财务活动的历史资料（如财务分析），考虑现实条件与要求，运用特定方法对企业未来的财务活动和财务成果作出科学的预计或测算。财务预测是进行财务决策的基础，是编制财务预算的前提。

财务预测所采用的方法主要有两种：一是定性预测，是指企业缺乏完整的历史资料或有关变量之间不存在较为明显的数量关系时，专业人员进行的主观判断与推测。二是定量预测，是指企业根据比较完备的资料，运用数学方法，建立数学模型，对事物的未来进行的预测。在实际工作中，通常将两者结合起来进行财务预测。

（二）财务决策

财务决策是企业财务人员按照企业财务管理目标，利用专门方法对各种备选方案进行比较分析，并从中选出最优方案的过程。它是提出问题、分析问题和解决问题的全过程。正确的决策可使企业起死回生，错误的决策可导致企业毁于一旦，所以财务决策是企业财务管理的核心，其成功与否直接关系到企业的兴衰成败。

（三）财务预算

财务预算是指企业运用科学的技术手段和数量方法，对未来财务活动的内容及指标进行综合平衡与协调的具体规划。财务预算是以财务决策确立的方案和财务预测提供的信息为基础编制的，是财务预测和财务决策的具体化，是财务控制和财务分析的依据，贯穿企业财务活动的全过程。

（四）财务控制

财务控制是指在财务管理过程中，利用有关信息和特定手段，对企业财务活动所施加的影响和进行的调节。实行财务控制是落实财务预算、保证预算实现的有效措施，也是绩效考评与奖惩的重要依据。

（五）财务分析

财务分析是根据企业核算资料，运用特定方法，对企业财务活动过程及其结果进行分析和评价的一项工作。财务分析既是本期财务活动的总结，也是下期财务预测的前提，具有承上启下的作用。通过财务分析，可以掌握企业财务预算的完成情况，评价财务状况，研究和掌握企业财务活动的规律，改善财务预测、财务决策、财务预算和财务控制，提高企业财务管理水平。

表1-1　各职能的性质和内容

职　能	性　质	内　容
财务预测	基础、前提	销售预测、成本预测、利润预测等
财务决策	中心、关键	筹资决策，投资决策，生产决策，利润分配决策，企业设立、合并、分拆、股份改造、终止解散决策等
财务预算	规划、统筹	收入预算、成本预算、资本预算、预计资产负债表、现金流量预算、利润预算
财务控制	监督、调节	调节不适当预算项目，保证预算的执行
财务分析	评价、准备	寻找问题，分析原因，提高下一轮财务活动的质量

四、财务管理原则

在市场经济条件下,企业面临着日益广泛的资金运动和复杂的财务关系,这就需要企业财务管理人员正确、科学地加以组织和处理。财务管理原则就是组织调节资金运动和协调处理财务关系的基本准则。在企业财务管理工作中应遵循以下原则:

(一)资本金保全原则

资本金保全原则是指企业要确保投资者投入企业资本金的完整,确保所有者的权益。从国际惯例来看,各国在企业财务管理中,一般都实行资本保全原则。其原因在于,企业资本金是企业进行生产经营活动的本钱,是所有者权益的基本部分,也是企业向投资者分配利润的依据。企业的经营者可以自主使用投资者依法投资的任何财产,有责任使这些财产在生产经营中充分得到利用,实现其保值和增值。投资者在生产经营期间,除在相应条件和程序下依法转让资本金外,一般不得抽回投资。

(二)价值最大化原则

企业财务管理的目标是使企业价值财富最大化。价值最大化原则应贯彻到财务管理工作的各个环节中。在筹资决策阶段,要根据这一原则,对各种筹资渠道进行分析、比较,选择资金成本最低、风险最小的筹资方案。在进行投资决策时,也要贯彻这一原则,在长期投资和短期投资之间进行合理选择。短期投资有利于提高企业的变现能力和偿债能力,能减少风险;长期投资会给企业带来高于短期投资的回报,但风险较大。通过对不同投资项目进行可行性研究,选择一个收益最大的方案。

(三)风险收益均衡原则

在市场经济条件下,企业的生产经营活动具有不确定性,企业的生产量、销售量都将随着市场需求的变化而变化。因此,企业生产经营的风险是不可避免的,其资金的筹措、运用和分配的风险也是客观存在的,所以财务管理人员应意识到风险,并通过科学的方法预测各种生产经营活动及资金筹集运用和分配方案风险的大小。风险越大,其预期收益越高;风险越小,其预期收益越低,要做到风险与收益的平衡。

(四)资金合理配置原则

企业作为一个财务主体,拥有货币、员工、财物等各种资源,这些资源都是企业花费一定的代价获得的,企业必须合理地使用这些资源,才能保证其所获得的现金流入超过资源消耗,取得经济效益。资金的合理配置是由资源的有限性和企业追求价值最大化所决定的。在企业财务管理中应通过合理配置资金体现这一原则,即在筹集资金时,要考虑负债总额与全部资产总额之比,做到既能举债经营,提高资金利润率,又能防止举债过多,加大企业财务风险;在运用资金时,要考虑资产结构,即各类资产在全部资产总额中所占比重,防止出现某类资产占用过多,而另一类资产却占用不足的情况。企业要把有限的资金用在刀刃上,并经常考核其资金配置结构的合理性和有效性。

（五）成本效益原则

企业在生产经营过程中，为了取得收入，必然会发生相应的成本费用。如筹资会发生资金成本；生产产品会有直接材料、直接人工、制造费用的支出；销售商品会有商品购进成本和经营费用支出；从事生产经营管理工作，会发生管理费用，等等。在收入一定的情况下，成本费用越多，企业利润越少。因此，降低成本费用是企业提高经济效益、增加利润的有效途径。但是，企业的收入随着成本的增大而增大，随着成本的减少而减少，此时按成本效益原则，在充分考核成本的基础上，如收入的增量大于成本的增量则能提高企业的效益，反之则使企业的效益下降。

任务二 财务管理目标

一、企业的目标

企业是以营利为目的从事生产经营的经济组织，其出发点和归宿都是盈利。企业一旦成立，就会面临竞争，并始终处于生存和倒闭、发展和萎缩的矛盾之中；企业想生存下去，必须具有活力，只有不断发展才能求得生存。企业目标一般可以分为三个层次。

（一）生存目标

企业只有生存，才可能获利。企业在市场中生存下去的基本条件是以收抵支。企业一方面支付货币，从市场上获得所需的实物资产；另一方面提供市场需要的商品和服务，从市场上换回货币。企业从市场上获得的货币至少要等于付出的货币，才能维持继续经营，这是企业长期持续的基本条件。企业生存的另一个基本条件是到期偿债。企业为扩大业务规模或满足经营周转的临时需要，可以对外借债。但企业必须根据法律的要求到期偿还本金和利息，否则就可能被债权人接管或被法院判定破产。

企业生存的威胁主要来自两个方面：一个是长期亏损，它是企业运营终止的根本原因；另一个是不能偿还到期债务，它是企业运营终止的直接原因。亏损企业为维持运营被迫进行偿债性融资，借新债还旧债，如不能扭亏为盈，迟早会因借不到钱而无法周转，从而不能偿还到期债务。盈利企业也可能出现“蓝字破产”的情况。如通过借款的方式上项目，扩大经营规模，当由于各种原因导致投资失败，为偿债企业必须出售其资产，使生产经营无法持续下去而引起破产。为此，减少破产的风险，使企业能够长期、稳定地生存下去，是对企业财务管理的第一个层次的要求。

（二）发展目标

企业是在发展中求得生存的。企业的生产经营如逆水行舟，不进则退。在科技不断进步的今天，企业只有不断推出更好、更新、更受顾客欢迎的产品和服务，才能在市场中立足。

企业的发展集中表现为扩大收入,扩大收入的根本途径是提高产品的质量、扩大销售的数量。这就要求不断更新设备、技术和工艺,并不断提高各种人员的素质,也就是要投入更多、更好的物质资源和人力资源,并改进技术和管理。在市场经济中,各种资源的取得,都需要付出货币,企业的发展离不开资金。因此,筹集企业发展所需的资金是对企业财务管理的第二个层次的要求。

(三) 获利目标

企业只有能够获利,才有存在的价值。建立企业的目的是盈利,盈利不但体现了企业的出发点和归宿,而且可以反映其他目标的实现程度,并有助于其他目标的实现。

从财务的角度看,盈利就是使资产获得超过其投资的回报。在市场经济中,每项资产都是投资,这些投资都有一定的来源,各种来源的资金都有一定的成本。因此,每项投资都应获得相应的报酬。财务人员要对企业正常经营产生的和从外部获得的资金加以有效利用。这是对企业财务管理的第三个层次的要求。

二、企业的社会责任

企业的社会责任是指企业在谋求所有者或股东权益最大化之外所负有的维护和增进社会利益的义务。具体来说,企业社会责任主要包括以下内容:

(一) 对员工的责任

企业除了有向员工支付报酬的法律责任外,还负有为员工提供安全工作环境、职业教育等保障员工利益的责任。按我国《公司法》的规定,企业对员工承担的社会责任有:① 按时足额发放劳动报酬,并根据社会发展逐步提高工资水平。② 提供安全健康的工作环境,加强劳动保护,实现安全生产,积极预防职业病。③ 建立公司职工的职业教育和岗位培训制度,不断提高职工的素质和能力。④ 完善工会、职工董事和职工监事制度,培育良好的企业文化。

(二) 对债权人的责任

债权人是企业的重要利益相关者,企业应依据合同的约定以及法律的规定对债权人承担相应的义务,保障债权人合法权益。这种义务既是公司的民事义务,也可视为公司应承担的社会责任。公司对债权人承担的社会责任主要有:① 按照法律、法规和公司章程的规定,真实、准确、完整、及时地披露公司信息。② 诚实守信,不滥用公司人格。③ 主动偿债,不无故拖欠。④ 确保交易安全,切实履行合法订立的合同。

(三) 对消费者的责任

公司的价值实现,很大程度上取决于消费者的选择,企业理应重视对消费者承担的社会责任。企业对消费者承担的社会责任主要有:① 确保产品质量,保障消费安全。② 诚实守信,确保消费者的知情权。③ 提供完善的售后服务,及时为消费者排忧解难。

(四) 对社会公益的责任

企业对社会公益的责任主要涉及慈善、社区等。企业对慈善事业的社会责任是指承担扶贫济困和发展慈善事业的责任，表现为企业对不确定的社会群体(尤指弱势群体)进行帮助。捐赠是其最主要的表现形式，受捐赠的对象主要有社会福利院、医疗服务机构、教育机构、贫困地区人群、特殊困难人群等。此外，还包括招聘残疾人、生活困难的人、缺乏就业竞争力的人到企业工作，以及举办与公司营业范围有关的各种公益性的社会教育宣传活动等。

(五) 对环境和资源的责任

企业对环境和资源的社会责任可以概括为两大方面：一是承担可持续发展与节约资源的责任；二是承担保护环境和维护自然和谐的责任。

此外，企业还有义务和责任遵从政府的管理，接受政府的监督。企业要在政府的指引下合法经营、自觉履行法律规定的义务，同时尽可能地为政府献计献策、分担社会压力、支持政府的各项事业。

三、财务管理的目标

根据现代企业财务管理理论和实践，目前我国企业财务管理的目标有以下几种提法。

(一) 利润最大化

利润是企业一定时期全部收入和全部费用的差额，体现了企业经济效益的高低。利润是资本报酬的来源，资本不仅要在生产经营中保全，而且必须增值，利润的多少表明了资本增值的多少；利润也是提高职工劳动报酬的来源，在市场经济条件下，按劳分配的只能是被市场承认或实现的劳动价值，利润是这种实现了的劳动价值的综合体现，利润越多，意味着实现的劳动价值越多，相应地职工的劳动报酬也就越高；利润代表着剩余产品的多少，剩余产品越多，意味着社会财富越多，利润最大化意味着社会财富最大化；利润的多少还会决定资本的流动，资本一般总是流向利润较大的行业和企业，利润最大化有利于实现资源的合理配置；在市场经济中，企业获得的利润的多少，表明企业竞争能力的大小，决定了企业的生存和发展。

以“利润最大化”作为企业财务管理的目标的合理之处主要在于：促使企业讲求经济核算、加强内部管理、改进工艺技术、提高劳动生产率、努力降低成本，有利于资源的合理配置。

但以“利润最大化”作为企业财务管理的目标也有缺陷，主要表现在：

(1) 利润概念模糊不清。利润最大化只是指利润绝对额的最大化，没有反映出所得利润额与投入资本额之间的投入产出关系，因而不能科学地说明企业经济效益的高低。另外，利润额可以通过会计的方法人为地“做”多或“做”少。不同的会计确认和计量方法，会计人员对会计准则的不同理解以及采用不同的会计核算方法都会使企业最终的财务成果(利润)产生偏差。当管理者弄虚作假、故意篡改会计数据时，利润指标将会给人们带来极大的谬误。

(2) 没有考虑利润发生的时间，没有考虑资金的时间价值。

(3) 没有考虑企业经营的风险。一般来说，报酬越高，风险越大，追求利润最大化也可能增加企业的风险，致使企业不顾风险大小，片面追求利润额的增加。

(4) 往往会使企业决策带有短期行为的倾向。如忽视产品开发、人才培养、生产安全、技术装备水平的提高、生活福利实施的完善、社会责任的履行等。

"利润最大化"只是对经济效益的低层次的认识，以"利润最大化"作为企业财务管理的基本目标存在一定的片面性。

(二) 股东财富最大化

股东财富最大化是指企业财务管理以实现股东财富最大化为目标。在上市公司，股东财富是由其所拥有的股票数量和股票市场价格两个方面决定的。在股票数量一定时，股票价格达到最高，股东财富也就达到最大。

总之，把股东财富最大化作为企业目标，全面考虑了企业在既定的外部环境下进行决策的多种因素，符合企业所有者的最大利益，应该作为企业的首要目标。图1-3表述了企业股票价格达到最高的途径及影响因素。

企业的外部环境影响着企业的内部决策。为企业提供资金的金融市场、政府的法规和税收制度对企业的管理决策是至关重要的，它们是企业财务决策的依据，虽然不直接影响企业的现金流量，但是影响管理人员的决策，可对现金流量产生间接作用。企业很难改变自己所处的外部环境，但通过人民代表和政府主管部门可以提出关于宏观经济控制和政策法规的建议。在相当长的一段时间内，企业的外部环境应是稳定的。

企业的战略和决策，直接决定了未来现金流量的大小、发生的时间及风险。企业对生产的产品和提供的服务类型的选择直接影响到企业的销售收入。生产系统和管理的安全又与生产的成本支出有关。企业的投资、筹资决策和股利政策决定了企业的规模、资产和收益的增长，对企业未来现金流量影响极大。如果上述的决策是正确的，则企业净现金流量增大，其时间分布更合理而风险减小，从而可达到企业普通股票价格最高的目的。

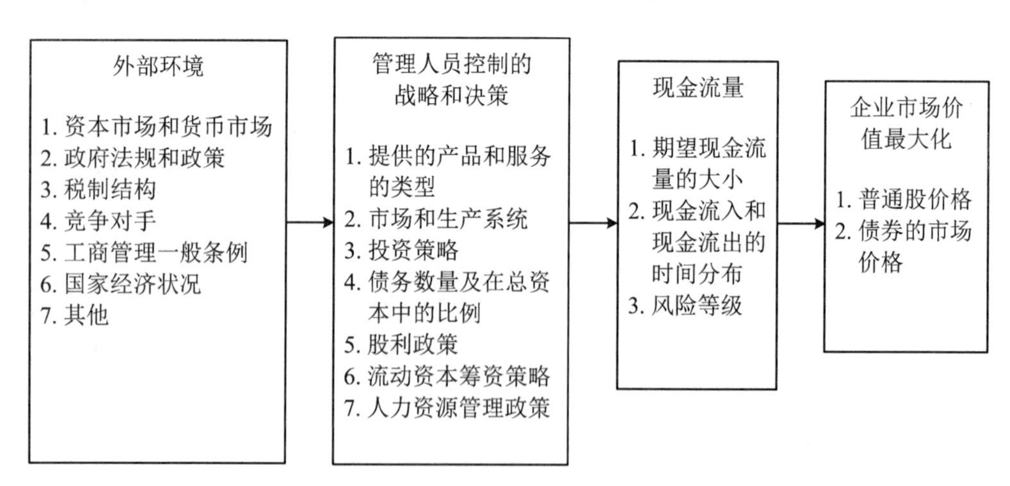

图1-3　影响公司股票市场价格的因素

与利润最大化相比，股东财富最大化的主要优点是：

(1) 考虑了风险因素，因为通常股价会对风险作出较敏感的反应。

(2) 在一定程度上能避免企业短期行为,因为不仅目前的利润会影响股票价格,预期未来的利润同样会对股价产生重要影响。

(3) 对上市公司而言,股东财富最大化目标比较容易量化,便于考核和奖惩。

以股东财富最大化作为财务管理目标也存在以下缺点:

(1) 通常只适用于上市公司,非上市公司难以应用,因为非上市公司无法像上市公司一样随时、准确地获得公司股价。

(2) 股价受众多因素影响,特别是企业外部的因素,有些还可能是非正常因素。股价不能完全准确反映企业财务管理状况,如有的上市公司处于破产的边缘,但由于可能存在某些机会,其股票市价可能还在走高。

(3) 它强调得更多的是股东利益,而对其他相关者的利益重视不够。

(三) 企业价值最大化

企业价值最大化是指企业财务管理行为以实现企业的价值最大化为目标。企业价值可以理解为企业所有者权益和债权人权益的市场价值,或者是企业所能创造的预计未来现金流量的现值。未来现金流量这一概念,包含了资金的时间价值和风险价值两个方面的因素。因为未来现金流量的预测包含了不确定性和风险因素,而现金流量的现值是以资金的时间价值为基础对现金流量进行折现计算得出的。

企业价值最大化目标要求企业通过采用最优的财务政策,充分考虑资金的时间价值和风险与报酬的关系,在保证企业长期稳定发展的基础上使企业总价值达到最大。

以企业价值最大化作为财务管理目标,具有以下优点:

(1) 考虑了取得报酬的时间,并用时间价值的原理进行了计量。

(2) 考虑了风险与报酬的关系。

(3) 将企业长期、稳定的发展和持续的获利能力放在首位,能克服企业在追求利润上的短期行为,因为不仅目前的利润会影响企业的价值,预期未来的利润对企业价值的增加也会产生重大影响。

(4) 用价值代替价格,避免了过多外界市场因素的干扰,有效地规避了企业的短期行为。

但是,以企业价值最大化作为财务管理目标过于理论化,不易操作。再者对于非上市公司而言,只有对企业进行专门的评估才能确定其价值,而在评估企业的资产时,由于受评估标准和评估方式的影响,很难做到客观和准确。

(四) 相关者利益最大化

在现代企业是多边契约关系的总和的前提下,要确立科学的财务管理目标,需要考虑哪些利益关系会对企业发展产生影响。在市场经济中,企业的理财主体更加细化和多元化。股东作为企业所有者,在企业中拥有最高的权力,并承担着最大的义务和风险,但是债权人、员工、企业经营者、客户、供应商和政府也为企业承担着风险。因此,企业的利益相关者不仅包括股东,还包括债权人、企业经营者、客户、供应商、员工、政府等。在确定企业财务管理目标时,不能忽视这些相关利益群体的利益。

相关者利益最大化目标的具体内容包括以下几个方面：

(1) 强调风险与报酬的均衡，将风险限制在企业可以承受的范围内。

(2) 强调股东的首要地位，并强调企业与股东之间的协调关系。

(3) 强调对代理人即企业经营者的监督和控制，建立有效的激励机制以便使企业战略目标顺利实现。

(4) 关心本企业普通职工的利益，创造稳定、和谐的工作环境和提供合理、恰当的福利待遇，以使职工长期努力为企业工作。

(5) 不断加强与债权人的关系，培养可靠的资金供应者。

(6) 关心客户的长期利益，以便保持销售收入的长期稳定增长。

(7) 加强与供应商的协作，共同面对市场竞争，并注重企业形象的宣传，遵守承诺，讲究信誉。

(8) 与政府部门保持良好的关系。

以相关者利益最大化作为财务管理目标，具有以下优点：

(1) 有利于企业长期稳定发展。这一目标注重企业在发展过程中考虑并满足各利益相关者的利益。在追求长期稳定发展的过程中，站在企业的角度上进行投资研究，避免了只站在股东的角度进行投资而可能导致的一系列问题。

(2) 体现了合作共赢的价值理念，有利于实现企业经济效益和社会效益的统一。由于兼顾了企业、股东、政府、客户等的利益，企业就不仅仅是一个单纯牟利的组织，还承担了一定的社会责任。企业在寻求其自身的发展和利益最大化过程中，由于需要维护客户及其他利益相关者的利益，就会依法经营、依法管理，正确处理各种财务关系，自觉维护和确实保障国家、集体和社会公众的合法权益。

(3) 这一目标本身是一个多元化、多层次的目标体系，较好地兼顾了各利益主体的利益。这一目标可使企业各利益主体相互作用、相互协调，并在使企业利益、股东利益达到最大化的同时，使其他利益相关者的利益也达到最大化。也就是在将企业财富这块“蛋糕”做到最大的同时，保证每个利益主体所得到的“蛋糕”更多。

(4) 体现了前瞻性和现实性的统一。比如，企业作为利益相关者之一，有其一套评价指标，如未来企业报酬贴现值；股东的评价指标可以使用股票市价；债权人可以寻求风险最小、利息最大；工人可以确保工资福利；政府可考虑社会效益等。不同的利益相关者有各自的指标，只要合理合法、互利互惠、相互协调，就可以实现所有相关者利益最大化。

相关者利益最大化是企业财务管理最理想的目标，但是鉴于该目标过于理想化，且无法操作，本书后述章节采用企业价值最大化作为财务管理的目标。

财务管理各目标之间的联系如图1-4所示。

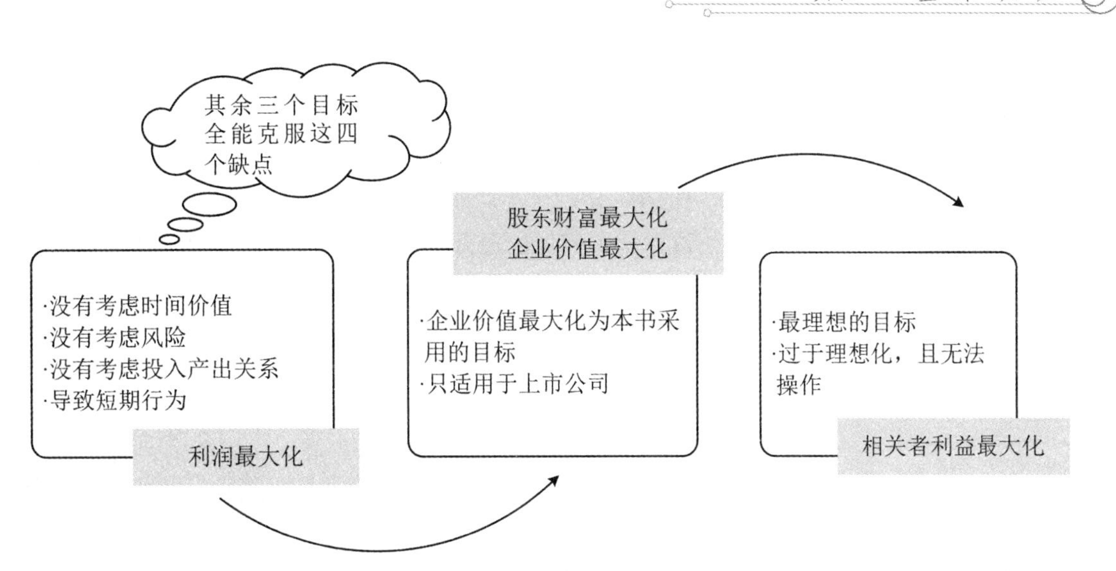

图1-4 财务管理各目标之间的联系

四、利益冲突的协调

企业财务管理的目标是让企业价值最大化,而追求企业价值最大化是企业各利益相关者的共同目标。但各利益相关者在这一共同目标下又有各自的不同目标,不同利益主体的目标之间有时会存在矛盾甚至发生冲突。企业理财必须对各利益相关者财务目标之间的矛盾进行协调,也只有通过对各利益相关者之间矛盾的协调,才能最终实现企业价值最大化的目标。在企业的多个利益相关者中,利益关系最为密切且容易发生矛盾的是股东与经营者之间、股东与债权人之间,这两对矛盾是企业中的主要矛盾,它们的协调对企业价值的实现会产生重要的影响。

(一) 股东与经营者之间的矛盾与协调

1. 股东与经营者之间的矛盾

股东与经营者之间利益上的矛盾主要表现在以下几个方面:

(1) 经营者的享受成本问题。所有者支付给经营者的管理报酬是所有者放弃的利益,这种被所有者放弃的利益称为享受成本。经营者希望在提高企业价值或股东财富的前提下尽可能多地增加享受成本,而所有者和股东则希望以较小的享受成本支出带来更高的企业价值或股东财富,这便是股东和经营者之间的主要矛盾。

(2) 经营者任职期限问题。经营者受聘于股东,在他们之间签订的相关合同中一般都规定有任职期限。在任职期限内,经营者的决策更多地是为了实现其任职期限内的经营目标。当公司的长期目标与短期目标不一致时,经营者会为了实现短期目标而不顾长期目标,而牺牲公司的长期利益可能直接导致股东财富的减少。

(3) 管理者的风险回避问题。公司的经营者更重视现有的职位及可控制的资产规模,因此,追求公司稳健地运行是经营者的主要目标之一。当公司面临的风险性决策可能对股东有利时,经营者则有可能为了回避风险而放弃。虽然高风险的决策可能为股东带来高收益,但经营者为了现有的职位可能会放弃一些高风险的项目。

2. 股东与经营者之间矛盾的协调

协调股东与经营者之间的矛盾是实现企业价值最大化目标的前提条件。为了协调股东和经营者之间的矛盾,企业内部可采取激励、监督甚至解聘等措施。而资本市场上兼并的威胁和经营者人才市场(经理市场)的作用也在一定程度上从外部缓解了股东和经营者之间的矛盾。

(1) 激励。股东为了确保经营者做出最优的财务决策,必须采取有效的激励措施。激励的方式包括股票期权、奖金或额外津贴等,而进行这些激励的依据是公司的经营业绩。公司的经营业绩上升,经营者的报酬也随之上升;反之,则降低。将经营者的报酬与公司经营业绩结合起来是目前普遍采取的一种激励方式,这种方式可确保经营者在追求自身利益的同时增大股东财富。

(2) 监督。对经营者实施必要的监督也是协调股东和经营者之间矛盾的一种重要措施。监督的方式包括与经营者签订目标合同、有计划地检查经营者的在职消费、审计财务报表以及限制经营者的决策权等。

(3) 解聘。这是股东对经营者进行约束的主要措施,也是股东与经营者之间发生激烈冲突时的解决办法。如果在实施了必要的报酬补偿及监督后,经营者仍然不能实现股东要求的财务目标,股东即可采取相应的方式对经营者予以解聘。经营者因担心被解聘而失去现有的职位就会努力工作,以实现企业的财务目标。

(4) 兼并的威胁。这是一种来自资本市场的对经营者的约束机制。当公司由于经营不善而导致股价过低时,很可能被其他的公司收购或兼并,而被兼并公司的经营者将失去现有的职位。经营者为了避免公司被兼并而造成自己失业情况的出现,必须努力提升公司的经营业绩,提高公司股票的价格。

(5) 经理市场的作用。经理市场即经营者的人才市场,竞争性经理市场的存在也从外部对经营者形成约束。一般情况下,经营者的才能可通过公司经营业绩及股价反映出来。如果经营者为其所在的公司带来良好的经营业绩,由此可形成经营者的声誉及潜在价值。因此,经营者为了自己的声誉及未来的前途,必将会为公司创造良好的业绩。

(二) 所有者与债权人的利益冲突与协调

所有者的目标可能与债权人期望实现的目标发生矛盾。首先,所有者可能要求经营者改变举债资金的原定用途,将其用于风险更高的项目,这会增大偿债风险,债权人的负债价值也必然会降低,造成债权人风险与收益的不对称。因为高风险的项目一旦成功,额外的利润就会被所有者独享;但若失败,债权人却要与所有者共同负担由此而造成的损失。其次,所有者可能在未征得现有债权人同意的情况下,要求经营者举借新债,因为偿债风险相应增大,从而致使原有债权的价值降低。

所有者与债权人的上述利益冲突,可以通过以下方式解决:

1. 限制性借债

债权人通过事先规定借债用途限制、借债担保条款和借债信用条件,使所有者不能通过以上两种方式削弱债权人的债权价值。

2. 收回借款或停止借款

当债权人发现企业有侵蚀其债权价值的意图时,采取收回债权或不再给予新的借款的措施,从而保护自身权益。

任务三 财务管理环境

财务管理环境，或称理财环境，是指对企业财务管理产生影响作用的企业内外各种条件的统称。环境构成了企业财务活动的客观条件。企业财务活动是在一定的环境下进行的，必然受到环境的影响。所以，财务管理要获得成功，必须深刻认识和认真研究自己所面临的各种环境。

理财环境包括内部环境和外部环境两个方面。内部环境是指企业的内部条件，如企业组织形式、治理结构、生产技术水平、员工素质等。外部环境是指企业的外部条件、因素和状况，如经济环境、法律环境、金融环境、技术环境、政治环境、社会文化环境等。本书只讨论对企业财务管理影响比较大的技术环境、经济环境、法律环境和金融环境。

一、技术环境

财务管理的技术环境，是指财务管理得以实现的技术手段和技术条件，它决定着财务管理的效率和效果。目前，我国进行财务管理所依据的会计信息是会计系统提供的，占企业经济信息总量的60%～70%。在企业内部，会计信息主要供管理层决策使用，而在企业外部，会计信息则主要为企业投资者、债权人等提供服务。

目前，我国正全面推进会计信息化工作，全力打造会计信息化人才队伍，基本实现了大型企事业单位会计信息化与经营管理信息化的融合，企事业单位的管理水平和风险防范能力进一步提升，做到数出一门、资源共享，便于不同信息使用者获取、分析和利用，进行投资和相关决策；基本实现了大型会计师事务所采用信息化手段对客户的财务报告和内部控制进行审计，社会审计质量和效率进一步提升；基本实现了政府会计管理和会计监督的信息化，会计管理水平和监管效能进一步提升。通过全面推进会计信息化工作，将使我国的会计信息化达到或接近世界先进水平。我国企业会计信息化的全面推进，必将促使企业财务管理的技术环境进一步完善和优化。

二、经济环境

财务管理的经济环境是指影响企业财务管理工作的宏观经济总体状况、态势，包括经济周期、经济发展水平和宏观经济政策等。

（一）经济周期

经济周期又称商业周期、商业循环，是指经济运行中周期性出现的经济扩张与经济紧缩交替更迭、循环往复的一种经济现象，是指国民总产出、总收入和总就业的波动。任何国家的经济发展都不可能呈长期的快速增长之势，而总是表现为“波浪式前进或螺旋式上升”的状态，经济运行沿着复苏、繁荣、衰退、萧条这四个阶段周而复始地循环。经济周期的不同阶段呈现出不同的经济状况，从而使企业的财务管理面临着不同的问题。例如，在繁荣时期，市场需求旺盛，购销活跃，利润上升，企业为扩大生产规模，需要进行大量的筹资和投资活动；在萧条阶段，整个宏观环境不景气，需求减少，投资锐减，生产萎缩，购销停滞，利润下降，企业筹资出现困难。西方财务学者曾探讨了经济周期中各阶段企业的财务管理策略，其要点如表1-2所示。

表1-2　经济周期中的财务管理策略

复　苏	繁　荣	衰　退	萧　条
增加厂房设备 实行长期租赁 建立库存 引入新产品 增加劳动力	扩充厂房设备 继续建立存货 提高价格 开展营销规划 增加劳动力	停止扩张 出售多余设备 停产不利产品 停止长期采购 削减存货 停止扩招雇员	建立投资标准 保持市场份额 缩减管理费用 放弃次要利益 削减存货 裁减雇员

上述策略是值得借鉴的，但是经济发展的周期波动不仅有短程周期、中程周期和长程周期之别，而且还有总量周期波动与产业及行业周期波动之差别。所以，各阶段应采取的财务策略的实施时间、力度以及持续时间，都应以具体经济周期特征分析为前提。经济运行的周期性，要求企业财务部门对经济周期应有全面、正确的了解和认识，事前要做科学的预测，并预先根据各阶段的特点和本企业的实际情况采取相应的对策和措施，适时调整财务政策，使企业理财工作适应经济环境的变化。随着经济全球化进程的加快，我国受经济周期的影响也越来越大。因此，企业财务人员必须认识到经济周期的影响规律，掌握在经济发展波动中理财的本领。

（二）经济发展水平

财务管理的发展水平是和经济发展水平密切相关的，经济发展水平越高，财务管理水平也越高。财务管理水平的提高，将推动企业降低成本，改进效率，提高效益，从而促进经济发展水平的提高；而经济发展水平的提高，将改变企业的财务战略、财务理念、财务管理模式和财务管理的方法和手段，从而促进企业财务管理水平的提高。财务管理应当以经济发展水平为基础，以宏观经济发展目标为导向，从业务工作角度保证企业经营目标和经营战略的实现。

（三）通货膨胀

通货膨胀是指投入流通中的货币过多，大大超过流通实际需要量，因而引起物价上涨、货币贬值的现象。通货膨胀会给企业财务管理带来较大的不利影响，主要表现在：资金占用额迅速增加；利率上升，企业筹资成本加大；证券价格下跌，筹资难度增加；利润虚增、资金流失等。为避免通货膨胀给企业造成极大损失，实现期望的报酬率，财务人员必须对通货膨胀有所预测，采取加强收入和成本的管理，并通过套期保值等手段以减少损失，如提前购买设备和存货，买进现货、卖出期货等。

(四) 经济政策

经济政策是指政府为了指导和影响经济活动所规定并付诸实施的准则和措施。宏观调控的重要手段包括财税体制、金融体制、外汇体制、外贸体制、计划体制、价格体制、投资体制、社会保障制度等,会深刻地影响企业的发展和财务活动的开展。如金融政策中货币的发行量、信贷规模都能影响企业投资的资金来源和投资的预期收益;财税政策会影响企业的资金结构和投资项目的选择等;价格政策能影响资金的投向和投资的回收期及预期收益等。可见,经济政策对企业财务的影响是非常大的。这要求企业财务人员必须了解和把握经济政策,更好地为企业的经营理财活动服务。

(五) 市场竞争

竞争是指经济主体在市场上为实现自身的经济利益和既定目标而不断进行角逐的过程。竞争广泛存在于市场经济中,任何企业都不能回避。企业之间、各产品之间、现有产品与新产品之间的竞争,涉及设备、人才、技术、营销、管理等各个方面。竞争能促使企业用更好的方法来生产更好的产品,对经济发展起着推动作用。但对企业而言,竞争是机会也是威胁。价格竞争会使企业减少现金流入。在竞争中获胜的一方会通过多卖产品挽回经济损失,实际上是靠牺牲别的企业的利益加快自己的现金流转。失败的一方,不但蒙受价格损失,还受到销售量下降的打击,现金流转可能严重失衡。广告竞争会增加企业的流出,但企业有可能通过广告促进销售,加速现金流回。为了获得竞争优势,企业往往需要大量投资,成功之后企业盈利将增加,若投资失败则更难以参与市场竞争。

三、法律环境

财务管理的法律环境是指对企业财务管理活动产生影响的各种法律、法规和规章。企业在其经营活动中,要与企业内外各利益相关者发生各种经济关系。国家管理这些经济活动和经济关系的手段包括行政手段、经济手段和法律手段三种。在市场经济条件下,行政手段逐步减少,而经济手段,特别是法律手段日益增多,越来越多的经济关系和经济活动的准则用法律的形式固定下来。同时,众多的经济手段和必要的行政手段的使用,也必须逐步做到有法可依,从而转化为法律手段的具体形式,真正实现国民经济管理的法制化。

从企业财务管理角度来看,国民经济管理的法制化建设一方面给企业提出了从事各项业务活动所必须遵守的规范或前提条件,从而对企业行为进行约束;另一方面也为企业从事各项业务活动提供了法律保护。所以说法律对于企业来说是一把双刃剑,如果企业进行财务管理时遵守国家相关的法律法规,那么法律将保护企业的理财行为;而如果企业违反国家法律进行理财,则将受到法律的惩罚。因此,企业财务管理人员一定要认真学习对企业财务管理有影响的法律法规,依法理财。

企业在进行财务管理时应遵守的法律规范主要有企业组织法律规范、税收法律规范和财务法律规范三大类。

(一) 企业组织法律规范

企业组织形式主要包括独资企业、合伙企业和公司制企业三种形式。企业组织必须依法成立,不同组织形式的企业设立要依照不同的法律规范,包括《公司法》《外资企业法》《中外合作经营企业法》《个人独资企业法》《合伙企业法》等。这些法律规范既是企业的组织法,又是企业的行为法。

例如,《公司法》对公司制企业的设立条件、设立程序、组织机构、组织变更和终止的条件和程序等都作了规定,包括股东人数、法定资本的最低限额、资本的筹集方式等。只有按其规定的条件和程序建立的企业,才能被称为“公司”。《公司法》还对公司生产经营的主要方面作出了规定,包括股票的发行和交易、债券的发行和转让、利润的分配等。公司一旦成立,其主要的活动,包括财务管理活动,都要按照《公司法》的规定来进行。因此,《公司法》是公司制企业财务管理最重要的强制性规范,公司的理财活动不能违反该法律,公司的自主权不能超过该法律的限制。

非公司制企业的财务管理与公司制企业的财务管理有着很大的不同。非公司制企业的所有者,包括独资企业的业主和合伙企业的合伙人,要承担无限责任,他们占有企业的盈利(或承担损失),一旦经营失败必须抵押其个人的财产,以满足债权人的要求。公司制企业的股东承担有限责任,经营失败时其经济责任以出资额为限。

(二)税收法律规范

税法是税收法律制度的总称,是调整税收征纳关系的法律规范。与企业相关的税收立法分为三类:所得税类、流转税类和其他税类,其中所得税类包括企业所得税、个人所得税,流转税类包括增值税、消费税、城市维护建设税,其他税类包括资源税、土地使用税、土地增值税、房产税、印花税、车船使用税和屠宰税等。

税负是企业的一种费用,会增加企业的现金流出,对企业财务管理有重要的影响,主要表现在以下几个方面:

(1)对企业筹资决策的影响。企业筹集资金有两类不同的渠道,一类是权益性资金筹集,如发行股票;另一类是债务性资金筹集,如发行债券。采用权益性资金筹集,代价是向投资者分配利润,且是在税后利润中支付的,无抵税作用。而采用债务性资金筹资,代价是支付利息,利息费用可以在缴纳所得税之前支付,因而具有抵税作用。因此,企业需要在权益筹资和负债筹资之间作出权衡。

(2)对企业投资决策的影响。企业投资选择不同的投资地点、不同的企业类型、不同的经营业务等,都会面临不同的税收法律规范,如国家对一些特殊地区或特殊行业、企业等实行税收优惠政策。另外,企业通过购买有价证券投资,也会有不同的税收政策,购买国债获得的利息收益不计缴所得税,购买股票分得的股息则在计算本企业应纳所得税额时可予以调整。因此,企业在进行投资决策尤其是长期投资决策时,要充分了解税收环境,尽可能作出减少税收费用的有利决策。

(3)对企业分配决策的影响。企业税收费用的变动与其净利润的多少呈反向关系,即在一定时期内企业所承担的税收费用增加,则净利润相应会减少,可分配利润也相应会减少;反之亦然。另外,一些国家的资本利得税与股利收入所得税率不一致。因此,是否分配利润、按什么比例及什么形式向投资者分配利润,都需要考虑税收的影响。

可见税收法律规范对企业财务管理的影响最为直接有效。企业无不希望在不违反税法的前提下减少税收负担。税负的减少,只能靠精心安排和筹划投资、筹资和利润分配等财务决策,即进行税收筹划,而不允许在纳税行为已经发生时去偷税漏税。

(三) 财务法律规范

企业财务法律规范是规范企业财务活动,协调企业财务关系的法令文件。我国目前企业财务管理法律规范,有以下三个层次:《企业财务通则》、行业财务制度和企业内部财务制度。

《企业财务通则》(以下简称《通则》)是各类企业进行财务活动、实施财务管理的基本规范。2006年财政部修订了1994年7月1日起施行的《通则》,对企业财务的管理方式、政府投资等财政性资金的财务处理政策、企业职工福利费的财务制度、规范职工激励制度、强化企业财务风险管理等方面进行了改革,修订后的《通则》于2007年1月1日开始施行。《通则》是整个财务制度体系中最基本的法规。从范围上看,它适用于中华人民共和国境内依法设立的具备法人资格的国有企业及国有控股企业,其他企业参照执行,金融企业除外。从性质上看,它是企业从事财务活动必须遵循的基本规范,也是国家进行财务管理,制定具体财务制度的法律依据,《通则》是整个财务制度体系中最高层次的法规,是整个财务制度体系的"统帅",在财务制度体系中处于主导地位;从效率看,《通则》重点规范了企业的财务政策,对以下问题作出了规定:企业财务管理体制、资金筹集、资产营运、成本控制、收益分配、重组清算等。

行业财务制度是根据《通则》的规定,为适应不同行业的特点和管理要求,由财政部制定的行业规范。在《通则》的统领下制定分行业的企业财务制度是转轨经济条件下建立财务制度的一种选择。因为《通则》作为全部企业财务活动的共同规范,作为财务管理的基本法规,只需也只能规定各类企业共有的、均能执行的一般原则,不能也不可能太具体。各行业的业务性质是不同的,具有各自的特点,在财务管理上要具体地体现其行业特点的管理要求,只有这样才便于企业财务人员在进行具体财务活动时加以执行。现行的行业的财务制度于1993年7月1日实施,有工业、运输、邮电通信、农业、商品流通、金融保险、旅游和饮食服务、施工和房地产开发、电影和新闻出版、对外经济合作等10个行业的财务制度。企业财务管理制度是企业管理当局根据《通则》和行业财务制度的规定,考虑企业自身特点和管理要求而制定的用来规范企业内部财务行为、处理企业内部财务关系的具体规则。

除上述法律规范外,与企业财务管理有关的其他经济法律规范还有许多,包括各种证券法律规范、结算法律规范、合同法律规范等。财务人员要熟悉这些法律规范,在守法的前提下完成财务管理的职能,实现企业的财务管理目标。

四、金融环境

金融环境主要是指金融市场对企业财务管理的影响。金融市场是资金供应者和资金需求者双方通过金融工具进行交易的场所。企业总是需要资金从事投资和经营活动。而资金的取得,除了自有资金外,主要从金融市场取得。金融市场的发育程度、利率高低等都会影响企业资金的筹集和投放。因此,金融市场环境是企业最为重要的环境因素,熟悉和利用金融市场环境是搞好财务管理工作的重要条件。

具体地说,金融市场环境对企业财务管理活动的影响和决定性作用主要表现在:

(1) 对企业筹资决策的影响。金融市场是企业筹资的场所,企业可以根据自己的需要,按规定在金融市场提供的多种筹资渠道中,选择恰当的筹资方式和筹资途径。另外,在筹资活动中,利率、证券价格和证券指数等金融市场参数变动,会影响企业的筹资成本和风险,因此,企业财务部门应做好分析预测,采取措施规避成本上升和风险增长的可能。

(2) 对企业投资决策的影响。金融市场是企业投资的场所,它提供了多种投资工具和方式,使企业有可能通过不同的投资组合达到承担风险适中和获利高的目的。另外,在企业投资活动中,利率、证券价格和证券指数等金融市场参数的变动,会对企业的投资方向有一定的导向作用。

(3) 对企业分配决策的影响。金融市场筹资的难易程度,金融市场投资的机会多少,将会影响企业的分配决策。当市场利率上升、证券市场价格和证券指数低迷时,会使得企业筹资困难,如果在未来有良好的投资计划,就要采取较低的股利支付比率,保留大量的留存收益以满足资金的需要;反之亦然。

(一) 金融市场及其构成要素

金融市场就是资金融通的场所,是经营货币资金借贷、有价证券交易和买卖黄金、外汇等金融商品的场所,是与商品市场并列的一种市场。在金融市场上,资金是被作为一种"特殊商品"来交易的。金融市场可以是有形市场,如银行、证券交易所等;也可以是无形市场,即通过现代通信网络进行交易。金融市场由交易主体、交易对象、交易工具等基本要素构成。

1. 金融市场的交易主体

金融市场的交易主体是指在金融市场上进行金融交易的市场参与者,包括个人、企业、金融机构、政府等。金融市场主体可以分为筹资者、投资者、金融机构和监管机构。筹资者一般是企业,其主要目的是通过金融市场筹集生产经营所需资金,如利用向银行借款、发行公司债券、发行股票等方式筹集资金。投资者可以是企业及其他单位,也可以是个人,其主要目的是将闲置的资金使用权转让给资金需求者,以获得一定利息或红利收益。金融机构既是金融市场的筹资者、投资者,又是中介机构和监管机构,可见金融机构是金融市场的重要参与者,在金融市场上发挥着重要的作用。金融机构分为银行金融机构和非银行金融机构两大类。金融市场的监管机构通常是政府机构,如银监会、证监会等,它保证金融市场正常运行,依法对金融市场的其他参与者进行监督,并通过有关法律手段、经济手段或者行政手段对金融市场进行宏观调节,稳定金融市场。

银行是指经营存款、放款、汇兑和储蓄等金融业务,承担信用中介职能的金融机构。银行的主要功能是充当信用中介、充当企业之间的支付中介、提供信用工具和充当国民经济的调控手段。我国的银行金融机构主要有:① 中国人民银行。这是我国的中央银行,它代表政府管理全国的金融机构和金融活动,管理国库。其主要职责是制定和实施货币政策,保持货币币值稳定;维护支付和清算系统的正常运行;持有、管理、经营国家外汇储备和黄金储备;代理国库和其他与政府有关的金融业务;代表政府从事有关的国际金融活动。② 商业银行。这是以经营存款、贷款,办理转账结算为主要业务,以营利为主要经营目标的金融企业，包括工商银行、中国银行、建设银行、农业银行四大国有股份制商业银行和其他股份制商业银行（如交通银行、深圳发展银行、中信实业银行、光大银行、华夏银行、招商银行、兴业银行、浦东发展银行、民生银行等）。③ 政策性银行。这是由政府设立，以贯彻国家产业政策、区域发展政策为目的，不以营利为目的的金融机构。目前我国政策性银行有国家开发银行、中国进出口银行和中国农业发展银行。

我国的非银行金融机构主要有：① 保险公司。这是将投保者的资金集中起来，当被保险者发生保险条款所列事项时进行赔偿的金融机构，主要经营保险业务，包括财产保险、责任保险、保证保险和人身保险等，保险公司从投保者那里集中了大量的资金，可以用于各种投资活动，目前我国保险公司的资金运用被严格限制在银行存款、政府债券、金融债券和投资基金范围内。② 证券机构。这是指从事证券业务的机构，包括证券公司、证券交易所和登记结算公司。③ 信托投资公司。这是以受托人的身份代人理财，其主要业务有经营资金和财产委托、代理资产保管、金融租赁、经济咨询以及投资等。④ 财务公司。这是由企业集团内部各成员单位入股，向社会募集中长期资金的金融机构。⑤ 金融租赁公司。这是办理融资租赁业务的组织，其主要业务有动产和不动产的租赁、转租赁和回租租赁等。

2. 金融市场的交易对象

金融市场的交易对象是指金融市场参与者进行交易的标的物，是市场的客体。在金融市场上作为交易对象的就是货币资金。无论是银行的存贷款，还是证券市场上的证券交易，实际上都是货币资金的转移。资金需求者希望通过金融市场筹集资金，而资金供给者则希望通过金融市场投资来获得投资收益。但是，与商品市场上交易商品不同的是，金融市场上交易的只是货币资金的使用权，而不是所有权。

3. 金融市场的交易工具

金融市场的交易工具，或称金融工具，是指在金融市场上资金供需双方进行交易时所使用的信用工具，是交易对象的载体。有了金融工具，资金交易双方的融通资金活动就更加方便和快捷，同时，金融工具作为合法的信用凭证，使交易双方的债权债务关系或者产权关系更加清晰，并能得到法律的保护。金融市场上的金融工具多种多样，主要包括各种商业票据、可转让定期存单、股票、债券、期货合约、期权合约等。在金融市场上，资金供需双方就是通过各种金融工具来实现资金融通的。筹资者可以利用金融工具筹集到所需资金，投资者也可以通过购买这些金融工具进行投资活动。

金融工具具有以下特征：① 流动性。流动性是指金融工具能够在短期内迅速地、不受损失地转变为现金的能力。金融工具的流动性对于资金供需双方都是非常重要的，对于金融工具的持有人来说，流动性强的金融工具相当于现金，当持有者需要现金时，能够很容易地将其转变为现金。通常，流动性强的金融工具应具备变现迅速、易为投资者接受、交易费用低和市场价值较稳定等特点。② 风险性。风险性是指购买金融工具的本金遭受损失的可能性。金融工具的风险主要有违约风险和市场风险两种，前者是指证券的发行人由于经营状况恶化、破产等原因而导致购买金融工具的本金不能得到偿还的风险，后者是指由于金融工具的市场价格波动可能给投资者造成经济损失的风险。③ 收益性。收益性是指投资者购买金融工具获得收益的大小。金融工具的这三个特性之间存在着这样的关系：流动性与风险性和收益性呈反比关系，风险性与收益性呈正比关系。即金融工具的流动性越强，其风险越小,收益也越低,而收益越高的金融工具,其风险也越大。

(二)金融市场的分类

金融市场的分类如表1-3所示。

表1-3 金融市场的分类

分类标准	金融市场类型
融资期限	货币市场 资本市场
交割的时间	现货市场 期货市场
证券发行或交易的程序	一级市场 二级市场
地理区域	国内金融市场 国际金融市场
交易对象	资金市场 外汇市场 黄金市场

1. 按融资期限分为货币市场和资本市场

(1) 货币市场是指交易期限在1年以内的短期金融市场。货币市场主要包括短期存贷款市场、银行同业拆借市场、商业票据市场、可转让定期存单市场、贴现市场、短期债券市场等。在货币市场上进行交易的主要是短期金融工具,最短的可能只有1天,长的可能是几个月,但最长不超过1年。在我国货币市场中最活跃的是同业拆借市场。

(2) 资本市场是指交易期限在1年以上的长期金融市场。资本市场主要包括长期存贷款市场、长期债券市场、股票市场等。在资本市场上进行交易的主要是长期金融工具,其期限都在1年以上。在我国,长期存贷款市场的发展基本上起始于20世纪80年代初期,而证券市场起始于20世纪80年代中后期。

2. 按交割的时间分为现货市场和期货市场

现货市场是指金融工具买卖成交后,当场或几天内买方付款、卖方交出证券的交易市场。期货市场是指按一定价格订约成交,交易双方在某一约定时间以后进行清算和交割的交易市场。

3. 按证券发行或交易的程序分为一级市场和二级市场

一级市场,也称初级市场或发行市场,是指新发行证券的市场;二级市场,也称次级市场或交易市场,是指进行证券买卖和转让的交易市场。我国证券的发行市场和交易市场分别起始于20世纪80年代中后期和90年代初期。对于初级市场我们可以理解为“新货市场”,而对于次级市场我们可理解为“旧货市场”。

4. 按交易对象分为资金市场、外汇市场和黄金市场

资金市场是指进行资金借贷的市场,包括交易期限在1年以内的货币市场和交易期限

在1年以上的资本市场。外汇市场是金融市场中交易量最大的市场,它是设置在各国主要金融中心,由外汇供需双方及外汇交易的中介机构组成的,进行外汇买卖的交易场所。目前,世界上主要的外汇市场有伦敦、纽约、东京、苏黎世、新加坡、法兰克福等地的著名的国际金融中心。黄金市场是专门经营黄金买卖的金融市场。黄金作为世界货币,成为人们投资和资金融通的重要媒介之一,也是各国货币储备的一个重要组成部分。黄金市场交易有现货交易和期货交易两种。其市场参与者主要有各国的官方机构、金融机构、经纪商、企业和私人等。目前,世界上著名的黄金市场有伦敦、苏黎世、纽约、芝加哥等地的黄金市场。

5. 按地理区域分为国内金融市场和国际金融市场

国内金融市场是指金融交易活动的范围以一国为限,不涉及其他国家,只限于本国居民或企业参与的金融市场,如我国的上海、深圳等。国际金融市场是指金融交易活动范围超越国界的金融市场,其范围可以是整个世界,也可以是某一个地区。国际金融市场可分为传统的国际金融市场和离岸国际金融市场。传统的国际金融市场是国内金融市场的延伸,即从纯粹经营本国居民之间的金融业务发展到也能经营居民与非居民之间的国际金融业务而又接受当地政府法令管辖的金融市场。离岸国际金融市场是一种新型的国际金融市场,它有两个基本特征:一是以非居民交易为业务主体,故亦称境外市场;二是基本不受市场所在国金融法规和税制的限制。欧洲货币市场就是离岸国际金融市场的典型代表。

(三) 利息率

利息率简称利率,是利息占本金的百分比指标。从资金的借贷关系看,利率是一定时期运用资金资源的交易价格。在金融市场上,资金可以看作一种特殊的商品,以利率为价格标准的融资,实际上是资源通过利率实行再分配。因此,利率在资金分配及企业财务决策中起着重要作用。

1. 利率的类型

利率有多种表现形式,如银行储蓄存款利息率、银行贷款利率、市场利率、法定利率,等等。通常利率可以按照以下标准进行分类。

(1) 按照利率之间的变动关系,利率可分为基准利率和套算利率。

① 基准利率又称基本利率,是指在多种利率并存的条件下起决定作用的利率。西方国家的中央银行再贴现率、我国中国人民银行对商业银行贷款的利率都属于基准利率。基准利率在利率变动中起决定作用,其他利率要随基准利率的变动而变动。所以,了解利率的变动趋势,应当主要了解基准利率的变动情况。

② 套算利率是指在基准利率确定之后,各金融机构根据基准利率和借贷款项的特点而换算出的利率。一般来说,风险较大的贷款项目套算利率确定的要高一些,风险较小的贷款项目套算利率确定的低一些。例如,某金融机构规定,AAA级、AA级、A级企业的贷款利率,应分别在基准利率基础上加0.5%、1%、1.5%,加总计算所得的利率就是套算利率。

(2) 按照利率与市场资金供求情况的关系,利率可分为固定利率和浮动利率。

① 固定利率是指在借贷期内固定不变的利率。这种利率在整个借贷期内都是不需要调整的。所以,对借贷双方准确地计算成本与收益都十分方便。但是,在通货膨胀比较严重的情况下,实行固定利率对债权人,尤其是对于贷放长期款项的债权人,会造成较大的损失。

因此,目前越来越多的借贷都开始采用浮动利率。

② 浮动利率是指在借贷期限内可以调整的利率。根据借贷双方的协定,通常由一方在规定的时间依据某种市场利率进行调整。浮动利率可以为债权人减少通货膨胀所带来的损失,但是,手续比较繁杂,工作量较大。因此,多用于3年以上的借贷及国际金融市场。如美国的房地产贷款期限多为3年以上,长者可达几十年,为了减少通货膨胀带来的损失,一般都采用浮动利率。我国的房地产信贷期限一般都较长,最长可以达30年,这种贷款一般都采用浮动利率。

(3) 按利率形成机制不同,分为市场利率和法定利率。

① 市场利率是指根据资金市场上的供求关系,随市场而自由变动的利率。在市场经济发达的西方国家,利率一般以市场利率为主,根据金融市场上资金的供需变化,利率随之变动。

② 法定利率又称官方利率,是指由政府金融管理部门或者中央银行确定的利率。官方利率是国家进行宏观调控的一种手段。我国的利率属于官方利率,利率由国务院统一制定,由中国人民银行统一管理。

(4) 按照债权人取得的报酬情况,利率可分为实际利率和名义利率。

① 实际利率是指物价不变从而货币购买力不变条件下的利息率,或者是在物价变化时,扣除通货膨胀补偿后的利息率。例如,假定某年物价没有变化,企业从某金融机构借款100万元,年利息额为5万元,则实际利率就是年利率5%。而如果当年通货膨胀率为2%,则实际利率就是3%。

② 名义利率是指包括对通货膨胀风险补偿后的利息率。市场上所见到的利率,几乎全是名义利率。名义利率与实际利率之间的关系是:名义利率=实际利率+通货膨胀补偿率。根据这两者之间的关系,如果物价上涨,则名义利率必然大于实际利率;反之,如果物价下跌,则名义利率必然小于实际利率。由于在现实经济生活中,物价不断上涨似乎是一种普遍的趋势,所以,通常情况下的名义利率要高于实际利率。

2. 金融市场上利率的决定因素

在金融市场上,利率是资金这种特殊商品的交易价格,利率是不断变动的。影响利率变动的因素很多,归纳起来大致有平均资金利润率、借贷市场资金供求状况、经济周期和国家宏观经济政策等。

(1) 平均资金利润率。利息来自利润的一部分,一般情况下,利率要随平均利润率的提高而提高,随平均利润率的降低而降低。当工商企业从金融机构借入资金从事生产经营活动后,所得利润一部分以利息形式支付给银行或其他金融机构,作为使用借贷资金的代价;另一部分作为企业的利润。显然,利率不能高于利润率,否则,企业就会因运用借入资金所生产的利润等于零或小于零而不再从金融机构借入资金。此外,利息是提供贷款的债权人的收益,所以利率的最低界限是大于零,不能等于零或小于零,否则债权人不会拿出资金。至于利率究竟占利润率的多大比重,则取决于金融机构与工商企业之间的竞争结果。

(2) 借贷市场资金供求状况。借贷资金作为一种特殊商品出现,在市场经济条件下,同样要受到市场供求法则的制约,即作为借贷资金价格的利率要由资金的市场供求状况来决定。通常情况下,借贷资金供过于求时,利率则要下降;反之,利率则会上升。

(3) 经济周期。社会经济形势的变化也会对金融市场的利率水平产生影响。在经济过热时,尤其是出现通货膨胀时,资金需求增加,会使利率水平上升;反之,在经济衰退时,尤其是出现通货紧缩时,利率水平会随之下降。

(4) 国家经济政策。国家的经济政策,尤其是货币政策和财政政策对金融市场上的利率有较大的影响。政府为防止经济过热,通过中央银行减少货币供应量,则资金供应减少,利率上升;政府为刺激经济发展,增加货币发行量,则情况相反。

3. 利率的组成

在金融市场上,利率是资金使用权的价格。一般来说,资金的利率由纯利率、通货膨胀补偿率和风险回报率组成,其计算公式如下:

利率=纯利率+通货膨胀补偿率+风险收益率

(1) 纯利率。纯利率是指无风险和无通货膨胀情况下的社会平均资金利润率。例如,在没有通货膨胀时,国库券利率可以视为纯粹利率。纯利率的高低,受平均利润率、资金供求关系和国家调节的影响。

(2) 通货膨胀补偿率。通货膨胀补偿率是指由于持续的通货膨胀会不断降低货币实际购买力,为补偿其购买力损失而要求提高的利率。由于通货膨胀使货币贬值,投资者的实际报酬下降。他们在把资金交给借款人时,会在纯粹利息率的水平上再加上通货膨胀补偿率,以弥补通货膨胀造成的购买力损失。因此,每次发行国库券的利息率随预期的通货膨胀率变化而变化,它等于纯粹利息率加预期通货膨胀率。

(3) 风险收益率。投资者实际报酬除了受通货膨胀影响以外,还受投资风险的影响。投资风险越大,所要求的收益率也越高。一般而言,投资风险包括违约风险、流动性风险和期限风险。所以风险收益率也就等于违约风险收益率、流动性风险收益率与期限风险收益率之和。

违约风险收益率是指为了弥补因债务人无法按时还本付息而带来的风险,由投资者因承担这种风险而要求提高的利率。违约风险越大,投资者要求的利率报酬越高。债券评级,实际上就是评定违约风险的大小。信用等级越低,违约风险越大,要求的利率越高。国库券因几乎不存在违约风险,所以国库券利率要远远低于其他债券。

流动性风险收益率是指为了弥补因债务人资产流动性不好而带来的风险,由投资者要求提高的利率。资产的流动性是指该资产的变现能力。各种有价证券的变现能力是不同的。政府债券和大公司的股票容易被人接受,投资者可以随时出售以收回投资,变现能力很强,流动性好,因此这些有价证券的流动性风险小,其流动性风险附加率也低。与此相反,一些小公司的债券鲜为人知,不易变现,流动性差,投资者将要求较高的流动性风险收益率作为补偿。

期限风险收益率是指为了弥补因偿债期长而带来的风险,由债权人要求提高的利率。例如,5年期国库券利率比3年期国库券利率高。两者的流动性风险和违约风险相同,差别在于到期时间不同。到期时间越长,在此期间由于市场利率上升,而长期债券按固定利率计息,使投资者遭受损失的风险越大。期限风险收益率,是对投资者承担利率变动风险的一种补偿。

◇ 财务管理是企业管理的一个组成部分。它是依据国家的政策和法令,遵循资金运动的特点和规律性,为实现企业财务管理目标,有效地组织企业的资金运动,正确处理相应财务关系的一项经济管理工作。

◇ 企业财务活动是指企业资金的筹集、投放、营运、使用、收回和分配等一系列具体活动,它构成企业经济活动的一个独立方面。企业财务关系是指企业在组织财务活动过程中与有关各方面发生的经济关系。企业财务活动及其所体现的财务关系构成了财务管理的基本内容,具体包括以下几个方面:筹资管理,投资管理,营运资金管理,资金分配管理等。

◇ 财务管理环节是指财务管理工作的各个阶段,即完成财务管理工作的步骤和程序。财务管理的基本环节有:财务预测、财务决策、财务规划、财务控制、财务分析。它们相互配合,紧密联系,形成完整的财务管理工作体系。与财务管理的环节相适应,财务管理的方法也分为财务预测方法、财务决策方法、财务规划方法、财务控制方法和财务分析方法等。

◇ 财务管理目标是企业进行财务管理所要达到的目的,是评价企业财务活动是否合理的标准,企业价值最大化是现代企业财务管理的整体目标。财务管理具体内容的不同形成了不同的财务管理的分部目标。不同利益主体的目标之间有时是存在矛盾和冲突的,企业在理财时必须对各利益相关者财务目标之间的矛盾进行协调,只有通过对各种矛盾的协调,才能最终实现企业价值最大化。

◇ 财务管理的环境,又称理财环境,是指对企业财务活动产生影响的各种条件和因素,它是企业进行财务决策、制定财务规划、实施有效理财的依据。理财环境主要包括宏观环境和微观环境,概括起来可分为经济环境、法律环境、金融市场环境等。

一、单项选择题

1. 企业财务管理的对象是(　　)。
   A. 资金运动及其体现的财务关系　　B. 资金的数量增减变动
   C. 资金的循环与周转　　D. 资金投入、退出和周转
2. 企业的财务活动是指企业的(　　)。
   A. 货币资金收支活动　　B. 资金分配活动
   C. 资本金的投入和收回　　D. 资金的筹集、运用、收回及分配
3. 财务管理最主要的环境因素是(　　)。
   A. 经济环境　　B. 法律环境　　C. 体制环境　　D. 金融环境
4. 企业与债权人的财务关系在性质上是一种(　　)。
   A. 经营权与所有权关系　　B. 投资与被投资关系
   C. 委托代理关系　　D. 债权债务关系

5.(　　)是财务预测和财务决策的具体化,是财务控制和财务分析的依据。

A. 财务管理　　B. 财务预算　　C. 财务关系　　D. 财务活动

6. 在下列财务管理目标中,通常被认为比较合理的是(　　)。

A. 利润最大化　　B. 企业价值最大化

C. 每股收益最大化　　D. 股东财富最大化

7. 财务管理的目标可用股东财富最大化来表示,能表明股东财富的指标是(　　)。

A. 利润总额　　B. 每股收益

C. 资本利润率　　D. 每股股价

8. 以企业价值最大化作为财务管理目标存在的问题有(　　)。

A. 没有考虑资金的时间价值　　B. 没有考虑资金的风险价值

C. 企业的价值难以评定　　D. 容易引起企业的短期行为

9. 没有风险和通货膨胀情况下的利率是指(　　)。

A. 浮动利率　　B. 市场利率

C. 纯利率　　D. 法定利率

10. 公司与政府之间的财务关系体现为(　　)。

A. 债权债务关系　　B. 资金和无偿分配的关系

C. 风险收益对等关系　　D. 资金结算关系

二、多项选择题

1. 利润额最大化目标的主要缺点是(　　)。

A. 没有考虑资金的时间价值　　B. 没有考虑资金的风险价值

C. 是一个绝对值指标,未能考虑投入和产出之间的关系

D. 容易引起企业的短期行为

2. 债权人为了防止自身利益被损害,通常采取(　　)等措施。

A. 参与董事会监督所有者　　B. 限制性借款

C. 收回借款不再借款　　D. 优先于股东分配剩余财产

3. 以每股收益最大化作为企业财务管理的目标,它所存在的问题有(　　)。

A. 没有把企业的利润与投资者投入的资本联系起来

B. 没有把企业获取的利润与所承担的风险联系起来

C. 没有考虑资金时间价值因素

D. 不利于企业之间收益水平的比较

E. 容易诱发企业经营中的短期行为

4. 金融市场利率由(　　)构成。

A. 基础利率　　B. 风险补偿率

C. 通货膨胀补贴率　　D. 资本利润率

5. 对企业财务管理而言,下列因素中的(　　)只能加以适应和利用,但不能改变它。

A. 国家的经济政策　　B. 金融市场环境

C. 企业经营规模　　D. 国家的财务法规

三、判断题

1. (　　)股东财富最大化目标考虑了众多相关利益主体的不同利益。

2. (　　)企业所有者、经营者在财务管理工作中的目标是完全一致的,所以他们之间没有任何利益冲突。

3. (　　)企业财务活动的内容,也是企业财务管理的基本内容。

4. (　　)解聘是一种通过市场约束经营者的办法。

5. (　　)金融市场的基础利率没有考虑风险和通货膨胀因素。

实训项目

一、实训目的

1. 了解公司财务管理的职能。
2. 了解公司健全的财务管理制度的内容。
3. 掌握公司财务管理的目标。
4. 掌握企业内控管理的内容。

二、实训资料

摩拜“委身”美团

2018年4月,美团与摩拜正式签署了全资收购协议,根据协议,摩拜将以37亿美元的总价出售给美团,包括27亿美元的实际作价(12亿美元现金及15亿美元股权)和10亿美元的债务。在此次收购完成后,摩拜将保持品牌独立和运营独立,摩拜的管理团队将保持不变,继续担任现有职务,美团CEO王兴将出任摩拜董事长。

查阅摩拜公布的财务报表发现,截至2017年12月,摩拜持有现金37.52亿元,欠供应商10亿元,挪用用户押金60亿元。在荷兰皇家阿霍德集团亚太区财务并购管理经理秦昱看来,摩拜的财务状况并不健康。从摩拜2017年12月份损益表中可以看出,当月摩拜收入仅1.1亿元;月度运营费用,包括公司运营,人员开支及车辆丢失、维修、调度等,超过4亿元;去掉5.65亿元销售成本、1.46亿元管理支出以及0.8亿元减值损失,净利润亏损6.81亿元。数据显示,2017年12月,摩拜每车每天仅周转1次。如此低的周转率完全无法支撑摩拜的正常运营,也就是说,摩拜绝大部分的资金都依靠外部融资。

作为共享单车行业的代表性企业,在改变人们生活方面,摩拜无疑是成功的。但其一直未能找到适宜的盈利模式,使其可持续发展存疑。

三、实训要求

1. 摩拜的财务管理存在哪些问题?

2. 摩拜共享单车盈利模式崩溃的主要原因是什么?

3. 在新的发展阶段,摩拜在财务管理模式、财务预算、财务分析和决策支持系统方面应如何改进?

项目二　价 值 观 念

项目导航

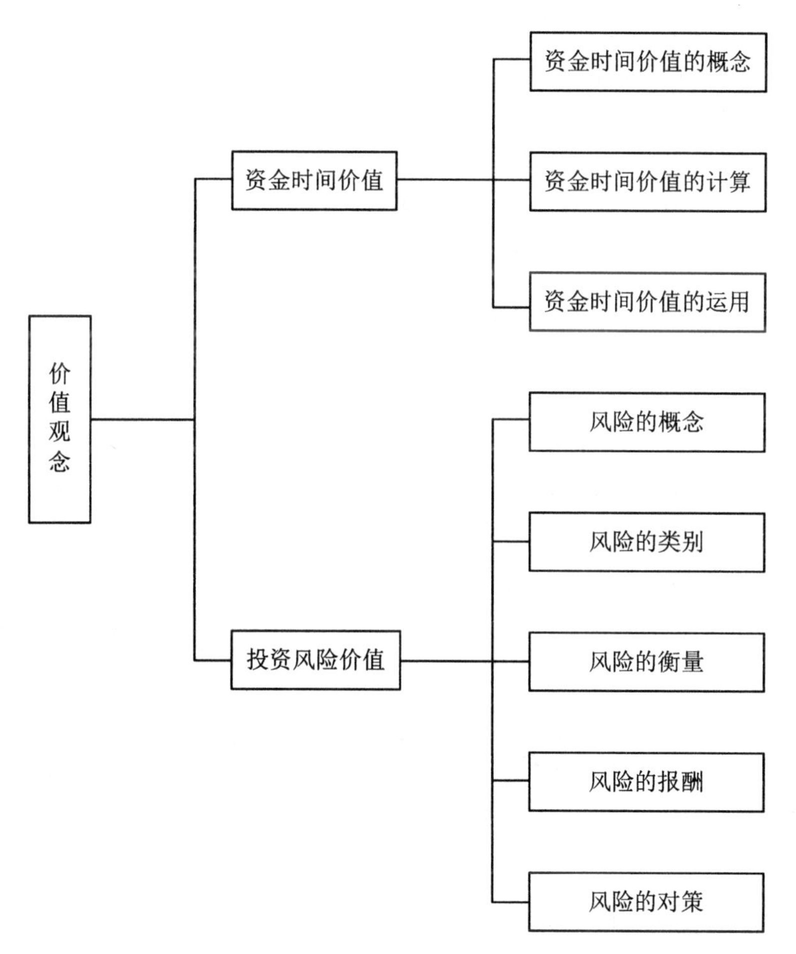

学习目标

通过本章的学习，要求学生在了解货币时间价值基本原理的基础上，熟悉复利终值与现值、年金终值与现值、名义利率与实际利率的基本概念；掌握现值与终值间、年金与终值间、年金与现值间的转换公式和计算分析方法；在了解风险与收益基本含义的基础上，掌握预期收益的构成和决定因素，重点掌握风险衡量的方法以及风险与收益的权衡。

重点难点

资金时间价值的运用,风险衡量的方法。

案例导读

拿破仑的玫瑰悬案

拿破仑1797年3月在卢森堡第一国立小学演讲时说了这样一番话:“为了答谢贵校对我,尤其是对我夫人约瑟芬的盛情款待,我不仅今天呈上一束玫瑰花,并且在未来的日子里,只要我们法兰西存在一天,每年的今天我将亲自派人送给贵校一束价值相等的玫瑰花,作为法兰西与卢森堡友谊的象征。”时过境迁,拿破仑穷于应付连绵的战争和此起彼伏的政治事件,最终因失败而被流放到圣赫勒拿岛,把在卢森堡许下的诺言忘得一干二净。可卢森堡这个小国对这位欧洲巨人与卢森堡孩子亲切、和谐相处的一刻“念念不忘,并载入他们的史册”。1984年底,卢森堡旧事重提,向法国提出违背“赠送玫瑰花”诺言案的索赔:要么从1797年起,用3路易作为一束玫瑰花的本金,以5厘复利(即利滚利)计息全部清偿这笔玫瑰案;要么法国政府在法国各大报刊上公开承认拿破仑是个言而无信的小人。起初,法国政府准备不惜重金赎回拿破仑的声誉,但却又被电脑算出的数字惊呆了:原本3路易的许诺,本息竟高达1 375 596法郎。经苦思冥想,法国政府斟词酌句的答复是:“以后,无论在精神上还是物质上,法国将始终不渝地对卢森堡大公国的中小学教育事业予以支持与赞助,来兑现我们拿破仑将军那一诺千金的玫瑰花信誉。”这一措辞最终得到了卢森堡人民的谅解。

请思考:这个案例告诉我们什么了呢?

(资料来源:《读者》,2000年第17期)

任务一　资金时间价值

一、资金时间价值概念

为了有效地组织财务管理工作,实现财务管理目标,企业各级财务管理人员必须树立一些基本的财务管理观念。资金时间价值和投资风险价值是现代财务管理的两个基本观念。无论是资金筹集、资金投放,还是收益分配,都必须考虑资金时间价值和投资风险收益问题。

资金时间价值是客观存在的经济范畴,因为任何企业的财务活动都是在特定的时空中进行的。离开了资金时间价值因素，就无法正确计算不同时期的财务收支。资金时间价值原理正确揭示了不同时点上的资金之间的换算关系，是进行财务决策的基本依据。

（一）概念与产生

1. 资金时间价值的概念

资金的时间价值是指一定量资金在不同时点上价值量的差额，也称为货币的时间价值。资金在周转过程中会随着时间的推移而发生增值，使资金在投入、收回的不同时点上价值不同，形成价值差额。

日常生活中，经常会遇到这样一种现象，一定量的资金在不同时点上具有不同价值，现在的1元钱比将来的1元钱更值钱。例如我们现在有1 000元，存入银行，银行的年利率为5%，1年后可得到1 050元，于是现在1 000元的价值与1年后的1 050元的价值相等。因为这1 000元经过1年的时间增值了50元，这增值的50元就是资金经过1年时间所增加的价值。同样，企业的资金投到生产经营中，经过生产过程的不断运行及资金的不断运动，随着时间的推移，会创造新的价值，使资金得以增值。因此，一定量的资金投入生产经营或存入银行，会取得一定利润和利息，从而产生资金的时间价值。

2. 资金时间价值产生的条件

资金时间价值产生的前提条件，是由于商品经济的高度发展和借贷关系的普遍存在，出现了资金使用权与所有权的分离，资金的所有者把资金使用权转让给使用者，使用者必须把资金增值的一部分支付给资金的所有者作为报酬，资金占用的金额越大，使用的时间越长，所有者所要求的报酬就越高。而资金在周转过程中的价值增值是资金时间价值产生的根本源泉。

（二）两种形式

资金的时间价值可用绝对数（利息）和相对数（利息率）两种形式表示，通常用相对数表示。资金时间价值的实际内容是没有风险和没有通货膨胀条件下的社会平均资金利润率，是企业资金利润率的最低限度，也是使用资金的最低成本率。由于时间价值的计算方法和有关利息的计算方法类似，因此时间价值和利率容易被混为一谈，它们的关系如图2-1所示。利率不但包括时间价值，而且包括风险价值和通货膨胀的因素。一般说来，在通货膨胀率很低的情况下，由于购买政府债券几乎没有风险，可以用其利率表示时间价值。

由于资金在不同时点上具有不同的价值，不同时点上的资金就不能直接比较，必须换算到相同的时点上才能比较。因此掌握资金时间价值的计算就很重要。资金时间价值的计算包括一次性收付款项和非一次性收付款项（年金）的终值、现值。

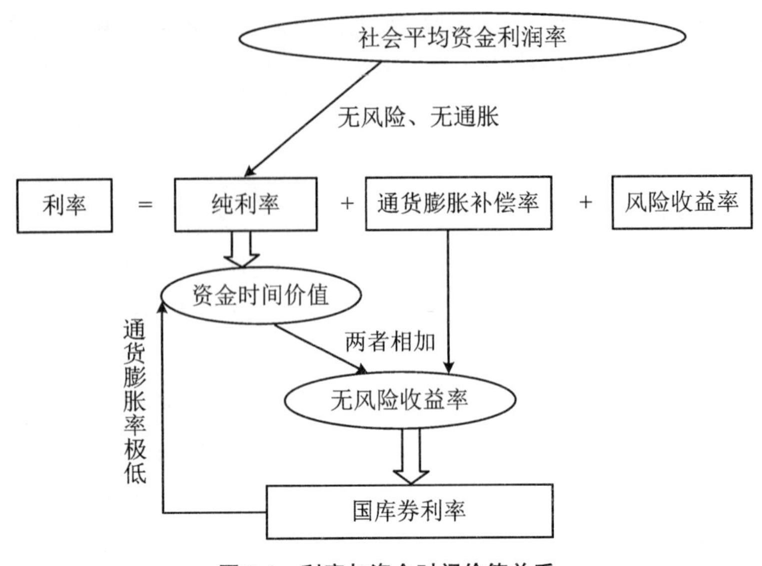

图2-1 利率与资金时间价值关系

以下讲述的资金时间价值的计算都采用抽象分析法，即假设没有风险和通货膨胀，以利率代表时间价值率，本章也以此假设为基础。

二、资金时间价值的计算

资金时间价值的计算涉及两个重要的概念:现值和终值。现值又称本金，是指未来某一时点上的一定量现金折算到现在的价值。终值又称将来值或本利和，是指现在一定量的现金在将来某一时点上的价值。由于终值与现值的计算与利息的计算方法有关，而利息的计算有复利和单利两种，因此终值与现值的计算也有复利和单利之分。在财务管理中，一般按复利来计算。

(一) 计算要素

(1) 现值(Present Value)是指本金或者起始点的价值，通常用PV或者P表示，如图2-2所示。

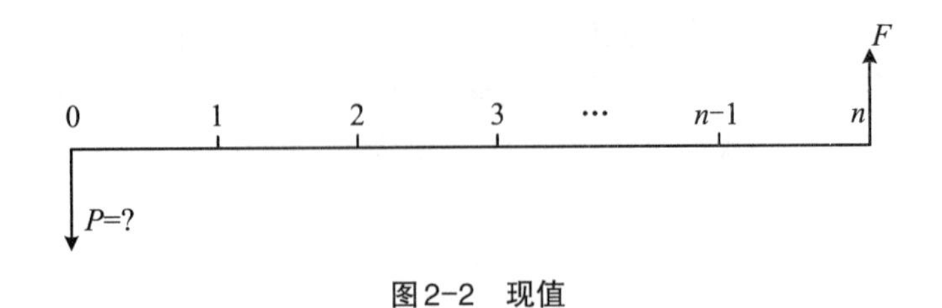

图2-2 现值

(2) 终值(Future Value)是指现在一定量资金在未来某一时点上的价值，俗称本利之和。通常用FV或者F表示，如图2-3所示。

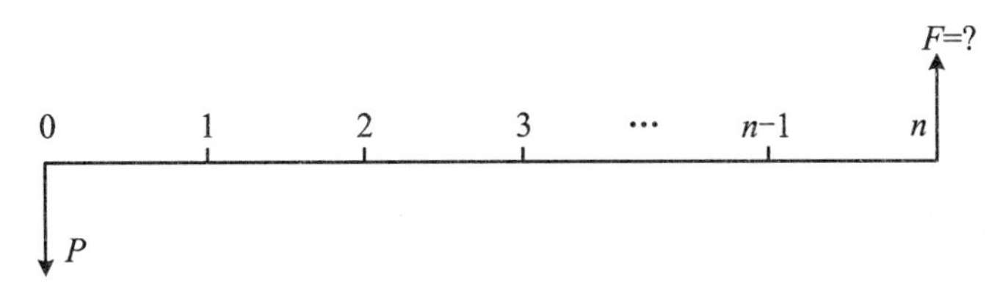

图2-3　终值

(3) 价值率(年利率、折现率)：i。

(4) 计息期数(年数)：n。

(5) 增值额(利息)：I。

(二) 一次性收付款项的终值和现值

一次性收付款项是指在某一特定时点上一次性支出或收入，经过一段时间后再一次性收回或支出的款项。例如，现在将一笔10 000元的现金存入银行，5年后一次性取出的本利和。

1. 单利的计算

本金在贷款期限中获得利息，不管时间多长，所生利息均不加入本金重复计算利息。

(1) 单利终值，如图2-4所示。

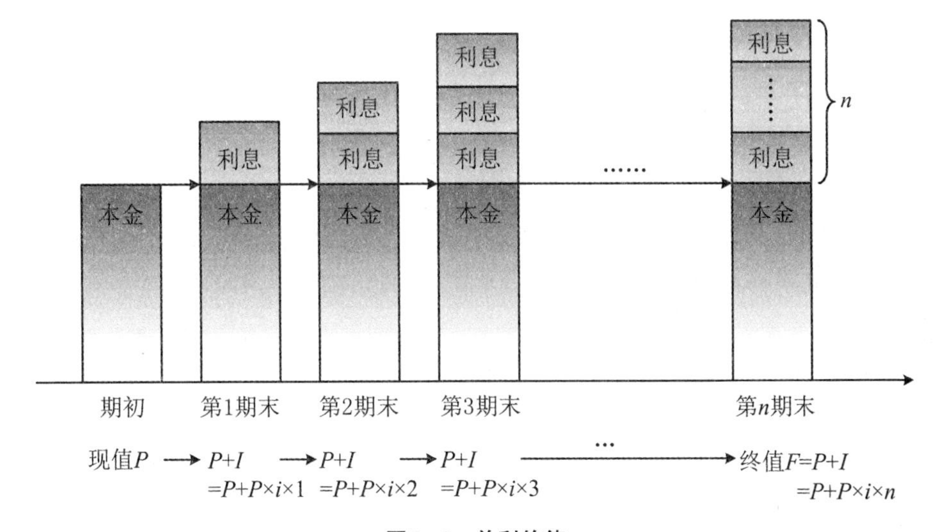

图2-4　单利终值

$$单利终值=现值\times(1+各期利率\times期数)$$

$$F=P\times(1+i\times n)$$

【例2-1】 李刚同学现在通过助学贷款申请借款6 000元，假定年利率为5%，那么5年后李刚需偿还多少钱，才能把本利还清？(采用单利终值比较)

解析

$$
\begin{aligned}
\text{五年后的终值}F &= P\times(1+i\times n)\\
&= 6\,000\times(1+5\%\times 5)\\
&= 7\,500(\text{元})
\end{aligned}
$$

(2) 单利现值,是指未来某一时点上的一定量的资金,按照单利法折合到现在的价值,也可以叫本金,如图2-5所示。

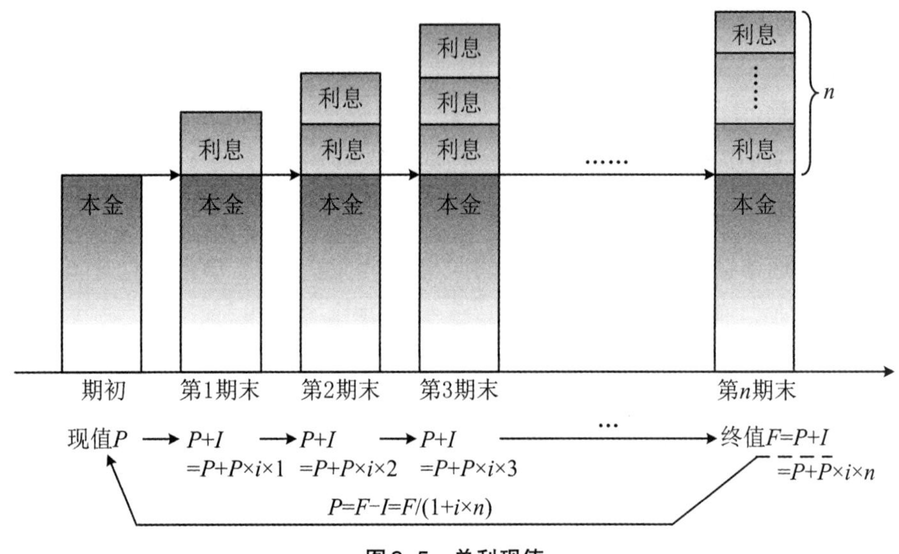

图2-5 单利现值

$$\text{单利现值}=\text{终值}-\text{利息}=\text{终值}/(1+\text{各期利率}\times\text{期数})$$

$$P=\frac{F}{1+i\times n}$$

【例2-2】 光明公司准备5年后进行技术改造,需要资金100万元,在银行利率5%、单利计息条件下,光明公司现在存入多少资金才能在5年后满足技术改造的需要?

解析

光明公司现在应存入的资金为

$$
\begin{aligned}
P &= F/(1+i\times n)\\
&= 100/(1+5\%\times 5)=80(\text{万元})
\end{aligned}
$$

5年的利息为

$$
\begin{aligned}
\text{利息} &= \text{终值}-\text{现值}=100-80=20(\text{万元})\\
&= P\times i\times n=80\times 5\%\times 5=20(\text{万元})
\end{aligned}
$$

2. 复利计算

每经过一个计息期,要将所生利息加入本金再计利息,逐期滚算,俗称“利滚利”。

(1) 复利终值,如图2-6所示。

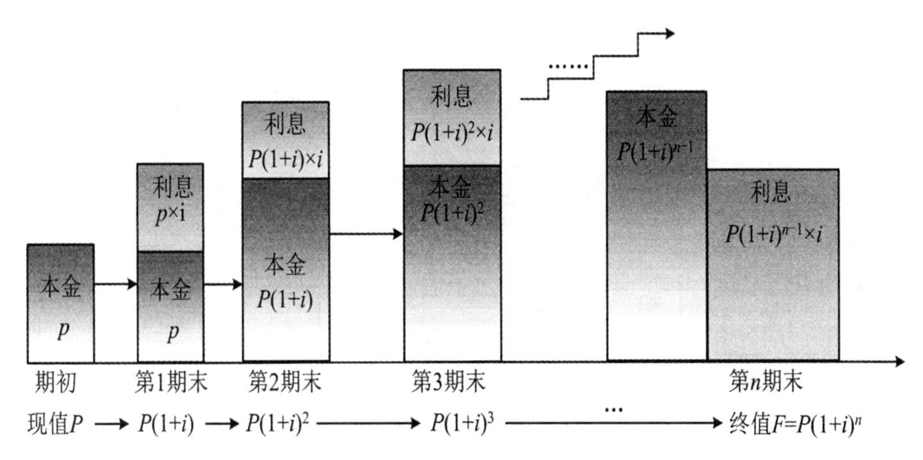

图2-6 复利终值

复利终值公式为

$$F=P(1+i)^n=P(F/P,i,n)$$

式中，$(1+i)^n$称为“复利终值系数”或“1元复利终值系数”，用符号$(F/P,i,n)$表示，其数值可查阅1元复利终值系数表，见附表一。

【例2-3】 光明公司有闲余资金10万元，拟购买复利计息的金融债券，年利息率为6%，每年计息一次，请问债券5年末和8年末的终值和利息为多少？

解析

计算5年末的终值和利息

$F=10\times(1+6\%)^5=10\times(F/P,6\%,5)=10\times1.3382=13.382$（万元）

$I=13.382-10=3.382$（万元）

计算8年末的终值和利息

$$F=10\times(1+6\%)^8=10\times(F/P,6\%,8)$$
$$=10\times1.5938=15.938\text{（万元）}$$
$$I=15.938-10=5.938\text{（万元）}$$

(2) 复利现值，是指在将来某一特定时间取得或支出一定数额的资金，按复利折算到现在的价值，如图2-7所示。

复利现值公式为

$$P=F/(1+i)^n=F(1+i)^{-n}=F(P/F,i,n)$$

式中，$(1+i)^{-n}$称为“复利现值系数”或“1元复利现值系数”，用符号$(P/F,i,n)$表示，它与复利终值系数是互为倒数的关系，其数值可查阅1元复利现值系数表，见附表二。

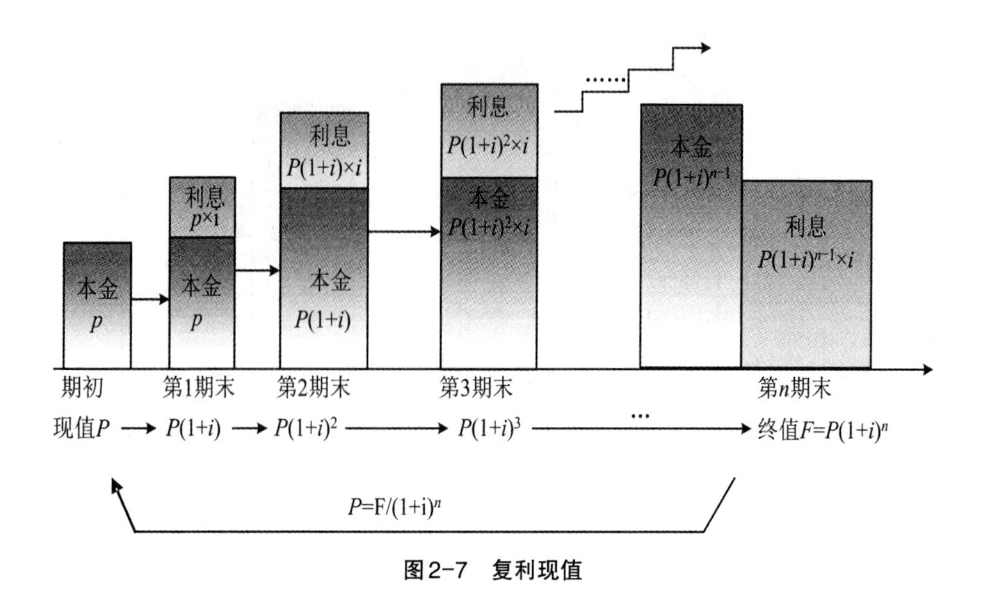

图2-7 复利现值

【例2-4】 光明公司准备5年后偿还一笔到期债券，需要资金240万元，在银行存款利率为4%，复利计息情况下，现在应存入多少钱？

解析

光明公司现在存入的资金为

$$\begin{aligned}P&=F\times(1+i)^{-n}\\&=F\times(P/F,4\%,5)\\&=240\times0.8219\\&=197.256(\text{万元})\end{aligned}$$

把每1美元都看成是一粒会长成大树的种子

大家都知道“复利”这个词语，“复利”是银行计算利息的一种方法，即把前一期的利息和本金加在一起算作本金，再计算下一期的利息。换句话说，就是当你把钱存入银行时，利息和原来的本金一起留在了银行，随着时间的流逝，不止你的本金会产生利息，你的利息也会产生利息。这就像一粒树种长成大树，而大树又结出新的种子，新的种子再长成新的大树……这样不断地累加起来，一粒树种变成了一片森林。这就是“累积”的力量。但是，由于风险低，储蓄提供的利息是回报率很低的一种投资。那么这样的一粒“种子”如果放到回报率较高的投资上，到底会有多大的价值呢？如果你以20%的年利率每天存入1美元，在32年后你就可以回收你的第一个100万美元。而若以10%的年利率每天存入10美元，也只要不到35年就可以得到100万美元。这就是“累积”的力量！爱因斯坦曾说过：“复利”是人类最具威力的发明。美国开国之父之一的本·富兰克林则把“复利”称作可以点石成金的魔杖。

（资料来源：《哈佛商学院启示录》，2004年）

（三）年金的终值和现值（非一次性收付款项的终值和现值）

年金是指一定时期内，每隔相同的时间，收入或支出相同金额的系列款项。例如直线法计提的折旧、租金、等额分期付款、养老金、保险费、零存整取等都属于年金。年金具有连续性和等额性特点。连续性要求在一定时间内，间隔相等时间就要发生一次收支业务，中间不得中断，必须形成系列。等额性要求每期收、付款项的金额必须相等。

根据每次收付发生的时点不同，年金可分为普通年金、预付年金、递延年金和永续年金四种。

需要注意的是，在财务管理中，讲到年金一般是指普通年金。

1. 普通年金

普通年金是指在每期的期末，间隔相等时间，收入或支出相等金额的系列款项。每一间隔期，有期初和期末两个时点，由于普通年金是在期末这个时点上发生收付，故又称后付年金。常用A表示。

（1）普通年金的终值。普通年金的终值是指每期期末收入或支出的相等款项，按复利计算，在最后一期所得的本利和。每期期末收入或支出的款项用A表示，利率用i表示，期数用n表示，那么每期期末收入或支出的款项，折算到第n年的终值的如图2-8所示。

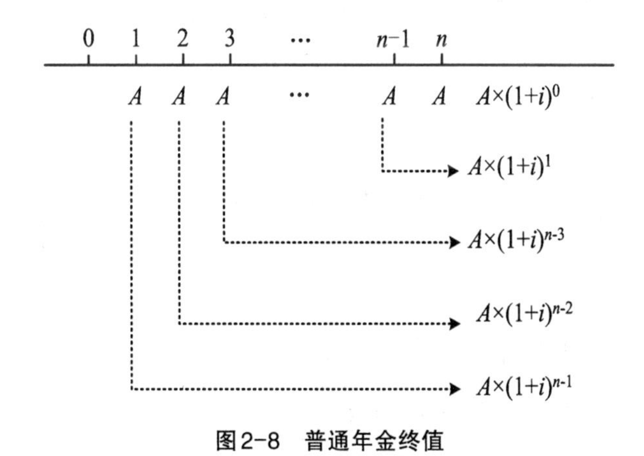

图2-8 普通年金终值

第n年支付或收入的款项A折算到最后一期（第n年），其终值为$A\times(1+i)^0$

第$n-1$年支付或收入的款项A折算到最后一期（第n年），其终值为$A\times(1+i)^1$

……

第3年支付或收入的款项A折算到最后一期（第n年），其终值为$A\times(1+i)^{n-3}$

第2年支付或收入的款项A折算到最后一期（第n年），其终值为$A\times(1+i)^{n-2}$

第1年支付或收入的款项A折算到最后一期（第n年），其终值为$A\times(1+i)^{n-1}$

那么，n年的年金终值和

$$F=A\times(1+i)^0+A\times(1+i)^1+\cdots+A\times(1+i)^{n-3}+A\times(1+i)^{n-2}+A\times(1+i)^{n-1}$$

经整理

$$F=A\times\frac{(1+i)^n-1}{i}$$

式中，$\frac{(1+i)^n-1}{i}$称为“年金终值系数”或“1元年金终值系数”，记为$(F/A,i,n)$，表示年金为1元，利率为i，经过n期的年金终值是多少，可直接查1元年金终值系数表，见附表三。

【例2-5】 李刚连续5年每年年末存入银行10 000元，利率为5%。计算第5年年末的本利和。

解析

$$\begin{aligned}F&=A\times(F/A,5\%,5)\\&=10\,000\times5.525\,6\\&=55\,256(\text{元})\end{aligned}$$

上面的计算表明，每年年末存10 000元，连续存5年，到第5年年末可得55 256元。

(2) 年偿债基金。计算年金终值，一般是已知年金，然后求终值。有时我们会碰到已知年金终值，反过来求每年支付的年金数额，这是年金终值的逆运算，我们把它称作年偿债基金的计算，其计算如图2-9所示。

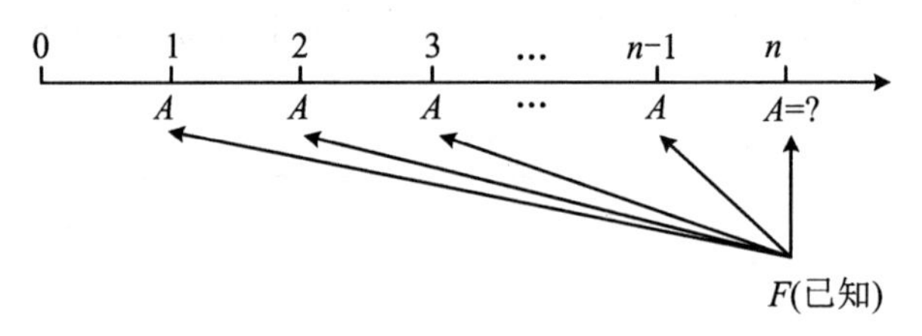

图2-9 年偿债基金

$$A=F\times\frac{i}{(1+i)^n-1}$$

式中，$\frac{i}{(1+i)^n-1}$称为“偿债基金系数”，记为$(A/F,i,n)$，它与普通年金终值系数是互为倒数的关系，可根据年金终值系数的倒数来得到。即

$$(A/F,i,n)=1/(F/A,i,n)$$

利用偿债基金系数可把年金终值折算为每年需要支付的年金数额。

【例2-6】 李刚在5年后要偿还一笔50 000元的债务，银行利率为5%。请问为归还这笔债务，每年年末应存入银行多少元?

解析

$$\begin{aligned}A&=F\times(A/F,i,n)\\&=50\,000\times(A/F,5\%,5)\\&=50\,000\times[1/(F/A,5\%,5)]\\&=50\,000\times1/5.525\,6\\&=9\,048.79(\text{元})\end{aligned}$$

在银行利率为5%时，每年年末存入银行9 048.79元，5年后才能还清债务50 000元。

（3）普通年金的现值。普通年金的现值是指一定时期每期期末等额收支款项的复利现值之和。实际上就是指为了在每期期末取得或支出相等金额的款项，现在需要一次投入或借入多少金额，年金现值用P表示，其计算如图2-10所示。

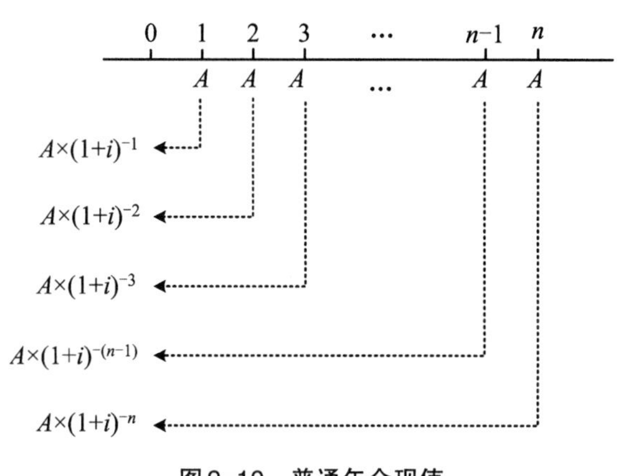

图2-10 普通年金现值

要将每期期末的收支款项全部折算到时点0，则

第1年年末的年金A折算到时点0的现值为$A\times(1+i)^{-1}$

第2年年末的年金A折算到时点0的现值为$A\times(1+i)^{-2}$

第3年年末的年金A折算到时点0的现值为$A\times(1+i)^{-3}$

……

第$(n-1)$年年末的年金A折算到时点0的现值为$A\times(1+i)^{-(n-1)}$

第n年年末的年金A折算到时点0的现值为$A\times(1+i)^{-n}$

那么，n年的年金现值之和

$$P=A\times(1+i)^{-1}+A\times(1+i)^{-2}+A\times(1+i)^{-3}+\cdots+A\times(1+i)^{-(n-1)}+A\times(1+i)^{-n}$$

经整理

$$P=A\times\frac{1-(1+i)^{-n}}{i}$$

式中，$\frac{1-(1+i)^{-n}}{i}$称为“年金现值系数”或“1元年金现值系数”，记作$(P/A,i,n)$，表示年金1元，利率为i，经过n期的年金现值是多少，可查1元年金现值系数表，见附表四。

【例2-7】 李刚希望每年年末取得10 000元，连续取5年，银行利率为5%。请问第一年年初应一次性存入多少元？

解析

$$\begin{aligned}P&=A\times(P/A,i,n)\\&=10\,000\times(P/A,5\%,5)\\&=10\,000\times4.329\,5\\&=43\,295(\text{元})\end{aligned}$$

为了每年年末取得10 000元,第一年年初应一次存入43 295元。

(4) 年资本回收额。年资本回收额是在指定的一定年限内等额回收初始投入资本或等额偿还初始借入的债务。求年资本回收额实质上是年金现值的逆运算,其计算如图2-11所示。

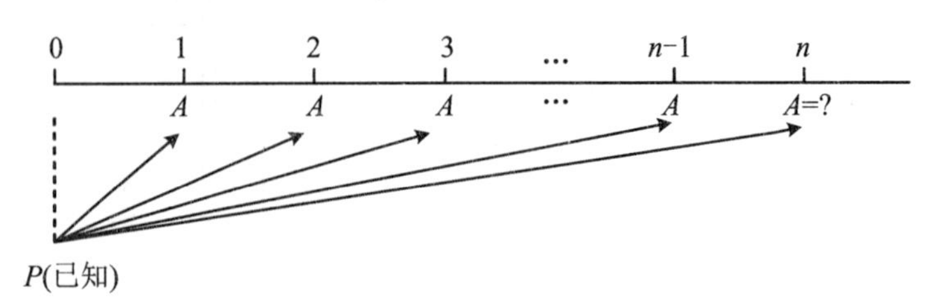

图2-11 年资本回收额

$$A = P \times \frac{i}{1-(1+i)^{-n}}$$

式中,$\frac{i}{1-(1+i)^{-n}}$称为“资本回收系数”,记作$(A/P,i,n)$,是年金现值系数的倒数,可利用年金现值系数的倒数来求得。

【例2-8】 假设李刚准备买一套公寓住房,房款总计80万元,如果首期付款20%,其余款项银行提供10年按揭贷款,年利率为6%,则每年还贷多少?如果年内每月不计复利,每月付款额是多少?

解析

按年资本回收额计算,该项贷款的每年还贷额为

$$\text{购房贷款总额} = 80 \times (1-20\%) = 64(\text{万元})$$

$$\begin{aligned}\text{每年还贷额 } A &= P \times (A/P,i,n)\\ &= 64 \times (A/P,6\%,10)\\ &= 64 \times [1/(P/A,6\%,10)]\\ &= 64 \div (P/A,6\%,10)\\ &= 64 \div 7.3601\\ &= 8.6955(\text{万元})\end{aligned}$$

$$\text{每月还贷额} = 8.6955 \div 12 = 0.7246(\text{万元})$$

2. 预付年金

预付年金是指每期收入或支出相等金额的款项是发生在每期的期初,而不是期末,也称先付年金或即付年金。

预付年金与普通年金的区别在于收付款的时点不同,普通年金在每期的期末收付款项,预付年金在每期的期初收付款项,收付时间如图2-12所示。

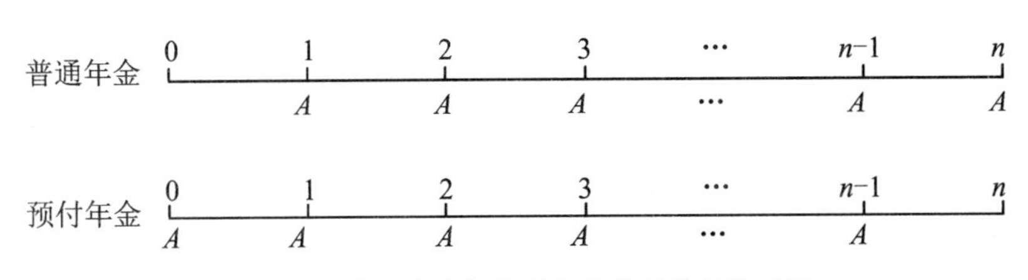

图2-12 普通年金与预付年金收付款项的时间

从图2-10可见，n期的预付年金与n期的普通年金，其收付款次数是一样的，只是收付款时点不一样。如果计算年金终值，预付年金要比普通年金多计一年的利息；如计算年金现值，则预付年金要比普通年金少折现一年，因此，在普通年金的现值、终值的基础上，乘上$(1+i)$便可计算出预付年金的现值与终值。

(1) 预付年金的终值。对于等额收付n次的预付年金而言，其终值指的是各期等额收付金额在第n期期末的复利终值之和。等额收付n次的预付年金终值的计算如图2-13所示。

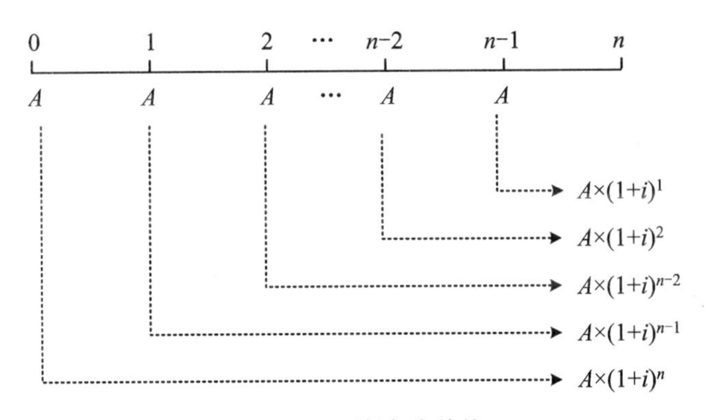

图2-13 预付年金终值

$$
\begin{aligned}
F &= A(1+i)^1 + A(1+i)^2 + \cdots + A(1+i)^{n-1} + A(1+i)^n \\
&= A \times \frac{(1+i)^n - 1}{i} \times (1+i) = A \times (F/A,i,n)(1+i) \\
&= A \times \left[\frac{(1+i)^{n+1} - 1}{i} - 1\right] = A \times [(F/A,i,n+1) - 1]
\end{aligned}
$$

式中，$\frac{(1+i)^{n+1}-1}{i}-1$称为“预付年金终值系数”，记作$(F/A,i,n+1)-1$，可利用普通年金终值表查得第$(n+1)$期的终值，然后减去1，就可得到1元预付年金终值。

【例2-9】 将【例2-5】中收付款的时间改为每年年初，其余条件不变。求第5年年末的本利和。

解析一

$$\begin{aligned}F&=A\times(F/A,i,n)\times(1+i)\\&=A\times(F/A,5\%,5)\times(1+5\%)\\&=10\,000\times5.525\,6\times1.05\\&=58\,019(\text{元})\end{aligned}$$

解析二

$$\begin{aligned}F&=A\times[(F/A,i,n+1)-1]\\&=10\,000\times[(F/A,5\%,5+1)-1]\\&=10\,000\times(6.801\,9-1)\\&=58\,019(\text{元})\end{aligned}$$

(2) 预付年金的现值。预付年金现值是指预付年金中各期等额收付金额在第一期期初(0时点)的复利现值之和。预付年金现值的计算如图2-14所示。

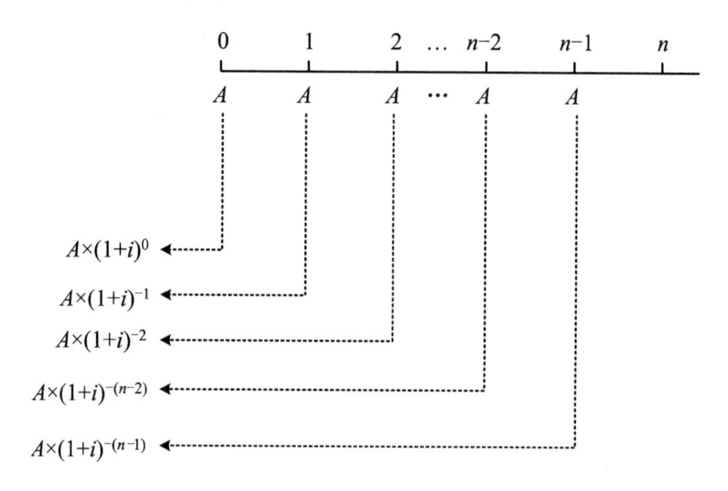

图2-14 预付年金现值

$$\begin{aligned}P&=A(1+i)^0+A(1+i)^{-1}+\cdots+A(1+i)^{-(n-2)}+A(1+i)^{-(n-1)}\\&=A\times\frac{1-(1+i)^{-n}}{i}\times(1+i)\\&=A\times(P/A,i,n)\times(1+i)\\&=A\times\left[\frac{1-(1+i)^{-(n-1)}}{i}+1\right]\end{aligned}$$

式中，$\frac{1-(1+i)^{-(n-1)}}{i}+1$称为“预付年金现值系数”，记作$(P/A,i,n-1)+1$，可利用普通年金现值表查得第$(n-1)$期的现值，然后加上1，就可得到1元预付年金现值。

【例2-10】 将【例2-7】中收付款的时间改在每年年初，其余条件不变。请问第一年年初应一次性存入多少钱？

解析一

$$
\begin{aligned}
P &= A \times (P/A, i, n) \times (1+i) \\
&= 10\,000 \times (P/A, 5\%, 5) \times (1+5\%) \\
&= 10\,000 \times 4.329\,5 \times 1.05 \\
&= 45\,460(\text{元})
\end{aligned}
$$

解析二

$$
\begin{aligned}
P &= A \times [(P/A, i, n-1)+1] \\
&= 10\,000 \times [(P/A, 5\%, 5-1)+1] \\
&= 10\,000 \times (3.546\,0+1) \\
&= 45\,460(\text{元})
\end{aligned}
$$

3. 递延年金

前两种年金的第一次收付时间都发生在整个收付期的第一期，要么在第一期期末，要么在第一期期初。但有时会遇到第一次收付不发生在第一期，而是隔了几期后才在以后的每期期末发生一系列的收支款项，这种年金形式就是递延年金，它是普通年金的特殊形式。因此，凡是不在第一期开始收付的年金，称为递延年金。图2-15可说明递延年金的支付特点。

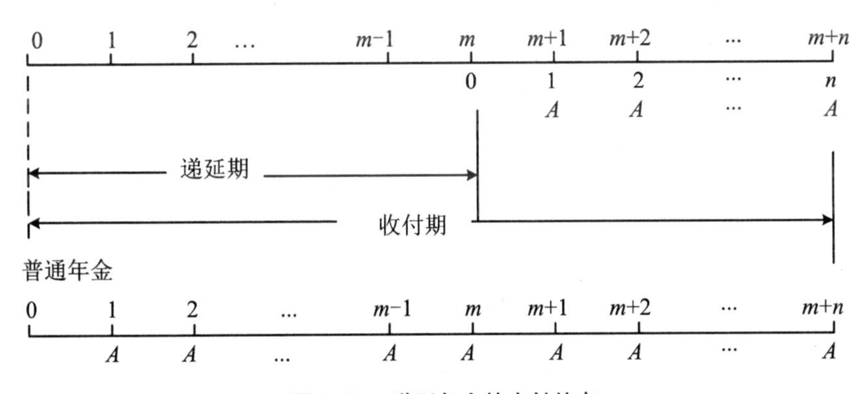

图2-15 递延年金的支付特点

从图2-15中可知，递延年金的第一次年金收付没有发生在第一期，而是隔了m期（这m期就是递延期），在第$(m+1)$期的期末才发生第一次收付，并且在以后的n期内，每期期末均发生等额的现金收支。与普通年金相比，尽管期限一样，都是$(m+n)$期，但普通年金在$(m+n)$期内，每个期末都要发生收支，而递延年金在$(m+n)$期内，只在后n期发生收支，前m期无收支发生。

(1) 递延年金的终值。在图2-15中，先不看递延期，年金一共支付了n期。只要将这n期年金折算到期末，即可得到递延年金终值。所以，递延年金终值的大小，与递延期无关，只与年金共支付了多少期有关，它的计算方法与普通年金相同：

$$F = A \times (F/A, i, n)$$

【例2-11】 光明企业于年初投资一项目，估计从第5年开始至第10年，每年年末可得收益10万元，假定年利率为5%。请计算投资项目年收益的终值。

解析

$$
\begin{aligned}
F&=A\times(F/A,i,n)\\
&=10\times(F/A,5\%,6)\\
&=10\times 6.8019\\
&=68.019(\text{万元})
\end{aligned}
$$

(2) 递延年金的现值。递延年金的现值常用两种方法来计算。

① 把递延年金视为n期的普通年金,求年金在递延期期末m点的现值,再将m点的现值调整到第一期期初(见图2-16)。

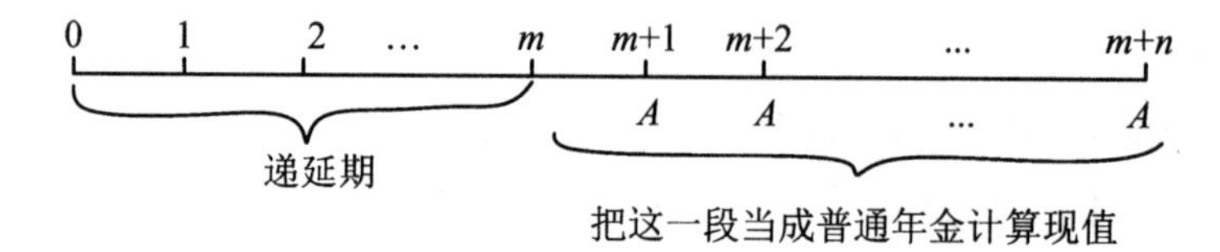

图2-16　递延年金现值

$$P=A\times(P/A,i,n)\times(P/F,i,m)$$

② 先假设递延期也发生收支,则变成一个$(m+n)$期的普通年金,算出$(m+n)$期的年金现值,再扣除并未发生年金收支的m期递延期的年金现值,即可求得递延年金现值(见图2-17)。

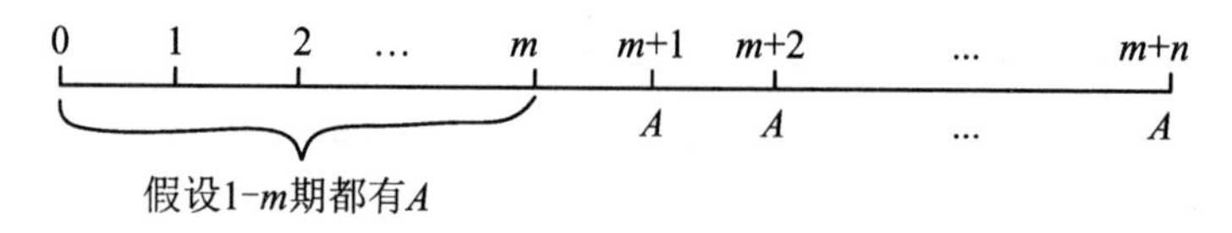

图2-17　递延年金现值

$$P=A\times[(P/A,i,m+n)-(P/A,i,m)]$$

【例2-12】 光明企业年初投资一项目,希望从第5年开始每年年末取得10万元收益,投资期限为10年,假定年利率为5%。请问该企业年初最多投资多少元才有利?

解析一

$$
\begin{aligned}
P&=A\times(P/A,i,n)\times(P/F,i,m)\\
&=10\times(P/A,5\%,6)\times(P/F,5\%,4)\\
&=10\times 5.0757\times 0.8227\\
&=41.76(\text{万元})
\end{aligned}
$$

解析二

$$
\begin{aligned}
P&=A\times[(P/A,i,m+n)-(P/A,i,m)]\\
&=10\times[(P/A,5\%,10)-(P/A,5\%,4)]\\
&=10\times(7.7217-3.5460)\\
&=41.76(\text{万元})
\end{aligned}
$$

从计算中可知,该企业年初的投资额不超过41.76万元才有利。

4. 永续年金

永续年金是指无限期的收入或支出相等金额的年金，也称永久年金。它也是普通年金的一种特殊形式，由于永续年金的期限趋于无限，没有终止时间，因而没有终值，只有现值。永续年金的现值计算公式如下：

$$P=A\times\frac{1-(1+i)^{-n}}{i}$$

当$n\to\infty$时，$(1+i)^{-n}$的极限为0，故上式可写成

$$P=A/i$$

【例2-13】 光明企业要建立一项永久性帮困基金，计划每年拿出5万元帮助失学儿童，年利率为5%。请问现应筹集多少资金？

解析

$$P=A/i=5/(5\%)=100(\text{万元})$$

现应筹集到100万元资金，就可每年拿出5万元帮助失学的儿童。

三、货币时间价值的运用

（一）名义利率与实际利率

1. 名义利率与实际利率的概念

在经济分析中，复利计算通常以年为计息周期。但在实际经济活动中，计息周期有半年、季、月、周、日等多种。当利率的时间单位与计息期不一致时，就出现了名义利率和实际利率的概念。

实际利率指计算利息时实际采用的有效利率，名义利率指计息周期的利率乘以每年计息周期数。

按月计算利息，且其月利率为1%，通常也称为“年利率12%，每月计息一次”。则1%是月实际利率；$1\%\times12=12\%$，12%即为年名义利率；$(1+1\%)^{12}-1=12.68\%$，12.68%为年实际利率。

注：通常所说的年利率都是名义利率，如果不对计息期加以说明，则表示1年计息1次。

2. 名义利率和实际利率的关系

设r为年名义利率，i表示年实际利率，m表示一年中的计息次数，P为本金。

（1）计算实际利率法：

$$i=\left(1+\frac{r}{m}\right)^{m}-1$$

当$m=1$时，$i=r$，实际利率等于名义利率；当$m>1$时，$i>r$，实际利率大于名义利率。

（2）计算每期利率法。先不计算实际利率，而是调整相关指标，先计算每期利率（即r/m），再按每期利率和复利总期数（期数相应变为$m\times n$），直接计算出时间价值。

【例2-14】 光明公司取得银行贷款10 000元，年利率为8%，若每季度复利一次。请问2年后能取得多少本利和？

解析一

先根据名义利率与实际利率的关系,将名义利率折算成实际利率:

$$
\begin{aligned}
i&=\left(1+\frac{r}{m}\right)^{m}-1\\
&=\left(1+\frac{8\%}{4}\right)^{4}-1\\
&=8.24\%
\end{aligned}
$$

再按实际利率计算资金的时间价值:

$$
\begin{aligned}
F&=P\times(1+i)^{n}\\
&=10\,000\times(1+8.24\%)^{2}\\
&=11\,715.9(\text{元})
\end{aligned}
$$

解析二

将已知的年利率r折算成期利率r/m,期数变为$m\times n$。

$$
\begin{aligned}
F&=P\times(1+r/m)^{m\times n}\\
&=10\,000\times(1+5\%/4)^{2\times 4}\\
&=10\,000\times(1+0.0125)^{8}\\
&=11\,044.86(\text{元})
\end{aligned}
$$

(二) 非等额现金流量现值的计算

1. 不等额现金流量现值的计算

计算不等额现金流量的现值(见图2-18),不可以运用年金现值公式计算,可以用复利现值计算,分两步处理:

(1) 将各年现金流量分别按给定的折现率折现到期初零时点;

(2) 将各年现金流量的折现到零时点的金额加计,即得到各年不等额现金流量的现值。

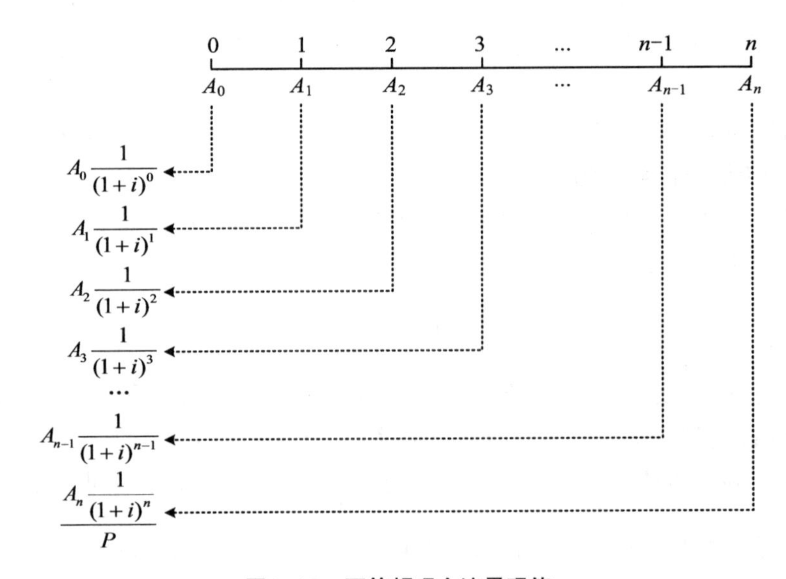

图2-18　不等额现金流量现值

$$P=A_0\frac{1}{(1+i)^0}+A_1\frac{1}{(1+i)^1}+A_2\frac{1}{(1+i)^2}+\dots+A_n\frac{1}{(1+i)^n}$$
$$=\sum_{t=0}^{n}A_t\frac{1}{(1+i)^t}=\sum_{t=0}^{n}A_t(P/F,i,t)$$

【例2-15】 李刚每年年末都将节省下来的工资存入银行,其存款额如表2-1所示,贴现率为5%,求这笔不等额存款的现值。

表2-1 现金流量

年t	0	1	2	3	4
现金流量(元)	1 000	2 000	100	3 000	4 000

这笔不等额现金流量的现值可按下列公式求得:

$$P=A_0\frac{1}{(1+i)^0}+A_1\frac{1}{(1+i)^1}+A_2\frac{1}{(1+i)^2}+A_3\frac{1}{(1+i)^3}+A_4\frac{1}{(1+i)^4}$$
$$=1\,000\times(P/F,5\%,0)+2\,000\times(P/F,5\%,1)+100\times(P/F,5\%,2)+3\,000\times(P/F,5\%,3)+4\,000\times(P/F,5\%,4)$$
$$=1\,000\times1.000+2\,000\times0.952\,4+100\times0.907+3\,000\times0.863\,8+4\,000\times0.822\,7$$
$$=8\,877.7(\text{元})$$

2. 年金和不等额现金流量混合情况下的现值

能用年金计算的用年金现值算,不能用年金计算的用复利现值计算。

【例2-16】 李刚每年都将节省下来的工资存入银行,其存款额如表2-2所示,贴现率为5%,求这笔存款的现值。

表2-2 现金流量

年t	0	1	2	3	4
现金流量(元)	1 000	1 000	2000	3 000	3 000

这笔现金流量的现值可按下列公式求得:

$$P=1\,000\times[(P/A,5\%,2-1)+1]+2\,000\times(P/F,5\%,2)+3\,000\times[(P/A,5\%,4)-(P/A,5\%,2)]$$
$$=1\,000\times1.952\,4+2\,000\times0.907+3\,000\times(3.546\,0-1.859\,4)$$
$$=8\,826.2(\text{元})$$

(三)反求利率计算

在前面计算现值和终值时,都假定利率(折现率)是已知的,但在财务管理中,有时也会遇到已知终值、现值、计息期数,反求利率(折现率)的问题。

1. 求贴现率

可分为以下三步:

第一步，根据题意列出等式；

第二步，求出终值或现值系数；

第三步，根据所求系数和有关系数表求贴现率。

2. 以普通年金利率(折现率)的推算为例

普通年金利率(折现率)的推算比较复杂，在已知P或F、A和n的情况下，推算普通年金利率(折现率)的步骤如下：

(1) 计算P/A(或F/A)的值，假定P/A(或F/A)$=\alpha$。

(2) 查“普通年金现值系数表”或“普通年金终值系数表”，沿着n所在行横向查找，若能找到某一数字等于α，则该数字所在列对应的利率即为所求的普通年金利率(折现率)。

(3) 若不能找到某一数字正好等于α，就需要沿着n所在行找与α最接近的两个左右相邻的数值，设为β_1、β_2($\beta_1<\alpha<\beta_2$)，找出β_1、β_2所对应的利率，设为i_1、i_2，则普通年金利率(折现率)i必在i_1和i_2之间，可用内插法计算。

在内插法下的计算公式如下：

$$i=i_1+\frac{\beta_1-\alpha}{\beta_1-\beta_2}(i_2-i_1)$$

【例2-17】 光明公司第1年初借款80 000元，每年年末还本付息总额均为16 000元，连续9年还清。请问该公司的实际借款利率为多少？

解析

已知现值P，年金A，年限n，反求利率i。

① 计算$P/A=5$。

② 查“普通年金现值系数表”，沿着$n=9$这一行横向查找，找不到某一数字正好等于5，则继续沿着$n=9$这一行找与5最接近的两个左右相邻的数值，分别是5.328 2和4.946 4，令$\beta_1=5.328\ 2$，$\beta_2=4.946\ 4$，找出β_1、β_2所对应的利率，则$i_1=12\%$、$i_2=14\%$。内插法如表2-3所示。

表2-3 内插法

利率			年金现值系数		
12%	$i-12\%$	$14\%-12\%$	5.328 2	5−5.328	4.946 4−5.328 2
i			5		
14%			4.946 4		

数值5在5.328 2和4.946 4之间，相应的利率i应在12%与14%之间。可列出比例关系为

$$\frac{i-12\%}{14\%-12\%}=\frac{5-5.3282}{4.9464-5.3282}$$

解方程求得该公司的实际借款利率$i=13.72\%$。

任务二 投资风险价值

一、风险的含义

(一) 概念

风险是指在一定条件下、一定时期内,某一项行动具有多种可能但结果不确定。风险产生的原因是由于缺乏信息和决策者不能控制未来事物的发展过程。风险具有多样性和不确定性,可以事先估计采取某种行动可能导致的各种结果,以及每种结果出现的可能性大小,但无法确定最终结果是什么。例如,掷一枚硬币,我们可事先知道硬币落地时有正面朝上和反面朝上两种结果,并且每种结果出现的可能性各为50%,但谁也无法事先知道硬币落地时是正面朝上还是反面朝上。

(二) 理解

(1) 风险是事件本身的不确定性,具有客观性。如股票比国库券收益的不确定性要大。

(2) 风险是一定条件下的风险,如你在什么时间,买一种或哪几种股票,各买多少,风险是不一样的,这些问题一旦确定下来,风险大小就无法改变了。

(3) 风险的大小随着时间延续而变化,是“一定时期内”的风险。

(4) 风险和不确定性有区别。风险是指事前可以知道所有可能的后果,以及每种后果出现的概率。不确定性是指事前不知道所有可能的后果,或虽知道可能后果但不知它们出现的概率。但在面对实际问题时,两者很难区分。风险问题的概率往往不能准确知道,不确定性问题也可以估计一个概率,因此在实务领域对风险和不确定性不作区分(见图2-19),都视为“风险”问题对待。

(5) 风险可能给投资人带来超出预期的收益,也可能带来超出预期的损失。一般而言,投资人对意外损失的关切,比对意外收益要强烈得多,因此人们研究风险时侧重减少损失,主要从不利的方面来考察风险,经常把风险看成是不利事件发生的可能性。从财务的角度来说,风险主要指无法达到预期报酬的可能性。

二、风险的类型

企业面临的风险主要两种:市场风险和企业特有风险。

(一) 市场风险

市场风险是指影响所有企业的风险。它由企业的外部因素引起,企业无法控制、无法分散,涉及所有的投资对象,又称系统风险或不可分散风险,如战争、自然灾害、利率的变化、经济周期的变化等。

(二) 企业特有风险

企业特有风险是指个别企业的特有事件造成的风险。它是随机发生的,只与个别企业和个别投资项目有关,不涉及所有企业和所有项目,可以分散,又称非系统风险和可分散风险,如产品开发失败、销售份额减少、工人罢工等。非系统风险根据风险形成的原因不同,又可分为经营风险和财务风险。

1. 经营风险

经营风险是指由于企业生产经营条件变化对企业收益带来的不确定性,又称商业风险。这些导致生产经营条件变化的原因可能来自于企业内部,也可能来自于企业外部,如顾客购买力发生变化、竞争对手增加、政策变化、产品生产方向不对路、生产组织不合理等。这些内外因素,使企业的生产经营产生不确定性,最终引起收益变化。

2. 财务风险

财务风险是指由于企业举债而给财务成果带来的不确定性,又称筹资风险。企业借款,虽可以解决企业资金短缺的困难、提高自有资金的盈利能力,但也改变了企业的资金结构和自有资金利润率,还需还本付息,并且借入资金所获得的利润是否大于支付的利息额,具有不确定性,因此借款就有风险,如图2-19所示。在全部资金来源中,借入资金所占的比重大,企业的负担就重,风险程度也就增加;借入资金所占的比重小,企业的负担就轻,风险程度也就减轻。因此,必须确定合理的资金结构,既提高资金盈利能力,又防止财务风险加大。

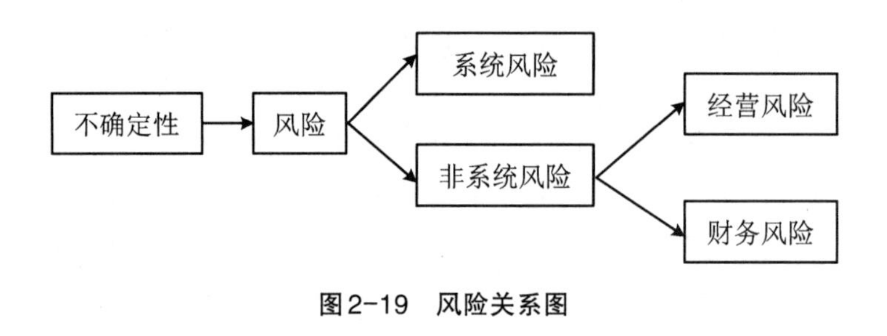

图2-19　风险关系图

三、风险衡量

风险具有普遍性和广泛性,正确地衡量风险十分重要。既然风险是可能值对期望值的偏离,因此利用概率分布、期望值和标准差来计算与衡量风险的大小,是一种最常用的方法。

(一) 概率

在完全相同的条件下,某一事件可能发生也可能不发生,可能出现这种结果也可能出现另外一种结果,这类事件称为随机事件。概率就是用来反映随机事件发生的可能性大小的数值,一般用X表示随机事件,X_i表示随机事件的第i种结果,P_i表示第i种结果出现的概率。一般随机事件的概率在0与1之间,即$0 \leqslant P_i \leqslant 1$,$P_i$越大,表示该事件发生的可能性越大,反之,$P_i$越小,表示该事件发生的可能性越小。所有可能的结果出现的概率之和一定为1,即$\sum P_i = 1$,肯定发生的事件概率为1,肯定不发生的事件概率为0。

【例2-18】 光明企业投资生产了一种新产品，在不同市场情况下，各种可能收益及概率如表2-4所示。

表2-4　新产品收益

市场情况	年收益X_i(万元)	概率P_i
繁荣	200	0.3
正常	100	0.5
衰退	50	0.2

从表2-4中可见，所有的P_i均在0和1之间，且$P_1+P_2+P_3=0.3+0.5+0.2=1$。

如果我们将该企业年收益的各种可能结果及相应的各种结果出现的概率按一定规则排列出来，构成分布图，则称为概率分布。概率分布一般用坐标图来反映，横坐标表示某一事件的结果，纵坐标表示每一结果相应的概率。概率分布有两种类型：一是离散型概率分布，其特点是各种可能结果只有有限个值，概率分布在各个特定点上，是不连续图像；二是连续型概率分布，其特点是各种可能结果有无数个值，概率分布在连续图像上的两点之间的区间上。如图2-20、图2-21所示。

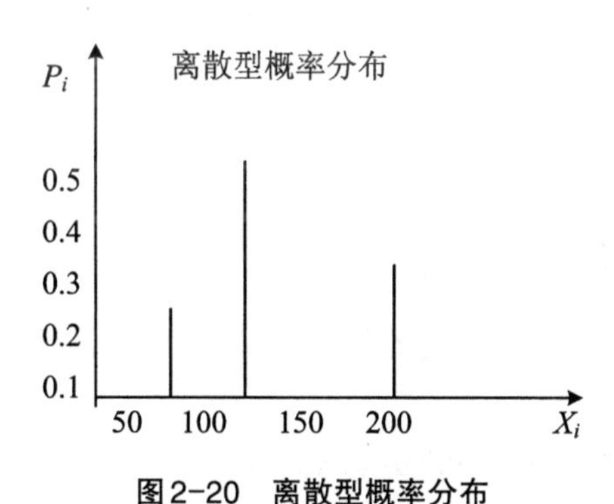

图2-20　离散型概率分布

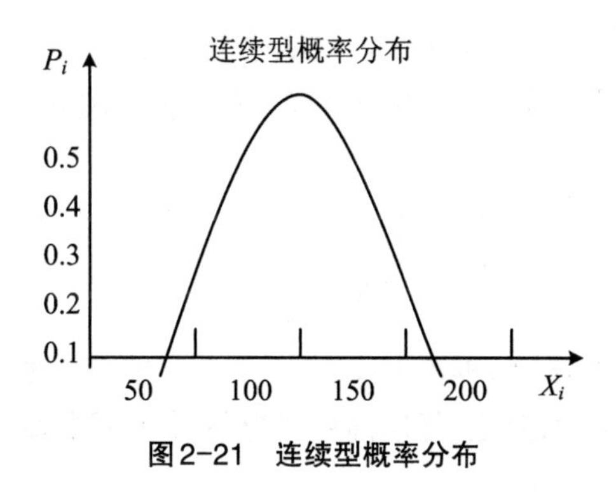

图2-21　连续型概率分布

（二）期望值

期望值是指可能发生的结果与各自概率之积的加权平均值，反映投资者的合理预期，用

$\bar{E}$表示，根据概率统计知识，一个随机变量的期望值为

$$\bar{E}=\sum_{i=1}^{n}X_iP_i$$

【例2-19】 利用【例2-18】中的资料，计算预期年收益的期望值。

解析

$$\bar{E}=200\times0.3+100\times0.5+50\times0.2=120(\text{万元})$$

（三）标准差

标准差是用来衡量概率分布中各种可能值对期望值的偏离程度，反映风险的大小，标准差用σ表示。

标准差的计算公式为

$$\sigma=\sqrt{\sum_{i=1}^{n}(X_i-\bar{E})^2\times P_i}$$

标准差用来反映决策方案的风险，是一个绝对数。在n个方案的情况下，若期望值相同，则标准差越大，表明各种可能值偏离期望值的幅度越大，结果的不确定性越大，风险也越大；反之，标准差越小，表明各种可能值偏离期望值的幅度越小，结果的不确定越小，则风险也越小。

【例2-20】 利用【例2-18】的数据，计算标准差。

解析

$$\begin{aligned}\sigma&=\sqrt{\sum_{i=1}^{n}(X_i-\bar{E})^2\times P_i}\\&=\sqrt{(200-120)^2\times0.3+(100-120)^2\times0.5+(50-120)^2\times0.2}\\&=55.68\end{aligned}$$

表明新产品的年收益与期望收益的标准差为55.68。

（四）标准离差率

标准差作为一个绝对数，反映了可能值与期望值的偏离程度，可用来衡量风险，但它只适用于在期望值相同条件下风险程度的比较，对于期望值不同的决策方案，则不适用，为此，我们需要引入标准离差率这一指标。

标准离差率是指标准差与期望值的比值，也称离散系数，用V表示，计算公式如下：

$$V=\frac{\sigma}{\bar{E}}$$

标准离差率是一个相对数，标准离差率越大，表明可能值与期望值偏离程度越大，结果的不确定性越大，风险也越大；反之，标准离差率越小，表明可能值与期望值偏离程度越小，结果的不确定性越小，风险也越小。

【例2-21】 利用【例2-18】的数据，计算标准差系数。

解析

$$V=\frac{\sigma}{\bar{E}}=\frac{55.68}{120}=0.464$$

有了标准离差(率),我们就可以确定不同方案风险的大小,选择决策方案。

1. 对于单个方案

决策者可根据其标准离差(率)的大小,并将其同设定的可接受的此项指标最高限值对比,看前者是否低于后者,然后做出取舍。

2. 对于多方案择优

(1) 决策者的行动准则应是选择低风险、高收益的方案,即选择标准离差率最低、期望收益最高的方案。

(2) 然而高收益往往伴有高风险,低收益方案其风险程度往往也较低,究竟选择何种方案,就要权衡期望收益与风险,而且还要视决策者对风险的态度而定。

对风险比较反感的人可能会选择期望收益较低同时风险也较低的方案,喜欢冒风险的人则可能选择风险虽高但同时收益也高的方案。

四、风险报酬

企业的财务活动和经营管理活动总是在有风险的状态下进行的,只不过风险有大有小。投资者冒着风险投资,是为了获得更多的报酬,冒的风险越大,要求的报酬就越高。风险和报酬之间存在密切的对应关系,高风险的项目必然有高报酬,低风险的项目必然低报酬,因此,风险报酬是投资报酬的组成部分。

(一) 风险报酬的含义

风险报酬是投资者因承担风险而要求得到的超过无风险收益的额外收益。风险报酬衡量了投资者将资金从无风险资产转移到风险资产而要求得到的“额外补偿”,它的大小取决于两个因素:一是风险的大小;二是投资者对风险的偏好。

(二) 风险报酬的计量

标准离差率仅反映一个投资项目的风险程度,并未反映真正的风险报酬,要将其换算为风险报酬率必须借助于一个转换系数即风险价值系数,又叫风险报酬斜率。风险报酬率是风险价值,是超过资金时间价值的额外报酬,具有预期报酬的不确定性,与风险程度和风险报酬斜率的大小有关,并成正比关系。风险报酬斜率可根据历史资料用高低点法、直线回归法或由企业管理人员会同专家根据经验确定,风险程度用期望值、标准差来确定。公式如下:

$$R_r=b\times V$$

其中,R_r是风险报酬,b是风险价值系数,V是标准离差率。

(三) 投资报酬率的计量

投资报酬率由无风险报酬率和风险报酬率组成,其中无风险报酬率是加上通货膨胀补偿率的资金时间价值。如果不考虑通货膨胀,投资者冒着风险进行投资所希望得到的投资报酬率是资金时间价值与风险报酬率之和。即

$$投资报酬率＝无风险报酬率＋风险报酬率$$

$$K = R_f + R_r = R_f + b \times V$$

无风险报酬率就是资金的时间价值，是在没有风险状态下的投资报酬率，是投资者投资某一项目，能够肯定得到的报酬，具有预期报酬的确定性，并且与投资时间的长短有关，可用政府债券利率或存款利率表示。投资报酬率如图2-22所示。

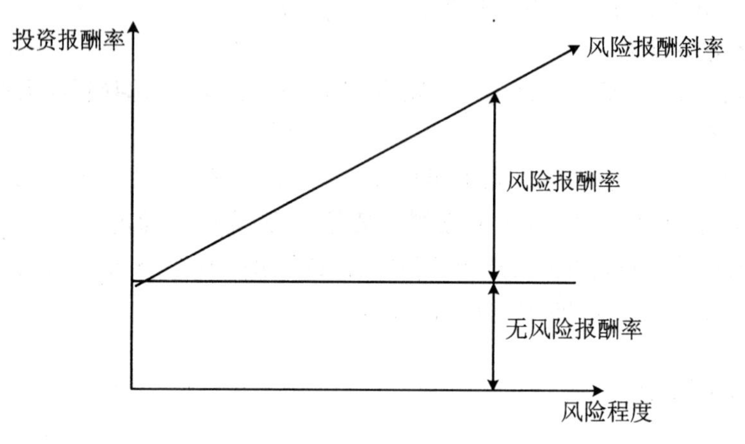

图2-22　投资报酬率

（四）预测风险收益率

预测风险收益率指标可以为投资决策提供参考，如果预测风险收益率大于应得风险收益率，则项目具有投资可行性。反之，不具有投资可行性。具体计算公式如下：

$$预测投资收益率 = \frac{收益期望值}{投资额} \times 100\%$$

$$预测风险收益率＝预测投资收益率－无风险收益率$$

如果预测风险收益率大于应得风险收益率，则项目具有投资可行性。反之，项目投资所得收益还不足以弥补所冒风险，更谈不上会产生收益，则不具有投资可行性。

【例2-22】 资金的时间价值为5%，某项投资的风险报酬率为10%。在不考虑通货膨胀时，计算投资报酬率。

解析

$$\begin{aligned}投资报酬率 &= 无风险报酬率 + 风险报酬率 \\ &= 5\% + 10\% = 15\%\end{aligned}$$

五、风险对策

风险对策就是对已经识别的风险进行定性分析、定量分析和进行风险排序，制定相应的应对措施和整体策略（见表2-5）。

表2-5 风险对策举例

项目阶段	风险对策	含 义	方法举例
项目采纳前	规避风险	含义:放弃该项目,以规避风险 条件:当风险所造成的损失不能由该项目可能获得的收益予以抵消时	(1)拒绝与不守信用的厂商开展业务往来; (2)放弃可能明显导致亏损的投资项目; (3)新产品在试制阶段发现诸多问题而果断停止试制
项目实施中,防范风险	减少风险	表现形式: (1)控制风险因素,减少风险的发生; (2)控制风险发生的频率和降低风险损害程度	(1)进行准确的预测; (2)对决策进行多方案优选和替代; (3)及时与政府部门沟通,获取政策信息; (4)在发展新产品前,充分进行市场调研; (5)实行设备预防检修制度以减少设备事故; (6)选有弹性的、抗风险能力强的技术方案; (7)采用多领域、多地域、多项目、多品种的经营或投资以分散风险
	转移风险	含义:以一定代价,采取某种方式转移风险 条件:对可能给企业带来灾难性损失的资产	(1)向专业性保险公司投保; (2)采取合资、联营、增发新股、发行债券、联合开发等措施实现风险共担; (3)通过技术转让、特许经营、战略联盟、租赁经营和业务外包等实现风险转移
准备承受风险损失	接受风险	风险自担	指风险损失发生时,直接将损失摊入成本或费用,或冲减利润
		风险自保	指企业预留一笔风险金或随着生产经营的进行,有计划地计提资产减值准备等

(一)规避风险

当资产风险所造成的损失不能由该资产可能获得的收益予以抵消时,应当放弃该资产,以规避风险。例如:拒绝与不守信用的厂商开展业务往来;放弃可能明显导致亏损的投资项目;新产品在试制阶段发现诸多问题而果断停止试制。

(二)减少风险

减少风险主要有两个方面意思:一是控制风险因素,减少风险的发生;二是控制风险发生的频率和降低风险损害程度。减少风险的常用方法有:进行准确的预测;对决策进行多方案优选和替代;及时与政府部门沟通,获取政策信息;在发展新产品前,充分进行市场调研;实行设备预防检修制度以减少设备事故;选择有弹性的、抗风险能力强的技术方案,进行预先的技术模拟试验,采用可靠的保护和安全措施;采用多领域、多地域、多项目、多品种的经营或投资以分散风险。

(三)转移风险

对可能给企业带来灾难性损失的资产,企业应以一定的代价,采取某种方式将风险损失转嫁给他人承担。如向专业性保险公司投保;采取合资、联营、增发新股、发行债券、联合开发等措施实现风险共担；通过技术转让、特许经营、战略联盟、租赁经营和业务外包等实现风险转移。

（四）接受风险

接受风险包括风险自担和风险自保两种。风险自担是指风险损失发生时，直接将损失摊入成本或费用，或冲减利润；风险自保是指企业预留一笔风险金或随着生产经营的进行，有计划地计提资产减值准备等。

学习小结

◇ 货币的时间价值是货币在周转使用中由于时间因素而形成的差额价值。资金时间价值的计算有单利、复利两种方法。资金时间价值的指标主要有：一次性收付款项的单利终值和现值，一次性收付款项的复利终值和现值，年金终值和现值。年金是指一定时期内每期相等金额的收付款项。年金按收款付款方式不同分为普通年金（即后付年金）、先付年金（或称为即付年金）、递延年金、永续年金等。年金终值和现值的计算是以普通年金为基础，先付年金终值和现值是在普通年金终值和现值基础上乘以$(1+i)$。递延年金的现值计算有减法和乘法两种方法，递延年金的终值大小与递延期无关，其计算类似于普通年金的终值计算。永续年金只能计算现值而不能计算终值，其现值计算可以通过普通年金现值的计算公式导出。

◇ 风险是指一定条件下和一定时期内可能发生的各种结果的变动程度。风险和不确定性是两个不同的概念。投资风险收益是指投资者由于冒风险进行投资而获得的超过资金时间价值以上的额外收益。风险与报酬的关系是：高风险，高报酬；低风险，低报酬。风险的大小可用概率分布、期望值、标准离差等来衡量。风险和收益是相互依存的，风险的控制策略有风险规避、风险控制、风险抵补、风险转移和风险分散等。

拓展训练

一、单项选择题

1. 某项永久性奖学金，每年计划颁发50 000元，若年利率为10%，采用复利方式计息，该奖学金的本金应为多少元（　　）。

A. 625 000　　B. 500 000　　C. 700 000　　D. 725 000

2. 某项存款年利率为6%，每半年复利一次，其实际利率为多少（　　）。

A. 12.36%　　B. 6.09%　　C. 6%　　D. 6.6%

3. 投资者因冒风险而进行投资，所获得超过资金时间价值的那部分额外报酬称为（　　）。

A. 无风险报酬　　B. 风险报酬　　C. 平均报酬　　D. 投资报酬

4. 一定时期内每期期初等额收付的系列款项称为（　　）。

A. 永续年金　　B. 预付年金　　C. 普通年金　　D. 递延年金

5. 甲、乙两投资方案的期望值不同,甲投资方案的标准离差率为10%,乙投资方案的标准离差率为8%,则下列判断正确的是( )。

A. 甲方案比乙方案风险大　　B. 甲方案比乙方案风险小

C. 甲、乙两方案风险相同　　D. 无法判断

6. 在计算预付年金时,应采用下列哪个公式?( )

A. $F=A(F/A,i,n)$　　B. $F=A[(F/A,i,n+1)-1]$

C. $F=A[(F/A,i,n-1)+1]$　　D. $F=A(F/A,i,n+1)(1+i)$

7. 下列哪种是年金终值的逆运算?( )

A. 年偿债基金的计算　　B. 年金现值的计算

C. 等额资本年回收额的计算　　D. 复利终值的计算

8. 比较期望报酬率不同的两个方案的风险程度应采用( )来衡量。

A. 标准离差　　B. 标准离差率　　C. 概率　　D. 风险报酬率

9. 将100元钱存入银行,利息率为10%,计算5年后的终值时应用( )。

A. 复利终值系数　　B. 复利现值系数

C. 年金终值系数　　D. 年金现值系数

10. 分期付款购物,每年初付款500元,一共付5年,如果年利率为10%,相当于现在一次性付款( )。

A. 1 895.5元　　B. 2 085元　　C. 1 677.5元　　D. 1 585元

二、多项选择题

1. 考虑风险因素后,影响投资报酬率变动的因素有( )。

A. 通货膨胀率　　B. 资金时间价值　　C. 投资年限　　D. 风险报酬率

2. 风险按形成的原因可以分为( )。

A. 财务风险　　B. 市场风险　　C. 经营风险　　D. 公司特有风险

3. 企业因借款而增加的风险称为( )。

A. 经营风险　　B. 财务风险　　C. 市场风险　　D. 筹资风险

4. 按投资主体不同,风险可以分为( )。

A. 市场风险　　B. 公司特有风险　　C. 财务风险　　D. 经营风险

5. 可以用来衡量风险大小的指标有( )。

A. 无风险报酬率　　B. 期望值　　C. 标准离差　　D. 标准离差率

6. 下列项目中,属于年金的是( )。

A. 定期发放的固定养老金　　B. 每年的固定工资

C. 按直线法计算的折旧额　　D. 每年的固定租金

7. 下列各项中,互为逆运算的是( )。

A. 年金终值与年金现值　　B. 年金终值与年偿债基金

C. 年金现值与年等额资本回收额　　D. 复利终值与复利现值

8. 年金具有下列哪些特点?( )

A. 等额性　　B. 时间间隔相等

C. 连续发生　　　　D. 以上三项必须同时具备

9. 风险报酬包括(　　)。

A. 纯利率　　B. 通货膨胀补偿　　C. 违约风险报酬

D. 流动性风险报酬　　E. 期限风险报酬

10. 关于风险报酬,下列表述中正确的有(　　)。

A. 风险报酬有风险报酬额和风险报酬率两种表示方法

B. 风险越大,获得的风险报酬应该越高

C. 风险报酬额是指投资者因冒风险进行投资所获得的超过时间价值的那部分额外报酬

D. 风险报酬率是风险报酬额与原投资额的比率

E. 在财务管理中,风险报酬通常用相对数即风险报酬率来加以计量

三、计算题

1. 若银行存款利率为10%,每年复利1次,现在需一次性存入多少钱才能在5年后得到20 000元?

2. 如果年利率为10%,每年复利1次,3年后需要100 000元购买一辆汽车,从现在起每年年初应等额存入多少金额的款项?

3. 某人存入银行20 000元,银行存款年利率为12%,存款期限为5年。

要求:

(1) 计算若每年复利1次,5年后的本利和为多少?

(2) 计算若每季度复利1次,5年后的本利和为多少?

4. 某公司拟购置一台设备,有两个方案可供选择:

方案一:从现在起,每年年初支付10万元,连续支付10次,共100万元。

方案二:从第五年开始,每年年末支付20万元,连续支付5次,共100万元。

假定该公司的资金成本率为10%。请计算以上两个方案的现值,并为该公司做出选择。

5. 某公司准备投资开发新产品,现有三个方案可供选择。根据市场预测,三种不同市场状况的预计年净收益如表2-6所示。请计算投资开发各种新产品的风险大小。

表2-6　某公司预测资料

市场状况	发生概率	预计年净收益(万元)		
		A产品	B产品	C产品
繁荣	0.3	600	500	600
一般	0.5	300	400	400
衰退	0.2	100	200	300

6. 某企业准备投资开发新产品,现有甲、乙两个方案可供选择,经预测,甲、乙两个方案的收益率及其概率分布如表2-7所示:

表2-7　甲、乙方案

市场状况	概率	收益率	
		甲方案	乙方案
繁荣	0.4	32%	40%
一般	0.4	17%	15%
衰退	0.2	−3%	−15%

(1) 计算甲、乙两个方案的期望收益率；

(2) 计算甲、乙两个方案收益率的标准差；

(3) 计算甲、乙两个方案收益率的标准离差率；

(4) 比较两个方案风险的大小。

实训项目

一、实训目的

1. 理解并掌握货币时间价值。
2. 理解并掌握风险价值理论。
3. 正确运用价值观念，解决实际问题。

二、实训资料

李教授是一位知名技术专家，一天接到一家上市公司的邀请函，邀请他担任公司的技术顾问，指导开发新产品，邀请函的具体条件有如下几点：

1. 每个月来公司指导工作一天；
2. 每年报酬为现金10万元；
3. 提供公司所在该市住房一套，价值100万元；
4. 在公司至少工作五年。

李教授对上述工作待遇很感兴趣，对公司开发的新产品也很有研究，决定接受这份工作。但他不想接受住房，因为每月工作一天，只需要住公司招待所就可以了，因此，他向公司提出，能否将住房改为住房补贴。公司研究了李教授的请求，决定可以每年年初给李教授补贴25万元住房补贴。

收到公司的通知后，李教授又犹豫起来。如果向公司要住房，可以将其出售，扣除售价5%的契税和手续费，他可以获得95万元，而若接受住房补贴，则可于每年年初获得25万元。

三、实训要求

1. 假设每年存款利率为2%，则李教授应如何选择呢？

2. 如果李教授本身是一个企业的业主，其企业的投资回报率为32%，李教授又应如何选择呢？

项目三　财务预算

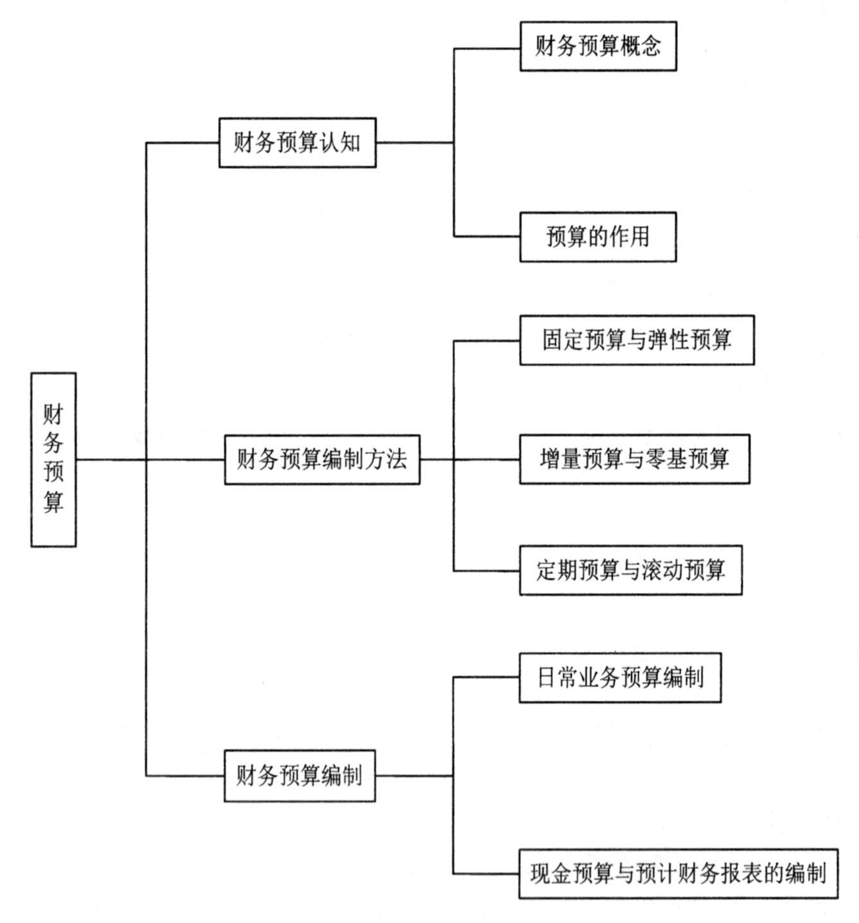

学习目标

了解财务预算的概念和作用,了解固定预算、增量预算和定期预算的含义及内容,理解财务预算编制程序和方法,掌握财务预算的具体构成内容。能够运用弹性预算、零基预算和滚动预算的特征及操作技巧来掌握财务预算的编制方法,能够掌握现金预算的编制方法,能够掌握财务报表的编制方法。

销售预算的编制、生产预算的编制、制造费用预算的编制、销售及管理费用预算的编制，现金预算的编制、预计资产负债表和预计利润表的编制。

2011年3月4日一天天地逼近，美国民主与共和两党仍然在2011年联邦财政年度预算问题上争执不下。美国国会议员在共和党削减40亿美元支出的提案的讨论上一度陷入僵局，这项提案是预算计划的一部分内容，而预算计划则是维持联邦政府机构运作的必要条件。目前维持政府机构运作的支出计划将在3月4日到期。如果到时议员仍然无法达成一致，预算提案无法通过，美国将面临不得不暂时关闭政府的危险。

凡事预则立，不预则废。在财务管理中，预算则是计划这一职能在财务中的具体体现。预算发挥着越来越大的作用，大到政府小到企业都面临着如何做好财务预算管理的问题。通过本章学习，同学们可以了解预算的相关概念、内容和过程，理解预算管理理论的发展，掌握预算管理模式、预算的编制过程和方法。

（资料来源:《第一财经日报》，2011年2月28日）

任务一　财务预算认知

一、财务预算概述

（一）财务预算的概念

预算一词源于英国，发展于美国。起先被应用在政府机构，目的是控制国王对臣民的征税权力，以及对政府开支进行限制，后来逐渐被应用到企业管理当中。预算就是基于预测，围绕组织目标对组织未来的生产经营活动所做的计划。

预算是关于企业未来一定时期内，全部经营活动各项具体目标的行动计划与相应措施的预期数量说明，实质是一套以货币及其他数量形式反映的预计财务报表和其他附表，主要用来规划预算期内企业的全部经济活动及其成果。预算内容一般包括特种决策预算、日常业务预算和财务预算三大类内容。

财务预算是一系列专门反映企业未来一定预算期内预计财务状况、经营成果以及现金收支等价值指标的各种预算总称。它具体包括反映现金收支活动的现金预算、反映企业财务状况的预计资产负债表、反映企业财务成果的预计利润表和预计现金流量表等内容。

(二) 预算的作用

1. 预算是企业实施内部控制、防范风险的重要手段

预算的制定和实施过程,就是企业不断用量化的工具,使自身所处的经营环境与拥有的资源和企业的发展目标保持动态平衡的过程,也是企业对面临的各种风险的识别、预测、评估与控制过程。因此,《企业内部控制基本规范》将预算控制列为重要的控制活动和风险控制措施。

2. 预算是企业实现发展战略和年度经营目标的有效工具

企业战略制定得再好,如果得不到有效实施,战略的作用将不能实现,甚至导致经营失败。通过实施预算,可以使企业的长期战略规划和年度战略计划、年度战略目标紧密结合,从而确保企业战略目标的实现。

3. 预算是企业优化资源配置、提高经济效益的必要措施

预算过程有效地将企业的资金、物料、员工、信息等进行整合、分配,从而实现企业资源的最优配置,有效地提高投入产出比例,增强企业经济效益。

4. 预算可以作为业绩考核的标准

预算作为企业财务活动的行为标准,使各项活动的实际执行有章可循。预算标准可以作为各部门责任考核的依据。经过分解落实的预算规划目标能与部门、责任人的业绩考评结合起来,成为奖勤罚懒、评估优劣的准绳。

任务二　财务预算编制方法

企业财务预算的构成内容比较复杂,编制预算需要采用适当的方法。常见的预算方法主要包括固定预算法与弹性预算法、增量预算法与零基预算法、定期预算法与滚动预算法,这些方法广泛应用于与企业营业活动有关的预算的编制。

一、固定预算与弹性预算

编制预算的方法按其业务量基础的数量特征不同,可分为固定预算法和弹性预算法。

(一) 固定预算法

固定预算法又称静态预算法,是指在编制预算时,只根据预算期内正常、可实现的某一固定的业务量(如生产量、销售量等)水平作为唯一基础来编制预算的方法。这种预算没有考虑预算期内生产经营可能发生的变动,而只是以预算期内计划预定的某一共同的活动水平为基础确定相应的数据。执行中将实际结果与预算数进行比较,并据以进行业绩评价、考核。

固定预算法的缺点表现在两个方面:

一是适应性差。因为编制预算的业务量基础是事先假定的某个业务量。在这种方法下，不论预算期内业务量水平实际可能发生哪些变动，都只按事先确定的某一个业务量水平作为编制预算的基础。

二是可比性差。当实际的业务量与编制预算所依据的业务量发生较大差异时，有关预算指标的实际数与预算数就会因业务量基础不同而失去可比性。例如，某企业预计业务量为销售100 000件产品，按此业务量给销售部门的预算费用为20 000元。如果该销售部门实际销售量达到120 000件，超出了预算业务量，固定预算下的费用预算仍为20 000元。

以未来固定不变的业务水平所编制的预算赖以存在的前提条件，必须是预计业务量与实际业务量相一致（或相差很小），才比较适合。因此，固定预算法只适用于业务量水平较为稳定的企业或者非营利组织。

（二）弹性预算法

弹性预算法，又称动态预算法或变动预算法，是按照预算期内可预见的不同的业务量水平，编制出不同业务量水平下的预算。弹性预算法按照成本与业务量的依存关系区分变动成本与固定成本，变动成本的计算随着业务量的变动而弹性变动，而固定成本则不予变动。对于混合成本进一步按照固定和变动的习性进行划分。

弹性预算法考虑了业务量的不同水平，因此更有效地应对了预算期的业务量的不确定性，从而使预算控制和差异分析更有意义和说服力，也便于更好地对经营业绩进行评价。当各项消耗标准和价格等依据不变时，弹性预算可以连续使用，大大减少预算编制的工作量。在弹性预算中，业务量的选择水平以及业务量的计量单位非常重要。

由于未来业务量的变动会影响到成本费用和利润各个方面，因此，弹性预算从理论上讲适用于全面预算中与业务量有关的各种预算。但从实用角度看，主要用于编制制造费用、销售及管理费用等半变动成本（费用）的预算和利润预算。

编制弹性预算的基本程序：

（1）选择业务量的计量单位。生产量、机器工作小时、销售量、销售收入等都可以作为业务量的计量单位，具体应根据企业和编制内容来选择，同时还要注意计量单位的易取得性和准确性。

（2）确定业务量的范围。即确定预期业务量可能变动的幅度范围。

（3）确定预算期内各业务活动水平。

（4）按成本形态将成本分为固定成本、变动成本。

（5）编制弹性预算。费用的弹性预算＝固定成本预算数＋$\sum$（单位变动成本预算数 × 预计业务量）

（6）当获得实际的业务量水平时，就可以与预算相比较，编制预算执行报告，分析差异所在，从而找到成本改进的途径。

【例3-1】 光明公司2019年销售量预计为5 000件，上下幅度范围为20％，销售费用包括广告费、人员工资以及保险费、销售佣金、运输费、业务费。销售佣金为2元/件,运输费为1.5元/件,业务费为1.5元/件,广告费、人员工资以及保险费分别为100 000元、50 000元、30 000元。

(1) 根据上述资料编制销售费用的弹性预算表和固定预算,见表3-1。

销售费用和销售量有关系,因此以销售数量为依据。2019年销售量预计为5 000件,上下幅度范围为20%,分别为4 000件、4 500件、5 000件、5 500件和6 000件。销售费用为固定费用和变动费用两部分。固定费用包括广告费、人员工资以及保险费。变动费用随销售量变动而变动,具体包括销售佣金、运输费、业务费。

表3-1　2019年销售费用的弹性预算和固定预算对比

金额单位:元

预算类别	弹性预算					固定预算
波动范围	−20%	−10%	0	10%	20%	0
销售量(件)	4 000	4 500	5 000	5 500	6 000	5 000
变动费用	20 000	22 500	25 000	27 500	30 000	25 000
销售佣金	8 000	9 000	10 000	11 000	12 000	10 000
运输费	6 000	6 750	7 500	8 250	9 000	7 500
业务费	6 000	6 750	7 500	8 250	9 000	7 500
固定费用	180 000	180 000	180 000	180 000	180 000	180 000
广告费	100 000	100 000	100 000	100 000	100 000	100 000
人员工资	50 000	50 000	50 000	50 000	50 000	50 000
保险费	30 000	30 000	30 000	30 000	30 000	30 000
总费用	200 000	202 500	205 000	207 500	210 000	205 000

(2) 如果实际业务量为5 500件,编制预算执行报告,分析预算差异,见表3-2。

表3-2　2019年弹性预算执行报告

单位:元

费用项目	预算	实际	差异	对比固定	差异
变动费用	27 500	27 500	0	25 000	2 500
销售佣金	11 000	11 000	0	10 000	1 000
运输费	8 250	8 250	0	7 500	750
业务费	8 250	8 250	0	7 500	750
固定费用	180 000	187 000	7 000	180 000	7 000
广告费	100 000	105 000	5 000	100 000	5 000
人员工资	50 000	55 000	5 000	50 000	5 000
保险费	30 000	27 000	−3 000	30 000	−3 000
总费用	207 500	214 500	7 000	205 000	9 500

实际销售量超出预测500件,对应于5 500件的弹性预算,发现费用超支7 000元,其中,变动费用没变化,广告费超出了5 000元,人员固定工资超出5 000元,保险费降低3 000元。费用超支主要是由于广告费和人员固定工资升高所致。若采用固定预算作对比就会发现费用超支9 500元,变动费用和固定费用都超支,从而忽视业务量增长对预算的影响。

二、增量预算与零基预算

按其出发点的特征不同,编制预算的方法可分为增量预算和零基预算两大类。

(一) 增量预算

增量预算法是指以基期成本费用水平为基础,结合预算期业务量水平及有关降低成本的措施,通过调整有关费用项目而编制预算的方法。增量预算法以过去的费用发生水平为基础,主张不需在预算内容上作较大的调整,它的编制遵循如下假定:

第一,企业现有业务活动是合理的,不需要进行调整;

第二,企业现有各项业务的开支水平是合理的,在预算期予以保持;

第三,以现有业务活动和各项活动的开支水平,确定预算期各项活动的预算数。

增量预算法以过去值为基础,可能导致无效费用开支项目无法得到有效控制,因为不加分析地保留或接受原有的成本费用项目,可能使原来不合理的费用继续开支而得不到控制,形成不必要开支合理化,从而造成预算上的浪费。

(二) 零基预算

零基预算是“以零为基础的编制计划和预算的方法”,它不考虑以往会计期间所发生的费用项目或费用数额,而是一切以零为出发点,根据实际需要逐项审议预算期内各项费用的内容及开支标准是否合理,在综合平衡的基础上编制费用预算。

零基预算法的程序如下:

(1) 企业内部各级部门的员工,根据企业的生产经营目标,详细讨论计划期内应该发生的费用项目,并对每一个费用项目编写一套方案,提出费用开支的目的以及需要开支的费用数额。

(2) 划分不可避免费用项目和可避免费用项目。在编制预算时,对不可避免费用项目必须保证资金供应;对可避免费用项目,则需要逐项进行成本与效益分析,尽量控制可避免项目纳入预算当中。

(3) 划分不可延缓费用项目和可延缓费用项目。在编制预算时,应把预算期内可供支配的资金在各费用项目之间分配。应优先安排不可延缓费用项目的支出。然后再根据需要按照费用项目的轻重缓急确定可延缓项目的开支。

零基预算的优点表现在:① 不受现有费用项目的限制;② 不受现行预算的束缚;③ 有利于调动各方面节约费用的积极性;④ 有利于促使各基层单位精打细算,合理使用资金。其缺点是所有项目均需重新审视,编制工作量大,效率低,时效性差,投入成本巨大。要克服这些缺点,需采取一些必要的措施。如大亚湾核电站为了避免上述问题,采取“折中”模式,即对新的项目、重要的项目(5万美元以上)全部采用“零基预算”管理,对其他项目采用滚动预算进行管理。

零基预算一般适用于不经常发生的或者预算编制基础变化较大的预算项目,如对外投资。

三、定期预算与滚动预算

以预算期与会计年度的是否相同分为定期预算与连续(滚动)预算。

(一) 定期预算

定期预算是指以某个特定的会计期间(如公历年度)作为预算期而编制的预算。优点是编制简单,易于操作,便于考核和评价预算的执行结果。缺点是忽视了预算期内可能发生的变动,无法随情况的变化及时调整,当预算中所规划的各种经营活动在预算期内发生重大变化时,预算就会滞后过时,从而成为虚假预算。更重要的是由于预算期固定,割裂了经营活动的连续性,形成人为预算中断,使得管理者的视野局限于本期,而不考虑下一期。

(二) 滚动预算

滚动预算法又称连续预算法或永续预算法,是指在编制预算时,将预算期与会计期间脱离,随着预算的执行不断地延伸补充预算,逐期向后滚动,使预算期始终保持为一个固定长度(一般为12个月)的一种预算方法。滚动预算的基本做法是使预算期始终保持12个月,每过1个月或1个季度,立即在期末增列1个月或1个季度的预算,逐期往后滚动,因而在任何一个时期都使预算保持为12个月的时间长度。

【例3-2】 以2019年的生产成本预算为例,如图3-1所示。定期预算是以2019年整个会计年度为预算期进行编制,而滚动预算则是以12个月为预算期,逐月向后滚动,始终保持12个月的预算期,而且每个月的预算都会进行调整,因此更加符合外部环境的变化,预算的效果也更好。

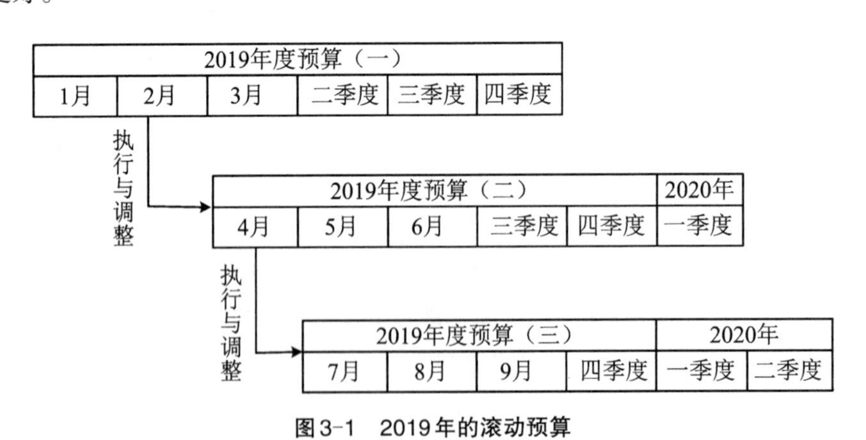

图3-1 2019年的滚动预算

滚动预算不受日历年度的限制,能够连续不断地规划企业未来的经营活动,不会造成预算的人为间断。同时,滚动预算可以顺应环境的变化和一些不确定性因素的影响,能使企业各级管理人员对未来始终保持整整12个月时间的考虑和规划,及时调整和修订近期预算,从而保证企业的经营管理工作能够稳定而有序地进行，预算更加切合实际。

任务三 财务预算编制

一、日常业务预算编制

日常业务预算具体包括销售预算、生产预算、直接材料预算、直接人工预算、制造费用预算、产品生产成本预算、销售及管理费用预算、财务费用预算等。

（一）销售预算

销售预算是整个预算的编制起点，以销售预测为基础，预测的主要依据是产品历史销售量以及销售价格的分析，结合产品市场的发展前景等资料，预测未来期间的销售量和销售单价，然后求出预计的销售收入：

预计销售收入=预计销售量×预计销售单价

【例3-3】 光明公司2018年的销售预算如表3-3所示（假设不考虑增值税）。

表3-3 销售预算

金额单位：元

季 度	一	二	三	四	全年
预计销售量（件）	100	150	200	180	630
预计单位售价	200	200	200	200	200
销售收入	20 000	30 000	40 000	36 000	126 000
预计现金收入					
上年应收账款	6 200				6 200
第一季度（销售收入20 000）	12 000	8 000			20 000
第二季度（销售收入30 000）		18 000	12 000		30 000
第三季度（销售收入40 000）			24 000	16 000	40 000
第四季度（销售收入36 000）				21 600	21 600
现金收入合计	18 200	26 000	36 000	37 600	117 800

销售预算通常要分品种、月份、销售区域、推销员来编制。为了简化，本例只列出了季度销售数据。

销售预算中通常还包括预计现金收入的计算，其目的是为编制现金预算提供必要的资料。第一季度的现金收入包括两部分，即上半年应收账款在本年第一季度收到的货款以及本季度销售中可能收到的货款。本例中，假设每季度销售收入中，本季度收到现金的60%，另外的40% 现金要到下季度才能收到。

在编制完销售预算后，根据销售预算及应收账款的回收周期可以编制应收账款预算。应收账款预算包括预算年度里各季度应收账款的应收数和实收数，为现金收入预算的编制提供依据。

（二）生产预算

生产预算是以销售预算为基础，结合企业预计产成品的存货，编制生产预算。通常，企业的生产和销售不能做到"同步同量"，生产数量除了满足销售数量外，还需要设置一定的存货，以保证能在发生意外需求时按时供货，并可均衡生产，节省赶工的额外开支。具体的产品预计生产量可根据预计销售量和期初、期末的预计库存量确定：

预计生产量＝预计销售量＋预计期末产成品存货量－预计期初存货量

式中，预计销售量来源于销售预算数据，预计期初存货量为上季期末存货量，预计期末产成品存货量则需要根据公司的长期销售趋势来确定。

【例3-4】 光明公司2019年年初有产成品存货10件，年末留存20件，按10%安排期末产成品存货。2019年的生产预算如表3-4所示。

表3-4　生产预算

单位：件

季　度	一	二	三	四	全年
预计销售量	100	150	200	180	630
加：预计期末产成品存货	15	20	18	20	20
合计	115	170	218	200	650
减：预计期初产成品存货	10	15	20	18	10
预计生产量	105	155	198	182	640

（三）直接材料消耗与采购预算

1. 直接材料消耗预算

直接材料预算是为了规划预算期直接材料采购金额的一种业务预算。直接材料预算以生产预算为基础编制，同时要考虑期初和期末原材料存货水平。

直接材料预计消耗量＝预计直接材料使用量×单价

2. 直接材料采购预算

以生产预算为基础，并结合企业原材料期初库存以及期末预计库存量进行编制。预计期末材料存货既要保证生产的连续均衡和生产效率，又要避免材料存货过多占用资金和管理。同时单位产品的材料定额预计也是非常重要的。

预计材料采购量＝生产预计需要量＋预计期末材料存货－预计期初材料存货

生产预计需要量＝预计生产量×单位产品的材料需用量

预计材料采购金额＝预计材料采购量×单价

根据预计材料采购量以及企业对应付账款的支付方式编制应付账款预算。应付账款预算包括预算年内各季度应付账款的应付数和实付数。应付账款预算的现金部分为编制现金预算中的现金支出部分提供依据。

【例3-5】 光明公司2019年的直接材料预算如表3-5所示。其主要内容有材料的单位产品用量、生产需用量、期初和期末存量等。“预计生产量”的数据来自生产预算,“单位产品材料用量”的数据来自标准成本资料或消耗定额资料,“生产需用量”是上述两项的乘积。年初和年末的材料存货量,是根据当前情况和长期销售预测估计的。各季度“期末材料存量”根据下季度生产需用量的一定百分比确定,本例按20%计算。各季度“期初材料存量”等于上季度的期末材料存量。预计各季度“采购量”根据下式计算确定:

预计采购量=生产需用量+期末存量-期初存量

表3-5　直接材料预算

季　度	一	二	三	四	全年
预计生产量(件)	105	155	198	182	640
单位产品材料用量(千件)件)	10	10	10	10	10
生产需用量(千克)	1 050	1 550	1 980	1 820	6 400
加:预计期末存量(千克)	310	396	364	400	400
减:预计期初存量(千克)	300	310	396	364	300
预计材料采购量(千克)	1 060	1 636	1 948	1 856	6 500
单价(元/千克)	5	5	5	5	5
预计采购金额(元)	5 300	8 180	9 740	9 280	32 500
预计现金支出					
上年应付账款	2 350				2 350
第一季度(采购5 300元)	2 650	2 650			5 300
第二季度(采购8 180元)		4 090	4 090		8 180
第三季度(采购9 740元)			4 870	4 870	9 740
第四季度(采购4 640元)	4 640			4 640	4 640
合　计(元)	5 000	6 740	8 960	9 510	30 210

为了便于以后编制现金预算,通常要预计材料采购各季度的现金支出。每个季度的现金支出包括偿还上期应付账款和本期应支付的采购货款。

(四) 直接人工预算

直接人工预算是一种既反映预算期内人工工时消耗水平,又规划人工成本开支的业务预算。直接人工预算也是以生产预算为基础编制的。其主要内容有预计产量、单位产品工时、人工总工时、每小时人工成本和人工总成本。“预计产量”数据来自生产预算,单位产品人工工时和每小时人工成本数据来自标准成本资料,人工总工时和人工总成本是在直接人工预算中计算出来的。由于人工工资都需要使用现金支付，所以，不需要另外预计现金支出，可直接参加现金预算的汇总。

【例3-6】 光明公司2019年的直接人工预算如表3-6所示。

表3-6 直接人工预算

季 度	一	二	三	四	全年
预计产量(件)	105	155	198	182	640
单位产品工时(小时/件)	10	10	10	10	10
人工总工时(小时)	1 050	1 550	1 980	1 820	6 400
每小时人工成本(元/小时)	2	2	2	2	2
人工总成本(元)	2 100	3 100	3 960	3 640	12 800

(五) 制造费用预算

制造费用预算是指为规划生产成本中除直接材料和直接人工以外的其他一切费用而编制的一种日常业务预算，通常分为变动制造费用预算和固定制造费用预算两部分。

变动制造费用预算以生产预算为基础来编制。如果有完善的标准成本资料，用单位产品的标准成本与产量相乘，即可得到相应的预算金额；如果没有标准成本资料，就需要逐项预计计划产量需要的各项制造费用。固定制造费用预算可在上年实际开支水平的基础上，结合本年预算情况来编制。

预计制造费用＝变动性制造费用预算总额＋固定性制造费用预算总额

变动性制造费用预算总额＝变动性制造费用分配率×直接人工标准总工时

固定制造费用预算总额＝固定制造费用分配率×直接人工标准总工时

预计现金支付的制造费用＝预计制造费用－折旧

【例3-7】 光明公司2019年的制造费用预算如表3-7所示。

表3-7 制造费用预算

单位:元

季 度	一	二	三	四	全 年
变动制造费用:					
间接人工(1元/件)	105	155	198	182	640
间接材料(1元/件)	105	155	198	182	640
修理费(2元/件)	210	310	396	364	1 280
水电费(1元/件)	105	155	198	182	640
小 计	525	775	990	910	3 200
固定制造费用:					
修理费	1 000	1 140	900	900	3 940
折 旧	1 000	1 000	1 000	1 000	4 000

续表

季 度	一	二	三	四	全 年
管理人员工资	200	200	200	200	800
保险费	75	85	110	190	460
财产税	100	100	100	100	400
小 计	2 375	2 525	2 310	2 390	9 600
合 计	2 900	3 300	3 300	3 300	12 800
减:折旧	1 000	1 000	1 000	1 000	4 000
现金支出的费用	1 900	2 300	2 300	2 300	8 800

注:为了便于以后编制产品成本预算,需要计算小时费用率。变动制造费用小时费用率=3 200÷6 400=0.5(元/小时),固定制造费用小时费用率=9 600÷6 400=1.5(元/小时)。为了便于以后编制现金预算,需要预计现金支出。制造费用中,除折旧费外都需支付现金,所以根据每个季度制造费用数额扣除折旧费后,即可得出"现金支出的费用"。

(六)产品生产成本预算

产品生产成本预算,是销售预算、生产预算、直接材料预算、直接人工预算、制造费用预算的汇总。其主要内容是产品的单位成本和总成本。单位产品成本的有关数据,来自前述三个预算。生产量、期末存货量来自生产预算,销售量来自销售预算。生产成本、存货成本和销货成本等数据,根据单位成本和有关数据计算得出。

【例3-8】 光明公司2018年的产品成本预算如表3-8所示。

表3-8 产品成本预算

单位:元

项 目	单位成本			生产成本(640件)	期末存货(20件)	销货成本(630件)
	元/千克	投入量	成本(元)			
直接材料	5	10千克	50	32 000	1 000	31 500
直接人工	2	10小时	20	12 800	400	12 600
变动制造费用	0.5	10小时	5	3 200	100	3 150
固定制造费用	1.5	10小时	15	9 600	300	9 450
合 计			90	57 600	1 800	56 700

(七)销售及管理费用预算

销售费用预算,是指为了实现销售预算所需支付的费用预算。它以销售预算为基础,分析销售收入、销售利润和销售费用的关系,力求实现销售费用的最有效使用。在安排销售费用时,要利用本量利分析方法,费用的支出应能获取更多的收益。在草拟销售费用预算时,要对过去的销售费用进行分析,考察过去销售费用支出的必要性和效果。销售费用预算应和销售预算相配合,应有按品种、地区、用途的具体预算数额。

管理费用是搞好一般管理业务所必需的费用。随着企业规模的扩大,一般管理职能日益重要,其费用也相应增加。在编制管理费用预算时,要分析企业的业务成绩和一般经济状况,务必做到费用合理化。管理费用多属于固定成本,所以一般是以过去的实际开支为基础,按预算期的可预见变化来调整。重要的是,必须充分考察每种费用是否必要,以便提高费用效率。

【例3-9】 光明公司2019年的销售及管理费用预算如表3-9所示。

表3-9 销售及管理费用预算

单位:元

项 目	金 额
销售费用:	
销售人员工资	2 000
广告费	5 500
包装、运输费	3 000
保管费	2 700
折旧	1 000
管理费用:	
管理人员薪金	4 000
福利费	800
保险费	600
办公费	1 400
折旧	1 500
合 计	22 500
减:折旧	2 500
每季度支付现金(20 000 ÷ 4)	5 000

(八) 财务费用预算

财务费用预算是指对企业将要发生的利息收支、汇兑损益、筹资或结算过程中支付的手续费作出的预算。财务费用预算的主要内容是利息收支、汇兑损益、筹资或结算过程中支付的手续费,这些费用都要按照销售预算、生产预算和实际需要逐项预计。

【例3-10】 光明公司2018年1月18日为获得经营资金发行一项债券,到期日为2031年1月18日,债券面值总额为200 000元,票面年利率为8%,在有效期内每年1月18日支付上一年利息。企业预计年内手续费和汇兑损益发生额非常小,忽略不计。

要求:编制光明公司2019年的财务费用预算。

光明公司2019年的财务费用=200 000×8%=16 000(元)

二、现金预算与预计财务报表的编制

(一)现金预算的编制

现金预算是以业务预算和专门决策预算为依据编制的,专门反映预算期内预计现金收入与现金支出,以及为满足理想现金余额而进行筹资或归还借款等的预算。现金预算由现金收入、现金支出、现金余缺、现金筹措与运用四部分构成。

1. 现金收入

包括预算期间的期初现金余额,加上本期预计可能发生的现金收入。现金收入的主要来源一般是销售收入和应收账款的收回,可从销售预算中获得该项资料。

2. 现金支出

包括预算期内可能发生的一切现金支出,如支付购料款、直接人工费用、制造费用及销售与管理费用等。此项资料可从直接材料预算、直接人工预算、制造费用预算、销售及管理费用预算中获得。

3. 现金余缺

如现金收入总额大于现金支出总额,即出现剩余;反之为现金短缺。

4. 现金筹措与运用

以现金余缺为出发点,当现金短缺时,通过银行借款、发行债券、发行股票等方式筹措资金,并按期支付利息或股利等;当现金剩余时,用来偿还债务、进行短期投资等。

【例 3-11】 光明公司2019年各季度预计销售收入分别为67 000万元、60 000万元、55 000万元、66 000万元,其中现销收入分别为5 000万元、2 000万元、5 000万元、1 000万元,假设120天为收账期,编制现金收入预算表如表3-10所示。

表3-10 2019年销售收入的现金收入预算表

单位:万元

季 度	上年三	上年四	一	二	三	四	全 年
销售量	4 300	5 600	6 700	6 000	5 500	6 600	24 800
销售收入	43 000	56 000	67 000	60 000	55 000	66 000	248 000
现金销售收入	2 000	3 000	5 000	2 000	5 000	1 000	13 000
赊销收入	41 000	53 000	62 000	58 000	50 000	65 000	235 000
应收账款现金收回	—	—	41 000	53 000	62 000	58 000	214 000
现金收入合计			46 000	55 000	67 000	59 000	227 000

【例 3-12】 光明公司2019年各季度预计采购支出分别为16 000万元、23 000万元、20 000万元、19 000万元,其中现金采购分别为2 000万元、5 000万元、3 000万元、3 000万元,假设120天为还款期,编制现金支出预算表如表3-11所示。

表3-11　2018年采购的现金支出预算表

单位:万元

季　度	上年三	上年四	一	二	三	四	全　年
采购支出	12 000	14 000	16 000	23 000	20 000	19 000	78 000
现金采购	1 000	2 000	2 000	5 000	3 000	3 000	13 000
应付账款	11 000	12 000	14 000	18 000	17 000	16 000	65 000
应付账款到期支出	—	—	11 000	12 000	14 000	18 000	55 000
现金支出合计	—	—	13 000	17 000	17 000	21 000	68 000

【例3-13】 假设上年单位产品人工为2.5元/件,变动性制造费用为0.5元/件,生产量和销售量相同,制造费用中固定性制造费用为20 000万元,其中有10 000万元为折旧。编制生产的现金支出预算表以及销售成本表如表3-12所示。

表3-12　2019年生产现金支出预算表

单位:万元

季　度	一	二	三	四	全　年
直接人工费用	16 750	15 000	13 750	16 500	62 000
变动性制造费用	3 350	3 000	2 750	3 300	12 400
固定性制造费用	20 000	20 000	20 000	20 000	80 000
制造费用现金支出	13 350	13 000	12 750	13 300	52 400
生产现金支出	30 100	28 000	26 500	29 800	114 400

【例3-14】 光明公司2019年各季度预计销售费用是销售收入的10%,分别为6 700万元、6 000万元、5 500万元、6 600万元,其中固定非现金支出部分为1 000万元。管理费用是销售收入的5%,管理费用为3 250万元、3 000万元、2 750万元、3 300万元,管理费用全部为现金支出,编制期间费用的现金支出预算表如表3-13所示。

表3-13　2019年期间费用的现金支出预算

单位:万元

季　度	一	二	三	四	全　年
销售费用	6 700	6 000	5 500	6 600	24 800
其中:现金	5 700	5 000	4 500	5 600	20 800
折旧	1 000	1 000	1 000	1 000	4 000
管理费用	3 350	3 000	2 750	3 300	12 400
其中:现金支出	3 350	3 000	2 750	3 300	12 400
现金支出合计	9 050	8 000	7 250	8 900	33 200

【例3-15】 假设期初现金余额为5 000万元,每季初现金不少于1 000万元;所得税支出为每季预先缴纳,年底统一汇总计算;假设投资一新建项目,每季度投资3 000万,两年后才完工。根据以上资料编制现金预算表,如表3-14所示。

表3-14 2019年现金预算表

单位:万元

季度	一	二	三	四	全年	数据来源
期初现金余额	5 000	2 700	1 250	14 500	5 000	
加:销售现金收入	5 000	2 000	5 000	1 000	13 000	销售预算
应收账款回收	41 000	53 000	62 000	58 000	214 000	销售预算
现金收入合计	51 000	57 700	68 250	73 500	232 000	
减:现金支出	56 300	56 450	53 750	63 700	230 200	
材料采购支出	13 000	17 000	17 000	21 000	68 000	采购预算
直接人工支出	16 750	15 000	13 750	16 500	62 000	生产预算
制造费用现金支出	13 350	13 000	12 750	13 300	52 400	生产预算
销售费用现金支出	5 700	5 000	4 500	5 600	20 800	销售费用预算
管理费用现金支出	3 350	3 000	2 750	3 300	12 400	管理费用预算
所得税支出	1 150	450	0	1 000	2 600	预计利润表
资本支出	3 000	3 000	3 000	3 000	12 000	资本预算
其他现金支出	0	0	0	0	0	
现金余额	—5 300	1 250	14 500	9 800	1 800	
筹资与运用						
银行借款	8 000	0	0	0	8 000	假设只在年初贷款
偿还银行借款	0	0	0	0	0	全部为长期借款,以前年度借款余额80 000万元。年末付息,利率为10%
支付借款利息	0	0	0	8 800	8 800	
期末现金余额	2 700	1 250	14 500	1 000	1 000	

(二)预计利润表的编制

预计利润表是以货币形式综合反映预算期内企业经营活动成果(包括利润总额、净利润)计划水平的一种财务预算。通过编制预计利润表,可以发现企业的总体获利情况,通过获利能力分析,发现企业成本费用以及销售收入的变化,从而采取提高企业利润的有力措施。

【例3-16】 根据以上资料,编制预计利润表(见表3-15)。

首先编制销售成本预算，假设生产成本由直接材料费、直接人工费以及制造费用组成，同时生产的产品不存在期初存货和期末存货，当季生产，当季销售完。因此生产成本全部结转入销售成本，单位产品中直接材料消耗为1.5元/件。

表3-15　2019年销售成本预算表

单位:万元

季　度	一	二	三	四	全年	数据来源
直接材料费	10 050	9 000	8 250	9 900	37 200	生产预算
直接人工费用	16 750	15 000	13 750	16 500	62 000	生产预算
变动性制造费用	3 350	3 000	2 750	3 300	12 400	生产预算
固定性制造费用	20 000	20 000	20 000	20 000	80 000	生产预算
合计	50 150	47 000	44 750	49 700	191 600	

以销售收入预算表与销售成本预算表为基础编制预计利润表(见表3-16)。假设税金及附加为0。

表3-16　2019年预计利润表

单位:万元

季　度	一	二	三	四	全年	数据来源
营业收入	67 000	60 000	55 000	66 000	248 000	销售预算
减:营业成本	50 150	47 000	44 750	49 700	191 600	成本预算
税金及附加	0	0	0	0	0	销售预算
销售费用	6 700	6 000	5 500	6 600	24 800	销售费用预算
管理费用	3 350	3 000	2 750	3 300	12 400	管理费用预算
财务费用	2 200	2 200	2 200	2 200	8 800	资本预算
利润总额	4 600	1 800	−200	4 200	10 400	
减:所得税(估计25%)	1 150	450	0	1 000	2 600	年底合并计算
净利润	3 450	1 350	−200	3 200	7 800	

(三)预计资产负债表的编制

预计资产负债表的编制以期初实际的资产负债表为基础，并依据当期编制的销售预算、生产预算、资本预算、现金预算以及预计利润表等进行分析编制的。

【例3-17】　根据以上资料，编制预计资产负债表(见表3-17)。假设无产成品存货，存货中全部为原材料，无任何无形资产和递延资产；应付工资和应付税费已经通过现金支付，没有应付福利费；本年不存在股利分配；新建项目在在建工程科目计算。

表3-17　2019年预计资产负债表

单位：万元

项　目	期初数	期末数	数据来源
货币资金	5 000	1 000	现金预算表
应收账款	94 000	115 000	应收账款预算表
存货(原材料)	1 000	41 800	生产成本预算表
流动资产合计	100 000	157 800	
固定资产	220 000	188 000	
无形资产	0	0	无形资产摊销计划填列
递延资产	0	0	无
无形资产及递延资产合计	0	0	
资产总计	320 000	345 800	
应付账款	23 000	33 000	应付账款预算表
应付股利	0	0	预计分配利润表
应付工资	0	0	根据预计工资提取
应付税费	0	0	
其他应付款	0	0	
流动负债合计	23 000	33 000	
长期借款	80 000	88 000	根据资本支出预算
长期负债合计	80 000	88 000	
负债合计	103 000	121 000	
实收资本	150 000	150 000	
资本公积	40 000	40 000	
盈余公积	7 000	7 800	年初数+本期预计提取数
未分配利润	20 000	27 000	预计利润分配表
所有者权益合计	217 000	224 800	
负债及所有者权益总计	320 000	345 800	

学习小结

◇本章从财务预算认知、财务预算的编制方法、财务预算的编制三个任务来介绍财务预算。

◇本章通过介绍财务预算的概念、预算的作用，从而使大家对财务预算有了一定认知；阐述了一系列财务预算编制的方法(固定预算与弹性预算、增量预算与零基预算、定期预算与滚动预算)，展现了企业日常业务预算(销售预算、生产预算、直接材料预算、直接人工预算、制造费用预算、产品生产成本预算、销售及管理费用预算和财务费用预算)的编制。

◇编制现金预算与预计财务报表，培养学生财务预测观念并提高财务预测的应用能力，能够独立编制财务预算。

一、单项选择题

1. 在现金预算表内，(　　)应分类列示预算期内可能发生的一切。

A. 现金收支项目　　B. 资金增减项目

C. 资金流入和流出项目　　D. 营业收入和支出项目

2. 下列各项中，没有直接在现金预算中得到反映的是(　　)。

A. 期初期末现金余额　　B. 现金筹措及运用

C. 预算期产量和销量　　D. 预算期现金余缺

3. 增量预算的对称是(　　)。

A. 静态预算　　B. 滚动预算

C. 零基预算　　D. 弹性预算

4. 下列各项中，不属于日常业务预算内容的是(　　)。

A. 生产预算　　B. 产品成本预算

C. 销售费用预算　　D. 资本支出预算

5. 企业年度各种产品销售业务量为100％时的年销售收入总额为5 500万元，变动成本为3 300万元，企业年固定成本总额为1 300万元，利润为900万元，则当预计业务量为70％时的利润为(　　)。

A. 540万元　　B. 240万元　　C. 630万元　　D. 680万元

6. 某企业编制"直接材料预算"，预计第四季度期初存量456千克，季度生产需要量2 120千克，预计期末存量为350千克，材料单价为10元，若材料采购货款有50％在本季度内付清，另外50％在下季度付清，假设不考虑其他因素，则该企业预计资产负债表年末"应付账款"项目为(　　)元。

A. 111 30　　B. 146 30　　C. 100 70　　D. 135 60

7. 全面预算体系的各种预算，是以企业决策确定的经营目标为出发点，根据以销定产的原则，按照先(　　)，后(　　)的顺序编制的。

A. 经营预算　财务预算　　B. 财务预算　经营预算

C. 经营预算　现金预算　　D. 现金预算　财务预算

8. 需按成本性态分析的方法将企业划分为固定成本和变动成本的预算编制方法是(　　)。

A. 固定预算　　B. 零基预算　　C. 滚动预算　　D. 弹性预算

9. 零基预算在编制时，对于所有的预算费用支出均以(　　)为基底。

A. 可能需要　　B. 零字

C. 现有费用支出　　D. 基期费用支出

10. 下列各项预算中,作为全面预算体系中最后环节的是(　　)。

A. 财务预算　　B. 日常业务预算

C. 销售预算　　D. 特种决策预算

二、多项选择题

1. 与生产预算直接相联系的预算是(　　)。

A. 直接材料预算　　B. 变动制造费用预算

C. 销售及管理费用预算　　D. 直接人工预算

2. 产品生产成本预算,是(　　)的汇总。

A. 销售及管理费用预算　　B. 直接材料预算

C. 直接人工预算　　D. 制造费用预算

3. 预算的编制方法主要有(　　)。

A. 弹性预算　　B. 零基预算　　C. 全面预算　　D. 滚动预算

4. 在实际工作中,弹性预算主要适用于编制与业务量有关的各种预算,因而主要用于编制(　　)等。

A. 直接材料预算　　B. 直接人工预算

C. 制造费用预算　　D. 销售管理费用预算

5. 在下列各项中,被纳入现金预算的有(　　)。

A. 经营性现金收入　　B. 经营性现金支出

C. 资本性现金支出　　D. 现金收支差额

6. 财务预算包括(　　)。

A. 现金预算　　B. 业务预算　　C. 预计损益表　　D. 预计资产负债表

7. 下列各项中,属于滚动预算优点的有(　　)。

A. 透明度高　　B. 及时性强　　C. 连续性　　D. 完整性

8. 财务预算能使决策目标(　　)。

A. 定性化　　B. 定量化　　C. 系统化　　D. 具体化

9. 经营性现金支出包括(　　)。

A. 支付各项利息　　B. 缴纳税金

C. 购买设备支出　　D. 股利分配

10. 在下列各项预算中,(　　)是编制产品生产成本预算的基础。

A. 支付各项利息　　B. 生产预算

C. 直接材料消耗及采购预算　　D. 直接人工预算

三、判断题

(　　)1. 在编制制造费用预算时,应将固定资产折旧费剔除。

(　　)2. 财务预算是关于企业在未来一定期间内财务状况和经营成果以及现金收支等价值指标的各种预算总称。

(　　)3. 弹性预算从实用角度看,主要适用于全面预算中与业务量有关的各种预算。

(　　)4. 预计资产负债表是以本期期初实际资产负债表各项目的数字为基础,作必要的调整来进行编制的。

(　　)5. 生产预算是日常业务预算中唯一仅以实物量作为计量单位的预算,不直接涉及现金收支。

(　　)6. 滚动预算的主要特点是预算期永远保持12个月。

(　　)7. 销售量和单价预测的准确性,直接影响企业财务预算的质量。

(　　)8. 能够克服固定预算缺点的预算方法是滚动预算。

(　　)9. 预算比决策估算更细致、更精确。

(　　)10. 销售管理费用预算是根据生产预算来编制的。

四、计算题

1. 企业生产A产品,年生产能力为20 000件,每件产品工时定额为2小时,2019年制造费用资料如表3-18所示。

表3-18　制造费用

项　目	每小时变动费用率(元)	全年预算固定成本(元)	全年实费费用(元)
间接材料	0.5	10 000	28 800
间接人工	0.25	2 000	10 700
电力	0.1	1 000	5 000
修理费	0.15	3 000	7 400
折旧		8 000	8 000
其他		2 000	1 800
合计		26 000	61 700

如果产量达到正常生产能力的120%,则固定成本中的间接材料将增加2%,修理费用将增加10%,折旧将增加5%。

要求:

(1) 根据上列资料,按正常生产能力的70%、90%、100%、120%分别编制制造费用弹性预算。

(2) 编制弹性预算执行报告。

2. 将表3-19现金预算中的空缺数据按其内在联系填补齐全。假设期末现金最低余额为4 000元,银行借款起点为1 000元,贷款利率每年为6%,还本时付息,于每季初借入,每季末偿还。

表3-19 现金预算

单位:元

项目	第一季度	第二季度	第三季度	第四季度	全年合计
期初余额	4 000	(6)	(12)	4 561	(25)
加:现金收入	(1)	16 300	17 700	(17)	65 900
可动用现金合计	16 800	(7)	22 620	(18)	(26)
减:现金支出					
采购材料	4 675	4 470	(13)	4 990	(27)
人工成本	6 780	7 380	7 930	(19)	30 660
费用	(2)	2 713	2 794	2 869	(28)
支付股息	1 000	—	—	—	(29)
购买设备	—	500	1 500	—	(30)
现金支出合计	(3)	15 063	(14)	(20)	(31)
现金收支差额	1 713	(8)	5 606	(21)	(32)
银行借款	(4)	—	—	—	3 000
偿还借款	—	(9)	1 000	(22)	(33)
利息	—	(10)	(15)	(23)	(34)
期末余额	(5)	(11)	(16)	(24)	(35)

3. 某企业第三季度销售预算如表3-20所示。

表3-20 销售预算

单位:元

项目	预计销售金额	预期现金收入		
		7月份	8月份	9月份
期初应收账款	52 500	(1)	(2)	
7月份销售收入	100 000	(3)	(4)	(5)
8月份销售收入	150 000		(6)	(7)
9月份销售收入	170 000			(8)
期末应收账款	(9)			
合计	(10)	(11)	(12)	(13)

该企业销售货款当月可收回55%,次月收回30%,第三个月收回余额。

期初应收账款为52 500元,其中5月份销售的应收账款为12 000元,6月份销售的应账款为40 500元。

要求:

(1) 计算5月份与6月份的销售收入。

(2) 计算第三季度的预期现金收入,填入表3-20各栏。

(3) 计算第三季度季末应收账款。

4. 某企业有关预算资料如下:

(1) 该企业3~7月的销售收入分别为40 000元、50 000元、60 000元、70 000元、80 000元。每月销售收入中,当月收到现金30%,下月收到现金70%。

(2) 各月直接材料采购成本按下月销售收入的60%计算,所购材料款于当月支付现金50%,下月支付现金50%。

(3) 该企业4~6月份的制造费用分别为4 000元、4 500元、4 200元,每月制造费用中包括折旧费1 000元。

(4) 该企业4月份购置固定资产,需要现金15 000元。

(5) 该企业在现金不足时,向银行借款(为1 000元的倍数);现金有多余时,归还银行借款(为1 000元的倍数)。借款在初期,还款在期末,借款年利率为12%,利随本清。

(6) 该企业期末现金余额最低为6 000元,其他资料见现金预算。

要求:根据以上资料,完成该企业4~6月份现金预算的编制工作(见表3-21)。

表3-21 现金预算

月 份	4	5	6
期初现金余额	7 000		
经营现金收入			
直接材料采购支出			
直接工资支出	2 000	3 500	2 800
制造费用支出			
其他费用支出	800	900	750
预交所得税			8 000
购置固定资产			
现金余缺			
向银行借款			
归还银行借款			
支付贷款利息			
期末现金余额			

实训项目

一、实训目的

理解财务预算编制的程序,能灵活运用预算指标。

二、实训资料

易达公司2019年第1～3月实际销售额分别为38 000万元、36 000万元和41 000万元，预计4月份销售额为40 000万元(销售额均为不含税销售收入)。每月销售收入中有70%能于当月收现，20%于次月收现，10%于第三个月收讫，不存在坏账。假定该公司销售的产品在流通环节需缴纳消费税，适用的增值税税率为17%，消费税税率为10%，城市维护建设税税率为7%，教育费附加的征收率为3%，并于当月以现金交纳。该公司3月末现金余额为80万元，应付账款余额为5 000万元(需在4月份付清)，不存在其他应收应付款项。

4月份有关项目预计资料如下：采购材料8 000万元(当月付款70%)，假定该企业生产所使用的材料都是在当期内采购的；工资及其他支出8 400万元(用现金支付)；制造费用8 000万元(其中折旧费等非付现费用为4 000万元)；营业费用和管理费用1 000万元(用现金支付)；预交所得税1 900万元；购买设备12 000万元(用现金支付)。现金不足时，通过向银行借款解决。4月末现金余额要求不低于100万元。

三、实训要求

根据上述资料，计算易达公司4月份的下列预算指标：

1. 经营性现金流入。
2. 应交增值税、税金及附加。
3. 经营性现金流出。
4. 现金余缺。
5. 应向银行借款的最低金额。
6. 4月末应收账款余额。

典型工作岗位——筹资管理岗位

项目四　筹资管理

项目导航

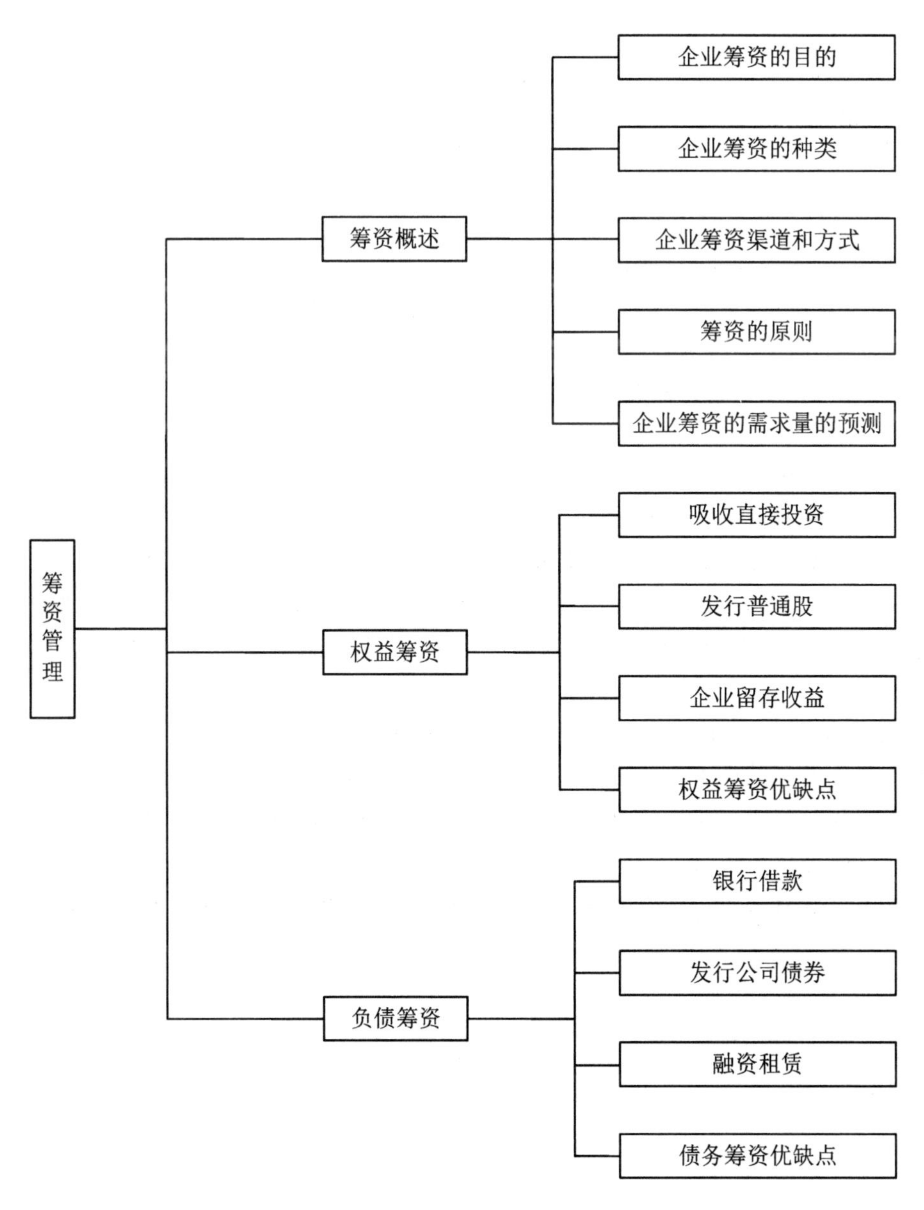
筹资管理
筹资概述
企业筹资的目的
企业筹资的种类
企业筹资渠道和方式
筹资的原则
企业筹资的需求量的预测
权益筹资
吸收直接投资
发行普通股
企业留存收益
权益筹资优缺点
负债筹资
银行借款
发行公司债券
融资租赁
债务筹资优缺点

学习目标

筹资管理是现代企业财务管理的重要组成部分,筹资管理要求解决企业为什么需要筹资,需要筹集多少资金,从什么渠道以什么方式筹集资金,以及如何确定筹资方式等问题,以合理解决企业所需的资金,本项目的学习目标主要是:理解筹资管理的含义和内容,掌握权益投资的类型,掌握债务筹资的类型,掌握企业筹资需求量的预测方法。

重点难点

债券发行价格及成本的计算,融资租赁租金的计算,资金需求量预测的基本方法。

案例导读

2016年7月,证监会网站披露了中海油旗下中海油能源发展股份有限公司(以下称“海油发展”)IPO招股说明书,拟筹资31亿元用于数个项目建设及偿还借款及银行贷款。

招股书显示,海油发展2015年营业收入为271.80亿元,净利润为20.1亿元,分别同比下滑21.37%和8.07%。此外,2015年海油发展负债率出现攀升,负债率高于行业平均值约7个百分点。同时,海油发展已经步入了偿债高峰期,2016年要偿还的借款及银行贷款金额为25.29亿元,目前公司尚有29.37亿元短期借款未偿还,偿债压力持续加大。与此同时,公司现金正在快速消耗。海油发展截至2015年年底货币资金为12.77亿元,比2014年年底减少了11.52亿元,降幅为47.43%。

海油发展在招股书中也提及,去年行业形势低迷,海油发展营业收入减少,同时应收账款账龄有所增加。这意味着回款周期的延长,无疑会对公司的现金流形成较大压力。

海油发展2016年、2017年、2018年需偿还借款及银行贷款金额分别为25.29亿元、8.59亿元、6.54亿元。而在本次IPO募资的31亿元当中,其中15亿元将直接用于偿还借款及银行贷款。

“目前行业形势低迷,银行业对能源相关行业相应提高了风险等级,相对而言,上市融资是一个更加方便且低成本的融资方式。”海油发展拟通过资本市场募资以解决目前的资金困难。上市主要目的仍然是融资,IPO凸显了公司对于获取资金流的急迫性,更多像是应对行业环境变差的被动举措。

(资料来源:《中海油旗下企业拟上市筹资解围》,中国经营报,2016年7月25日)

任务一 筹资概述

一、企业筹资的目的

企业筹资是指企业为了满足经营活动、投资活动、资本结构管理和其他需要，运用一定的筹资方式，通过一定的筹资渠道，筹措和获取所需资金的一种财务行为。企业筹资最基本的目的，是为了企业经营的维持和发展，为企业的经营活动提供资金保障。

(一) 筹集企业资本金

资金是企业运行的血液，企业成立需要以一定的资金为基础，对外承担民事责任。我国公司法规定，有限责任公司注册资本的最低限额为人民币3万元。

(二) 扩大生产经营规模

追求利润是企业的本性，企业在维持生存的情况下还要考虑长远的发展，需要抓住有利的投资机会扩大再生产。当预期能够获得超额利润时，企业就需要追加投资，需要通过各种渠道筹集资金。

(三) 调整资金结构

资金结构是企业长期资金与短期资金、自有资金与借入资金的比例关系，不同的资金结构会影响企业的综合资金成本与财务风险。长期资金的财务风险较低，但资金成本较高，短期资金的资金成本相对较低，但财务风险较高，企业在经营过程中需要权衡资金成本与财务风险。当财务风险过大时，可通过多筹集长期资金使企业的财务风险得到有效控制；当资金成本过大时，可通过多筹集短期资金适当降低综合资金成本。

(四) 偿还债务

企业所使用的资金往往有多种形式，自有资金可长久使用不需要归还，而借入资金通常都有固定的使用期限，到期如果不能归还，企业就有可能被提起诉讼甚至被宣告破产清算，企业为避免这种后果产生，通常会通过对外发行股票或举借新债等方式偿还原有债务。

二、企业筹资的种类

(一) 按所筹资金的权益性划分

分为股本资本和负债资金。

股本资本是企业依法筹资并长期拥有、自主支配的资金，是一种高成本(筹资成本高)、低风险资本(无需还本付息)。负债资金以还本付息为条件，借出的风险较低，回报也低。

(二) 按所筹资金的期限划分

分为长期资金和短期资金。

长期资金由于期限长,未来的不可知性越大,风险越大,成本相对高。短期资金还本付息压力大,这类资金的成本相对较低。

(三) 按筹资活动是否通过金融机构划分

分为直接筹资和间接筹资。

直接筹资不经过银行等金融机构,直接向资金供应者发行债券、股票等进行筹资。间接筹资,是企业借助于银行和非银行金融机构而筹集资金。

(四) 按资金取得的方式划分

分为内部筹资和外部筹资。

内部筹资是从企业内部筹集的资本。外部筹资是指企业向外部筹措资金而形成的筹资来源。

三、企业筹资的渠道和方式

(一) 筹资渠道

筹资渠道是指企业取得资金的来源,即资金从哪里来。目前我国企业筹资渠道主要有:

(1) 国家财政资金,指国家以财政拨款或注资的方式投入企业的资金。这种融资渠道主要适用于国有企业。

(2) 银行信贷资金,指各商业银行贷给企业的资金,是企业非常重要的债务资金来源。

(3) 非银行金融机构资金。非银行金融机构将社会闲散资金集中起来,向需要资金的企业提供借款,也是企业重要的债务资金来源。

(4) 其他企业资金。企业有时会有闲置多余的资金,这些资金可以用于购买其他企业的股票或债券,将暂时不用的资金提供给需要资金的企业使用。

(5) 居民的资金。随着居民收入水平不断提高,居民的理财意识也日益增强,民间资金越来越多地流向资本市场,逐渐成为企业筹资的重要渠道。

(6) 企业的留存收益。当企业当年取得利润以后,分红部分可以留给企业使用,等以后取得更多的利润后再一起分配给投资者。

(7) 外商资金。外商资金又称境外资金,是指境外投资者投入资金和从境外借用资金,包括进口物资延期付款,补偿贸易,在国外发行债券等筹集的资金。

(二) 筹资方式

筹资方式是指企业筹集资金的具体方法和手段,即资金如何取得。

1. 从资金属性上看可分为权益性筹资和债务性筹资

权益性融资方式筹集的资金即自有资金,具有不返还性,可以永久使用,除非企业破产清算或经营终止,该类筹资方式有吸收直接投资、发行股票及留存收益等;债务性融资方式筹集的资金即借入资金,需要付息还本,并且有固定的使用期限;该类融资方式有发行债券、

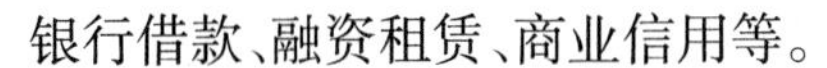

银行借款、融资租赁、商业信用等。

2. 从资金占用期限上看可分为长期筹资和短期筹资

长期筹资方式所筹集的资金一般使用时间超过一年，对筹资方来说，资金使用的财务风险相对较低，但由于占用他人资金的时间较长，资金成本相对较高。长期筹资方式主要包括长期银行借款、发行长期债券、融资租赁及各种权益性筹资方式。短期筹资方式所筹集的资金一般需要在一年内归还，由于使用时间较短，筹资方的财务风险相对较高，但资金成本相对较低，短期筹资方式主要包括短期银行借款、商业信用等。

3. 从筹资的范围上看可以分为内源筹资和外源筹资

内源筹资即企业将自己的留存收益和折旧转化为投资的过程；外源筹资，即吸收其他经济主体的资金，以转化为自己投资的过程。随着技术的进步和生产规模的扩大，单纯依靠内源筹资已很难满足企业的资金需求，外源筹资已逐渐成为企业获取资金的重要方式。目前企业外源筹资主要有以下几种：发行股票、发行债券、银行借款、商业信用、融资租赁、吸收直接投资等。

（三）筹资渠道与方式的对应关系

筹资渠道讲的是资金来源问题，筹资方式则解决通过何种方式取得资金的问题。筹资渠道与筹资方式两者既有区别又有联系。一定的筹资方式可能只适用于某一特定的资金来源渠道，但同一渠道的资金大多可以采用不同的方式取得。它们之间的对应关系如表4-1所示。

表4-1　筹资渠道与筹资方式的关系

方式 渠道	吸收直接投资	发行股票	银行借款	发行债券	商业信用	融资租赁	利用留存收益
国家财政资金	√	√					
银行信贷资金			√	√			
非银行金融机构	√	√	√	√		√	
其他企业资金	√	√		√	√	√	
居民的资金	√	√		√			
企业内部形成资金	√						√
外商资金	√	√	√	√	√	√	

四、筹资原则

采取一定的筹资方式，有效地组织资金供应，是一项重要而复杂的工作。为此，企业筹集资金应遵循以下基本原则。

（一）合理性原则

不论采取什么方式筹资，都必须预先合理确定资金的需要量，以需定筹。既要防止筹资不足，影响生产经营的正常进行；又要防止筹资过多，造成资金闲置。

（二）及时性原则

按照资金时间价值的原理，同等数量的资金在不同时点上具有不同的价值。企业筹集资金应根据资金投放使用时间来合理安排,使筹资和用资在时间上相衔接。既要避免过早筹资使资金过早到位形成资金投放前的闲置,又要避免资金到位滞后丧失资金投放的最佳时机。

(三) 效益性原则

不同资金来源的资本成本各不相同,取得资金的难易程度也有差异。筹集资金应从资金需要的实际情况出发,采用合适的方式操作,以降低成本,谋求最大的经济效益。

(四) 优化资金结构原则

企业的自有资金和借入资金要有合适的比例,长期资金和短期资金也应比例适当。资金筹集应注意这两个方面内容,使企业减少财务风险,优化资金结构。

(五) 依法筹资原则

我国法律规定,企业发行股票和债券必须符合《股票发行与交易管理暂行条例》及《公司法》中的有关规定。企业筹集资金必须遵守国家法律、财经法规,维护各方经济权益。

五、企业筹资需求量的预测

(一) 企业筹资需求量预测

企业发展的不同时期,对资金的需求量不同。为了保证企业在必要时能及时筹集到满足生产经营需要的资金,又不会因筹资太多,产生资金多余闲置。所以企业需要预测资金需求量,为筹资规模决策提供数量依据,编制资金计划。

1. 定性预测法

定性预测法也称经验判断法,是指依据同行业相同或相似业务和本企业的市场实力,由比较熟悉的有经验从业人员与相关专家通过主观分析和经验判断,来预测企业资金需求的方法。这种方法不能揭示资金需求量和相关影响因素之间的数量关系。

2. 定量预测法

定量预测法是根据比较完备的统计资料,运用数学方法对资料进行科学的分析、处理,找出资金需求量与相关因素的数量关系,从而推算出企业未来的资金需求量。具体操作中常用的定量预测方法有销售百分比法和资金习性预测法。结合财务管理的实际情况,下面主要介绍销售百分比法。

(二) 销售百分比法

1. 销售百分比法的含义

销售百分比法是指根据各个资金项目与销售收入总额之间的依存关系,把资产负债表中随着销售收入的变化而变化的项目,按照其计划销售额的增长情况来预测需要相应追加的一种定量分析法。基本原理是:假设资产和负债与销售额存在稳定的百分比关系,根据销售与资产的比例关系预计资产额,根据资产额预计相应的负债和所有者权益,进而确定筹资需求量。

2. 计算步骤

(1) 根据资产负债表中资产负债项目中与销售额之间是否同步变动的关系,区分经营性资产和经营性负债项目。

经营性资产是与销售同比变动的资产。其中流动资产项目属于经营性资产项目,包括现金、应收账款、存货等项目。

经营性负债是与销售同比变动的负债,包括应付票据、应付账款、应付费用等项目,不包括短期借款、短期融资债券、长期负债等筹资性负债。

(2) 确定经营性资产和经营性负债占销售收入的百分比(或确定预计销售收入的增长率)。

(3) 确定需要增加的筹资数量。预计由于销售增长而需要的资金需求增长额,扣除利润留存后,即为所需要的外部筹资额。即

外部资金需要量=增加的资产-增加的负债-增加的留存收益

① 增加的资产=增量收入×基期敏感资产占基期销售额的百分比

=基期敏感资产的合计数×销售增长率

② 增加的负债=增量收入×基期敏感负债占基期销售额的百分比

③ 增加的留存收益=预计销售收入×销售净利润率×收益留存率,即

$$对外筹资的需求量=\frac{A}{S_0}\times\Delta S-\frac{B}{S_0}\times\Delta S-P\times E\times S_1$$

式中,A为随销售变化的资产;B为随销售变化的负债;S_0为基期销售额;S_1为预测期销售额;ΔS为销售的变动额;P为销售净利润率;E为收益留存比率;$\frac{A}{S_0}$为敏感资产与销售额的关系百分比;$\frac{B}{S_0}$敏感负债与销售额的关系百分比。

销售百分比法的优点在于能为筹资管理提供短期预计的财务报表,以适应外部筹资的需要,且易于使用。但在有关因素发生变动的情况下,必须相应地调整原有的销售百分比。

【例4-1】 光明公司2018年12月31日的简要资产负债及相关信息如表4-2所示。假定光明公司2018年销售额为10 000万元,销售净利率为10%,利润留存率为40%。2019年销售额预计增长20%,公司有足够的生产能力,无需追加固定资产投资。则该公司按照销售百分比法的计算公式,预测2019年对外筹资需要量为多少万元?

表4-2 光明公司资产负债及相关信息表

单位:万元

资产	金额	与销售关系	负债与权益	金额	与销售关系
现金	500	5%	短期借款	2 500	N
应收账款	1 500	15%	应付账款	1 000	10%
存货	3 000	30%	应付票据	500	5%
固定资产	3 000	N	公司债券	1 000	N
			实收资本	2 000	N
			留存收益	1 000	N
合 计	8 000	50%	合 计	8 000	15%

首先，确定有关项目及其与销售额的关系百分比。在表4-2中，N表示不变动，是指该项目不随销售的变化而变化。

其次，确定需要增加的资金量。从表4-2可以看出，销售收入每增加100元，必须增加50元的资金占用，但同时自动增加15元的资金来源，两者差额的35%产生了资金需求。因此，每增加100元的销售收入，公司必须取得35元的资金来源，销售额从10 000万元增加到12 000万元，增加了2 000万元，按照35%的比率可预测将增加700万元的资金需求。

最后，确定外部融资需求的数量。2019年的净利润为1 200万元(12 000×10%)，利润留存率为40%，则将有480万元利润被留存下来，还有220万元的资金必须从外部筹集。

根据光明公司的资料，可求得对外融资的需求量为

外部融资需求量=50%×2 000－15%×2 000－10%×40%×12 000=220(万元)

任务二　权益筹资

权益筹资形成企业的股权资金，这是企业最基本的筹资方式。吸收直接投资、发行股票和利用留存收益，是权益筹资的三种基本形式。

一、吸收直接投资

吸收直接投资，是指企业按照“共同投资、共同经营、共担风险、共享收益”的原则，直接吸收国家、法人、个人和外商投入资金的一种筹资方式。吸收直接投资是非股份制企业筹集权益资本的基本方式，采用吸收直接投资的企业，资本可分为等额股份，无需公开发行股票。

(一) 吸收直接投资的种类

1. 吸收国家投资

国家投资是指有权代表国家投资的政府部门或机构，以国有资产投入公司，这种情况下形成的资本叫国有资本。吸收国家投资是国有企业筹集权益资本的主要方式。吸收国家投资一般具有以下特点：① 产权归属国家；② 资金的运用和处置受国家约束较大；③ 在国有公司中采用比较广泛。

2. 吸收法人投资

法人投资是指法人单位以其依法可支配的资产投入公司，这种情况下形成的资本叫法人资本。吸收法人投资一般具有以下特点：① 发生在法人单位之间；② 以参与公司利润分配或控制为目的；③ 出资方式灵活多样。

3. 吸收社会公众投资

社会公众投资是指社会个人或本公司职工以个人合法财产投入公司，这种情况下形成的资本称为个人资本。吸收社会公众投资一般具有以下特点：① 参加投资的人员较多；② 每人投资的数额相对较少；③ 以参与公司利润分配为目的。

4. 吸收外商投资

外商投资是指外国及我国港澳台地区投资者以其依法支配的财产投入企业，这种情况

下形成的资本叫外商资本。

（二）吸收直接投资的出资方式

1. 以货币资产出资

以货币资产出资是吸收直接投资中最重要的出资方式。企业有了货币资产，便可以获取其他物质资源，支付各种费用，满足企业创建开支和随后的日常周转需要。我国《公司法》规定，全体股东的货币出资金额不得低于公司注册资本的30%，以此来保障公司设立后的正常经营。

2. 以实物资产出资

实物出资是指投资者以房屋、建筑物、设备等固定资产和材料、燃料、商品产品等流动资产所进行的投资。实物投资应符合以下条件：① 适合企业发展的需要；② 技术性能良好；③ 作价公平合理。

实物出资中实物的作价，可以由出资各方协商确定，也可以聘请专业资产评估机构评估确定。国有及国有控股企业接受其他企业的非货币资产出资，必须委托有资格的资产评估机构进行资产评估。

3. 以土地使用权出资

土地使用权是指土地经营者对依法取得的土地在一定期限内有进行建筑、生产经营或其他活动的权利。土地使用权具有相对的独立性，在土地使用权存续期间，包括土地所有者在内的其他任何人和单位，不能任意收回土地和非法干预使用权人的经营活动。企业吸收土地使用权投资应符合以下条件：① 适合企业发展的需要；② 符合国家土地使用规定；③ 作价公平合理。

4. 以工业产权出资

工业产权通常是指专有技术、商标权、专利权、非专利技术等无形资产。投资者以工业产权出资应符合以下条件：① 有助于企业研究、开发和生产出新的高科技产品；② 有助于企业提高生产效率，改进产品质量；③ 有助于企业大幅度降低各种能耗；④ 作价公平合理。

（三）吸收直接投资筹资的优缺点

1. 吸收直接投资的优点

（1）能够尽快形成生产能力。吸收直接投资不仅可以取得一部分货币资金，而且能够直接获得所需的先进设备和技术，尽快形成生产经营能力。

（2）容易进行信息沟通。吸收直接投资的投资者比较单一，股权没有社会化、分散化，投资者甚至可直接担任公司管理层职务，公司与投资者易于沟通。

（3）吸收直接投资的手续相对比较简便，筹资费用较低。

2. 吸收直接投资的缺点

（1）资本成本较高。相对于股票筹资方式来说，吸收直接投资的资本成本较高。当企业经营较好、盈利较多时，投资者往往要求将大部分盈余作为红利分配，因为向投资者支付的报酬是按其出资数额和企业实现利润的比率来计算的。

（2）公司控制权集中，不利于公司治理。采用吸收直接投资方式筹资，投资者一般都要求获得与投资数额相适应的经营管理权。如果某个投资者的投资额比例较大，则该投资者对企业的经营管理就会有相当大的控制权，容易损害其他投资者的利益。

(3) 不易进行产权交易。吸收投入资本由于没有证券为媒介,不利于产权交易,难以进行产权转让。

二、发行普通股

股票是股份有限公司为筹措股权资本而发行的有价证券,是持股人拥有公司股份的凭证。它代表持股人在公司中拥有的所有权,股票持有人即为公司的股东,股东作为出资人按投入公司的资本额享有获取投资收益、公司重大决策和选择管理者的权利,并以其所持股份为限对公司承担责任。

(一) 股票的种类

1. 按股票的权利不同划分

可以分为普通股和优先股。

普通股股票简称普通股,是公司发行的代表着股东享有平等的权利、义务,不加特别限制的,股利不固定的股票。普通股是最基本的股票,股份有限公司通常情况下只发行普通股。

优先股股票简称优先股,是公司发行的相对于普通股具有一定优先权的股票。其优先权利主要表现在股利分配优先权和分取剩余财产优先权上。优先股股东在股东大会上无表决权,在参与公司经营管理上受到一定限制,仅对涉及优先股权利的问题有表决权。

2. 按投资主体不同划分

可分为国有股、法人股、个人股和外资股。

国有股是有权代表国家投资的部门或机构以国有资产向公司投入而形成的股份。国有股由国务院授权的部门或机构持有,并向公司委派股权代表。

法人股是指企业法人依法以其可支配的资产向公司投入而形成的股份,或具有法人资格的事业单位和社会团体以国家允许用于经营的资产向公司投入而形成的股份。

个人股为社会个人或本公司职工以其个人合法财产投入公司而形成的股份。

外资股是指外国和我国港澳台地区投资者购买的人民币特种股票。

3. 按发行对象和上市地点的不同划分

可分为A股、B股、H股和S股等。

A 股即人民币普通股票,由我国境内公司发行,在境内上市交易,它以人民币标明面值,以人民币认购和交易。

B股即人民币特种股票,由我国境内公司发行,在境内上市交易,它以人民币标明面值,以外币认购和交易。

H股是注册地在内地、在香港上市的股票,依此类推,在纽约和新加坡上市的股票,就分别称为N股和S股。

(二) 普通股股东的权利

1. 盈利分配权

普通股股东有权获得股利。但普通股股利的发放与公司债券利息和优先股股利的支付不同,除了前者的支付顺序次于后两者之外,它的发放与否完全取决于公司董事会是否决定

将公司的一部分利润作为股利分配。

2. 投票表决权

普通股股东既然是公司的所有者,他们就有资格参与公司董事会的选举。大公司的众多股东只能通过由他们选举产生的董事会来间接控制公司。公司的直接控制权掌握在董事会和由董事会选出的经理人员手中。股东对公司的间接管理,在于行使其表决权。

3. 剩余资产索偿权

公司进行清算时,普通股股东有权在债权人、优先股股东分得公司资产之后,分享剩余资产。如清算之后公司资产不能补偿自己的投资,普通股东也只好作罢。普通股股东与公司存在着风险共担、利益共享的关系。

4. 优先购股权

公司在发行新股时,必须给予现有股东优先认购的权利。这种对增发新股的优先认购权,也是股东的权利之一。优先购股权的目的:一是维护股东在公司的既得利益,为股东提供免于股票价值被稀释的保障;二是维持股东对公司所有权的比例,保护现有股东对公司的控制权。

5. 查账权

按照我国《公司法》规定,公司应按每个会计年度,在股东大会召开15日前,将经会计师事务所验证过的公司当年的资产负债表、利润表、现金流量表、利润分配方案等会计账表和其他有关文件资料,置备于公司注册所在地,供股东查阅。股东还可进一步检查公司会计账册,拥有监督公司经营和财务管理的权利,以及提供建议或质询的权利。

(三) 股票上市

1. 股票上市的意义

股票上市是指股份有限公司公开发行的股票,经过申请批准后在证券交易所作为交易的对象。股份有限公司申请股票上市,基本目的是为了增强本公司股票的吸引力,形成稳定的资本来源,能在更大范围内筹措大量资本,主要意义有:

(1) 提高公司所发行股票的流动性和变现性,便于投资者认购、交易;

(2) 促进公司股权的社会化,防止股权过于集中;

(3) 提高公司的知名度;

(4) 有助于确定公司增发新股的发行价格;

(5) 便于确定公司的价值,以利于促进公司实现财富最大化目标。

当然,股票上市也会给公司带来不利的一面,主要是:各种"公开"的要求可能会暴露公司的商业秘密;股价的人为波动可能歪曲公司的实际状况,损害公司的声誉;可能分散公司的控制权。

2. 股票上市的条件

(1) 股票经国务院证券监督管理机构核准已公开发行;

(2) 公司股本总额不少于人民币3 000万元;

(3) 公开发行的股份达到公司股份总数的25%以上;公司股本总额超过人民币4亿元的,公开发行股份的比例为10%以上;

(4) 公司最近三年无重大违法行为,财务会计报告无虚假记载。

3. 上市公司的股票发行

上市的股份有限公司在证券市场上发行股票包括公开发行和非公开发行两种类型。公开发行股票又分为首次上市公开发行股票和上市公开发行股票,非公开发行即向特定投资者发行,也叫定向发行。

(1) 首次上市公开发行股票(Initial Public Offering,IPO)。首次上市公开发行股票,是指股份有限公司首次对社会公开发行股票并上市流通和交易。实施IPO的公司,自股份有限公司成立后,持续经营时间应当在3年以上(经国务院特别批准的除外),应当符合中国证监会《首次公开发行股票并上市管理办法》规定的相关条件,并经中国证监会核准。

实施IPO发行的基本程序是:① 公司董事会应当依法就本次股票发行的具体方案、本次募集资金使用的可行性及其他事项作出决议,并提请股东大会批准;② 公司股东大会就本次发行股票作出的决议;③ 由保荐人保荐并向证监会申报;④ 证监会受理,并审批核准;⑤ 自证监会核准发行之日起,公司应在6个月内公开发行股票,超过6个月未发行的,核准失效,须经证监会重新核准后方可发行。

(2) 上市公开发行股票。上市公开发行股票,是指股份有限公司已经上市后,通过证券交易所在证券市场上对社会公开发行股票。上市公开发行股票,包括增发和配股两种方式。增发是指上市公司向社会公众发售股票的再融资方式;配股是指上市公司向原有股东配售股票的再融资方式。

(3) 非公开发行股票。上市公司非公开发行股票,是指上市公司采用非公开方式,向特定对象发行股票的行为,也叫定向募集增发。定向增发的对象可以是老股东,也可以是新投资者,但发行对象不超过10名,发行对象为境外战略投资者的,应当经国务院相关部门事先批准。

上市公司定向增发的优势在于:① 有利于引入战略投资者和机构投资者;② 有利于利用上市公司的市场化估值溢价,将母公司资产通过资本市场放大,从而提升母公司的资产价值;③ 定向增发是一种主要的并购手段,特别是资产并购型定向增发,有利于集团企业整体上市,并同时减轻并购的现金流压力。

借壳上市与买壳上市

借壳上市是指一家私人公司通过把资产注入一家市值较低的已上市公司,得到该公司一定程度的控股权,利用其上市公司地位,使母公司的资产得以上市。

买壳上市是指非上市公司购买一家上市公司一定比例的股权来取得上市的地位,然后注入自己有关业务及资产,达到间接上市的目的。民营企业由于受所有制因素困扰,无法直接上市。一般而言,买壳上市是民营企业的较佳选择。

与一般企业相比,上市公司最大的优势是能在证券市场上大规模筹集资金,以此促进公司规模快速增长。因此,上市公司的上市资格已成为一种"稀有资源",所谓"壳"就是指上市公司的上市资格。由于有些上市公司机制转换不彻底,不善于经营管理,其业绩表现不尽如人意,丧失了在证券市场进一步筹集资金的能力,要充分利用上市公司的这个“壳”资源,就必须对其进行资产重组,买壳上市和借壳上市就是更充分地利用上市资源的两种资产重组形式。而借壳上市是指母公司(集团公司)通过将主要资产注入已上市的子公司中,来实现母公司的上市,借壳上市的典型案例之一是强生集团的“母”借“子”壳。

借壳上市和买壳上市的共同之处在于,它们都是一种对上市公司“壳”资源进行重新配置的活动,都是为了实现间接上市,它们的不同点在于,买壳上市的企业首先需要获得对一家上市公司的控制权,而借壳上市的企业已经拥有了对上市公司的控制权。

从具体操作的角度看,当非上市公司准备进行买壳或借壳上市时,首先碰到的问题便是如何挑选理想的壳公司,一般来说,壳公司具有这样一些特征:即所处行业大多为夕阳行业,具体主营业务增长缓慢,盈利水平微薄甚至亏损;此外,公司的股权结构较为单一,以利于对其进行收购控股。

在实施手段上,借壳上市的一般做法是:第一步,集团公司先剥离一块优质资产上市;第二步,通过上市公司大比例的配股筹集资金,将集团公司的重点项目注入上市公司中;第三步,再通过配股将集团公司的非重点项目注入进上市公司实现借壳上市。与借壳上市略有不同,买壳上市可分为买壳、借壳两步走,即先通过收购控股一家上市公司,然后利用这家上市公司,将买壳者的其他资产通过配股、收购等机会注入进去。

借壳上市和买壳上市一般都涉及大宗的关联交易,为了保护中小投资者的利益,这些关联交易的信息皆需要根据有关的监管要求,充分、准确、及时地予以公开披露。

(四) 普通股筹资的优缺点

1. 普通股筹资的优点

(1) 普通股筹集的资金没有固定的到期日,是一项永久性的资金来源。普通股也没有固定的费用负担,有盈利才支付股利,无盈利则不必支付股利。甚至在有盈利的情况下,也可不支付或少支付股利。因此,普通股筹资的风险小。

(2) 普通股筹资,由于从整体上减少了公司财务风险,保障了债权人的利益,会增加公司债券的价值,使债券筹资成本降低。

(3) 普通股筹资比债券筹资更容易。这是因为普通股票的预期收益比债券高,而且普通股代表着对公司一定的控制权,因此特别受某些希望参与管理的投资者欢迎。

2. 普通股筹资的缺点

(1) 资本成本较高。投资股票的风险较高,股东相应要求得到较高的报酬率,股利从税后利润中支付,不允许从税前利润中扣除,普通股的发行、上市等方面的费用也很庞大。

(2) 可能会分散公司的控制权。利用普通股筹资,发行新股,可能会因分散公司的控制权而遭到现有股东的反对。

(3) 公司过度依赖普通股筹资,会被投资者视为消极的信号,从而导致股票价格下跌,进而影响公司的其他筹资手段的使用。

另外,上市交易的普通股票增加了公司对社会公众股东的责任,其财务状况和成果都要公开,接受公众股东的监督。一旦公司经营出现了问题或遇到财务困难,公司有被他人收购的风险。

三、企业留存收益

留存收益,又称保留盈余或保留利润,是指留存于企业的税后利润,包括盈余公积与未分配利润两部分。它是普通股所代表的资本的增加额,可以用于未来股利的发放,亦可将其资本化,作为扩大再生产的资金来源。正是从这个意义上,可将留存收益作为一种筹资方式。

(一) 留存收益的筹资途径

1. 提取盈余公积金

盈余公积金,是指有指定用途的留存净利润,其提取基数是抵减年初累计亏损后的本年度净利润。盈余公积金主要用于企业未来的经营发展,经投资者审议后也可以用于转增股本(实收资本)和弥补以前年度经营亏损。盈余公积金不得用于以后年度的对外利润分配。

2. 未分配利润

未分配利润,是指未限定用途的留存净利润。未分配利润有两层含义:第一,这部分净利润本年没有分配给公司的股东投资者;第二,这部分净利润未指定用途,可以用于企业未来经营发展、转增股本(实收资本、弥补以前年度经营亏损、以后年度利润分配)。

(二) 利用留存收益筹资的优缺点

1. 留存收益筹资的优点

(1) 不发生实际的现金支出。不同于负债筹资,不必支付定期的利息,也不同于股票筹资,不必支付股利。同时还免去了与负债、权益筹资相关的手续费、发行费等开支。但是这种方式存在机会成本,即股东将资金投放于其他项目上的必要报酬率。

(2) 保持企业举债能力。留存收益实质上属于股东权益的一部分,可以作为企业对外举债的基础。先利用这部分资金筹资,减少了企业对外部资金的需求,当企业遇到盈利率很高的项目时,再向外部筹资,而不会因企业的债务已达到较高的水平而难以筹到资金。

(3) 企业的控制权不受影响。增加发行股票,原股东的控制权分散,而采用留存收益筹资则不会存在此类问题。

2. 留存收益筹资的缺点

(1) 期间限制。企业必须经过一定时期的积累才可能拥有一定数量的留存收益,从而使企业难以在短期内获得扩大再生产所需资金。

(2) 与股利政策的权衡。如果留存收益过高,现金股利过少,则可能影响企业的形象,并给今后的筹资增加困难。利用留存收益筹资需要考虑公司的股利政策,不能随意变动。

四、权益筹资优缺点

(一) 股权筹资的优点

1. 股权筹资是企业稳定的资本基础

股权资本没有固定的到期日,无须偿还,是企业的永久性资本,除非企业清算时才有可能予以偿还。这对于保障企业对资本的最低需求、促进企业长期持续稳定经营具有重要意义。

2. 股权筹资是企业良好的信誉基础

股权资本作为企业最基本的资本,代表了公司的资本实力,是企业与其他单位组织开展经营业务、进行业务活动的信誉基础。同时,股权资本也是其他方式筹资的基础,尤其可为债务筹资,包括银行借款、发行公司债券等提供信用保障。

3. 企业的财务风险较低

股权资本不用在企业正常营运期内偿还,没有还本付息的财务压力。相对于债务资金而言,股权资本筹资限制少,资本使用上也无特别限制。另外,企业可以根据其经营状况和业绩的好坏,决定向投资者支付报酬的多少。

(二) 股权筹资的缺点

1. 资本成本负担较重

一般而言,股权筹资的资本成本要高于债务筹资。这主要是由于投资者投资于股权特别是投资于股票的风险较高,投资者或股东相应要求得到较高的报酬率。从企业成本开支的角度来看,股利、红利从税后利润中支付,而使用债务资金的资本成本允许税前扣除。此外,普通股的发行、上市等方面的费用也十分庞大。

2. 容易分散公司的控制权

利用股权筹资,由于引进了新的投资者或出售了新的股票,必然会导致公司控制权结构的改变,而控制权变更过于频繁,又势必影响公司管理层的人事变动和决策效率,影响公司的正常经营。

3. 信息沟通与披露成本较大

投资者或股东作为企业的所有者,有了解企业经营业务、财务状况、经营成果等的权利。企业需要通过各种渠道和方式加强与投资者的关系管理,保障投资者的权益。特别是上市公司,其股东众多而分散,只能通过公司的公开信息披露了解公司状况,这就需要公司花更多的精力,有些公司还需要设置专门的部门,进行公司的信息披露和投资者关系管理。

任务三　负 债 筹 资

负债筹资形成企业的债务资金,债务资金是企业通过银行借款、向社会发行公司债券、融资租赁等方式筹集和取得的资金。长期借款、发行债券和融资租赁,是长期负债筹资的三种基本形式。短期借款、商业信用也是一种债务资金,但它是企业间的商品或劳务交易形成的,故在营运资金管理一章中予以介绍 。

一、长期借款

长期借款是指从银行或其他金融机构和企业借入的,期限在一年以上的借款,它是企业长期负债的主要来源之一。长期借款主要用于企业的固定资产购置和满足永久性流动资金占用的需要,企业筹集长期借款资金的主要来源包括:银行、保险公司和信托投资公司等各种金融机构。

(一)长期借款的种类

1. 按提供贷款的机构划分

按提供贷款的机构分为政策银行贷款、商业银行贷款和非银行金融机构贷款。

2. 按有无抵押品作担保划分

按有无抵押品作担保分为抵押贷款和信用贷款。

抵押贷款是指以特定的抵押品为担保的贷款。作为贷款担保的抵押品可以是不动产、机器设备等实物资产,也可以是股票、债券等有价证券。

信用贷款是指不以抵押品作为担保的贷款,即仅凭借款企业或保证人的信用而发放的贷款。信用贷款通常仅由借款企业出具签字的文书,一般是贷给资信优良的企业。

(二)长期借款的程序

1. 企业提出申请

企业申请借款必须符合借款原则和贷款条件。其中,我国金融部门对贷款规定的原则是:按计划发放,择优扶植,有物资保障,按期归还。企业申请贷款应具备的条件主要有:① 借款企业实行独立核算,自负盈亏,具有法人资格;② 生产经营方向和业务范围符合国家政策,且贷款用途符合银行贷款办法规定的范围;③ 借款企业具有一定的物资和财产保证,或担保单位具有相应的经济实力;④ 具有还贷能力;⑤ 借款企业财务管理和经济核算制度健全,资金使用效益及企业经济效益良好;⑥ 在银行开立有账户,办理结算。

2. 审批

银行按照有关政策和贷款条件,对借款企业进行审查,依据审批权限,核准企业申请的借款金额和用款计划。审查的内容是:① 企业的财务状况;② 企业的信用情况;③ 企业的盈利稳定性;④ 企业的发展前景;⑤ 借款投资项目的可行性;⑥ 抵押品和担保情况等。

3. 签订借款合同

借款申请获批准后,银行与借款企业需要进一步协商贷款的具体条件,签订正式的合同,规定贷款的数额、利率、期限和一些约束性条款。

4. 取得借款

借款合同生效后,银行可在核定的贷款指标范围内,根据用款计划和实际需要,一次或分次将贷款转入企业的存款结算户,以便企业支用借款。

(三)长期借款的保护性条款

长期借款的金额高、期限长、风险大,除借款合同的基本条款之外,债权人通常还在借款合同中附加各种保护性条款,以确保企业按要求使用借款和按时足额偿还借款。保护性条款一般有以下三类:

1. 例行性保护条款

这类条款作为例行常规,在大多数借款合同中都会出现。主要包括:① 定期向提供贷款的金融机构提交公司财务报表,以使债权人随时掌握公司的财务状况和经营成果;② 保持存货储备量,不准在正常情况下出售较多的非产成品存货,以保持企业正常生产经营能力;③ 及时清偿债务,包括到期清偿应缴纳税金和其他债务,以防被罚款而造成不必要的现金流失;④ 不准以资产作其他承诺的担保或抵押;⑤ 不准贴现应收票据或出售应收账款,以避免或有负债等。

2. 一般性保护条款

一般性保护条款是对企业资产的流动性及偿债能力等方面的要求条款,这类条款应用于大多数借款合同,主要包括:① 保持企业的资产流动性。要求企业需持有一定最低额度的货币资金及其他流动资产,以保持企业资产的流动性和偿债能力,一般规定了企业必须保持的最低营运资金数额和最低流动比率数值。② 限制企业非经营性支出。如限制支付现金股利、购入股票和职工加薪的数额规模,以减少企业资金的过度外流。③ 限制企业资本支出的规模。控制企业资产结构中的长期性资产的比例,以减少公司日后不得不变卖固定资产以偿还贷款的可能性。④ 限制公司再举债规模。目的是防止其他债权人取得对公司资产的优先索偿权。⑤ 限制公司的长期投资。如规定公司不准投资于短期内不能收回资金的项目,不能未经银行等债权人同意而与其他公司合并等。

3. 特殊性保护条款

这类条款是针对某些特殊情况而出现在部分借款合同中的条款,只有在特殊情况下才能生效。主要包括:要求公司的主要领导人购买人身保险;借款的用途不得改变;违约惩罚条款等。

上述各项条款结合使用,将有利于全面保护银行等债权人的权益。但借款合同是经双方充分协商后决定的,其最终结果取决于双方谈判能力的大小,而不是完全取决于银行等债权人的主观愿望。

(四) 长期借款的优缺点

1. 长期借款的优点

(1) 筹资速度快。企业利用长期借款筹资,一般所需时间较短,程序较为简单,可以快速获得现金。

(2) 资金成本较低。利用长期借款筹资,其利息可在所得税前列支,故可减少企业实际负担的成本,因此比股票筹资的成本要低得多。由于借款属于间接筹资,筹资费用也极少。

(3) 弹性较大。在借款时,企业与银行直接商定贷款的时间、数额和利率等;在用款期间,企业如因财务状况发生某些变化,亦可与银行再行协商,变更借款数量及还款期限等。因此,长期借款筹资对企业具有较大的灵活性。

(4) 发挥杠杆效应。长期借款筹集的资金属于债务资金,运用财务杠杆作用,在经营状况较好时,债务资金可以为企业带来报酬率超过利息率的差额收益,从而提高自有资金收益水平,增加股东财富。

2. 长期借款的缺点

(1) 筹资风险较高。借款通常有固定的利息负担和偿付期限,一旦企业经营不善,无力偿还到期债务,就有可能被债权人申请破产,故借款企业的筹资风险较高。

(2) 限制条件较多。借款合同中有多种限制性条款,这可能会影响企业以后的筹资、投资和生产经营活动。

(3) 筹资数量有限。一般不如股票、债券那样可以一次筹集到大笔资金。

民间借贷与非法集资

民间借贷,是指自然人、法人、其他组织之间及其相互之间,而非经金融监管部门批准设立的从事贷款业务的金融机构及其分支机构进行资金融通的行为。年息36%内受国家法律保护,超过36%则无效。

民间借贷作为一种资源丰富、操作简捷灵便的融资手段,在一定程度上缓解了银行信贷资金不足的矛盾,促进了经济的发展。但是显而易见,民间借贷的随意性、风险性容易造成诸多社会问题。向私人借钱,大多是半公开甚至秘密进行的资金交易,借贷双方仅靠所谓的信誉维持,借贷手续不完备,缺乏担保抵押,无可靠的法律保障,一旦遇到情况变化,极易引发纠纷乃至刑事犯罪。由此看来,民间借贷也必须规范运作,逐步纳入法制化的轨道。

非法集资又称"非法吸收公众存款",是指单位或者个人未依照法定程序经有关部门批准,以发行股票、债券、彩票、投资基金证券或者其他债权凭证的方式向社会公众筹集资金,并承诺在一定期限内以货币、实物以及其他方式向出资人还本付息或给予回报的行为。

非法集资的特点:① 未经有关部门依法批准,包括没有批准权限的部门批准的集资;有审批权限的部门超越权限批准集资,即集资者不具备集资的主体资格。② 承诺在一定期限内给出资人还本付息。还本付息的形式除以货币形式为主外,也有实物形式和其他形式。③ 向社会不特定的对象筹集资金。这里"不特定的对象"是指社会公众,而不是指特定少数人。④ 以合法形式掩盖其非法集资的实质。为掩饰其非法目的,犯罪分子往往与投资人(受害人)签订合同,伪装成正常的生产经营活动,最大限度地实现其骗取资金的最终目的。

最高人民法院《关于如何确认公民与企业之间借贷行为效力问题的批复》规定:"公民与非金融企业之间的借贷属于民间借贷。只要双方当事人意思表示真实即可认定有效。"

非法吸收公众存款罪在客观上的一个重要特征就是企业未经有权批准的机构审批,向社会上不特定的公众(较为广泛的群体)吸收存款。而合法的民间借贷则是企业向特定的公民借款。在这里,"特定的"和"不特定的"对象是区分合法与非法的一个重要界限。

二、发行公司债券

公司债券又称企业债券,是企业依照法定程序发行的、约定在一定期限内还本付息的有价证券。债券是持券人拥有公司债权的书面证书,它代表债券持券人与发债公司之间的债权债务关系。

(一) 债券的种类

1. 按发行主体分类

按发行主体可分为政府债券、金融债券和企业债券。

政府债券是由中央政府或地方政府发行的债券。政府债券风险小、流动性强。

金融债券是银行或其他金融机构发行的债券。金融债券风险不大、流动性较强、利率较高。

企业债券是由各类企业发行的债券。企业债券风险较大、利率较高、流动性差别较大。

2. 按有无抵押担保分类

按有无抵押担保可分为信用债券、抵押债券和担保债券。

信用债券又称无抵押担保债券,是以债券发行者自身的信誉发行的债券。政府债券属于信用债券,信誉良好的企业也可发行信用债券。企业发行信用债券往往有一些限制条件,如不准企业将其财产抵押给其他债权人,不能随意增发企业债券,未清偿债券之前股利不能分得过多等。

抵押债券是指以一定抵押品作抵押而发行的债券。当企业不能偿还债券时,债权人可将抵押品拍卖以获取债券本息。

担保债券是指由一定保证人作担保而发行的债券。当企业没有足够资金偿还债券时,债权人可以要求保证人偿还。

3. 按是否记名分类

按是否记名可分为记名债券和无记名债券。

记名公司债券,应当在公司债券存根簿上载明债券持有人的姓名及住所、债券持有人取得债券的日期及债券的编号等信息。记名公司债券,由债券持有人以背书方式或者法律、行政法规规定的其他方式转让;转让后由公司将受让人的姓名或者名称及住所记载于公司债券存根簿。

无记名公司债券,应当在公司债券存根簿上载明债券总额、利率、偿还期限和方式、发行日期及债券的编号。无记名公司债券的转让,由债券持有人将该债券交付给受让人后即发生转让的效力。

4. 按是否可转换成公司股权分类

按是否可转换成公司股权可分为可转换债券和不可转换债券。

可转换债券,是指债券持有者可以在规定的时间内按规定的价格转换为发债公司股票的一种债券。这种债券在发行时,对债券转换为股票的价格和比率等都作了详细规定。《公司法》规定,可转换债券的发行主体是股份有限公司中的上市公司。

不可转换债券,是指不能转换为发债公司股票的债券,大多数公司债券属于这种类型。

(二) 债券的发行

国有企业、股份公司、责任有限公司只要具备发行债券的条件,都可以依法申请发行债券。

1. 发行方式

债券的发行方式有委托发行和自行发行。

委托发行是指企业委托银行或其他金融机构承销全部债券,并按总面额的一定比例支付手续费。

自行发行是指债券发行企业不经过金融机构直接把债券配售给投资单位或个人。

2. 发行债券的要素

(1) 债券的面值。债券面值包括两个基本内容:币种和票面金额。币种可以是本国货币,也可以是外国货币,这取决于债券发行的地区及对象。票面金额是债券到期时偿还本金的金额。票面金额印在债券上,固定不变,到期必须足额偿还。

(2) 债券的期限。债券从发行之日起至到期日之间的时间称为债券的期限。

(3) 债券的利率。债券上一般都注明年利率,利率有固定的,也有浮动的。面值与利率相乘即为年利息。

(4) 偿还方式。债券的偿还方式有分期付息、到期还本及到期一次还本付息两种。

(5) 发行价格。债券的发行价格有三种:一是按债券面值等价发行,等价发行又叫面值发行;二是按低于债券面值折价发行;三是按高于债券面值溢价发行。

债券之所以会偏离面值发行是因为债券票面利率与金融市场平均利率不一致。如果债券利率大于市场利率,则由于未来利息多计,导致债券内在价值大而应采用溢价发行。如果债券利率小于市场利率,则由于未来利息少计,导致债券内在价值小而应采用折价发行。这是基于债券发行价格应该与它的价值贴近。债券溢价、折价可依据资金时间价值原理算出的内在价值确定。

若每年末支付利息,到期支付面值的债券发行价格计算公式为

$$\text{债券发行价格}=\frac{\text{债券面值}}{(1+\text{市场利率})^n}+\sum_{t=1}^{n}\frac{\text{债券面值}\times\text{票面利率}}{(1+\text{市场利率})^t}$$

式中,n为债券利息支付的期数。

依据资金时间价值原理,从公式中可以看出,债券发行价格是按市场利率计算的债券面值的复利现值和各年利息的复利现值之和。

【例4-2】 光明公司发行债券筹资,面值500元,期限5年,发行时市场利率为10%,每年年末付息,到期还本。请分别按票面利率为8%、10%、12%计算债券的发行价格。

解析

若票面利率为8%

$$\begin{aligned}\text{发行价格}&=500\times 8\%\times(P/A,10\%,5)+500\times(P/F,10\%,5)\\&=40\times 3.7908+500\times 0.6209=462.08(\text{元})\end{aligned}$$

若票面利率为10%

$$\begin{aligned}\text{发行价格}&=500\times 10\%\times(P/A,10\%,5)+500\times(P/F,10\%,5)\\&=50\times 3.7908+500\times 0.6209=500(\text{元})\end{aligned}$$

若票面利率为12%

$$\begin{aligned}\text{发行价格}&=500\times 12\%(P/A,10\%,5)+500\times(P/F,10\%,5)\\&=60\times 3.7908+500\times 0.6209=537.90(\text{元})\end{aligned}$$

从上例结果可见,上述三种情况分别以折价、等价、溢价发行。此类问题的市场利率是复利年利率,当债券以单利计息,到期一次还本付息时,即使票面利率与市场利率相等,也不应按面值发行。

【例4-3】 依【例4-2】资料,改成单利计息,到期一次还本付息,其余不变。请分别按票面利率为8%、10%、12%计算债券的发行价格。

解析

若票面利率为8%

$$发行价格 = 500 \times (1 + 5 \times 8\%) \times (P/F, 10\%, 5) = 700 \times 0.6209 = 434.63(元)$$

若票面利率为10%

$$发行价格 = 500 \times (1 + 5 \times 10\%) \times (P/F, 10\%, 5) = 750 \times 0.6209 = 465.68(元)$$

若票面利率为12%

$$发行价格 = 500 \times (1 + 5 \times 12\%) \times (P/F, 10\%, 5) = 800 \times 0.6209 = 496.72(元)$$

(三) 债券筹资的优缺点

1. 债券筹资的优点

(1) 资金成本较低。债券利息作为财务费用在税前列支,而股票的股利需由税后利润发放,利用债券筹资的资金成本较低。

(2) 保障所有者对企业的控制权。债券持有人无权干涉企业的经营管理,因而不会减弱原有股东对企业的控制权。

(3) 能获得财务杠杆利益。债券利率在发行时就已确定,如遇通货膨胀,则实际减轻了企业负担;如企业盈利情况好,由财务杠杆作用导致原有投资者获取更大的得益。

2. 债券筹资的缺点

(1) 筹资风险高。债券筹资有固定到期日,要承担还本付息义务。当企业经营不善时,会减少原有投资者的股利收入,甚至会因不能偿还债务而导致企业破产。

(2) 限制条件多。债券持有人为保障债权的安全,往往要在债券合同中签订保护条款,这对企业造成较多约束,影响企业财务灵活性。

(3) 筹资数量有限。债券筹资的数量比银行借款一般较多,但它筹集的毕竟是债务资金,不可能太多,否则会影响企业信誉,也会因资金结构变差而导致总体资金成本的提高。

三、融资租赁

融资租赁,又称财务租赁、资本租赁,它是承租人为融通资金而向出租人租用由出租人出资按承租人要求购买的租赁物的租赁。它是以融物为形式、融资为实质的经济行为,是出租人为承租人提供信贷的信用业务。

(一) 融资租赁的特点

(1) 资产所有权形式上属于出租方,但承租方能实质性地控制该项资产,并有权在承租期内取得该项资产的所有权。承租方应把融资租入资产作自有资产对待,如要在资产账户上作记录、计提折旧。

(2) 融资租赁是一种不可解约的租赁,租赁合同比较稳定,在租赁期内,承租人必须连续缴纳租金,非经双方同意,中途不得退租。这样既能保证承租人长期使用该项资产,又能保证出租人收回投资并有所得益。

(3) 租赁期长,租赁期一般是租赁资产使用寿命期的绝大部分。

(4) 出租方一般不提供维修、保养方面的服务。

(5) 租赁期满,承租人可选择留购、续租或退还,通常由承租人留购。

(二) 融资租赁的形式

融资租赁有以下三种形式:

1. 直接租赁

直接租赁是指承租人直接向出租人租入所需要的资产。直接租赁的出租人主要是制造厂商、租赁公司。直接租赁是融资租赁中最为普遍的一种,是融资租赁的典型形式。

2. 售后回租

售后回租是指承租人先把其拥有主权的资产出售给出租人,然后再将该项资产租回的租赁。这种租赁方式既使承租人通过出售资产获得一笔资金,以改善其财务状况,满足企业对资金的需要;又使承租人通过回租而保留了企业对该项资产的使用权。

3. 杠杆租赁

杠杆租赁是由资金出借人为出租人提供部分购买资产的资金,再由出租人购入资产租给承租人的方式。因此,杠杆租赁涉及出租人、承租人和资金出借人三方。从承租人的角度来看,它与其他融资租赁形式并无多大区别。从出租人的角度来看,它只支付购买资产的部分资金(20%~40%),其余资金则通过将该资产抵押担保的方式,向第三方(通常为银行)申请贷款解决。出租人然后将购进的设备出租给承租方,用收取的租金偿还贷款,该资产的所有权属于出租方。出租人既是债权人也是债务人,既要收取租金又要支付债务。

(三) 融资租赁的程序

(1) 选择租赁公司,提出委托申请。

(2) 签订购货协议。

(3) 签订租赁合同。

(4) 办理验货及投保。

(5) 定期交付租金。

(6) 租赁期满的设备处理。

(四) 融资租赁租金的计算

融资租赁租金是承租企业支付给租赁公司让渡租赁设备的使用权或价值的代价。租金的数额大小、支付方式对承租企业的财务状况有直接的影响,也是租赁决策的重要依据。

1. 租金的构成

融资租赁每期租金的多少,取决于以下几项因素:

(1) 租赁资产的价款。包括设备的买入价、运输费及途中保险费等。

(2) 利息。即租赁公司所垫资金的应计利息。

(3) 租赁手续费。包括租赁公司承办租赁业务的营业费用及应得到的利润。租赁手续费的高低由租赁公司与承租企业协商确定,一般以租赁资产价款的某一百分比收取。

2. 租金的支付方式

(1) 按支付时期长短,可分为年付、半年付、季付、月付。

(2) 按每期支付租金的时间,可分为先付租金和后付租金。先付租金指在期初支付,后付租金指在期末支付。

(3) 按每期支付金额,可分为等额支付和不等额支付。

实务中,承租企业与租赁公司商定的租金支付方式,大多为后付等额年金。

3. 租金的计算方法

融资租赁租金计算方法较多,常用的有平均分摊法和等额年金法。我国融资租赁实务中,租金的计算大多采用等额年金法。

(1) 平均分摊法。平均分摊法是指先以商定的利息率和手续费率计算出租赁期间的利息和手续费,然后连同租赁设备的购置成本的应该摊销总额按租金支付次数平均计算出每次应付租金的数额的方法。

在采用平均分摊法时,每次应付租金数额的计算公式为

$$R=\frac{(C-S)+I+F}{N}$$

式中,R为每次期末应付租金数额;C为租赁设备的购置成本;S为期满时由租入方留购,支付给出租方的转让价;I为租赁期间利息;F为租赁期间手续费;N为租赁期间租金支付次数。

在计算租金时,属于承租人负担的有关费用,应予以扣除。此方法的主要特点是简便。

(2) 等额年金法。等额年金法是运用年金现值的计算原理计算每次应付租金的方法。在这种方法下,要将利息率和手续费率综合在一起确定一个租费率,作为贴现率。这种方法与平均分摊法比,计算是复杂了,但因为考虑了资金的时间价值,结论更具客观性。

在采用等额年金法时,租金可分为先付租金和后付租金。计算公式为

$$\text{后付租金}\quad R=\frac{C-S\times(P/F,i,n)}{(P/A,i,n)}$$

$$\text{先付租金}\quad R=\frac{C-S(P/F,i,n)}{(P/A,i,n)(1+i)}\text{或}R=\frac{C-S\times(P/F,i,n)}{(P/A,i,n-1)+1}$$

式中,R为每次期末应付租金数额;C为租赁设备的购置成本;S为期满时由租入方留购,支付给出租方的转让价;i为租费率;n为租赁期间支付租金次数。

【例4-4】 光明公司向租赁公司租入一套设备,设备原价100万元,租期5年,预计租赁期满租入企业支付的转让价为5万元。请分别对以下两种情况用等额年金法计算光明公司每年应付租金额。

(1) 租费率为12%,租金在每年年末支付;

(2) 租费率为12%,租金在每年年初支付。

解析

设两种情况的每年应付租金额分别为R_1,R_2,则

$$R_1=\frac{100-5\times(P/F,12\%,5)}{(P/A,12\%,5)}=\frac{100-5\times0.5674}{3.6048}=26.95(\text{万元})$$

$$R_2=\frac{100-5\times(P/F,12\%,5)}{(P/A,12\%,4)+1}=\frac{100-5\times0.5674}{3.0374}=24.07(万元)$$

(五) 融资租赁的优缺点

1. 融资租赁筹资的优点

(1) 能转嫁所有权风险。如果企业要拥有某项资产的所有权,必然要相应地承担该项资产可能变得陈旧过时的风险,特别是那些技术发展迅速的资产,融资租赁也可以避免设备陈旧过时的风险。

(2) 避免借款筹资或发行债券筹资对生产经营的种种限制,使得公司的筹资与理财富有弹性。

(3) 租金分期支付,且全部可以节税。

(4) 迅速获得资产的使用权。

2. 融资租赁筹资的缺点

(1) 资本成本较高。由于出租人承受的风险大,要求的回报必然会相应地提高,因此,租赁的实际成本往往会高于借款或债券的成本。

(2) 增加固定的债务。租金是一种固定的债务,如果过多地租赁资产,必然会降低公司的偿债能力,加大公司的财务风险。

(3) 不利于资产的改良。承租人不能擅自进行技术更新和改造,从而有碍于设备使用效能的提高。

四、债务筹资的优缺点

(一) 债务筹资的优点

1. 筹资速度较快

与股权筹资相比,债务筹资不需要经过复杂的审批手续和证券发行程序,如银行借款、融资租赁等,可以迅速地获得资金。

2. 筹资弹性较大

发行股票等股权筹资,一方面需要经过严格的政府审批;另一方面从企业的角度出发,由于股权不能退还,股权资本在未来永久性地给企业带来了资本成本的负担。利用债务筹资,可以根据企业的经营情况和财务状况,灵活地商定债务条件,控制筹资数量,安排取得资金的时间。

3. 资本成本负担较轻

一般来说,债务筹资的资本成本要低于股权筹资。其一是取得资金的手续费用等筹资费用较低;其二是利息、租金等用资费用比股权资本要低;其三是利息等资本成本可以在税前支付。

4. 可以利用财务杠杆

债务筹资不改变公司的控制权,因而股东不会出于控制权稀释的原因而反对公司举债。债权人从企业那里只能获得固定的利息或租金,不能参加公司剩余收益的分配。当企业的资本报酬率(息税前利润率)高于债务利率时,会增加普通股股东的每股收益,提高净资产报酬率,提升企业价值。

5. 稳定公司的控制权

债权人无权参加企业的经营管理,利用债务筹资不会改变和分散股东对公司的控制权。在信息沟通与披露等公司治理方面,债务筹资的代理成本也较低。

(二) 债务筹资的缺点

1. 不能形成企业稳定的资本基础

债务资本有固定的到期日,到期需要偿还,只能作为企业的补充性资本来源。再加上取得债务往往需要进行信用评级,没有信用基础的企业和新创企业,往往难以取得足额的债务资本。现有债务资本在企业的资本结构中达到一定比例后,往往由于财务风险而不容易再取得新的债务资金。

2. 财务风险较大

债务资本有固定的到期日,有固定的债息负担,通过抵押、质押等担保方式取得的债务,在资本使用上可能会有特别的限制。这些都要求企业必须保证有一定的偿债能力,要保持资产流动性及其资产报酬水平,作为债务清偿的保障,对企业的财务状况提出了更高的要求,否则会带来企业的财务危机,甚至导致企业破产。

3. 筹资数额有限

债务筹资的数额往往受到贷款机构资本实力的制约,除发行债券方式外,一般难以像发行股票那样一次性筹集到大笔资金,无法满足公司大规模筹资的需要。

学习小结

◇企业筹集资金是资金运动的起点,它会影响乃至决定企业资金运动的规模及效果。企业筹资的动机主要有筹集企业资本金、扩大经营规模、调整资本结构及偿还债务。

◇企业资金可用不同方式筹措,主要渠道有:国家财政资金、银行信贷资金、非银行金融机构资金、其他企业资金、居民的资金及企业的留存收益。但适时、适量是共同的要求,可以用销售百分比法预测企业资金需要量。

◇企业资金总的来说有两种来源:一部分是投资者提供的,称为权益资金;另一部分是债权人提供的,称为负债资金。

◇权益筹资包括吸收直接投资、发行普通股、企业留存收益等。权益筹资的优点在于不需要偿还本金、财务风险低、能增强企业实力,缺点在于资金成本高,公司的控制权容易分散。

◇负债筹资包括银行借款、发行公司债券、融资租赁等。负债筹资方式优点在于资金成本低,缺点在于会增加企业财务风险。

◇融资性租赁是承租人为融通资金而向出租人租用由出租人出资按承租人要求购买的租赁物的租赁。它是以融物为形式,融资为实质的经济行为,是出租人为承租人提供信贷的信用业务。

一、单项选择题

1. 吸收直接投资的优点是(　　)。

A. 资金成本低　　B. 控制权集中

C. 产权关系明晰　　D. 较快形成生产能力

2. 普通股筹资的优点不包括(　　)。

A. 没有固定的股利负担　　B. 没有固定的到期日

C. 筹资风险小　　D. 资金成本低

3. 根据我国有关规定,股票不得(　　)。

A. 平价发行　　B. 溢价发行

C. 折价发行　　D. 市价发行

4. 下列各项中,不能作为银行借款抵押品的是(　　)。

A. 无形资产　　B. 固定资产

C. 原材料　　D. 债券

5. 某企业按年利率12%从银行取得贷款100万元,银行要求企业按贷款额的15%保持补偿性余额,贷款的实际利率为(　　)。

A. 12%　　B. 14.12%　　C. 10.43%　　D. 13.80%

6. 某公司发行面值为1 000元,票面利率为12%,期限为2年,每年年末支付利息的债券,当市场利率为10%时,其发行价格为(　　)元。

A. 1 150　　B. 1 000　　C. 1 035　　D. 985

7. 某企业与银行商定的周转信贷协定中规定,该企业贷款额度为3 000万元,承诺费率为0.2%,该企业年度内只借用了2 500万元,并向银行支付的承诺费为(　　)万元。

A. 9　　B. 10　　C. 1　　D. 2

8. 财务管理中,根据销售收入与资产负债表和利润表项目之间的比例关系,并据以预测企业未来资金需求量的方法称为(　　)。

A. 定性预测法　　B. 比例预测法

C. 销售百分比法　　D. 成本习性预测法

9. 企业的筹资渠道有(　　)。

A. 国家资本　　B. 发行股票

C. 发行债券　　D. 银行借款筹资

10. 在各种资金来源中,成本率最高的是(　　)。

A. 长期债券　　B. 银行借款　　C. 普通股　　D. 留存收益

二、多选题

1. 普通股票筹资方式的缺点有(　　)。

A. 资金成本高　　B. 分散控制权　　C. 股价会降低　　D. 投资风险大

2. 企业的融资租赁形式有(　　)。

A. 售后租回　　B. 直接租赁　　C. 服务租赁　　D. 杠杆租赁

3. 吸收直接投资按照投资者分类的有(　　)。

A. 国家直接投资　　B. 法人投资

C. 企业内部职工投资　　D. 社会个人投资

4. 企业筹资的基本原则有(　　)。

A. 筹资规模适当原则　　B. 投资时间及时原则

C. 资金来源合理原则　　D. 筹资方式经济原则

5. 下列出资方式中属于权益资金方式的有(　　)。

A. 吸收直接投资　　B. 发行债券

C. 发行股票　　D. 留存收益

6. 影响债券发行价格的因素有(　　)。

A. 债券面值　　B. 债券票面利率

C. 市场利率　　D. 债券期限

7. 债券筹资具有(　　)优点。

A. 筹资成本低　　B. 可供经营者长期自主使用

C. 能获得财务杠杆利益　　D. 筹资风险低

8. 融资租赁租金的构成内容有(　　)。

A. 租赁设备的价款　　B. 利息

C. 租赁手续费　　D. 租赁设备维修费

9. 下列筹资方式中筹集资金属企业负债的有(　　)。

A. 银行借款　　B. 发行债券　　C. 融资租赁　　D. 商业信用

10. 采用销售百分比法预测资金需求时,下列项目中被视为随着销售收入的变动而变动的是(　　)。

A. 现金　　B. 应付账款　　C. 存货　　D. 公司债券

三、计算分析题

1. A企业按年利率5%向银行借款500万元,补偿性余额比例为15%。请计算企业实际借款利率。

2. B企业与银行商定的周转信贷额度为1 000万元,承诺费率为3%,该企业年度内实际借款额为900万元。请计算该企业应向银行支付多少承诺费。

3. C企业拟发行面值为10 000元的债券一批。该债券期限为5年,复利计息,票面年利率为5%,每年年末付息,到期还本。

(1) 计算市场利率分别为4%、5%、6%时的发行价格。

(2) 说明市场利率与票面利率的关系对债券发行价格的影响。

4. D企业于2019年1月1日从租赁公司采用融资租赁方式租入一台设备,该设备价款为80 000元,租期为5年,到期后设备归承租方所有,双方商定折现率为18%,采用等额年金法计算租金。

(1) 每年末支付租金,租金应为多少?

(2) 每年初支付租金,租金应为多少?

(3) 说明年初和年末应付租金的关系。

四、案例分析题

天缘公司2018年简化资产负债表,如表4-3所示。该企业2018年营业收入为100万元,销售收入净利率为5%,股利支付率为60%,留存可全部用于筹资需要,预计2019年盈利和股利支付仍维持2018年水平。

表4-3 资产负债表

2018年12月31日　　单位:元

资产		负债及所有者权益	
货币资金	30 000	应付账款	60 000
应收账款	70 000	其他流动负债	30 000
存　货	120 000	长期负债	110 000
固定资产净值	300 000	实收资本	300 000
		留存收益	20 000
资产合计	520 000	负债及所有者权益合计	520 000

预计2019年营业收入将达到140万元,现有设备足以满足生产增长需要,销售净利率、股利发放率仍保持2018年水平。

用销售百分比法预测2019年的需要追加多少资金?外部筹资规模为多少?

一、实训目的

1. 了解公司上市发行股票的相关法律规定。
2. 了解公开发行债券筹资的相关法律规定。
3. 掌握股票筹资和债券筹资的必要条件。
4. 掌握银行借款的相关限制条款。
5. 掌握筹资方式决策的基本方法。

二、实训资料

华夏公司是一家IT股份有限公司,公司已发起设立2年,注册资本4 000万元,目前公司股东人数为560人,公司净资产为5 800万元。近年来该公司经营状况良好,产品供不应求,为抓住机遇,扩大公司规模,公司董事会决定筹措新资,并提出以下3个方案:

方案一:向国务院授权部门及证券管理部门申请公司上市发行新股,拟发行新股总额为人民币6 000万元,每股面值2元。为吸引投资,其中2 000万元股份为优先股,优先股股东享有下列权利:

(1) 优先股股东可以85折购买股票；

(2) 预先确定优先股股利为11%，且不论盈亏保证支付；

(3) 优先股股东在股东大会上享有表决权。

其余4 000万元股份为普通股，溢价发行，并将股票发行溢价收入列入公司利润中。

方案二：公开发行债券。筹措资金为6 000万元，期限为3年，债券面值100元，票面核定利率为5%，达到国家规定水平。债券单利计息，到期一次还本付息。目前银行存款利率为6%，债券折价发行。

公司近两年来平均可分配利润为350万元，债券筹措的资金用途符合国家产业政策的规定；公司之前尚未发行过债券。

方案三：向银行借款。公司的投资报酬率为10%，通过询价，已有三家银行愿意提供3年期、总额为6 000万元的贷款，其条件如表4-4所示，华夏公司用款情况时间表如表4-5所示。

表4-4 商业银行贷款条件表

商业银行	贷款额(万元)	利率	限制条款
中国工商银行某行	6 000	8%	0.5%承诺费率，每年付息一次到期还本
中国建设银行某行	6 000	6.5%	10%补偿性余额，一次性全额款，到期一次性还本付息
中国农业银行某行	6 000	7%	6 000万元信贷额度，每年付息一次，到期还本

表4-5 华夏公司用款情况时间表

单位：万元

第一年	第二年	第三年	累计
2 000			2 000
	3 600		5 600
		400	6 000

三、实训要求

1. 试分析华夏公司申请上市及发行新股能否获得批准。
2. 华夏公司对优先股的规定是否合法？
3. 新股发行方案中还存在什么问题？
4. 华夏公司债券筹资方案是否可行？
5. 计算银行借款的资本成本，并做出选择哪家银行的决策。

项目五　资本成本与资本结构

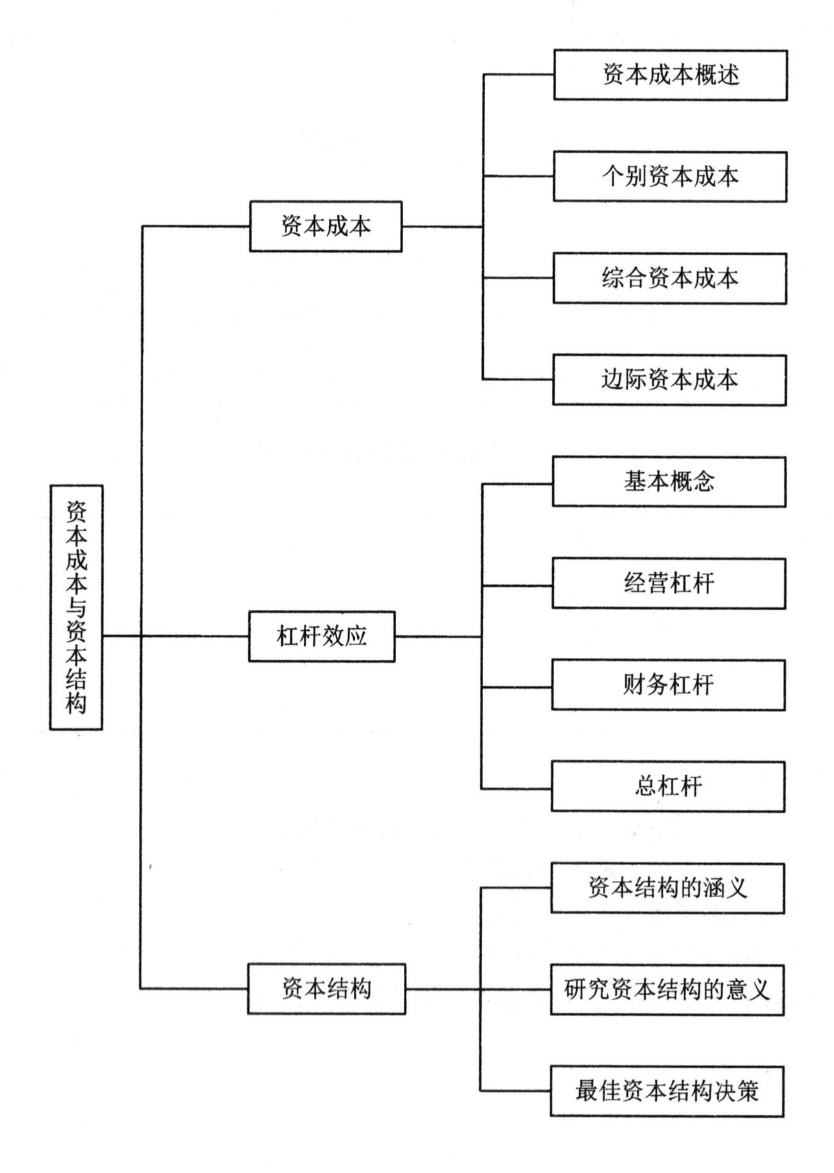

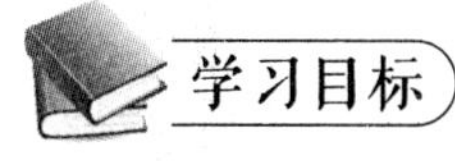

学习目标

理解资本成本、杠杆效应及资本结构的概念，掌握资本成本的测算方法与杠杆系数的计算方法，掌握资本结构的决策方法。

重点难点

资本成本的计算，经营杠杆系数、财务杠杆系数的计算，筹资决策。

案例导读

德意志银行，即德意志银行股份公司，是德国最大的银行和世界上最主要的金融机构之一。但从2015年开始，德意志银行在盈利能力、股价、资本充足率等方面都落后于同行，甚至出现了关于德意志银行是否会成为“第二个雷曼”的争论。2015年3月，德意志银行未能通过银行业的“压力测试”。于是，屡屡遭遇不顺的德意志银行宣布了重大重组计划和融资计划。

战略重组由融资进行支持。在融资方面，德意志银行计划通过银团承销，增发6.875亿股股票，该计划预计将筹得约80亿欧元。该增发项目的目的是使德意志银行普通股一级资本率稳妥地处于13%以上的水平，使2017年杠杆率达到约4%的水平。

自2015年年末德意志银行宣布其战略规划以来，宏观经济、地缘政治和未来监管方向已经发生了很大的变化。监管对资本结构的要求持续收紧。因而德意志银行欲通过采取果断措施，解决所有资本结构上的不确定性问题。目前计划中的融资将使德意志银行就资本结构而言更加稳健，保证普通股一级资本充足率稳妥高于13%的水平。这将鼓励客户深化与德意志银行的业务关系，进而提升营业收入水平。

据悉，这些战略调整旨在强化德意志银行的财务水平，进一步简化德意志银行的业务结构，为德意志银行保留进一步发展的空间并且提升股东收益。同时，进一步适应监管和市场环境，也是推进这些战略调整的原因。

德意志银行人士表示，这些措施的核心是进一步增强德意志银行在德国本土市场的地位，同时稳固德意志银行企业融资、环球市场、环球金融交易业务、财富管理业务和资产管理业务的全球业务网络。重组后企业及投资银行部明确将继续着力发展其美国和亚太市场。

2018年7月19日，《财富》世界500强排行榜发布，德意志银行位列223位。

（资料来源：《德银宣布重大战略重组》，经济参考报，2017年3月7日）

任务一　资 本 成 本

一、资本成本概述

（一）资本成本的概念

资本成本，又称资金成本，它是企业为筹集和使用长期资金而付出的代价。资本成本包括资金筹集费和资金占用费两部分。

1. 资金筹集费

资金筹集费是指企业为筹集资金而付出的代价。如向银行支付的借款手续费，向证券承销商支付的发行股票、债券的发行费等。筹资费用通常是在筹措资金时一次性支付，在用资过程中不再发生，可视为筹资总额的一项扣除。

2. 资金占用费

资金占用费主要包括资金时间价值和投资者要考虑的投资风险报酬两部分，如向银行借款所支付的利息、发放股票的股利等。资金占用费与筹资金额的大小、资金占用时间的长短有直接联系。

企业筹集和使用任何资金，不论是短期的还是长期的，都要付出代价。对于仅仅用于满足企业经营周期性或季节性变化而筹措的短期负债，由于这些短期负债不稳定，故其资本成本一般忽略不计。因此，资本成本通常是指筹集和使用长期资金的成本。

（二）资本成本的作用

1. 资本成本是比较筹资方式、选择筹资方案的依据

各种资本的资本成本率，是比较、评价各种筹资方式的依据。在评价各种筹资方式时，一般考虑的因素包括对企业控制权的影响、对投资者吸引力的大小、融资的难易和风险、资本成本的高低等，而资本成本是其中的重要因素。在其他条件相同时，企业筹资应选择资本成本率最低的方式。

2. 平均资本成本是衡量资本结构是否合理的重要依据

企业财务管理目标是企业价值最大化，企业价值是企业资产带来的未来现金流量的贴现值。计算企业价值时，经常采用企业的平均资本成本作为贴现率，当平均资本成本最小时，企业价值最大，此时的资本结构是企业理想的资本结构。

3. 资本成本是评价投资项目可行性的主要标准

任何投资项目，如果它预期的投资报酬率超过该项目使用资金的资本成本率，则该项目在经济上就是可行的。因此，资本成本率是企业用以确定项目要求达到的投资报酬率的最低标准。

4. 资本成本是评价企业整体业绩的重要依据

一定时期企业资本成本率的高低，不仅反映企业筹资管理的水平，还可作为评价企业整体经营业绩的标准。企业的生产经营活动,实际上就是所筹集资本经过投放后形成资产的营运,企业的总资产税后报酬率应高于其平均资本成本率,这样才能带来剩余收益。

(三)资本成本的表示方法

资本成本可以用绝对数表示,也可以用相对数表示。资本成本用绝对数表示即资本总成本,它是筹资费用和用资费用之和。由于它不能反映用资多少,所以较少使用。资本成本用相对数表示即资本成本率,它是资金占用费与筹资净额的比率。因而通常所说的资本成本,往往是指资本成本率。其计算公式为

$$资本成本率=\frac{资金占用费}{筹资总额-资金筹集费}$$

由于资金筹集费一般以筹资总额的某一百分比计算,因此,上述计算公式也可表示为

$$资本成本率=\frac{资金占用率}{筹资总额\times(1-筹资费率)}$$

用字母表示的公式为

$$K=\frac{D}{P_0-F}\times 100\%或K=\frac{D}{P_0(1-f)}\times 100\%$$

式中,K为资本成本;D为资金使用费;F为筹资费用;P_0为筹资总额;f为筹资费用率,即筹资费用与筹资总额的比率。

二、个别资本成本

个别资本成本是指单一融资方式本身的资本成本,主要包括长期借款成本、债券成本、优先股成本、普通股成本和留存收益成本。

(一)长期借款资本成本

长期借款资本成本包括借款利息和借款手续费用,手续费用是筹资费用的具体表现。利息费用在税前支付,可以起抵税作用,使企业实际负担率低于名义利率。一般计算税后资本成本率,以便与权益资本成本之间具有可比性。

长期借款资本成本的计算公式为

$$K_L=\frac{I(1-T)}{L(1-f)}=\frac{i(1-T)}{1-f}$$

式中,K_L为长期借款资本成本,I为长期借款年利息,L为长期借款筹资总额,T为所得税税率,f为长期借款筹资费率,i为长期借款年利息率。

【例5-1】 光明公司欲从银行取得一笔期限10年的长期借款1 000万元,手续费率为3%,年利率为12%,每年结息一次,到期一次还本,所得税税率为25%。该项长期借款的资本成本为

$$K_L=\frac{12\%\times(1-25\%)}{1-3\%}=9.28\%$$

（二）债券资本成本

发行公司债券是企业长期负债筹资的主要方式，它具有利息率固定、利息抵税和到期还本的特点。债券的发行费用一般较高，主要包括申请费、注册费、印刷费和上市费等，因此计算其成本不能忽略不计。债券发行价格有等价、溢价和折价等情况，与债券面值可能存在差异，计算其成本时要按预计的发行价格确定其筹资总额。

债券资本成本的计算公式为

$$K_b=\frac{I(1-T)}{B_0(1-f)}=\frac{Bi(1-T)}{B_0(1-f)}$$

式中，K_b为债券资本成本；I为债券年利息；B_0为债券筹资额，按发行价格计算；T为所得税税率；f为筹资费率；B为债券本金；i为债券票面利率。

【例5-2】 光明公司发行面值1 000元的10年期债券，票面利率为12%，发行费用率为4%（按发行价格计算），所得税率为25%，每年年末付息一次，到期一次还本。计算该公司债券的资本成本。

解析

(1) 若发行价格为1 000元（按面值发行），则

$$K_b=\frac{1\,000\times12\%\times(1-25\%)}{1\,000\times(1-4\%)}=9.38\%\text{ 或 }K_b=\frac{12\%\times(1-25\%)}{(1-4\%)}=9.38\%$$

(2) 若发行价格为950元（折价发行），其他条件不变，则

$$K_b=\frac{1\,000\times12\%\times(1-25\%)}{950\times(1-4\%)}=9.87\%$$

(3) 若发行价格为1 050元（溢价发行），其他条件不变，则

$$K_b=\frac{1\,000\times12\%\times(1-25\%)}{1\,050\times(1-4\%)}=8.93\%$$

由计算结果可以看出，与平价发行相比，债券溢价发行能降低公司债券成本，而折价发行则会使债券成本升高。

（三）优先股资本成本

企业发行优先股，既要支付筹资费用，又要定期支付股利。但其股利在税后支付，且没有固定到期日，优先股成本通常高于债券成本。优先股资本成本的计算公式为

$$K_p=\frac{D_P}{P_0(1-f)}$$

式中，K_p为优先股资本成本，D_p为优先股年股利额，P_0为优先股筹资总额，f为优先股筹资费率。

【例5-3】 光明公司准备发行一批优先股，每股发行价格为6元，每股发行费用为0.4元，预计每股年股利为0.6元。其资本成本的计算如下

$$K_p=\frac{0.6}{6-0.4}=10.71\%$$

（四）普通股资本成本

普通股资本成本主要是向股东支付的各期股利和发行费用。与债务资金成本相比，股利在税后收益中支付，不能抵减所得税，因而普通股资本成本是较高的。普通股的股利通常是不固定的，比较复杂。普通股资本成本的计算方法主要有以下两种。

1. 股利折现模型

股利折现模型的基本计算公式为

$$P_0(1-f)=\sum_{t=1}^{\infty}\frac{D_t}{(1+K_s)^t}$$

式中，K_s为普通股资本成本；D_t为普通股第t年的股利；P_0为普通股融资额，即发行价格；f为筹资费率。

（1）若每年股利固定：

$$K_s=\frac{D}{P_0(1-f)}$$

式中，D为每年固定的股利。

【例5-4】 光明公司拟发行普通股，每股发行价格为10元，发行费率为3%，公司决定采用固定股利政策，预计每年派发现金股利1.5元，则该普通股的成本为

$$K_s=\frac{D}{P_0(1-f)}=\frac{1.5}{10\times(1-3\%)}\times 100\%=15.46\%$$

（2）若股利固定增长，年增长率为g：

$$K_s=\frac{D_1}{P_0(1-f)}+g$$

式中，D_1为第一年预期股利，g为股利年增长率。

【例5-5】 光明公司准备增发普通股，最近一年发放股利1元/股，预计每年按6%递增，当前公司普通股市价10元/股，发行费用率4%。则

$$K_s=\frac{D_0(1+g)}{P_0(1-f)}+g=\frac{1\times(1+6\%)}{10\times(1-4\%)}+6\%=17.04\%$$

2. 资本资产定价模型法

资本资产定价模型的含义可以简单地描述为，普通股投资的必要报酬率等于无风险报酬率加上风险报酬率，用公式表示如下

$$K_s=R_f+\beta(R_m-R_f)$$

式中，R_f为无风险报酬率，β为某种股票的贝塔系数，R_m为市场报酬率。

【例5-6】 光明公司普通股β值为1.5，政府发行的国库券利率为5%，市场平均报酬率为14%，则该普通股资本成本为

$$K_s=5\%+1.5\times(14\%-5\%)=18.5\%$$

（五）留存收益资本成本

留存收益是由企业税后净利润形成的，是一种所有者权益，其实质是所有者向企业的追

加投资。企业利用留存收益筹资无需筹资费用。如果企业将留存收益用于再投资,所获得的收益率低于股东自己进行一项风险相似的投资项目的收益率,企业就应该将其分配给股东。留存收益的资本成本率,表现为股东追加投资要求的报酬率,其计算与普通股成本相同,不同点在于不考虑筹资费用,则:

$$K_e = \frac{D_1}{P_0} + g$$

【例5-7】 某公司普通股市价为10元/股,发行费用率为4%,最近一年发放股利1元/股,预计每年按6%递增,则留存收益的资本成本为

$$K_e = \frac{D_0(1+g)}{P_0} + g = \frac{1 \times (1+6\%)}{10} + 6\% = 16.6\%$$

三、综合资本成本

在实际工作中,企业筹措资金往往同时采用几种不同的方式。综合资本成本就是指一个企业各种不同筹资方式总的平均资本成本,它是以各种资本所占的比重为权数,对各种资本成本进行加权平均计算出来的,所以又称加权平均资本成本。其计算公式为

$$K_w = \sum_{j=1}^{n} K_j W_j$$

式中,K_w为综合资本成本(加权平均资本成本);K_j为第j种资金的资本成本;W_j为第j种资金占全部资金的比重。

【例5-8】 光明公司2018年账面反映的长期资本共500万元,其中长期借款为150万元,普通股为250万元,留存收益为100万元,其资本成本分别为7.5%、11.26%和11%。该企业的综合资本成本为

$$K_w = 7.5\% \times \frac{150}{500} + 11.26\% \times \frac{250}{500} + 11\% \times \frac{100}{500} = 10.08\%$$

账面价值与公司已存在的资本相关,或与历史筹资成本相关。以账面价值为权重,容易从资产负债表中取得数据,计算结果相对稳定;但若债券和股票的市场价值已脱离账面价值,计算的资本成本与实际有较大的差距,从而贻误筹资决策。为了克服这一缺陷,个别资本占全部资本比重的确定还可以按市场价值或目标价值确定,分别称为市场价值权数、目标价值权数。

四、边际资本成本

(一)边际资本成本的概念

随着企业规模的扩大,企业需要追加筹资,然而企业按照原来的综合资本成本是不可能无限度获得资金的。当其筹集的资金超过一定限度时,原来的资本成本就会增加。边际资本成本是指资金每增加一个单位而增加的成本,是追加筹资时所使用的加权平均资本成本。

(二)边际资本成本的计算步骤

(1)确定目标资本结构。

(2) 测算个别资本成本。

(3) 计算筹资总额的分界点(突破点)。筹资总额分界点是指在保持某一资本成本的条件下可以筹集到的资金总限额。在筹资总额分界点范围内筹资,原来的资本成本不会改变;一旦筹资额超过筹资总额分界点,即使维持现有的资本结构,其资本成本也会增加。筹资总额分界点的计算公式为

$$B_i = \frac{C_i}{W_i}$$

式中,B_i为筹资总额分界点,C_i为第i为种筹资方式的成本分界点,W_i为目标资本结构中第i种筹资方式所占比例。

(4) 重新划分筹资区间。根据计算出的分界点,可得出若干组新的筹资范围。

(5) 计算边际资本成本。对各筹资范围分别计算加权平均资本成本,即可得到各种筹资范围的边际资本成本。

【例5-9】 光明公司目前的资本结构较为理想,拥有长期资金400万元,其中长期借款60万元,资本成本3%;长期债券100万元,资本成本10%;普通股240万元,资本成本13%。加权平均资本成本为10.75%。公司根据经营需要,计划追加筹资,并以原来的资本结构为目标资本结构。根据对金融市场的分析,得出不同筹资额的有关数据,如表5-1所示。

表5-1　筹资规模与资本成本预测表

资本种类	目标资本结构	新筹资额(元)	个别资本成本
长期借款	15%	45 000以内 45 000～90 000 90 000以上	3% 5% 7%
长期债券	25%	200 000以内 200 000～400 000 400 000以上	10% 11% 12%
普通股	60%	300 000以内 300 000～600 000 600 000以上	13% 14% 15%

(1) 计算筹资总额的分界点。根据目标资本结构和各种筹资方式下资本成本变化的分界点,计算筹资总额的分界点。各种情况下的筹资总额分界点的计算结果如表5-2所示。

表5-2　筹资总额分界点计算表

资本种类	资本结构	新筹资额(元)	筹资总额分界点(元)	个别资本成本
长期借款	15%	45 000以内 45 000～90 000 90 000以上	300 000 600 000	3% 5% 7%
长期债券	25%	200 000以内 200 000～400 000 400 000以上	800 000 1 600 000	10% 11% 12%

续表

资本种类	资本结构	新筹资额(元)	筹资总额分界点(元)	个别资本成本
普通股	60%	300 000以内 300 000～600 000 600 000以上	500 000 1 000 000	13% 14% 15%

(2) 重新划分筹资区间。根据上面计算得出的筹资总额分界点,可以得到7组筹资总额范围:30万元以内,30万元～50万元,50万元～60万元,60万元～80万元,80万元～100万元,100万元～160万元,160万元以上。

(3) 计算边际资本成本。对以上7组筹资总额范围分别计算加权平均资本成本,即可得到各种筹资总额范围的边际资本成本,计算结果如表5-3所示。

表5-3　边际资本成本计算表

筹资范围(元)	筹资方式	个别资本成本 K_j	资本结构 W_j	边际资本成本 $\sum K_j W_j$
300 000以内	长期借款 长期债券 普通股	3% 10% 13%	15% 25% 60%	10.75%
300 000～500 000	长期借款 长期债券 普通股	5% 10% 13%	15% 25% 60%	11.05%
500 000～600 000	长期借款 长期债券 普通股	5% 10% 14%	15% 25% 60%	11.65%
600 000～800 000	长期借款 长期债券 普通股	7% 10% 14%	15% 25% 60%	11.95%
800 000～1 000 000	长期借款 长期债券 普通股	7% 11% 14%	15% 25% 60%	12.2%
1 000 000～1 600 000	长期借款 长期债券 普通股	7% 11% 15%	15% 25% 60%	12.8%
1 600 000以上	长期借款 长期债券 普通股	7% 12% 15%	15% 25% 60%	13.05%

可见,边际资本成本随着筹资总额增加而增加。用图形表达,可以更形象地看出边际资本成本的变化(见图5-1),企业可以此作为追加筹资的规划。

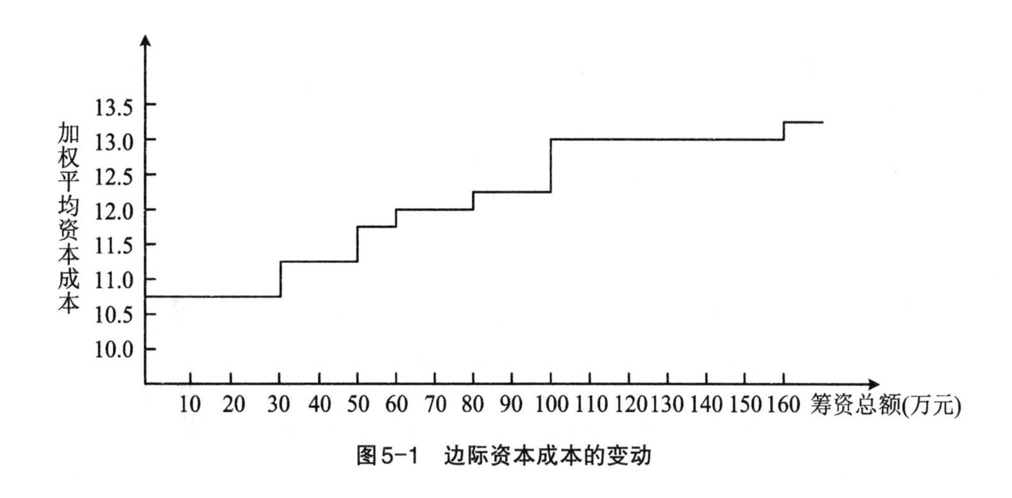

图5-1　边际资本成本的变动

任务二　杠 杆 效 应

杠杆效应是物理学中的概念，是指人们通过利用杠杆，可以用较小的力移动较重物体的现象。财务管理中存在着类似于物理学中的杠杆效应，表现为：由于特定费用（如固定的经营费用和固定的财务费用）的存在，当某一财务变量以较小幅度变动时，另一相关变量会以较大幅度变动。

一、基本概念

（一）成本习性

成本习性是指成本总额与业务量之间在数量上的依存关系。成本按习性可划分为固定成本、变动成本和混合成本三类。

1. 固定成本

固定成本，是指其总额在一定时期和一定业务量范围内不随业务量发生任何变动的那部分成本。属于固定成本的主要有按直线法计提的折旧费、保险费、管理人员工资、办公费等。其特点为总额不变，单位固定成本将随产量的增加而逐渐变小。

2. 变动成本

变动成本是指其总额随着业务量成正比例变动的那部分成本。直接材料、直接人工等都属于变动成本。其特点是总额随着业务量成正比例变动，单位变动成本保持不变。

3. 混合成本

有些成本虽然也随业务量的变动而变动，但不成同比例变动，这类成本称为混合成本。因此，总成本习性模型可以表示为

$$y=a+bx$$

式中，y为总成本，a为固定成本，b为单位变动成本，x为业务量。

(二) 边际贡献

边际贡献是从销售收入中减去变动成本之后的余额。其计算方法为

边际贡献＝销售收入－变动成本
　　　　＝(销售单价－单位变动成本)×产销量
　　　　＝单位边际贡献×产销量

用字母表示为

$$M=px-bx=(p-b)x=mx$$

式中,M为边际贡献,p为销售单价,m为单位边际贡献。

【例5-10】 光明公司2017年某产品的销量是10万件,单价是500元,单位变动成本为350元,求边际贡献。

解析

$$M=(500-350)\times 10=1\ 500(\text{万元})$$

(三) 息税前利润

息税前利润(Earnings Before Interest and Tax,EBIT)是指不支付利息和所得税之前的利润。其计算公式为

息税前利润＝边际贡献－固定经营成本＝销售收入－变动成本－固定成本

用字母表示为

$$EBIT=px-bx-a=(p-b)x-a=M-a$$

【例5-11】 求【例5-10】中当固定成本分别为500万元、1 500万元、2 000万元时的息税前利润。

解析

(1) 当固定成本为500万元时,$EBIT=1\ 500-500=1\ 000$万元。

(2) 当固定成本为1 500万元时,$EBIT=1\ 500-1\ 500=0$万元。

(3) 当固定成本为2 000万元时,$EBIT=1\ 500-2\ 000=-500$万元。

二、经营杠杆

(一) 经营杠杆的概念

经营杠杆也称营业杠杆,是指企业在生产经营中,由于固定性经营成本的存在,而使得企业的息税前利润变动率大于销售量变动率的现象。在企业一定的经营规模内,变动成本随着营业总额的增加而增加,固定成本则不因产销量的增加而增加,而是保持固定不变,随着产销量的增加,单位产销量所负担的固定成本会相对减少,从而给企业带来额外的利润,这称为经营杠杆利益。当然,经营杠杆是一把双刃剑,当产销量下降时,息税前利润下降得更快,从而给企业带来经营杠杆损失。

(二) 经营杠杆的计量

只要企业存在固定性经营成本,就存在经营杠杆效应。但以不同产销业务量为基础,其经营杠杆效应的大小程度是不一致的。经营杠杆效应的大小可用经营杠杆系数(DOL)来

衡量。经营杠杆系数，又称经营杠杆率，是指息税前利润变动率，相当于产销业务量变动率的倍数。其计量公式为

$$DOL=\frac{\Delta EBIT/EBIT}{\Delta Q/Q}=\frac{\Delta EBIT/EBIT}{\Delta S/S}$$

式中，DOL为经营杠杆系数，$EBIT$为基期的息税前利润，$\Delta EBIT$为息税前利润的变动额，Q为变动前的销量，ΔQ为销量的变动数，S为变动前的销售额，ΔS为销售收入的变动额。

通过推导可将上述公式简化为（推导过程从略）

$$DOL=\frac{M}{EBIT}=\frac{M}{M-a}$$

式中，M为基期边际贡献，a为固定成本总额。

即经营杠杆系数为某一销售水平下的边际贡献总额与息税前利润的比率。

【例5-12】 光明公司A产品2018年销售量10 000件，单位售价为50元，产品单位变动成本为30元，固定成本总额为100 000元，如果2019年产销量上升10%，计算该公司2019年经营杠杆系数和息税前利润变动率。

解析一

2018年$EBIT=(50-30)\times 10\,000-100\,000=100\,000$（元）

2019年$EBIT=(50-30)\times 10\,000\times(1+10\%)-100\,000=120\,000$（元）

$$\frac{\Delta EBIT}{EBIT}=\frac{120\,000-100\,000}{100\,000}=20\%$$

$$2019年DOL=\frac{20\%}{10\%}=2$$

解析二

2018年$M=(50-30)\times 10\,000=200\,000$（元）

$$2019年DOL=\frac{200\,000}{200\,000-100\,000}=2$$

$$\frac{\Delta EBIT}{EBIT}=2\times 10\%=20\%$$

（三）经营杠杆与经营风险

经营风险是指企业由于生产经营上的原因而导致息税前利润变动的风险。引起企业经营风险的主要原因是市场需求和生产成本等因素的不确定性，经营杠杆本身并不是利润不确定的根源，只是息税前利润波动的表现。但是，经营杠杆放大了市场和生产等因素变化对利润波动的影响。经营杠杆系数越高，表明息税前利润受产销量变动的影响程度越大，经营风险也就越大。

三、财务杠杆

（一）财务杠杆的概念

财务杠杆又叫筹资杠杆或融资杠杆，它是指由于固定债务利息和优先股股利的存在而导致普通股每股利润变动幅度大于息税前利润变动幅度的现象。债务利息和优先股股利通

常不会随着企业息税前利润变动而变动。当息税前利润增大时,每1元盈余所负担的固定财务费用就会相对减少,普通股的盈余会大幅度增加,给普通股股东带来财务杠杆利益;反之,当息税前利润减少时,每1元盈余所负担的固定财务费用就会相对增加,普通股的盈余会大幅度减少,造成财务杠杆损失。这种由于债务和优先股的存在而导致普通股股东权益变动大于息税前利润变动的杠杆效应,称为财务杠杆作用。

(二) 财务杠杆的计量

只要企业融资方式中存在固定性资本成本,就存在财务杠杆效应。测算财务杠杆效应程度,常用指标为财务杠杆系数(DFL)。财务杠杆系数是普通股收益变动率与息税前利润变动率的比值,计算公式为

$$DFL=\frac{\Delta EPS/EPS}{\Delta EBIT/EBIT}$$

式中,DFL为财务杠杆系数,EPS为基期的普通股每股收益,ΔEPS为普通股每股收益变动额。

通过推导可将上述公式简化为(推导过程从略)

$$DFL=\frac{EBIT}{EBIT-I-\dfrac{D_P}{1-T}}$$

式中,I为债务年利息额,D_p为优先股股利,T为所得税税率。

若无优先股,则财务杠杆系数为某一销售水平下的息税前利润与税前利润的比率。

【例5-13】 接【例5-12】,假定该公司2019年发生利息费用20 000元,流通在外普通股股数为10 000股,适用所得税税率为25%,计算该公司2019年的财务杠杆系数。

解析一

$$2018\text{年}EPS=\frac{(100\,000-20\,000)\times(1-25\%)}{10\,000}=6(\text{元/股})$$

$$2019\text{年}EPS=\frac{[100\,000\times(1+20\%)-20\,000)]\times(1-25\%)}{10\,000}=7.5(\text{元/股})$$

$$\frac{\Delta EPS}{EPS}=\frac{7.5-6}{6}=25\%$$

$$2019\text{年}DFL=\frac{25\%}{20\%}=1.25$$

解析二

$$2019\text{年}DFL=\frac{100\,000}{100\,000-20\,000}=1.25$$

(三) 财务杠杆与财务风险

财务风险是指企业由于筹资原因产生的资本成本负担而导致的普通股收益波动的风险。引起企业财务风险的主要原因是资产报酬的不利变化和资本成本的固定负担。由于财务杠杆的作用,当企业的息税前利润下降时,企业仍然需要支付固定的资本成本,导致普通股剩余收益以更快的速度下降。

财务杠杆放大了资产报酬变化对普通股收益的影响,财务杠杆系数越高,表明普通股收

益的波动程度越大，财务风险也就越大。

四、总杠杆

（一）总杠杆的概念

经营杠杆和财务杠杆可以独自发挥作用，也可以综合发挥作用，总杠杆是用来反映两者之间共同作用结果的，即权益资本报酬与产销业务量之间的变动关系。由于固定性经营成本的存在，产生经营杠杆效应，导致产销业务量变动对息税前利润变动有放大作用；同样，由于固定性资本成本的存在，产生财务杠杆效应，导致息税前利润变动对普通股每股收益变动有放大作用。两种杠杆共同作用，将导致产销业务量稍有变动，就会引起普通股每股收益更大的变动。

总杠杆，是指由于固定经营成本和固定资本成本的存在，导致普通股每股收益变动率大于产销业务量的变动率的现象。

（二）总杠杆的计量

只要企业同时存在固定性经营成本和固定性资本成本，就存在总杠杆效应。产销量变动通过息税前利润的变动，传导至普通股收益，使得每股收益发生更大的变动。用总杠杆系数(DTL)表示总杠杆效应程度，可见，总杠杆系数是经营杠杆系数和财务杠杆系数的乘积，是普通股收益变动率与产销量变动率的倍数，计算公式为

$$DTL = DOL \times DFL = \frac{\Delta EPS/EPS}{\Delta Q/Q}$$

总杠杆系数与经营杠杆系数和财务杠杆系数之间的关系也可用图5-2表示。

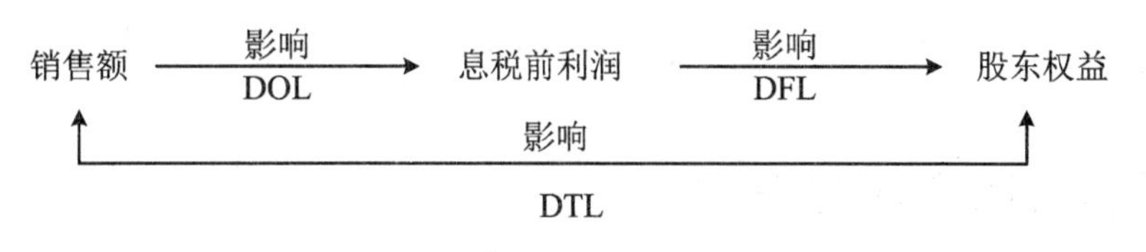

图5-2　总杠杆原理

【例5-14】　根据【例5-12】和【例5-13】的资料，计算该公司2019年的总杠杆系数。

解析一

$$2019\text{年}DTL = \frac{25\%}{10\%} = 2.5$$

解析二

$$2019\text{年}DTL = DOL \times DFL = 2 \times 1.25 = 2.5$$

（三）总杠杆与企业风险

企业风险包括经营风险和财务风险，反映了企业的整体风险。总杠杆系数反映了经营杠杆和财务杠杆之间的关系，用以评价企业的整体风险水平。总杠杆系数越大，企业风险就越大。在总杠杆系数一定的情况下，经营杠杆系数与财务杠杆系数此消彼长。在实际工作

中,经营杠杆和财务杠杆可以按多种方式联合以得到一个理想的总杠杆系数和企业总风险水平。例如,经营杠杆较高时,可以较低程度运用财务杠杆,以回避过大的风险;反之,经营杠杆作用较低时,可以较高程度运用财务杠杆,以提高股东的盈余。

任务三 资本结构

一、资本结构的含义

资本结构是指企业各种来源的长期资金的构成及其比例关系。在筹资管理中,资本结构概念有广义和狭义之分。广义资本结构是指全部债务与股东权益的构成比例。狭义的资本结构则是指长期负债与股东权益的构成比例。这是由于短期资金的需求与筹集经常处于变化中,在整个资金中比重也不稳定,因而不将其纳入资本结构范畴,而是作为营运资金来进行管理。现代财务理论大多是以狭义资本结构为研究对象,本书也是如此。对于现代意义上的企业而言,融资已然成为一项重要的财务内容,而在融资过程中如何选择长期债务资本与股权资本的合理比例就显得尤为重要。资本结构如图5-3所示。

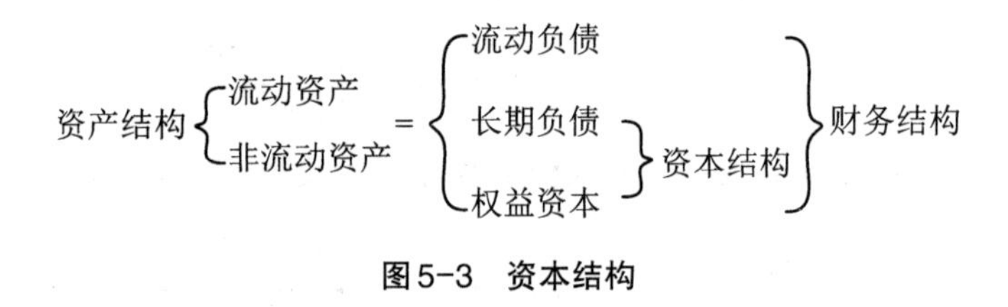

图5-3 资本结构

二、研究资本结构的意义

(一)有助于实现企业价值最大化

在企业的资本结构中,债务资本的存在使得部分用资费用成本(利息)在税前扣除,从而使企业享受抵税收益,然而到期还本付息又构成了企业的法定义务,一旦无力偿付就可能把企业推向破产的边缘;而股权资本的存在,虽然不会形成企业的法定债务,但其高昂的筹资成本却无疑给企业增加了沉重的负担。因此,企业在筹资时绝不能厚此薄彼,而是应该权衡各种方式的利弊,当债务资本和股权资本的组合达到恰当均衡时,资本结构最优,此时企业加权平均资本成本最低,承担风险较小,企业价值达到最大。

(二)有助于企业做出处置决策

企业在筹资时一般会选择筹资组合方式,即以多种方式共同筹集所需资金,如何从若干个备选方案中选择最佳的筹资方式对企业具有非凡意义。不同筹资组合方式下,各种单一方式所筹资金的比重及个别资本成本会有所差异,这就造成了不同投资组合方式下的加权平均资本成本各不相同。通过计算各种方式的加权平均资本成本，选择其中加权平均资本成本最低的方案为最优筹资方案，此时资本结构最佳。

三、最佳资本结构决策

所谓最优资本结构是指企业在适度财务风险的条件下，使其预期的加权平均资本成本最低，同时使企业价值最大的资本结构。毫无疑问，最优资本结构是任何一个理性理财者所追求的目标，因此又称为目标资本结构。企业应综合考虑有关影响因素，运用适当的方法确定最优资本结构，并在以后追加筹资时继续保持。确定最优资本结构的方法通常有比较资本成本法和每股收益分析法。

（一）比较资本成本法

当企业对不同筹资方案作选择时可以采用比较综合资本成本的方法选定一个资本结构较优的方案。比较资本成本法，是指通过计算和比较各种可能的筹资组合方案的平均资本成本，选择平均资本成本率最低的方案。

【例5-15】 光明公司需筹集1 000万元长期资本，可以以银行借款、发行债券、优先股、发行普通股四种方式筹集，其个别资本成本率已分别测定，如表5-4所示。

表5-4　资本成本及资本结构数据

单位：万元

筹资方式	方案A			方案B			方案C		
	数额	比重	资本成本	数额	比重	资本成本	数额	比重	资本成本
长期借款	60	6%	6%	120	12%	6.5%	180	18%	7%
公司债券	240	24%	9%	180	18%	8%	220	22%	9%
优先股	100	10%	13%	200	20%	13%	100	10%	13%
普通股	600	60%	16%	500	50%	15%	500	50%	15%
合　计	1 000	100%	—	1 000	100%	—	1 000	100%	—

各方案的综合平均资本成本为：

方案A：$K_w=6\%\times6\%+9\%\times24\%+13\%\times10\%+16\%\times60\%=13.42\%$。

方案B：$K_w=6.5\%\times12\%+8\%\times18\%+13\%\times20\%+15\%\times50\%=12.32\%$。

方案C：$K_w=7\%\times18\%+9\%\times22\%+13\%\times10\%+15\%\times50\%=12.04\%$。

计算结果表明方案C的综合资本成本最低，在其他有关因素大致相同时，方案C是最优的筹资方案。

（二）每股收益分析法

1. 每股收益无差别点的含义

每股收益分析法，又称每股收益无差别点分析法或EBIT-EPS分析法，是财务管理常用的分析资本结构和进行融资决策的方法，它通过分析息税前利润、负债比率和每股收益的关系，为确定最优资本结构提供依据。可以用每股收益的变化来判断资本结构是否合理，即能够提高普通股每股收益的资本结构,就是合理的资本结构。

每股收益分析法的核心是确定每股收益无差别点。所谓每股收益无差别点,是指不同筹资方式下每股收益都相等时的息税前利润或业务量水平。根据每股收益无差别点,可以分析判断在什么样的息税前利润水平或产销业务量水平前提下,适于采用何种筹资组合方式,进而确定企业的资本结构安排。

2. 每股收益无差别点的计算步骤

每股收益的计算公式为

$$EPS=\frac{(EBIT-I)(1-T)-D_p}{N}$$

式中,I为债务年利息额,N为流通在外的普通股股数,T为所得税税率,D_P为优先股股利。

第一步,列出不同筹资方式下每股收益计算式。

假设有两个方案,分别为方案1和方案2,则其每股收益分别为

$$EPS_1=\frac{(EBIT_1-I_1)(1-T)-D_{p1}}{N_1}$$

$$EPS_2=\frac{(EBIT_2-I_2)(1-T)-D_{p2}}{N_2}$$

第二步,令两种筹资方式的每股收益相等,式中将息税前利润设为未知数:

$$\frac{(\overline{EBIT}-I_1)(1-T)-D_{P1}}{N_1}=\frac{(\overline{EBIT}-I_2)(1-T)-D_{P2}}{N_2}$$

第三步,解出上式中的息税前利润($\overline{EBIT}$),即为每股收益无差别点。

3. 每股收益分析法的决策标准

根据上述步骤求出$\overline{EBIT}$,可以参照以下标准进行判断:

(1) 当企业的赢利能力大于$\overline{EBIT}$,利用负债筹资较为有利;

(2) 当企业的赢利能力小于$\overline{EBIT}$,利用权益筹资较为有利;

(3) 当企业的赢利能力等于$\overline{EBIT}$,利用两者均可。

EBIT-EPS分析除用上述代数法外,也可用图解法,如图5-4所示:

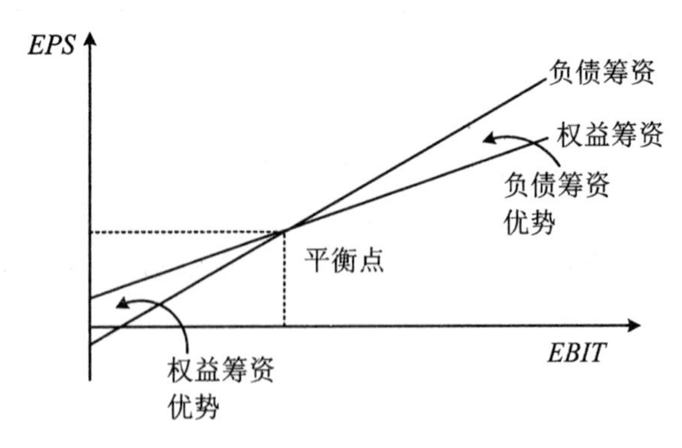

图5-4 EBIT-EPS分析

由EBIT-EPS分析图可见,在每股收益无差别点上,无论是采用债务或股权筹资方案,每股收益都是相等的。当预期息税前利润大于每股收益无差别点时,应当选择债务筹资方

案,反之选择股权筹资方案。

【例5-16】 光明公司目前资本总额为7 000万元,其中债务资本为2 000万元,每年需支付120万元的利息;普通股总股数为500万股,每股面值10元,普通股总额为5 000万元。公司拟扩大生产,准备追加筹资3 000万元。现有两个方案:

(1) 增发普通股300万股,每股面值10元,等价发行;

(2) 发行债券3 000万元,债券年利率7%。

该公司所得税税率为25%。请用EBIT-EPS分析法判断在何种情况下选择哪种筹资方案更合理?

解析

增发普通股后的每股收益

$$EPS_1=\frac{(\overline{EBIT}-120)\times(1-25\%)}{300+500}$$

增发债券后的每股收益

$$EPS_2=\frac{(\overline{EBIT}-120-3\,000\times 7\%)\times(1-25\%)}{500}$$

令$EPS_1=EPS_2$,解得$EBIT$=680万元。

在此点,$EPS_1=EPS_2$=0.525元/股。

判断如下:

① 当企业的赢利能力大于680万元时,利用负债筹资较为有利;

② 当企业的赢利能力小于680万元时,利用权益筹资较为有利;

③ 当企业的赢利能力等于680万元时,利用两者均可。

学习小结

◇ 资本成本是企业筹资决策的主要依据,是企业为筹集和使用资金而付出的代价,分为个别资本成本、综合资本成本和边际资本成本三大类。

◇ 经营杠杆是因固定成本而导致的息税前利润变动,用经营杠杆系数衡量,经营杠杆系数越大,企业的经营风险越大。

◇ 财务杠杆是指企业对资本成本固定的债务资金和优先股的利用,用财务杠杆系数来衡量,财务杠杆系数越大,企业的财务风险越大。

◇ 总杠杆系数衡量企业总风险,是经营杠杆系数与财务杠杆系数的乘积。

◇ 资本结构一般指企业长期资本的构成及其比例关系,最优资本结构的确定方法有比较资本成本法和每股收益分析法等。

拓展训练

一、单选题

1. 将全部成本分为固定成本、变动成本和混合成本所采用的分类标志是(　　)。

A. 成本的目标　　B. 成本的可辨认性

C. 成本的经济用途　　D. 成本的性态

2. 在计算资本成本时,与所得税有关的资金来源是下述情况中的(　　)。

A. 普通股　　B. 优先股

C. 银行借款　　D. 留存收益

3. 经营杠杆效应产生的原因是(　　)。

A. 不变的固定成本　　B. 不变的产销量

C. 不变的债务利息　　D. 不变的销售单价

4. 债券的资本成本率一般低于股票的资本成本率,其主要原因是(　　)。

A. 债券的筹资费用较少　　B. 债券的发行量少

C. 债券的利息率固定　　D. 债券利息在税前支付

5. 息税前利润变动率一般比产销量变动率(　　)。

A. 小　　B. 大

C. 相等　　D. 不一定

6. 当经营杠杆系数是5,财务杠杆系数是1.1,则综合杠杆系数是(　　)。

A. 5.5　　B. 6.5

C. 3.9　　D. 7.2

7. 每股利润变动率相对于息税前利润变动率的倍数,即为(　　)。

A. 经营杠杆系数　　B. 财务杠杆系数

C. 综合杠杆系数　　D. 边际资本成本

8. 甲公司某项长期借款的筹资净额为95万元,筹资费率为筹资总额的5%。年利率为4%,所得税率为25%。假设用一般模式计算,则该长期借款的筹资成本为(　　)。

A. 3%　　B. 3.16%　　C. 4%　　D. 4.21%

9. 如果企业的资金来源全部为自有资金,且没有固定融资租赁费的存在,则企业的财务杠杆系数(　　)。

A. 等于0　　B. 等于1　　C. 大于1　　D. 小于1

10. 下列关于影响资本结构的说法,不正确的是(　　)。

A. 如果企业产销业务稳定,企业可以较多地负担固定的财务费用

B. 产品市场稳定的成熟产业,可提高负债资本比重

C. 当所得税税率较高时,应降低负债筹资

D. 稳健的管理当局偏好于选择低负债比例的资本结构

二、多选题

1. 影响财务杠杆系数的因素有(　　)。

A. 息税前利润　　B. 利息费用

C. 优先股股利　　D. 所得税税率

2. 财务杠杆效应产生的原因是(　　)。

A. 不变的债务利息　　B. 不变的固定成本

C. 不变的优先股股利　　D. 不变的销售单价

3. 计算综合资本成本时的权数,可选择(　　)。

A. 账面价值　　B. 票面价值

C. 市场价值　　D. 目标价值

4. 同总杠杆系数成正比例变化的是(　　)。

A. 销售额变动率　　B. 每股利润变动率

C. 经营杠杆系数　　D. 财务杠杆系数

5. 资金筹集费是指企业为筹集资金付出的代价,下列属于资金筹集费的有(　　)。

A. 发行广告费　　B. 股票、债券印刷费

C. 债券利息　　D. 股票股利

6. 计算个别资本成本时,必须考虑所得税影响的有(　　)。

A. 普通股成本　　B. 债券成本

C. 留存收益成本　　D. 银行借款成本

7. 筹资突破点是指(　　)。

A. 保持某资本成本条件下可以筹集到的资金总限额

B. 保持某资本成本条件下可以筹集到的某种资本的限额

C. 受所需资金总额的影响

D. 受资本结构的影响

8. 最佳资本结构是指在一定条件下能使企业达到(　　)状态的资本结构。

A. 企业价值最大化　　B. 平均资本成本最低

C. 资本利润率最大化　　D. 利润最大化

9. 下列关于利用每股收益分析法进行资本结构决策的正确说法有(　　)。

A. 当预计销售收入小于每股收益无差别点时,采用权益资本筹资方式有利

B. 当预计销售收入大于每股收益无差别点时,采用债务资本筹资方式有利

C. 当预计息税前利润大于每股收益无差别点时,采用权益资本筹资方式有利

D. 当预计息税前利润小于每股收益无差别点时,采用债务资本筹资方式有利

10. 下列关于经营杠杆系数的说法正确的是(　　)。

A. 反映了产销量变动率对每股收益变动率的影响

B. 反映了产销量变动率对于息税前利润变动率的影响

C. 经营杠杆系数越大,企业的经营风险越小

D. 是基期边际贡献与基期息税前利润的比率

三、计算题

1. A公司计划筹资8 100万元,所得税税率为25%。其他有关资料如下:

(1) 从银行借款810万元,年利率为7%,手续费率为2%;

(2) 按照溢价发行债券,债券面值为1 134万元,发行价格为1 215万元,票面利率为9%,期限5年,每年支付一次利息,其筹资费用率为3%;

(3) 发行优先股2 025万元,年股利率为12%,筹资费用率为4%;

(4) 发行普通股3 240万元,每股发行价格为10元,筹资费用率为6%。预计第一年每股股利为1.20元,以后每年按8%递增;

(5) 其余所需资金通过留存收益取得。

要求:

(1) 分别计算银行借款、债券、优先股、普通股、留存收益的个别资金成本;

(2) 计算该公司的综合资本成本。

2. B公司拥有资金100 000万元,其中长期债券为40 000万元,普通股为60 000万元。该公司计划筹集新的资金25 000万元,并维持目前的资金结构不变。随着投资额的增加,各筹资方式的资金成本变化如表5-5所示。

表5-5 资金成本变化

筹资方式	新筹资额(万元)	资金成本
长期债券	6 000及以下	8%
	6 000~10 000	9%
	10 000以上	10%
普通股	12 000及以下	14%
	12 000以上	16%

要求:

(1) 计算各筹资总额分界点;

(2) 计算各筹资范围内资金的边际成本。

3. C企业只生产和销售甲产品,其总成本习性模型为$Y=10\ 000+3X$,假定该企业2018年度甲产品销售量为10 000件,每件售价为5元;按照市场预测,2019年甲产品的销售数量将增长10%。要求:

(1) 计算2018年该企业的边际贡献总额;

(2) 计算2018年该企业的息税前利润;

(3) 计算2019年经营杠杆系数;

(4) 计算2019年息税前利润增长率;

(5) 假定企业2018年发生负债利息5 000元,且无优先股股利,计算2019年总杠杆系数。

4. D公司资产总额为150万元,资产负债率为60%,负债的年均利率为10%,该公司年固定成本总额为14.5万元,全年实现税后利润15万元,每年还将支付优先股股利5.25万元,所得税税率为25%。要求:

(1) 计算该公司息税前利润总额;

(2) 计算该公司的经营杠杆系数、财务杠杆系数、总杠杆系数。

5. E公司目前拥有资金1 000万元,其中普通股500万元,每股价格20元;债券300万元,年利率为8%;优先股200万元,年股利率为15%。所得税税率为25%。该公司准备追加筹资1 000万元,有下列两种方案可供选择:

(1) 发行债券1 000万元,年利率为10%;
(2) 发行普通股股票1 000万元,每股发行价40元。
要求:
(1) 计算两种筹资方案的每股收益无差别点;
(2) 如果该公司预计的息税前利润为200万元,确定该公司最佳的筹资方案。

四、案例分析题

1. 光明公司原资金结构如表5-6所示。

表5-6　资金结构

筹 资 方 式	金额(万元)
债券(年利率8%)	3 000
普通股(每股面值1元,发行价12元,共500万股)	6 000
合计	9 000

目前普通股的每股市价为12元,预期第一年的股利为1.5元,以后每年以固定的增长率3%增长,不考虑证券筹资费用,企业适用的所得税税率为25%。企业目前拟增资2 000万元,以投资于新项目,有以下两个方案可供选择:

方案一:按面值发行2 000万元债券,债券年利率为10%,同时由于企业风险的增加,所以普通股的市价降为11元/股(股利不变);

方案二:按面值发行1 340万元债券,债券年利率9%,同时按照11元/股的价格发行普通股股票筹集660万元资金(股利不变)。

要求:

采用比较资金成本法判断企业应采用哪一种方案。

2. 天宏公司是一家经营电子产品的合资企业。由于该企业始终重视开拓新的市场,并保持良好的资本结构,在经过多年打拼之后,终于在市场站稳了脚跟。为了进一步扩大规模,应对激烈的市场竞争,降低经营风险,天宏公司准备在深圳建立一家全资子公司,转产机电设备以调整产业结构。

该公司目前资本总额为5 000万元,其中债务资本为2 000万元,平均利率为10%;普通股为3 000万股,每股面值1元,预计当年能实现息税前利润2 100万元。建立该全资子公司需新增投资3 000万元,预计投产后会为公司增加销售收入1 500万元,变动成本600万元,固定成本500万元。该项资金有以下三种筹资方式可供选择。

方案一:发行利率为12%债券;

方案二:发行股利率为14%的优先股;

方案三:按每股30元价格发行普通股。

天宏公司所得税税率为25%,不享受减免税优惠。要求:

根据上述信息分析天宏公司应选择哪一种筹资方案?为什么?

实训项目

一、实训目的

1. 能够用销售百分比法预测资金需求量。

2. 了解资本结构在筹资决策中的重要性。

3. 掌握股权筹资或债权筹资的决策程序。

4. 掌握每股利润无差别点的筹资决策方法。

二、实训资料

1. 大成公司2018年实现销售收入500 000元,税后净利为20 000元,并发放股利6 000元,厂房设备利用率为90%,其资产负债表(简表)如表5-7所示。2019年该公司预计实现销售收入800 000元,并按照2018年股利分配率发放股利,计提折旧20 000元,其中40%用于厂房设备更新改造;另需要支付零星开支3 200元。

表5-7　大成公司资产负债表

2018年12月31日　　　　单位:元

资　产		负债及所有者权益	
银行存款	100 000	应付账款	50 000
应收账款	125 000	应交税费	25 000
存货	150 000	应付债券	100 000
固定资产	230 000	股本	200 000
无形资产	90 000	资本公积	250 000
其他资产	130 000	留存收益	200 000
资产合计	825 000	负债及所有者权益合计	825 000

2. 公司预计2019年实现息税前利润200 000元,公司目前的资本结构如表5-8所示(不考虑短期负债)。该公司可以通过发行普通股筹资,也可以通过发行债券筹资。若发行普通股筹资,每股发行价为25元;若发行债券筹资,债券年利率为10%。

表5-8　大成公司资本结构

单位:元

筹资方式	资本结构
公司债券(年利率8%)	100 000
普通股(面值10元,20 000股)	200 000
资本公积	250 000
留存收益	200 000
资金总额	750 000
普通股股数(股)	20 000

三、实训要求

根据上述资料，试分析大成公司2019年预计新增资金数量，然后按照预计实现息税前利润200 000元的条件，做出发行普通股筹资还是发行债券筹资的筹资决策。

操作流程：

1. 根据实训资料1，编制用销售百分比法表示的大成公司2018年资产负债表（简表），填入表5-9。

表5-9 大成公司资产负债表

2018年12月31日

资 产	百分比%	负债及所有者权益	百分比%
银行存款		应付账款	
应收账款		应交税费	
存货		应付债券	
固定资产		股本	
无形资产		资本公积	
其他资产		留存收益	
资产合计		负债及所有者权益合计	

2. 计算2019年大成公司资金追加量。

3. 预测2019年大成公司内部资金来源，填入表5-10。

表5-10 大成公司计划期内部资金来源表

计划期内部资金来源	金 额
(1) 计划期预计销售收入(元)	
(2) 预计折旧基金剩余(元)	
(3) 股利分配率(%)	
(4) 销售利润率(%)	
(5) 计划期预计实现利润(1)×(4)(元)	
(6) 计划期预计支付股利(5)×(3)(元)	
(7) 留存收益(5)－(6)(元)	

4. 预测2019年大成公司需要筹集的资金量，填入表5-11。

表5-11　2019年大成公司需要筹资量

单位:元

需要筹集资金数量	金　额
一、资金需求量	
零星开支资金需求量	
流动资产资金需求量	
固定资产资金需求量	
资金需求量合计	
二、内部资金来源	
留存收益	
折旧基金	
内部资金来源合计	
三、需要筹集的资金	

5. 根据实训资料2,试分析大成公司发行普通股筹资或发行债券筹资后的资本结构,填入表5-12。

表5-12　筹资前后资本结构

单位:元

筹资方式	原资本结构	筹资后资本结构	
		增发普通股(A)	增发债券(B)
公司债券(利率8%)	100 000		
普通股(面值10元)	200 000		
资本公积	250 000		
留存收益	200 000		
资金总额	750 000		
普通股股数(股)	20 000		

6. 试分析不同资本结构对普通股每股利润的影响,填入表5-13。

表5-13　不同资本结构下的每股利润

单位:元

项　目	增发普通股	增发债券
预计息税前利润		
减:利息		
税前利润		
减:所得税(25%)		
净利润		
普通股股数(股)		
每股利润		

7. 做出发行普通股筹资还是发行债券筹资的筹资决策。

典型工作岗位——投资管理岗位

项目六　项目投资管理

项目导航

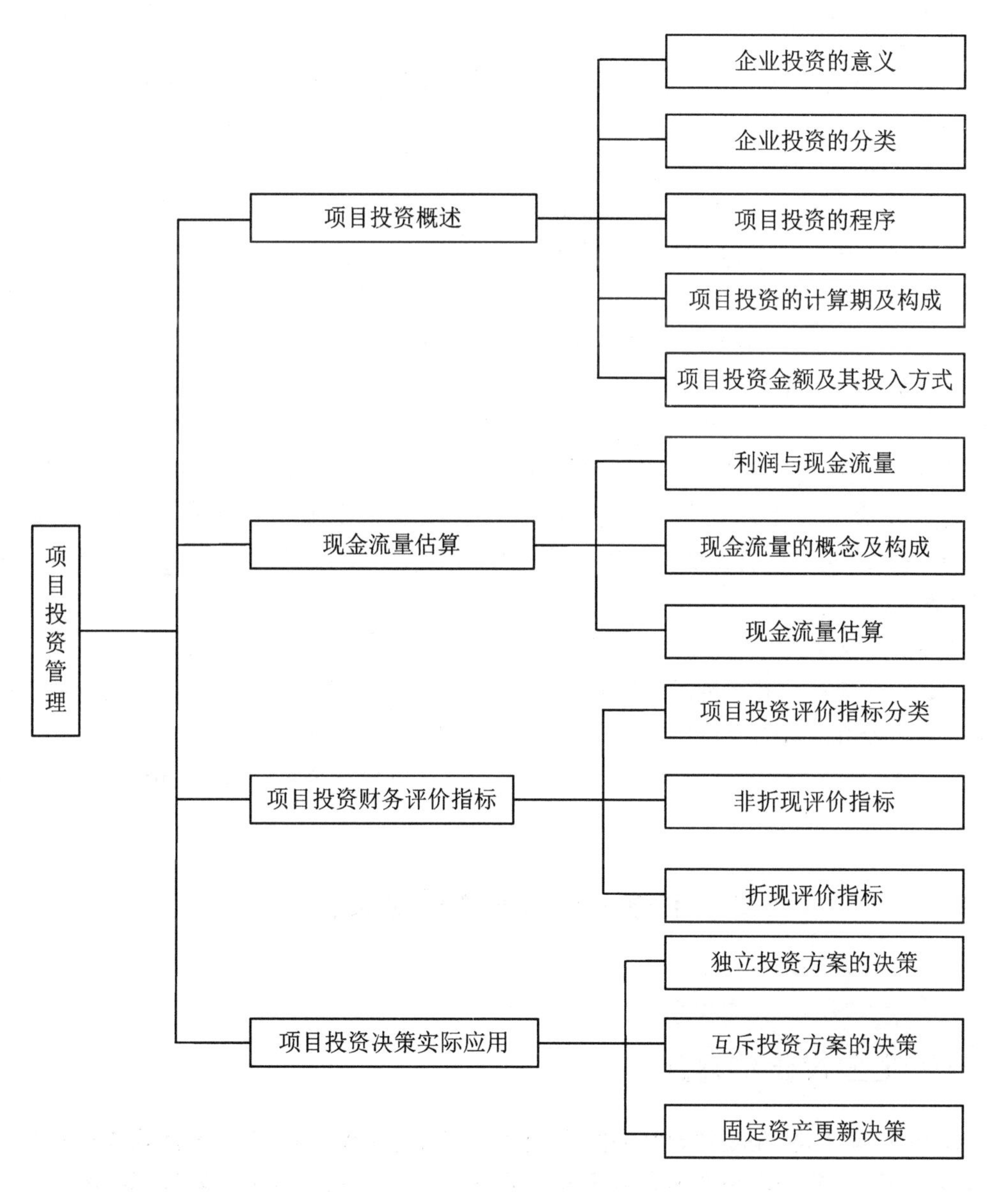
项目投资管理
项目投资概述
企业投资的意义
企业投资的分类
项目投资的程序
项目投资的计算期及构成
项目投资金额及其投入方式
现金流量估算
利润与现金流量
现金流量的概念及构成
现金流量估算
项目投资财务评价指标
项目投资评价指标分类
非折现评价指标
折现评价指标
项目投资决策实际应用
独立投资方案的决策
互斥投资方案的决策
固定资产更新决策

学习目标

了解企业投资的概念、类型，理解项目投资特点，掌握现金流量的概念及构成，掌握现金流量估算和项目投资决策各评价指标的计算，尤其是折现评价指标计算方法以及在项目投资决策中的实际应用。

重点难点

现金流量的构成及估算，项目投资决策折现指标的计算及实际应用。

案例导读

2011年11月22日，光明乳业正式收购新西兰Synlait Milk（下称“信联”）51%的股权。一年之后，信联新建的2号工厂竣工投产。新工厂制造设备全球领先，产能世界第一，将成为光明乳业高端婴幼儿奶粉培儿贝瑞（Pure Canterbury）的生产基地。

在奶源越来越紧张的情况下，各大乳业纷纷加速奶源基地建设，光明乳业宣布投资2.48亿元建设奶牛场，并声称将以全球领先的设备制造出本土企业的100%奶粉，从而叫板大举侵入中国的洋品牌奶粉。光明乳业总裁郭本恒表示，洋品牌垄断了大部分市场，“当前虽群雄争霸但也特别分散，尚未形成领导型的强势品牌”。郭本恒认为，这正是光明信联培儿贝瑞入市的好机会。中国乳品行业的平均毛利率日渐微薄，而利润相对丰厚的中高端婴幼儿奶粉市场成为乳业巨头必争之地，其中洋品牌毛利率高达60%左右，本土品牌毛利率也达40%左右。乳业专家王丁棉表示，目前本土乳业里真正拥有海外奶源的仅光明乳业一家。此次光明选择“海外奶源＋本土营销”的市场策略能否成功，能否夺回跨国乳业抢占的高端市场，新建的2号工厂能否盈利？怎么评价项目投资是否合理？这将给整个行业留下更多的思考和借鉴。

请思考以下问题：

你认为这是一项什么类型的投资？光明乳业应遵循的程序是什么？如何进行项目投资决策？若用会计上的利润指标评价项目投资方案，该方案存在哪些弊端？

（资料来源：http://finanle.sina.com.cn）

任务一　项目投资概述

一、企业投资的意义

投资，广义上讲，是指特定经济主体（包括政府、企业和个人）以本金回收并获利为基本目的，将货币、实物资产等作为资本投放于某一个具体对象，以在未来较长期间内获取预期经济利益的经济行为。企业投资，简而言之，是企业为获取未来长期收益而向一定对象投放资金的经济行为。例如，购建厂房设备、兴建电站、购买股票债券等，均属于投资行为。

企业需要通过投资配置资产，才能形成生产能力，取得未来的经济利益。

（一）投资是企业生存与发展的基本前提

投资是一种资本性支出的行为，通过投资支出，企业购建流动资产和长期资产，形成生产条件和生产能力。实际上，不管是新建一个企业，还是建造一条生产流水线，都是一种投资行为。通过投资，确定企业经营方向，配置企业的各类资产，并将其有机结合，形成企业的综合生产经营能力。若企业想进军一个新兴行业或开发一种新产品，都要先进行投资。因此投资决策的正确与否，直接关系到企业的兴衰成败。

（二）投资是获取利润的基本前提

企业投资的目的是要通过预先垫付一定数量的货币或实物形态的资本，购建和配置形成企业的各类资产，从事某类经济活动，获取未来的经济利益。通过投资形成生产经营能力，企业才能开展具体的经营活动，获取经营利润。那些以购买股票、债券等有价证券方式向其他单位投资，可以获取股利或利息投资收益，也可转让以获取资本利得。

（三）投资是企业风险控制的重要手段

企业经营面临着各种风险，投资风险表现为投资收益的不确定性。企业为使投资收益相对稳定就要降低投资风险。投资是企业风险控制的重要手段。一方面，企业可以将资金投向生产经营薄弱环节，使生产经营能力配套、平衡、协调。另一方面，也可实现多元化经营，将资金投放于经营相关程度较低的不同产品或行业，分散风险，稳定收益来源，增强资产的安全性。

二、企业投资的分类

将企业投资类型进行科学分类，有利于分清投资的性质，按不同的特点和要求进行投资决策，加强投资管理。投资的分类如表6-1所示。

表6-1　投资的分类

划分标准	分类	具体内容
投资活动与企业本身的生产经营活动的关系	直接投资	将资金直接投放于形成生产经营能力的实体性资产，直接谋取经营利润的企业投资
	间接投资	将资金投放于股票、债券等权益性资产上的企业投资
投资对象的存在形态和性质	项目投资	购买具有实质内涵的经营资产，包括有形资产和无形资产，形成具体的生产经营能力，开展实质性的生产经营活动，谋取经营利润。属于直接投资
	证券投资	通过证券资产上所赋予的权利，间接控制被投资企业的生产经营活动，获取投资收益，即购买属于综合生产要素的权益性权利资产的企业投资，属于间接投资

续表

划分标准	分类	具体内容
对企业生产经营前景的影响	发展性投资	对企业未来的生产经营发展全局有重要影响的企业投资,也称为战略性投资
	维持性投资	为了维持企业现有的生产经营正常顺利进行,不会改变企业未来生产经营发展全局的企业投资,也称为战术性投资
投资的方向	对内投资	在本企业范围内部的投放资金,用于购买和配置各种生产经营所需要的经营性资产,都是直接投资
	对外投资	向本企业范围以外的其他单位的资金投放,主要是间接投资,也可以是直接投资
投资项目之间的相互关系	独立投资	各个投资项目互不关联、互不影响,可以同时并存
	互斥投资	非相容性投资,各个投资项目之间相互关联、相互替代,不能同时并存

值得注意的是,项目投资都是直接投资,证券投资都是间接投资,对内投资都是直接投资,对外投资可能是直接投资也可能是间接投资。

【边学边练】

1. 下列各项中,属于发展性投资的是(　　)。

A. 更新替换旧设备　　B. 配套流动资金投资

C. 生产技术革新　　D. 企业间兼并合作

『正确答案』D

『答案解析』发展性投资是指对企业未来的生产经营发展全局有重要影响的企业投资,也称为战略性投资。企业间兼并合作属于发展性投资,正确选项为D。

2. 下列各项中,属于间接投资的有(　　)。

A. 股票投资　　B. 债券投资

C. 固定资产投资　　D. 流动资产投资

『正确答案』AB

『答案解析』间接投资是指将资金投放于股票、债券等权益性资产上的企业投资。选项AB为间接投资,选项CD为直接投资,正确选项为AB。

三、项目投资的程序

相对于营运资金投资而言,项目投资规模较大,回收时间较长,风险较大,对企业未来发展影响也较大,有时甚至关系到企业的生死存亡。所以企业必须十分慎重,严格遵守投资的程序(见图6-1)。

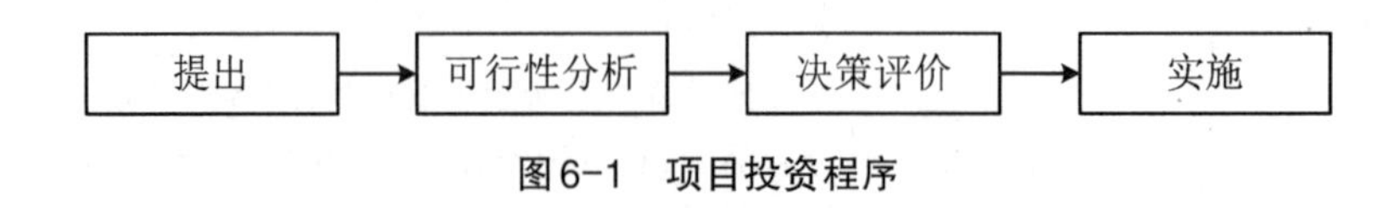

图6-1　项目投资程序

（一）项目投资的提出

在企业的生产经营过程中，会不断产生新的投资需要，也会出现很多投资机会。当出现新投资机会或新投资需要时，就会产生新的投资项目。这些项目一般会由项目提出者以报告形式上报管理当局，以便他们研究和选择。管理当局会从各种投资方案中进行初步筛选、分类和排序，同时结合企业长期目标和具体情况，制订出初步投资计划。

（二）项目投资的可行性分析

企业初步确定的投资计划可能有多个，各投资项目之间也会受到资金、技术、环境、人力等因素的限制，这就要求对投资项目进行可行性分析，主要有三个方面：

1. 技术上可行性分析

要考虑所投项目技术是否先进，能否取得，能否实施，能维持多久，同时还要考虑项目本身在设计、施工等方面的具体要求。

2. 资金上可行性分析

首先要预测资金需要量，再看有无足够的资金支持，如果资金不足，能否及时筹措所需资金，这是投资项目运行的前提。

3. 经济上可行性分析

要考虑投产后产品销路如何，能增加多少销售收入，为此会发生多少成本和费用，产生多少利润，有多大风险，即整个方案在经济上是否合理、划算。

除了上述三个因素外，还要考虑项目的相关因素，如所在地区自然资源、水电、交通等协作条件是否满足项目需要，所需人力资源是否能达到要求，项目实施是否会造成不良影响等。总之，投资项目可行性分析依赖于对项目有关资料的收集和有关情况的预测，要尽可能多地收集资料，进行科学分析，并做出正确评价。

四、项目投资的计算期及构成

项目投资计算期是指投资项目从投资建设开始到最终清理结束整个过程所需要的全部时间，用n表示，即该项目的有效持续期，一般以年为计量单位。

一个完整的项目计算期，由建设期（记作s，$s \geqslant 0$）和生产经营期（记作p）两部分构成，如图6-2所示。其中，建设期是指从开始投资建设到建成投产这一过程的全部时间。建设期的第一年年初（记作第0年）称为建设起点，建设期的最后一年年末（记作第s年）称为投产日。生产经营期是指从投产日到终结点这一过程的全部时间。生产经营期开始于建设期的最后一年年末即投产日，结束于项目最终清理的最后一年年末（记作第n年），称为终结点。

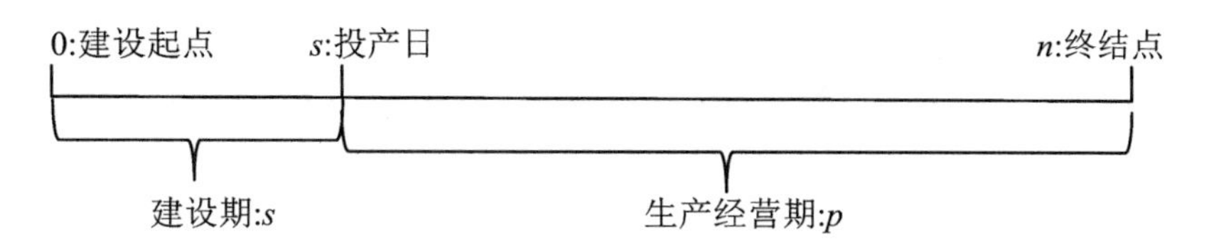

图6-2　项目投资计算期

由图6-2可以看出,项目投资计算期、建设期和生产经营期之间存在以下关系:

$$n=s+p$$

五、项目投资金额及其投入方式

(一) 项目投资金额

反映项目投资金额的指标主要有原始投资额和投资总额。

原始投资额是反映项目所需现实资金的价值指标。从项目投资角度看,原始投资额等于企业为使项目完全达到设计生产能力、开展正常经营而投入的全部现实资金。

投资总额是反映投资总体规模的价值指标,它等于原始投资额与建设期资本化利息之和。其中建设期资本化利息是指在建设期发生的用于购建项目所需的固定资产、无形资产等长期资产有关的借款利息。

【例6-1】 光明公司计划2019年增设一条新的生产线,通过调研收集如下数据:

(1) 设备投资:设备购买价格2万元,设备购进后需要为期1年的安装及配套设施建设,预计2020年1月1日投入使用。

(2) 厂房扩建:扩建费用估计1万元,扩建时间为1年。

(3) 营运资金:开业时垫付2万元。

(4) 设备投资与厂房扩建款均来自一年期银行借款,银行同期借款利率为10%。

请计算光明公司原始投资额和投资总额。

解析

(1) 原始投资额＝设备购价＋厂房扩建费用＋垫支营运资金

＝2＋1＋2

＝5(万元)

(2) 投资总额＝原始投资额＋建设期资本化利息

＝5＋(2＋1)× 10%

＝5.3(万元)

(二) 项目资金投入方式

从时间特征上看,项目资金的投入分为一次投入和分次投入两种方式。

一次投入方式是指集中在项目计算期第一个年度的年初或年末一次性发生的投资行为。

分次投入方式是指涉及两个或两个年度分次发生的投资行为(只涉及一个年度但分次在该年的年初和年末发生的,也属于分次投入方式)。

任务二　现金流量估算

一、利润与现金流量

利润是按照权责发生制确定的,而现金流量是按照收付实现制确定的,两者既有联系又有区别。在投资决策中,研究的重点是现金流量,而把利润放在次要地位。其原因是:

(1) 整个投资有效年限内利润总计与现金流量总计是相等的,所以现金净流量可以取代利润作为评价净收益指标。

【例6-2】 光明公司某个项目投资总额为1 000万元,分5年支付工程款,3年以后开始投产,有效期为5年。投产开始时垫付流动资金200万元,结束时收回。每年销售收入达1 000万元,付现成本为700万元。该项目的现金净流量见表6-2。

表6-2　项目投资利润和现金净流量计算

单位:万元

年份	1	2	3	4	5	6	7	8	合计
投资	−200	−200	−200	−200	−200				−1 000
销售收入				1 000	1 000	1 000	1 000	1 000	5 000
直线法折旧时:									
付现成本				700	700	700	700	700	3 500
折旧				200	200	200	200	200	1 000
利润				100	100	100	100	100	500
加速法折旧时:									
付现成本				700	700	700	700	700	3 500
折旧				300	250	200	150	100	1 000
利润				0	50	100	150	200	500
营业现金流量:									
流动资金				−200				200	0
现金净流量	−200	−200	−200	−100	100	300	300	500	500

通过本例可以看出,整个投资年限内静态的利润合计与现金净流量合计为500万元。

(2) 利润在各年的分布受折旧方法等人为因素的影响,而现金净流量的分布不受这些人为因素的影响,可以保证评价的客观性。

表6-2中,采用直线法折旧时的利润分布与采用加速折旧法时不同,而在不考虑企业所

得税的情况下,它们的营业现金流量却是相同的。影响利润分布的人为因素不仅限于折旧方法的选择,还有存货计价方法、间接费用分配方法、成本计算方法等。在考虑时间价值的情况下,早期的收益与晚期的收益有明显的区别。收益的分布应当具有客观性,不受人为选择的影响,现金流量分布可以满足这种要求。

(3) 在投资分析中现金流动情况比盈亏更重要。

有利润的年份不一定产生多余的现金用于其他项目的投资。例如在表6-2中,第4年按直线法折旧计算盈利100万元,而投资方不但拿不出现金,还要拿100万元投入本项目。一个项目能否维持下去,不取决于一定期间内是否盈利,而取决于是否有足够的现金用于各种支付。现金一旦支出,不管是否消耗,都不能用于别的目的。只有将现金收回后,才能用来进行投资。因此,在投资决策中更要重视现金流量的分析。

二、现金流量的概念及构成

估计投资项目的预期现金流量是投资决策的首要环节,也是分析投资方案时最重要、最困难的步骤。

(一) 现金流量的概念

现金流量(Cash Flow)是指在投资决策中,由一项投资方案所引起的在未来一定期间所发生的现金收支。其中,现金收入称为现金流入量,现金支出称为现金流出量,现金流入量与现金流出量相抵后的余额,称为现金净流量(Net Cash Flow, NCF)。

这里的现金是广义的现金,既指库存现金、银行存款等货币性资产,也可以包括相关非货币性资产(如原材料、设备等)的变现价值,而不是账面价值。

(二) 现金流量的构成

投资项目从整个经济寿命周期来看,大致可以分为三个时点阶段:建设期、营业期和终结期,现金流量构成内容也可归属各个时点阶段之中。

1. 建设期

建设期的现金流量主要是现金流出量,即在该投资项目上的原始投资,包括:

(1) 长期资产上的投资。包括在固定资产、无形资产、递延资产等长期资产上的购入、建造、运输、安装、试运行等方面所需的现金支出,如购置成本、运输费、安装费等。

(2) 垫支的营运资金。投资项目形成了生产能力,需要在流动资产上追加投资。由于扩大生产能力,原材料、在产品、产成品等流动资产规模也随之扩大,需要追加投入日常营运资金。同时,企业营业规模扩充后,应付账款等结算性流动性负债也随之增加,自动补偿了一部分日常营运资金需要。因此,为该投资垫支的营运资金是追加的流动资产扩大量与结算性流动负债扩大量的差额。只有在营业终了时或出售(设备报废)时才能收回这些资金。

2. 营业期

营业阶段是投资项目的主要阶段,该阶段既有现金流入量,也有现金流出量。

现金流入量主要是营运各年的营业收入,现金流出量主要是营运各年的付现营运成本

(包含相关税费)。

3. 终结期

终结阶段的现金流量主要是现金流入量。

(1) 固定资产变价净收入。投资项目在终结阶段,原有固定资产将退出生产经营,企业对固定资产进行清理处置。固定资产变价净收入是指固定资产出售或报废时的出售价款或残值收入扣除清理费用后的金额。

(2) 固定资产变价净损益对现金净流量的影响。

固定资产变现净损益对现金净流量的影响＝(账面价值－变价净收入)×所得税税率

固定资产的账面价值＝固定资产原值－按照税法规定计提的累计折旧

如果(账面价值－变价净收入)＞0,则意味着发生了变现净损失,可以抵税,减少现金流出,增加现金净流量。如果(账面价值－变价净收入)＜0,则意味着实现了变现净收益,应该纳税,增加现金流出,减少现金净流量。

(3) 垫支营运资金的收回。伴随着固定资产的出售或报废,投资项目的经济寿命结束,企业将与该项目有关的存货出售,应收账款收回,应付账款也随之偿付。营运资金恢复到原有水平,项目开始垫支的营运资金在项目结束时得到回收。

【边学边练】

一般情况下,投资决策中的现金流量通常指现金净流量。这里的现金包括(　　)。

A. 库存现金　　　　　　　　　　B. 银行存款

C. 相关非货币资产的账面价值　　D. 相关非货币资产的变现价值

『**正确答案**』ABD

『**答案解析**』投资决策中的现金流量通常指现金净流量。这里的现金包括库存现金、银行存款、相关非货币资产的变现价值。

三、现金流量估算

在一般情况下,投资决策中的现金流量通常指现金净流量(NCF),是指一定期间现金流入量减去现金流出量的差额。这里所说的一定期间一般是指1年期间,流入量大于流出量,净流量为正值;反之,净流量为负值。

(一) 现金净流量估算的一般方法

现金净流量的计算公式为

现金净流量(NCF)＝现金流入量－现金流出量

在实际工作中,具体计算某一投资项目的现金净流量,可以采用编制现金流量表的形式进行计算。项目投资决策的现金流量表,是一种能全面反映投资项目在其项目计算期内每年的现金流入、现金流出量的具体构成内容以及现金净流量的报表,如表6-3所示。

表6-3 投资项目现金流量表

单位:万元

项目计算期（第t年）	建设期		营业期						合计
一、现金流入量	0	1	2	3	4	5	…	n	
1. 营业收入	×	×	√	√	√	√	√	√	∑
2. 回收固定资产余值	×	×	×	×	×	×	×	√	∑
3. 回收流动资金垫支	×	×	×	×	×	×	×	√	∑
4. 其他现金流入量	×	×	?	?	?	?	?	?	∑
5. 现金流入量合计	0	0	∑	∑	∑	∑	∑	∑	∑
二、现金流出量									
1. 建设期投资	√	×	×	×	×	×	×	×	∑
2. 流动资金垫支	×	√	×	×	×	×	×	×	∑
3. 付现成本	×	×	√	√	√	√	√	√	∑
4. 各项税款	×	×	√	√	√	√	√	√	∑
5. 现金流出量合计	∑	∑	∑	∑	∑	∑	∑	∑	∑
三、现金净流量	—	—	+	+	+	+	+	+	∑

注:假设本项目建设期为1年,表中:“×”表示当年没有发生额,“√”表示当年有发生额,“?”表示当年可能有发生额,“∑”表示求和,“—”表示数值为负值,“+”表示数值为正值。

(二) 现金净流量估算的简化方法

在实际工作中,一般采用简化计算的形式计算现金净流量,即根据不同计算期不同阶段中现金流入量和现金流出量的具体内容,直接计算各阶段的现金净流量。

1. 建设期现金净流量的简化计算公式

若原始投资额均在建设期内投入,对于新建项目,则建设期现金净流量可以按以下简化公式计算:

建设期每年的现金净流量(NCF)=—该年发生的原始投资额

2. 营业期现金流量的简化计算公式

营业期现金流量包含营业收入、付现营运成本、大修理支出、所得税。

其简化公式是:

营业现金净流量(NCF)= 营业收入 — 付现成本 — 所得税 （公式1）

= 营业收入 — 付现成本 — 所得税 — 非付现成本 + 非付现成本

=(营业收入 — 成本总额 — 所得税)+ 非付现成本

= 税后营业利润 + 非付现成本 （公式2）

=(收入—付现成本—非付现成本)×(1—所得税税率)+非付现成本

=收入×(1—T)—付现成本×(1—T)+非付现成本×T （公式3）

式中,非付现成本主要是固定资产年折旧费、长期资产摊销费、资产减值准备等。其中长期资产摊销费主要有跨年的大修理摊销费、改良工程折旧摊销费、筹建开办费摊销费等。

【边学边练】

1. 某投资项目某年的营业收入为600 000元，付现成本为400 000元，折旧额为100 000元，所得税税率为25%，则该年营业现金净流量为(　　)元。

A. 250 000　　B. 175 000　　C. 75 000　　D. 100 000

『正确答案』B

『答案解析』年营业现金净流量＝税后收入－税后付现成本＋非付现成本抵税

＝600 000×(1－25%)－400 000×(1－25%)＋100 000×25%＝175 000(元)

或者

年营业现金净流量＝税后营业利润+非付现成本

＝(600 000－400 000－100 000)×(1－25%)＋100 000

＝175 000(元)

2. 在考虑所得税影响的情况下，下列可用于计算营业现金净流量的算式中，正确的有(　　)。

A. 税后营业利润＋非付现成本

B. 营业收入－付现成本－所得税

C. (营业收入－付现成本)×(1－所得税税率)

D. 营业收入×(1－所得税税率)＋非付现成本×所得税税率

『正确答案』AB

『答案解析』考虑所得税对投资项目现金流量的影响时，营业现金净流量＝营业收入－付现成本－所得税＝税后营业利润＋非付现成本＝收入×(1－所得税税率)－付现成本×(1－所得税税率)＋非付现成本×所得税税率，所以选项AB正确。

3. 终结点现金净流量的计算

在项目终止时，该年的现金净流量除了包括营业现金净流量，还应包括固定资产变价净收入和流动资金的垫支回收。若考虑所得税影响，还应包括固定资产变价净损益对现金净流量的影响。其计算公式为

终结点现金净流量(NCF_n)=营业期现金净流量+固定资产变价净收入+流动资金垫支回收-变现净收益纳税+变现净损失抵税

【边学边练】

某项目的生产经营期为5年，设备原值为20万元，预计净残值收入5 000元，税法规定的折旧年限为4年，税法预计的净残值为8 000元，采用直线法计提折旧，所得税率为30%，则设备使用5年后设备报废相关的税后现金净流量为(　　)元。

A. 5 900　　B. 8 000　　C. 5 000　　D. 6 100

『正确答案』A

『答案解析』预计净残值小于税法残值抵减的所得税为：(8 000－5 000)×30%＝900元。相关现金净流量＝5 000＋900＝5 900(元)。

【例6-3】　光华公司某投资项目需要3年建成，每年年初投入建设资金90万元，共投入

270万元。建成投产之时，需投入营运资金140万元，以满足日常经营活动需要。项目投产后，估计每年可获税后营业利润60万元。固定资产使用年限为7年，使用后第5年预计进行一次改良，估计改良支出80万元，分两年平均摊销。资产使用期满后，估计有残值净收入11万元，采用平均年限法折旧。项目期满时，垫支营运资金全额收回。根据以上资料编制“投资项目现金流量表”，如表6-4所示。

表6-4　投资项目现金流量表

单位：万元

项目 \ 年份	0	1	2	3	4	5	6	7	8	9	10	总计
固定资产价值	−90	−90	−90									−270
固定资产折旧					37	37	37	37	37	37	37	259
改良支出									−80			−80
改良支出摊销										40	40	80
税后营业利润					60	60	60	60	60	60	60	420
残值净收入											11	11
营运资金				−140							140	0
现金净流量合计	−90	−90	−90	−140	97	97	97	97	17	137	288	420

解析

（1）由于每年年初投入90万元的资金，建设期为3年，故0、1、2三期的现金流出均为90万元。

（2）建成投产之时，需投入营运资金140万元，所以3期的现金流出为140万元。

（3）共投入270万元，使用年限为7年，有残值净收入11万元，平均年限法折旧，每年折旧为(270−11)/7=37万元，项目投产后，估计每年可获税后营业利润60万元。

营业现金净流量=税后营业利润+非付现成本=60+37=97(万元)，所以4、5、6、7四期的现金流入均为97万元。

（4）使用后第5年预计进行一次改良，估计改良支出80万元，所以第8年现金净流量=60+37−80=17(万元)。

（5）估计改良支出80万元，分两年平均摊销，所以第9年营业现金净流量=60+37+40=137(万元)

（6）预计残值收入11万元，回收营运资金共计140万元，所以第10年现金净流量=60+37+40+11+140=288(万元)。

【例6-4】　光华公司计划增添一条生产流水线，以扩充生产能力。现有甲、乙两个方案可供选择。甲方案需要投资500 000元，乙方案需要投资750 000元。两个方案的预计使用寿命均为5年，折旧均采用直线法，预计残值甲方案为20 000元，乙方案为30 000元。甲方案预计年销售收入为1 000 000元，第一年付现成本为660 000元，以后在此基础上每年增加维修费10 000元。乙方案预计年销售收入为1 400 000元，年付现成本为1 050 000元。方案投入营运时，甲方案需垫支营运资金200 000元，乙方案需垫支营运资金250 000元。公司所得税税率为20%。

解析

甲方案年折旧=(500 000−20 000)÷5=96 000(元)

甲方案营业现金净流量如表6-5。

表6-5　营业期现金流量计算表

单位：元

甲方案 \ 年份	1	2	3	4	5
销售收入(1)	1 000 000	1 000 000	1 000 000	1 000 000	1 000 000
付现成本(2)	660 000	670 000	680 000	690 000	700 000
折旧(3)	96 000	96 000	96 000	96 000	96 000
营业利润(4)=(1)−(2)−(3)	244 000	234 000	224 000	214 000	204 000
所得税(5)=(4)×20%	48 800	46 800	44 800	42 800	40 800
税后营业利润(6)=(4)−(5)	195 200	187 200	179 200	171 200	163 200
营业现金净流量(7)=(3)+(6)	291 200	283 200	275 200	267 200	259 200

表6-6　投资项目现金流量计算表

单位：元

甲方案 \ 年份	0	1	2	3	4	5
固定资产投资	−500 000					
营运资金垫支	−200 000					
营业现金流量		291 200	283 200	275 200	267 200	259 200
固定资产残值						20 000
营运资金回收						200 000
现金流量合计	−700 000	291 200	283 200	275 200	267 200	479 200

乙方案年折旧=(750 000−30 000)÷5=144 000(元)

乙方案营业现金净流量=(1 400 000−1 050 000−144 000)×(1−20%)+144 000
=308 800(元)

或

=1 400 000×(1−20%)−1 050 000×(1−20%)
+144 000×20%
=308 800(元)

表6-7 投资项目现金流量计算表

单位:元

乙方案	0	1	2	3	4	5
固定资产投资	-750 000					
营运资金垫支	-250 000					
营业现金流量		308 800	308 800	308 800	308 800	308 800
固定资产残值						30 000
营运资金回收						250 000
现金流量合计	-1 000 000	308 800	308 800	308 800	308 800	588 800

任务三　项目投资财务评价指标

一、项目投资评价指标分类

为了客观、科学地评价各种投资方案是否可行,一般应使用不同的指标。项目投资评价指标是衡量和比较项目可行性并据以进行方案决策的定量化标准与尺度。

项目投资决策评价指标如图6-3所示。

(一) 按是否考虑资金时间价值划分

分为非折现评价指标和折现评价指标。

非折现评价指标是指在计算过程中不考虑资金时间价值因素的指标,又称静态指标,包括投资收益率、静态投资回收期等;折现评价指标是指在计算过程中充分考虑和利用资金时间价值因素的指标,又称动态指标,包括净现值、净现值率、现值指数、内含报酬率等。

(二) 按指标性质划分

分为正指标和反指标。

投资收益率、净现值、净现值率、现值指数、内含报酬率等属于正指标,在评价决策中,这些指标数值越大越好;投资回收期属于反指标,在评价指标中,这类指标数值越小越好。

(三) 按数量特征划分

分绝对指标和相对指标。

绝对指标包括以时间为计量单位的投资回收期和以价值量为计量单位的净现值指标。相对指标除现值指数形式之外,大多为百分比指标。

(四) 按指标在决策的重要性划分

分为主要指标、次要指标和辅助指标。

净现值、内含报酬率等为主要指标，投资回收期为次要指标，投资收益率为辅助指标。

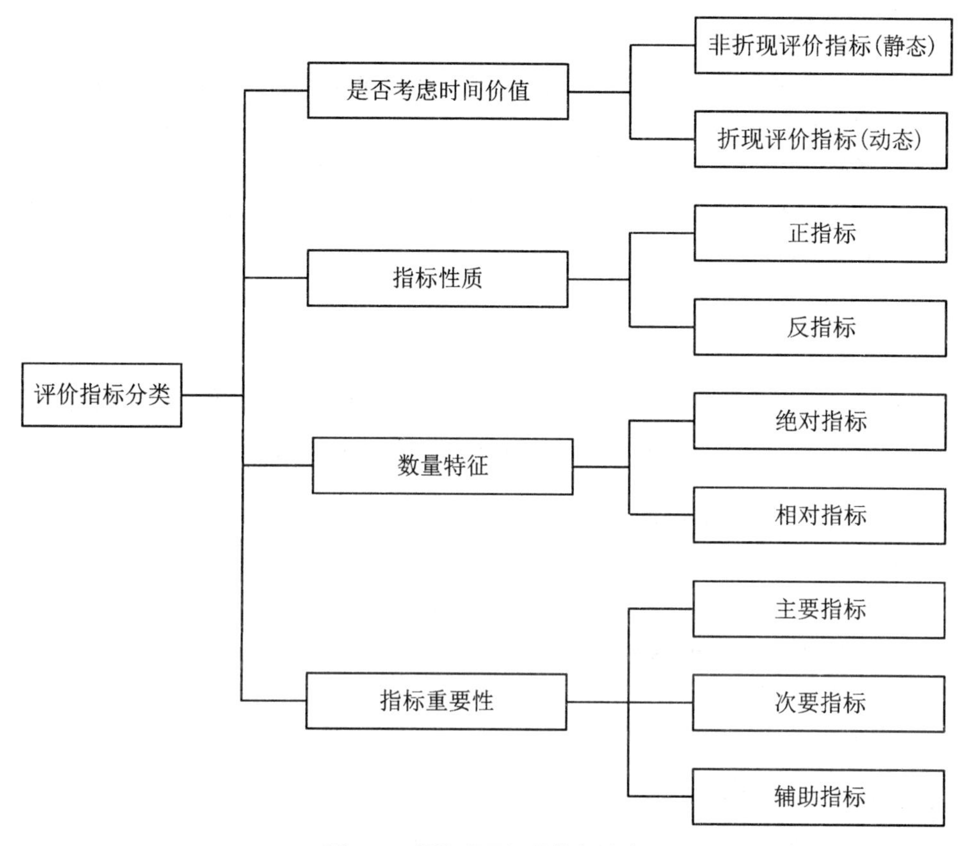

图6-3　投资项目评价指标分类

二、非折现评价指标

(一) 投资收益率

投资收益率又称投资利润率、投资报酬率(Return On Investment，ROI)，是指项目投资方案的年平均利润额占项目投资总额的比率。其计算公式为

$$投资收益率(ROI)=年平均利润/平均投资总额\times 100\%$$

式中，分子是平均利润，不是现金净流量，各年利润不相等时，以简单平均法计算平均利润。分母是项目投资总额，等于原始投资额加上资本化利息，计算时可以用其50%简单计算平均数。

【例6-5】 光华公司有甲、乙两个投资方案，投资总额均为10万元，全部用于购置新的设备，以折旧直线法计提折旧，使用期均为5年。甲方案每年利润均为15 000元，乙方案第一年到第五年利润分别为：10 000元、14 000元、18 000元、22 000元、26 000元。请计算甲、乙两个方案的投资收益率。

解析

甲方案投资收益率＝15 000/100 000÷2×100%＝30%

乙方案投资收益率＝(10 000＋14 000＋18 000＋22 000＋26 000)÷5/100 000÷2×100%
＝36%

从计算结果看,乙方案投资收益率比甲方案高6%(36%－30%),应选择乙方案。

投资收益率指标简单明了,易于掌握,且该指标不受建设期长短、回收额有无以及现金净流量大小等条件的影响,能够说明投资方案的收益水平。但该指标的缺点有:一是没有考虑资金时间价值,不能正确反映建设期长短及投资方式对项目的影响;二是该指标计算无法直接利用现金净流量信息。

(二) 静态投资回收期

投资者总是希望尽快收回投资,投资回收期越短,对投资者越有利。静态投资回收期是指以投资项目经营期现金净流量抵偿原始投资总额所需要的全部时间$\sum_{t=0}^{PP} NCF_t=0$。它有"包括建设期的投资回收期(Payback Pertod, PP)"和"不包括建设期的投资回收期(PP')"两种形式。两者关系为

$$PP=s+PP'$$

1. 在原始投资一次支出且每年现金净流量相等时

回收期计算公式为

$$回收期=原始投资额/每年现金净流量$$

【例6-6】 光明公司准备从甲、乙两种机床中选购一种机床。甲机床购价为35 000元,投入使用后,每年现金净流量为7 000元;乙机床购价为36 000元,投入使用后,每年现金净流量为8 000元。

要求:用回收期指标决策该厂应选购哪种机床?

解析

$$甲机床回收期=\frac{35\,000}{7\,000}=5(年)$$

$$乙机床回收期=\frac{36\,000}{8\,000}=4.5(年)$$

计算结果表明,乙机床的回收期比甲机床短,该工厂应选择乙机床。

2. 每年现金净流量不相等时或原始投资时分多期投入

回收期计算需要逐年累计现金净流量,然后采用插入法计算。

回收期＝最后一项为负值的累计现金净流量对应的年数
＋最后一项为负值的累计现金净流量绝对值÷下年现金净流量

【例6-7】 光明公司有一投资项目,需投资150 000元,使用年限为5年,每年的现金流量不相等,资本成本率为5%,有关资料如表6-8所示。

表6-8　项目现金流量表

单位:元

年份	现金净流量	累计净流量
0	−150 000	−150 000
1	30 000	−120 000
2	35 000	−85 000
3	60 000	−25 000
4	50 000	25 000
5	40 000	65 000

请计算该投资项目的回收期。

解析

从表6-8的累计现金净流量栏中可见,该投资项目的回收期在第3年与第4年之间。为了计算较为准确的回收期,采用以下方法计算:

$$项目回收期=3+\frac{0-(-25\,000)}{50\,000}=3.5(年)$$

回收期优点是能直观反映原始投资总额的返本期限,便于计算和理解,主要缺点在于:一是没有考虑资金时间价值,二是只考虑回收期内的现金净流量,没有考虑回收期满后的现金净流量。所以它具有一定的局限性,一般只能作为投资项目决策的次要指标使用。

【边学边练】

1. 下列各项中,不属于投资回收期优点的是(　　)。

A. 计算简便　　B. 便于理解

C. 直观反映返本期限　　D. 正确反映项目总回报

『正确答案』D

『答案解析』投资回收期的缺点是没有考虑回收期以后的现金流量,因此不能正确反映项目总回报。

2. 某投资项目需要在开始时一次性投资50 000元,其中固定资产投资45 000元、营运资金垫支5 000元,没有建设期。各年营业现金净流量分别为10 000元、12 000元、16 000元、20 000元、21 600元、14 500元。则该项目的静态投资回收期是(　　)年。

A. 3.35　　B. 3.40　　C. 3.60　　D. 4.00

『正确答案』C

『答案解析』静态投资回收期=最后一项为负值的累计净现金流量对应的年数+最后一项为负值的累计净现金流量绝对值÷下年净现金流量=3+(50 000−10 000−12 000−16 000)/20 000=3.6(年)。

三、折现评价指标

(一) 净现值

1. 计算公式

净现值(Net Present Value, NPV),是指在项目计算期内,按选定的折现率计算的各年现金净流量的现值的代数和。其计算公式为

$$净现值(NPV)=\sum(项目计算期各年的现金净流量\times复利现值系数)$$

在原始投资额均集中在建设期初一次性投入,其余时间不再发生投资的情况下,净现值是指按选定的折现率计算的项目投产后各年现金净流量的现值之和减去初始投资额后的余额。其计算公式为

$$净现值(NPV)=\sum(项目投产后各年的现金净流量\times复利现值系数)-原始投资额(现值)$$

贴现率是投资者所期望的最低投资报酬率。

2. 决策标准

采用净现值指标决策标准是:

净现值为正,方案可行,说明方案的实际报酬率高于所期望的报酬率。

净现值为零,说明方案的投资报酬率刚好达到所期望的报酬率,方案也可行。

净现值为负,方案不可取,说明方案的实际报酬率低于所要求的报酬率。

所以,净现值的经济含义是投资方案报酬超过基本报酬后的剩余收益。其他条件相同时,净现值越大,方案越好。

【例6-8】 光明公司甲、乙两个项目的现金流量如表6-9所示,折现率为10%,求甲、乙项目的净现值并判断是否可行。

表6-9 投资项目现金流量计算表

单位:元

项目＼年份	0	1	2	3	4	5
甲项目现金流量	−700 000	291 200	283 200	275 200	267 200	479 200
乙项目现金流量	−1 000 000	308 800	308 800	308 800	308 800	588 800

解析

$$\begin{aligned}甲项目的净现值&=479\,200\times(P/F,10\%,5)+267\,200\times(P/F,10\%,4)\\&\quad+275\,200\times(P/F,10\%,3)+283\,200\times(P/F,10\%,2)\\&\quad+291\,200\times(P/F,10\%,1)-700\,000\\&=485\,557.04(元)\end{aligned}$$

由于甲项目净现值大于0,所以甲项目可行。

乙项目的净现值 $=588\,800\times(P/F,10\%,5)+308\,800\times(P/A,10\%,4)-1\,000\,000$
$=344\,451.04$(元)

由于乙项目净现值大于0,所以乙项目可行。

3. 评价

净现值评价指标简便易行,其主要优点在于:

(1) 适用性强,能基本满足项目年限相同的互斥投资方案的决策。如有A、B两个项目,资本成本率为10%,A项目投资50 000元可获净现值10 000元,B项目投资20 000元可获净现值8 000元。尽管A项目投资额大,但在计算净现值时已考虑实施该项目所承担的还本付息的负担,因此净现值大的A项目优于B项目。

(2) 能灵活考虑投资风险。净现值计算中所使用的贴现率中包含投资风险报酬率要求,就能有效考虑投资风险。如某项目期限为15年,资本成本率为18%,由于投资项目时间长,风险也较大,所以投资者认定,在投资项目的有效使用期限15年中第一个五年内以18%折现,第二个五年内以20%折现,第三五年内以25%折现,以此体现投资风险。

净现值也具有明显的缺点,主要表现在:

(1) 所采用的贴现率不容易确定。如果两个方案采用不同的贴现率贴现,采用净现值法不能够得出正确结论。同一方案中,如果要考虑投资风险,要求的风险报酬率不易确定。

(2) 不适宜于独立投资方案的比较决策。如果各方案原始投资额现值不等,有时无法做出正确决策。独立投资方案,是指两个以上投资项目互不依赖,可以同时并存。如对外投资购买甲股票或购买乙股票,它们之间并不冲突。在独立投资方案比较中,尽管某项目净现值大于其他项目,但所需投资额大,获利能力可能低于其他项目,而该项目与其他项目又是非互斥的,因此只凭净现值大小无法决策。

(3) 净现值有时也不能对寿命期不同的互斥投资方案进行直接决策。某项目尽管净现值小,但其寿命期短,另一个项目尽管净现值大,但它是以较长寿命期内取得的。两个项目由于寿命期不同,因而净现值是不可比的。要采用净现值对寿命期不同的投资方案进行决策,需要将各方案均转化为相等寿命期进行比较。

【边学边练】

采用净现值法评价投资项目可行性时,贴现率选择的依据通常有(　　)。

A. 市场利率　　B. 期望最低投资报酬率

C. 企业平均资本成本率　　D. 投资项目的内含报酬率

『正确答案』ABC

『答案解析』确定贴现率的参考标准可以是:

(1) 以市场利率为标准。资本市场的市场利率是整个社会投资报酬率的最低水平,可以视为一般最低报酬率要求。

(2) 以投资者希望获得的预期最低投资报酬率为标准。这就考虑了投资项目的风险补偿因素以及通货膨胀因素。

(3) 以企业平均资本成本率为标准。企业投资所需要的资金,都或多或少地具有资本成本,企业筹资承担的资本成本率水平,给投资项目提出了最低报酬率要求。

(二) 净现值率

净现值率(Net Present Value Rate, NPVR),是指投资项目的净现值占原始投资额(现值)的百分比。计算公式为

净现值率=投资项目净现值/原始投资额(现值)×100%

【例6-9】 如例【6-8】资料,光明公司甲、乙两方案的净现值率计算如下:

解析

甲方案净现值率=485 557.04/700 000 × 100%=69.36%

乙方案净现值率=344 451.04/1 000 000 × 100%=34.45%

净现值率是一个折现的相对量正评价指标,采用净现值率的决策标准与净现值是相同的。其优点在于可以从动态上反映项目投资的资金投入与净产出之间的关系,缺点与净现值相似,同样无法直接确定投资项目的实际收益率。

(三) 现值指数

1. 计算公式

现值指数(Profitability Index, PI),是指按选定的折现率计算的项目投产后各年现金净流量的现值之和与原始投资额(现值)之比。其计算公式为

现值指数=项目投产后各年现金净流量现值之和/原始投资额(现值)

2. 决策标准

从现值指数计算公式可见,现值指数计算结果有三种:大于1、等于1、小于1。若现值指数大于或等于1,方案可行,说明方案实施后的投资报酬率高于或等于必要报酬率;若现值指数小于1,方案不可行,说明方案实施后的投资报酬率低于必要报酬率。现值指数越大,方案越好。

【例6-10】 光明公司有两个投资方案,有关资料如表6-10所示。

表6-10 净现值计算表

单位:元

项目	方案A	方案B
原始投资额现值	30 000	3 000
未来现金净流量现值	31 500	4 200
净现值	1 500	1 200

解析

从净现值的绝对数来看,方案A大于方案B,似乎应采用方案A;但从投资额来看,方案A的原始投资额现值大大超过了方案B。所以,在这种情况下,如果仅用净现值来判断方案的优劣,就难以作出正确的比较和评价。

按现值指数法计算：

$$A方案现值指数=\frac{31\ 500}{30\ 000}=1.05$$

$$B方案现值指数=\frac{4\ 200}{3\ 000}=1.40$$

计算结果表明，方案B的现值指数大于方案A，应当选择方案B。

3. 评价

现值指数法是净现值法的辅助方法，在各方案原始投资额现值相同时，实质上就是净现值法。由于现值指数是一个相对数正指标，反映投资效率。所以，用现值指数指标评价独立投资方案可以克服净现值指标不便于对原始投资额现值不同的独立投资方案进行比较和评价的缺点，从而使对方案的分析评价更加合理、客观。

【边学边练】

1. 已知某投资项目的原始投资额现值为100万元，净现值为25万元，则该项目的现值指数为(　　)。

A. 0.25　　B. 0.75　　C. 1.05　　D. 1.25

『**正确答案**』D

『**答案解析**』现值指数=未来现金净流量现值/原始投资额现值=1+净现值/原始投资额现值=1+25/100=1.25。

2. 某项目的原始投资现值合计为2 600万元，现值指数为1.3，则净现值为(　　)万元。

A. 780　　B. 2 600　　C. 700　　D. 500

『**正确答案**』A

『**答案解析**』未来现金净流量现值=2 600×1.3=3 380(万元)；净现值=3 380−2 600=780(万元)。

（四）年金净流量

年金净流量(Annual Net Cash Flow, ANCF)，是指项目期间内全部现金净流量总额的总现值或总终值折算为等额年金的平均现金净流量。其计算公式为

$$年金净流量=\frac{现金净流量总现(终)值}{年金现(终)值系数}$$

【例6-11】 光明公司有甲、乙两个投资方案，甲方案需一次性投资10 000元，可用8年，残值为2 000元，每年取得税后营业利润3 500元；乙方案需一次性投资10 000元，可用5年，无残值，第一年获利3 000元，以后每年递增10%。如果资本成本率为10%，应采用哪种方案？

解析

两项目使用年限不同，净现值是不可比的，应考虑它们的年金净流量。

$$甲方案每年NCF=3\ 500+(10\ 000-2\ 000)/8=4\ 500(元)$$

乙方案营业期各年NCF：

第一年＝3 000＋10 000/5＝5 000(元)

第二年＝3 000×(1＋10%)＋10 000/5＝5 300(元)

第三年＝3 000×$(1+10\%)^2$＋10 000/5＝5 630(元)

第四年＝3 000×$(1+10\%)^3$＋10 000/5＝5 993(元)

第五年＝3 000×$(1+10\%)^4$＋10 000/5＝6 392.30(元)

甲方案净现值＝4 500×5.335＋2 000×0.467－10 000＝14 941.50(元)

乙方案净现值＝5 000×0.909＋5 300×0.826＋5 630×0.751＋5 993×0.683＋6 392.30×0.621－10 000＝11 213.77(元)

甲方案年金净流量＝14 941.05/(P/A,10%,8)＝2 801(元)

乙方案年金净流量＝11 213.77/(P/A,10%,5)＝2 958(元)

尽管甲方案净现值大于乙方案,但它是在8年内取得的。而乙方案年金净流量高于甲方案,如果按8年计算可取得15 780.93元(2 958×5.335)的净现值,高于甲方案。因此,乙方案优于甲方案。本例中,用终值进行计算也可得出同样的结果。

年金净流量是净现值的辅助方法,在各方案寿命期相同时,实质就是净现值法。因此它适用于期限不同的投资方案决策。但同时它具有与净现值法同样的缺点,不便于对原始投资额不相等的独立投资方案进行决策。

【边学边练】

下列各项中,其计算结果等于项目投资方案年金净流量的有(　　)。

A. 该方案净现值×资本回收系数

B. 该方案净现值×年金现值系数的倒数

C. 该方案每年相等的净现金流量×年金现值系数

D. 该方案每年相关的净现金流量×年金现值系数的倒数

『正确答案』AB

『答案解析』年金净流量＝现金净流量总现值/年金现值系数,资本回收系数＝1/年金现值系数,所以本题正确选项为AB。

(五)内含报酬率

1. 计算公式

内含报酬率又称内部收益率(Internal Rate of Return, IRR),是指对投资方案未来的每年现金净流量进行贴现,使所得的现值恰好与原始投资额(现值)相等,从而使净现值等于零时的贴现率。

内含报酬率法的基本原理是:在计算方案净现值时,以必要投资报酬率作为贴现率计算,净现值结果往往是大于零或小于零,这说明方案实际达到的报酬率大于或小于必要投资报酬率;而当净现值为零时,说明两种报酬率相等。根据这个原理,内含报酬率就是要计算出使净现值等于零时的贴现率,这个贴现率就是投资方案的实际可能达到的投资报酬率。

(1) 年现金净流量相等时。每年现金净流量相等是一种年金形式,通过查年金现值系数表,可计算出未来现金净流量现值,并令其净现值等于零:

年现金净流量×年金现值系数－原始投资额现值＝0

计算出净现值为零时的年金现值系数后，通过查年金现值系数表，即可找到相应的贴现率i，该贴现率就是方案的内含报酬率。

【例6-12】 光明公司购入一台新型设备，购价为160万元，使用年限为10年，无残值。该方案的最低投资报酬率要求为12%(以此作为贴现率)。使用新设备后，估计每年产生现金净流量30万元。用内含报酬率指标评价该方案是否可行。

解析

$$300\,000 \times \text{年金现值系数} - 1\,600\,000 = 0$$
$$\text{年金现值系数} = 5.333\,3$$

现已知方案的使用年限为10年，查年金现值系数表，可查得：时期10，系数5.333 3所对应的贴现率在12%～14%之间，$(P/A,12\%,10)=5.650\,2$，$(P/A,14\%,10)=5.216\,1$，采用插值法，$(i-12\%)/(14\%-12\%)=(5.650\,2-5.333\,3)/(5.650\,2-5.216\,1)$，求得该方案的内含报酬率为13.46%，高于最低投资报酬率12%，方案可行。

(2) 未来每年现金净流量不相等时。

如果投资方案的未来每年现金净流量不相等，各年现金净流量的分布就不是年金形式，不能采用直接查表的方法计算内含报酬率，而需采用逐次测试法。

逐次测试法具体做法是：根据已知资料，先估计一个贴现率来试算该方案的净现值，若大于零，表示估计的贴现率低于方案本身实际可能达到的投资报酬率，需要重估一个较高的贴现率进行试算；如果净现值小于零，表示估计的贴现率高于方案本身实际可能达到的投资报酬率，需要重估一个较低的贴现率进行试算。如此反复试算，直到净现值等于零，或基本接近于零，这时估计的贴现率就是希望求得的内含报酬率。

【例6-13】 光明公司有一投资方案，需一次性投资120 000元，使用年限为4年，每年现金净流量分别为：30 000元、40 000元、50 000元、35 000元。计算该投资方案的内含报酬率，并据以评价方案是否可行。

解析

因为该方案每年的现金净流量不相同，需逐次测试计算方案的内含报酬率。测算过程如表6-11所示。

表6-11　净现值的逐次测算

单位：元

年份	每年现金流量	第一次测算8%		第二次测算12%		第三次测算10%	
1	30 000	0.926	27 780	0.893	26 790	0.909	27 270
2	40 000	0.857	34 280	0.797	31 880	0.826	33 040
3	50 000	0.794	39 700	0.712	35 600	0.751	37 550
4	3 500	0.735	25 725	0.636	22 260	0.683	23 905
未来现金净流量现值合计			127 485		116 530		121 765
减：投资额现值			120 000		120 000		120 000
净现值			7 485		−3 470		1 765

第一次测算，采用折现率8%，净现值为正数，说明方案的内含报酬率高于8%。

第二次测算，采用折现率12%，净现值为负数，说明方案的内含报酬率低于12%。

第三次测算，采用折现率10%，净现值仍为正数，但已较接近于零。

因而可以估算，方案的内含报酬率在10%～12%之间。进一步运用插值法，(i－10%)/(12%－10%)＝(1 765－0)/(1 765＋3 470)，求得方案的内含报酬率为10.67%。

2. 判定标准

内含报酬率是个折现的相对数正指标，采用这一指标的决策标准是：将所测算的各方案的内含报酬率与其资本成本对比，如果大于资本成本，则该方案为可行方案，如果小于资本成本，则为不可行方案。

如果几个投资方案内含报酬率均大于资本成本，且各方案投资额相同，则内含报酬率与资本成本差异最大的方案最好。

如果几个投资方案内含报酬率均大于资本成本，且各方案投资额不同，其决策标准时“投资额×(内含报酬率－资本成本)”最大的方案为最优方案。

3. 评价

内含报酬率评价标准的优缺点如表6-12所示。

表6-12　内含报酬率特点

优点	(1) 反映了投资项目可能达到的投资报酬率，易于被高层决策人员所理解 (2) 对于独立投资方案的比较决策，如果各方案原始投资额现值不同，可以通过计算各方案的内含报酬率，反映各独立投资方案的获利水平
缺点	(1) 计算复杂，不易直接考虑投资风险大小 (2) 在互斥投资方案决策时，如果各方案的原始投资额现值不相等，有时无法做出正确的决策

【边学边练】

1. 某投资项目各年现金净流量按13%折现时，净现值大于零；按15%折现时，净现值小于零。则该项目的内含报酬率一定是(　　)。

A. 大于14%　　B. 小于14%　　C. 小于13%　　D. 小于15%

『正确答案』D

『答案解析』内含报酬率是净现值为0的折现率，根据题目条件说明内含报酬率在13%～15%之间，所以选项D是答案。

2. 下列各项因素中，不会对投资项目内含报酬率指标计算结果产生影响的是(　　)。

A. 原始投资额　　B. 资本成本　　C. 项目计算期　　D. 现金净流量

『正确答案』B

『答案解析』内含报酬率，是指对投资方案未来的每年现金净流量进行贴现，使所得的现值恰好与原始投资额现值相等，从而使净现值等于零时的贴现率。它是不受资本成本影响的，所以本题答案为选项B。

任务四　项目投资决策实际应用

一、独立投资方案的决策

独立投资方案,是指两个或两个以上方案互不依赖,可以同时并存,各方案的决策也是独立的。独立方案的决策属于筛分决策,评价各方案是否可行,即方案本身是否达到某种要求的可行性标准。

独立方案之间比较时,决策要解决的问题是如何确定各种可行方案的投资顺序,即各独立方案之间的优先排序。

排序分析时,以各独立方案的获利程度作为评价标准,一般采用内含报酬率法进行比较决策。

【例6-14】 光明公司2019年有足够的资金准备投资于三个独立投资项目。A项目原始投资额为10 000元,期限5年;B项目原始投资额为18 000元,期限5年;C项目原始投资额18 000元,期限8年。贴现率为10%,其他有关资料如表6-13所示。

请问如何安排投资顺序呢?

表6-13　独立投资方案的可行性指标

单位:元

项　目	A项目	B项目	C项目
原始投资额现值	−10 000	−18 000	−18 000
每年NCF	4 000	6 500	5 000
期限	5年	5年	8年
净现值(NPV)	+5 164	+6 642	+8 675
现值指数(PI)	1.52	1.37	1.48
内含报酬率(IRR)	28.68%	23.61%	22.28%
年金净流量(ANCF)	+1 362	+1 752	+1 626

表6-14　独立投资方案的比较决策

项　目	比较结果
净现值(NPV)	C>B>A
现值指数(PI)	A>C>B
内含报酬率(IRR)	A>B>C
年金净流量(ANCF)	B>C>A

解析

从表6 13和表6-14中的数据可以看出：

(1) A项目与B项目比较，两项目原始投资额不同但期限相同。尽管B项目净现值和年金净流量均大于A项目，但B项目原始投资额高，获利程度低。因此，应优先安排内含报酬率和现值指数较高的A项目。

(2) B项目与C项目比较，两项目原始投资额相等但期限不同。尽管C项目净现值和现值指数高，但它需要经历8年才能获得，而B项目5年项目结束后，所收回的投资还可进一步投资其他后续项目。因此，应该优先安排内含报酬率和年金净流量较高的B项目。

(3) A项目与C项目比较，两项目的原始投资额和期限都不相同。A项目内含报酬率高，但净现值和年金净流量都较低，C项目净现值高，但期限长，C项目年金净流量也较高，但它是依靠较大的投资额取得的。因此，从获利程度来看，A项目是优先方案。

综上所述：

(1) 在独立投资方案比较性决策时，内含报酬率指标综合反映了各方案的获利程度，在各种情况下的决策结论都是正确的。原始投资额的大小并不影响决策结论。本例中，投资顺序应该按照A、B、C顺序实施投资。

(2) 现值指数指标也反映了方案的获利程度，除了期限不同情况之外，其结论也是正确的。但在项目原始投资总额相同而期限不同的情况下(B和C比较)，现值指数实质上是净现值的表达形式。

(3) 净现值和年金净流量指标反映的是各方案的获利数额，要结合内含报酬率指标进行决策。

【边学边练】

关于独立投资方案，下列说法中正确的有(　　)。

A. 独立投资方案，是指两个或两个以上方案互不依赖，可以同时并存，各方案的决策也是独立的

B. 独立投资方案的决策属于筛分决策

C. 独立投资方案之间比较时，决策要解决的问题是如何确定各种可行方案的投资顺序，即各独立方案之间的优先次序

D. 一般采用净现值法进行比较决策

『正确答案』ABC

『答案解析』独立投资方案，是指两个或两个以上方案互不依赖，可以同时并存，各方案的决策也是独立的。独立投资方案的决策属于筛分决策，评价各方案本身是否可行，即方案本身是否达到某种预期的可行性标准。独立投资方案之间比较时，决策要解决的问题是如何确定各种可行方案的投资顺序，即各独立方案之间的优先次序。排序分析时，以各独立方案的获利程度作为评价标准，一般采用内含报酬率法进行比较决策。

二、互斥投资方案的决策

互斥投资方案，是指方案之间互相排斥，不能并存，因此决策的实质在于选择最优方案，

属于选择决策。选择决策要解决的问题是应该淘汰哪个方案,即选择最优方案。

从选择经济效益最大化要求出发,互斥决策以方案的获利数额作为评价标准。因此,一般采用净现值法和年金净流量法进行选优决策。但净现值受投资项目寿命期的影响,因而年金净流量法是互斥方案最恰当的决策方法。

(一) 项目寿命期相等

【例6-15】 如【例6-14】资料,A、B两项目寿命期相同,而原始投资额不等,若A、B两项目是互斥投资方案,两个项目只能采纳一个,不能同时并存。如何做出最优方案选择呢?

解析

(1) 净现值法决策。A项目与B项目比较,两项目原始投资额不同但期限相同。尽管A项目的内含报酬率和现值指数都较高,但互斥方案考虑的是获利数额,因此净现值高的B项目是最优方案。

(2) 年金净流量法决策。B项目比A项目投资额多8 000元,按10%贴现率要求,分5年按年金形式收回,每年应回收2 110元(8 000/3.790 8)。B项目每年现金净流量比A项目也多取得2 500元,扣除增加的回收额2 110元后,每年还可以获得投资报酬390元,这个差额正是两项目年金净流量指标的差额(1 752－1 362)。所以,在原始投资额不等、寿命期相同的情况下,净现值和年金净流量决策结论一致,应采用年金净流量较大的B项目。

综上所述,互斥方案的选优决策,各方案本身都是可行的,均有正的净现值,表明各方案均收回了原始投资,并有超额报酬。进一步再选优,以方案的获利数额作为选优的评价标准。在项目寿命期相等时,不论方案的原始投资大小如何,能获得更大的获利数额即净现值的,即为最优方案。所以,在互斥投资方案选优决策中,原始投资额大小并不影响决策的结论,即无需考虑原始投资额的大小。

(二) 项目寿命期不等

【例6-16】 如【例6-14】资料,B、C两项目是寿命期不等的两项目,若B、C两项目是互斥投资方案,两个项目只能采纳一个,不能同时并存。如何做出最优方案选择呢?

解析

年金净流量法决策:尽管C项目进行净现值较大,但它是依靠8年取得的。按每年平均获利数额看,B项目年金净流量高于C项目,如果B项目5年寿命期届满后,所收回的投资重新投入原有方案,达到与C项目同样的投资年限,取得的经济效益也高于C项目。因此,应当选择B项目为最优方案。

实际上,在对两个寿命期不等互斥投资项目进行比较时,需要将两项目转化为同样的投资年限,才具有可比性。因为按照持续经营假定,寿命期短的项目,收回投资将重新投资。针对各寿命期不等的情况,可以找出各项目寿命期最小公倍数,作为共同的有效寿命期进行比较,即共同年限法决策。

【例6-17】 光明公司现有甲、乙两个机床购置方案,所要求的最低投资报酬率为10%。甲机床投资额为10 000元,可用2年,无残值,每年产生8 000元现金净流量。乙机床投资额为20 000元，可用3年，无残值，每年产生10 000元现金净流量。两种方案何者为优？

解析

将两种方案的期限调整为最小公倍年数6年，即甲机床6年内周转3次，乙机床6年内周转2次。未调整之前，两种方案的相关评价指标见表6-15，共同年限比较如图6-4所示。

表6-15　互斥投资方案的选优决策

单位：元

项　目	甲机床	乙机床
净现值(NPV)	3 888	4 870
年金净流量(ANCF)	2 238	1 958
内含报酬率(IRR)	38%	23.39%

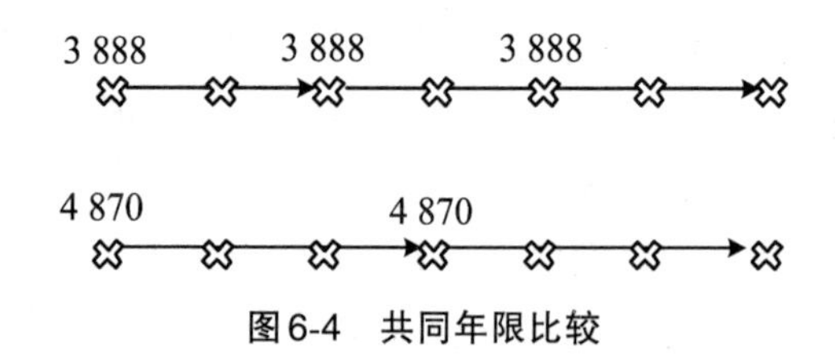

图6-4　共同年限比较

(1) 甲方案：

方法一：净现值 $=8\,000\times4.355\,3-10\,000\times0.683\,0-10\,000\times0.826\,4-10\,000$
$=9\,748$(元)

方法二：净现值 $=3\,888+3\,888/(1+10\%)^2+3\,888/(1+10\%)^4$

年金净流量 $=9\,748/4.355\,3=2\,238$(元)

(2) 乙方案：

方法一：净现值 $=10\,000\times4.355\,3-20\,000\times0.751\,3-20\,000=8\,527$(元)

方法二：净现值 $=4\,870+4\,870/(1+10\%)^3$

年金净流量 $=8\,527/4.355\,3=1\,958$(元)

上述计算说明，延长寿命期后，两种方案投资期限相等，甲方案净现值9 748元高于乙方案净现值8 527元，故甲方案优于乙方案。

由于寿命期不同的项目，换算为最小公倍数比较麻烦，而按各方案本身期限计算的年金净流量与换算公倍期限后的结果一致，因此，实务中对于期限不等的互斥方案比较，无需换算寿命期，直接按原始年限的年金净流量指标决策。

【边学边练】

现有甲、乙、丙三个项目，原始投资额现值和寿命期均不相同，甲项目的净现值最大，乙项目的内含报酬率最高，丙项目的年金净流量最大。则下列说法中正确的有(　　)。

A. 如果三个项目相互独立，则应该先安排乙项目

B. 如果三个项目相互排斥，则应该选择丙项目

C. 如果三个项目相互独立，则应该先安排甲项目

D. 如果三个项目相互排斥，则应该选择乙项目

『正确答案』AB

『答案解析』独立方案决策采用内含报酬率法，乙项目的内含报酬率最高，如果三个项目相互独立，则应该先安排乙项目。所以选项A正确，选项C错误。寿命期不同的互斥方案决策采用年金净流量法，丙项目的年金净流量最大，如果三个项目相互排斥，则应该选择丙项目。所以选项B正确，选项D错误。

三、固定资产更新决策

固定资产反映企业的生产经营能力，固定资产更新决策是项目投资决策的重要组成部分。从决策性质看，固定资产更新决策属于互斥投资方案的决策类型。因此，固定资产更新决策所采用的方法是净现值法和年金净流量法，一般不采用内含报酬率法。

固定资产更新决策思路：

(1) 两个互斥方案：① 继续使用旧设备；② 买入新设备。注意不要被“更新”所迷惑，两个方案彼此并不相关。

(2) 如果没有做特殊说明，默认为新旧设备的生产能力是一致的，由此引起的销售收入等都相等，属于决策的无关因素，不予考虑。故主要考虑的是成本（主要是现金流出及现金流出的抵减项目）因素。

(一) 寿命期相同的设备重置决策

决策的标准是选择现金流出总现值小的方案。

【例6-18】 光明公司现有一台旧机床是3年前购进的，目前准备用一新机床替换。该公司所得税税率为40%，资本成本率为10%，其余资料如表6-16所示。

表6-16　新旧设备资料

单位：元

项　目	旧设备	新设备
原价	84 000	76 500
税法残值	4 000	4 500
税法使用年限(年)	8(年)	6(年)
已使用年限(年)	3(年)	0(年)
尚可使用年限(年)	6(年)	6(年)
垫支营运资金	10 000	11 000
大修理支出	18 000(第2年年末)	9 000(第4年年末)
每年折旧费(直线法)	10 000	12 000
每年营运成本	13 000	7 000
目前变现价值	40 000	76 500
最终报废残值	5 500	6 000

请问光明公司是否应该进行固定资产更新呢?

解析

本例中,两机床的使用年限均为6年,可采用净现值法决策。将两个方案的有关现金流量资料整理后,列出保留旧机床和购买新机床分析表(见表6-17和表6-18)。

表6-17 保留旧机床方案

单位:元

项 目	现金流量	年价	现值系数	现值
1. 每年营运成本	13 000×(1−40%)=−7 800	1−6	4.355	−33 969
2. 每年折旧抵税	10 000×40%=4 000	1−5	3.791	15 164
3. 大修理费	18 000×(1−40%)=−10 800	2	0.826	−8 920.8
4. 残值变价收入	5 500	6	0.565	3 107.5
5. 残值净收益纳税	(5 500−4 000)×40%=−600	6	0.565	−339
6. 营运资金收回	10 000	6	0.565	5 650
7. 目前变价收入	−40 000	0	1	−40 000
8. 变现净损失减税	(40 000−54 000)×40%=−5 600	0	1	−5 600
9. 垫支营运资金	−10 000)	0	1	−10 000
净现值				−74 907.3

表6-18 购买新机床方案

单位:元

项 目	现金流量	年份	现值系数	现值
1. 设备投资	−76 500	0	1	−76 500
2. 垫支营运资金	−11 000	0	1	−11 000
3. 每年营运成本	7 000×(1−40%)=−4 200	1~6	4.355	−18 291
4. 每年折旧抵税	12 000×40%=4 800	1~6	4.355	20 904
5. 大修理费	9 000×(1−40%)=(5 400)	4	0.683	(3 688.2)
6. 残值变价收入	6 000	6	0.565	3 390
7. 残值净收益纳税	(6 000−4 500)×40%=(600)	6	0.565	(339)
8. 营运资金收回	11 000	6	0.565	6 215
净现值	—	—	—	(79 309.2)

结果说明:在两种方案营业收入一致的情况下,新设备现金流出总现值为79 309.2元,旧设备现金流出总现值为74 907.3元。因此,继续使用旧设备比较经济。

(二) 寿命期不同的设备重置决策

决策的标准是选择年金成本小的方案。决策时,应考虑的现金流量如表6-19所示。

表6-19　决策考虑因素

因素	具体内容
新旧设备目前市场价值	对于新设备而言,目前市场价格就是新设备的购价,即原始投资额;对于旧设备而言,目前市场价值就是旧设备的重置成本或变现价值
新旧设备残值变价收入	残值变价收入应作为现金流出的抵减
新旧设备年营运成本	即年付现成本。如果考虑每年的营业现金流入,应作为每年营运成本的抵减

【例6-19】　光明公司现有旧设备一台,由于节能减排的需要,准备予以更新。贴现率为15%,假设不考虑所得税因素的影响,其他有关资料如表6-20所示。

表6-20　光明公司新旧设备资料

单位:元

项　目	旧设备	新设备
原价	35 000	36 000
预计使用年限	10(年)	10(年)
已经使用年限	4(年)	0(年)
税法残值	5 000	4 000
最终报废残值	3 500	4 200
目前变现价值	10 000	36 000
每年折旧费(直线法)	3 000	3 200
每年营运成本	10 500	8 000

请问光明公司是否应该更新设备呢?

解析

由于两设备的尚可使用年限不同,因此比较各方案的年金成本,按不同方式计算如下:

$$\text{旧设备年金成本}=\frac{10\,000-3\,500\times(P/F,15\%,6)}{(P/A,15\%,6)}+10\,500$$

$$=\frac{10\,000-3\,500}{(P/A,15\%,6)}+3\,500\times15\%+10\,500$$

$$=12\,742.76(\text{元})$$

$$\text{新设备年金成本}=\frac{36\,000-4\,200\times(P/F,15\%,10)}{(P/A,15\%,10)}+8\,000$$

$$=\frac{36\,000-4\,200)}{(P/A,15\%,10)}+4\,200\times15\%+8\,000$$

$$=14\,965.92(\text{元})$$

上述计算表明,继续使用旧设备的年金成本12 742.76元,低于购买新设备的年金成本14 965.92元,每年可以节约2 223.16元,应当继续使用旧设备。

【例6-20】　假定【例6-19】中,企业所得税税率为40%,则应考虑所得税对现金流量的影响。请问光明公司又该如何决策呢?

解析

(1) 旧设备。旧设备目前变现价值为10 000元,目前账面净值为23 000元(35 000−3 000×4),资产报废损失为13 000元,可抵税5 200元(13 000×40%)。

$$使用旧设备的投资额=10\,000+5\,200=15\,200(元)$$

每年折旧费为3 000元,每年营运成本为10 500元,因此

$$每年税后营运成本=10\,500\times(1-40\%)=6\,300(元)$$

$$每年折旧抵税=3\,000\times40\%=1\,200(元)$$

$$每年的成本合计=6\,300-1\,200=5\,100(元)$$

旧设备最终报废时残值收入为3 500元,账面残值为5 000元,报废损失1 500元可抵税600元(1 500×40%)。

$$旧设备税后残值收入=3\,500+(5\,000-3\,500)\times40\%=4\,100(元)$$

$$旧设备年金成本=\frac{15\,200+5\,100\times(P/A,15\%,6)-4\,100\times(P/F,15\%,6)}{(P/A,15\%,6)}$$

$$=8\,648.40(元)$$

(2) 新设备。使用新设备方案的投资为36 000元,每年折旧费为3 200元,每年营运成本为8 000元,因此

$$每年税后营运成本=8\,000\times(1-40\%)=4\,800(元)$$

$$每年折旧抵税=3\,200\times40\%=1\,280(元)$$

新设备的购价为36 000元,残值收入为4 200元,报废时账面残值为4 000元,则

$$税后残值收入=4\,200-(4\,200-4\,000)\times40\%=4\,120(元)$$

$$新设备年金成本=\frac{36\,000+(4\,800-1\,280)\times(P/A,15\%,10)-4\,120\times(P/F,15\%,10)}{(P/A,15\%,10)}$$

$$=10\,489.86(元)$$

上述计算结果表明,继续使用旧设备的年金成本低于购买新设备的年金成本,因此应采用继续使用旧设备方案为最优方案。

【边学边练】

运用年金成本法对设备重置方案进行决策时,应考虑的现金流量有(　　)。

A. 旧设备年营运成本　　B. 旧设备残值变价收入

C. 旧设备的初始购置成本　　D. 旧设备目前的变现价值

『正确答案』ABD

『答案解析』旧设备的初始购置成本是沉没成本,不用考虑。

学习小结

◇本章主要阐述了项目投资,它是一种以特定项目为对象且直接与新建项目或更新改造有关的长期投资行为。

◇项目投资与其他形式投资相比,具有投资金额较大、影响时间较长、变现能力较差和投资风险较大的特点;现金流量是项目投资决策基本指标,而不采用会计中的利润;现金流

量包括建设期现金流量、营业期现金流量和终结点现金流量。不同阶段现金流量具有不同的现金流量内容。现金流量有现金流入量、现金流出量和现金净流量。项目投资决策中现金流量的计算一般是现金净流量的计算。

◇投资决策指标有折现评价指标和非折现评价指标，其中考虑时间价值的折现指标是决策中的主要方法。折现指标有净现值、净现值率、现值指数、年金净流量、内含报酬率等，非贴现指标有投资收益率和投资回收期等。每个指标都有各自的计算公式和决策判定标准，以及各自的优缺点。

◇项目投资决策应用有独立投资方案决策、互斥投资方案决策和固定资产更新决策。独立投资方案决策是运用内含报酬率进行最优排序决策，互斥投资方案决策是运用净现值或年金净流量进行最优方案决策。固定资产更新决策是互斥投资方案决策的运用。

拓展训练

一、单项选择题

1. 下列各项中，属于直接投资和间接投资的分类依据是(　　)。

A. 投资活动资金投出的方向

B. 投资活动对企业未来生产经营前景的影响

C. 投资活动与企业本身的生产经营活动的关系

D. 投资项目之间的相互关联关系

2. 下列各项中，不属于投资项目现金流出量内容的是(　　)。

A. 固定资产投资　　B. 折旧与摊销

C. 无形资产投资　　D. 递延资产投资

3. 关于投资，下列说法错误的是(　　)。

A. 投资是企业为获取未来长期收益而向一定对象投放资金的经济行为

B. 投资是一种资本性支出的行为

C. 企业的投资活动是经常发生的

D. 投资是企业风险控制的重要手段

4. 下列选项中，不属于营业期现金流量的是(　　)。

A. 营业收入　　B. 付现成本　　C. 折旧　　D. 所得税

5. 丁企业目前的流动资产为100万元，流动负债为30万元，预计进行一项长期资产投资，投资后丁企业的流动资产保持在200万元，流动负债保持在70万元，则丁企业的该项投资所需垫支营运资金为(　　)万元。

A. 60　　B. 70　　C. 100　　D. 130

6. 某投资方案投产后年营业收入为1 000万元，年营业成本为600万元(其中折旧为100万元)，所得税税率为25%，则该方案投产后年营业现金净流量为(　　)万元。

A. 325　　B. 400　　C. 300　　D. 475

7. 下列关于营业现金净流量的计算公式中，说法正确的是(　　)。

A. 营业现金净流量=营业收入-付现成本-所得税

B. 营业现金净流量=收入-付现成本+非付现成本×(1-所得税税率)

C. 营业现金净流量=营业收入+非付现成本

D. 营业现金净流量=营业利润+非付现成本×(1-所得税税率)

8. 已知某项目的现金净流量分别为:$NCF_0=-100$元,$NCF_1=0$元,$NCF_6=200$元,投资人要求的报酬率为10%,则该项目的净现值为(　　)元。[已知:$(P/A,10\%,5)=3.790\ 8$;$(P/F,10\%,1)=0.909\ 1$]

A. 658.16　　B. 589.24　　C. 489.16　　D. 689.24

9. 某投资方案,当折现率为12%时,其净现值为250元,当折现率为14%时,其净现值为-50元。该方案的内含报酬率为(　　)。

A. 13.67%　　B. 14.33%　　C. 13.33%　　D. 12.67%

10. 在原始投资额不同且项目寿命期不同的独立投资方案比较性决策时,以各独立方案的获利程度作为评价标准,一般采用的评价指标是(　　)。

A. 现值指数　　B. 内含报酬率　　C. 净现值　　D. 动态回收期

二、多项选择题

1. 下列各项中,属于企业投资的意义的有(　　)。

A. 投资是企业生存与发展的基本前提

B. 投资是企业的战略性决策

C. 投资是获取利润的基本前提

D. 投资是企业风险控制的重要手段

2. 企业投资按投资对象的存在形态和性质,划分为(　　)。

A. 项目投资　　B. 证券投资　　C. 发展性投资　　D. 维持性投资

3. 终结阶段的现金流量主要是现金流入量,包括(　　)。

A. 固定资产变价净收入

B. 固定资产变现净损益的影响

C. 营业收入

D. 垫支营运资金的收回

4. 下列属于净现值指标缺点的有(　　)。

A. 不能直接反映投资项目的实际收益率水平

B. 当各项目原始投资额不等时,仅用净现值无法确定独立投资方案的优劣

C. 所采用的贴现率不易确定

D. 没有考虑投资的风险性

5. 下列说法中,正确的有(　　)。

A. 净现值不便于对原始投资额现值不相等的独立方案进行决策

B. 净现值不能对寿命期不同的互斥投资方案进行直接决策

C. 年金净流量法属于净现值法的辅助方法,在各方案原始投资额相同时,实质上就是净现值法

D. 现值指数法属于净现值法的辅助方法，在各方案寿命期相同时，实质上就是净现值法

6. 下列各项关于独立投资方案的表述中，正确的有(　　)。

A. 两个项目原始投资额不同但期限相同，采用现值指数较高的项目

B. 两个项目原始投资额不同但期限相同，采用内含报酬率较高的项目

C. 两个项目原始投资额相同但期限不同，采用年金净流量较高的项目

D. 两个项目的原始投资额和期限都不相同，采用内含报酬率较高的项目

7. 下列各项关于互斥投资方案的表述中，正确的有(　　)。

A. 两个项目原始投资额不同但期限相同，采用净现值较高的项目

B. 两个项目原始投资额不同但期限相同，采用年金净流量较高的项目

C. 两个项目原始投资额相同但期限不同，采用年金净流量较高的项目

D. 两个项目原始投资额相同但期限不同，采用净现值较高的项目

8. 固定资产更新决策是项目投资决策的重要组成部分，下列可以作为固定资产更新决策所采用的决策方法有(　　)。

A. 现值指数法　　B. 净现值法　　C. 年金净流量法　　D. 内含报酬率法

9. 下列关于回收期优点的说法中，错误的有(　　)。

A. 计算简便　　B. 易于理解

C. 静态回收期考虑了货币时间价值　　D. 考虑了项目盈利能力

10. 下列各项中，属于内含报酬率指标优点的有(　　)。

A. 反映了投资项目可能达到的报酬率，易于被高层决策人员所理解

B. 对于独立投资方案的比较决策，如果各方案原始投资额现值不同，可以通过计算各方案的内含报酬率，反映各独立投资方案的获利水平

C. 可以直接考虑投资风险大小

D. 在互斥投资方案决策时，如果各方案的原始投资额现值不相等，可以做出正确的决策

三、计算题

1. 丁公司准备投产一条生产线，已知该生产线需要2年建成，开始时一次性投入200万元。建成投产时，需垫支营运资金50万元。该生产线可使用8年，残值率为5%，每年可获得税后营业利润120万元，该企业要求的最低报酬率为10%，适用的所得税税率为25%。(计算结果保留两位小数)[已知：$(P/A,10\%,7)=4.868\,4$，$(P/F,10\%,2)=0.826\,4$，$(P/F,10\%,10)=0.385\,5$]

要求：

(1) 计算每年现金净流量；

(2) 计算丁公司的净现值；

(3) 判断是否应该投产该生产线。

2. 某公司计划增添一条生产流水线，以扩充生产能力。现有A、B两个方案可供选择。A方案需要投资250 000元，B方案需要投资375 000元。两种方案的预计使用寿命均为4

年，均采用直线法计提折旧，预计残值A方案为10 000元、B方案为15 000元，A方案预计年销售收入为500 000元，第一年付现成本为330 000元，以后在此基础上每年减少付现成本5 000元。B方案预计年销售收入为700 000元，年付现成本为525 000元。方案投入营运时，A方案需垫支营运资金100 000元，B方案需垫支营运资金125 000元。资本成本率为10%，公司所得税税率为25%。[已知：$(P/F,10\%,1)=0.909\ 1$，$(P/F,10\%,2)=0.826\ 4$，$(P/F,10\%,3)=0.751\ 3$，$(P/F,10\%,4)=0.683\ 0$，$(P/A,10\%,3)=2.486\ 9$]

要求：

(1) 计算A方案和B方案的营业现金净流量。

(2) 填列表6-21。

表6-21 投资项目现金流量计算表

单位：元

项目 \ 年份		0	1	2	3	4
A方案	投资期					
	营业期					
	终结期					
	现金流量合计					
B方案	投资期					
	营业期					
	终结期					
	现金流量合计					

(3) 根据上述资料，计算甲、乙两种方案的净现值，并进行优先决策。

3. 某企业花10万元购置设备一台，可为企业每年增加净利1万元，该设备可使用5年，无残值，采用直线法计提折旧，该企业的贴现率为10%。

要求：

(1) 用非贴现法计算投资方案的投资回收期及投资利润率；

(2) 用贴现法计算该方案的净现值、净现值率、现值指数和内含报酬率，并评价该方案是否可行。

4. A公司生产甲产品使用的设备是5年前购买的，原始价格为15 000元，税法规定使用年限为10年，预计尚可使用6年，税法规定的残值率为10%，预计报废时，可以取得残值收入500元。由于设备陈旧，每年税后营运成本较高，预计为销售额的10%。此设备现在市场价格为8 000元。

A公司计划购入一台新设备代替此旧设备，新设备现行价格为18 000元，税法规定使用年限为10年，预计使用10年，税法规定的残值率为10%，预计报废时可以取得残值收入

1 500元。使用该新设备，预计每年的税后营运成本维持在10 000元。

已知该公司所得税税率为25%，公司项目投资的机会成本为10%。公司今年甲产品销售额为150 000元，以后每年增长5%。

请通过计算判断公司应该选择继续使用旧设备还是更换新设备。

实训项目

一、实训目的

1. 理解项目投资的特点。
2. 掌握项目投资决策评价指标的计算及实际运用。
3. 掌握固定资产更新决策方法及应用技巧。

二、实训资料

乙公司是一家机械制造企业，适用的企业所得税率为25%，该公司要求的最低收益率为12%。为了节约成本支出，提升运营效率和盈利水平，拟对正在使用的一台旧设备予以更新。其他资料如下：

资料一：新旧设备数据资料如表6-22所示。

表6-22　新旧设备数据资料

金额单位：万元

项　目	使用旧设备	购置新设备
原值	4 500	4 800
预计使用年限(年)	10	6
已用年限(年)	4	0
尚可使用年限(年)	6	6
税法残值	500	600
最终报废残值	400	600
目前变现价值	1 900	4 800
年折旧	400	700
年付现成本	2 000	1 500
年营业收入	2 800	2 800

资料二：相关货币时间价值系数如表6-23所示。

表6-23 货币时间价值系数

期限(n)	5	6
$(P/F,12\%,n)$	0.567 4	0.506 6
$(P/A,12\%,n)$	3.604 8	4.111 4

已知:$(P/A,12\%,5)=3.604\ 8$,$(P/F,12\%,6)=0.506\ 6$。

三、实训要求

1. 计算与购置新设备相关的下列指标:① 税后年营业收入;② 税后年付现成本;③ 每年折旧抵税;④ 残值变价收入;⑤ 残值净收益纳税;⑥ 第1~5年现金净流量($NCF_{1\sim5}$)和第6年现金净流量(NCF_6);⑦ 净现值(NPV)。

2. 计算与使用旧设备相关的下指标:① 目前账面价值;② 目前资产报废损益;③ 资产报废损益对所得税的影响;④ 残值报废损失减税。

3. 已知使用旧设备的净现值(NPV)为943.29万元,根据上述计算结果,做出固定资产是否更新的决策,并说明理由。

项目七　证券投资管理

项目导航

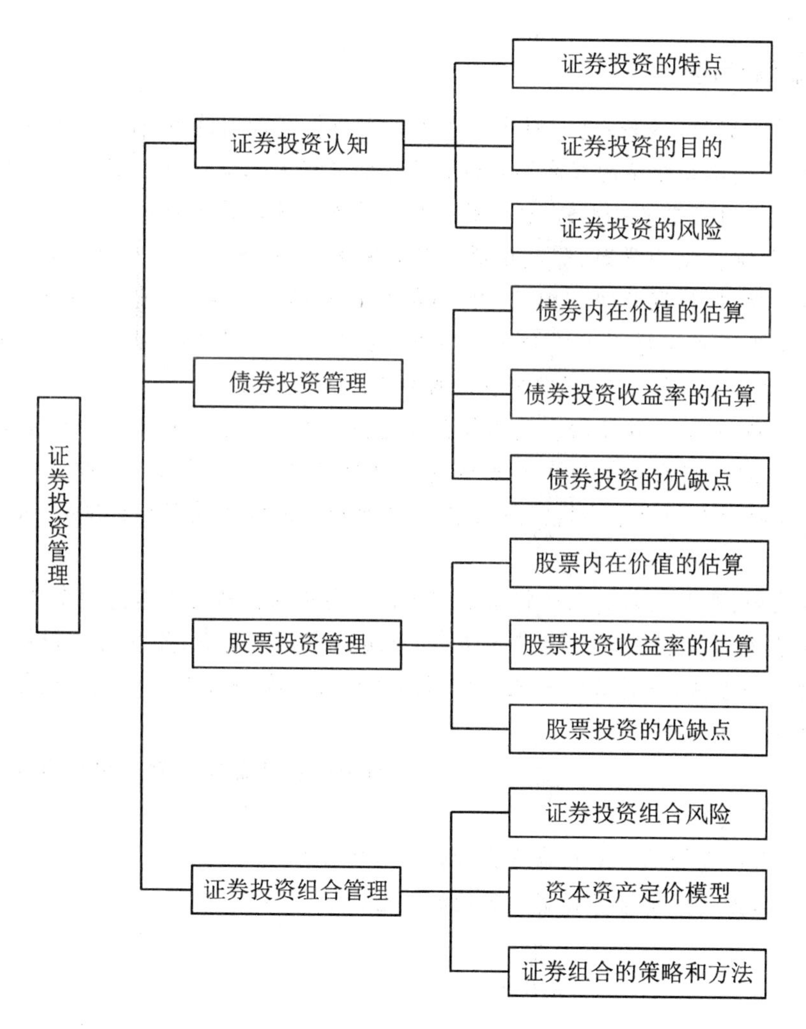
证券投资管理
证券投资认知
证券投资的特点
证券投资的目的
证券投资的风险
债券投资管理
债券内在价值的估算
债券投资收益率的估算
债券投资的优缺点
股票投资管理
股票内在价值的估算
股票投资收益率的估算
股票投资的优缺点
证券投资组合管理
证券投资组合风险
资本资产定价模型
证券组合的策略和方法

学习目标

了解股票和债券的含义和优缺点，掌握证券投资的概念、特点和风险，掌握债券和股票价值评估的方法及收益率的计算方法。能利用债券和股票估价模型计算内在价值和收益率，并做出是否值得投资购买决策。

重点难点

债券内在价值和投资收益率计算，股票内在价值和投资收益率计算，债券和股票投资决策，资本资产定价模型应用。

案例导读

1930年8月30日，沃伦·巴菲特出生于美国内布拉斯加州的奥马哈市，他从小就极具投资意识，钟情于股票和数字的程度远超过家族中的任何人。他满脑子都是挣钱的想法，五岁时就在家门口摆地摊兜售口香糖，稍大就带领小伙伴到球场捡用过的高尔夫球，然后转手倒卖，生意颇为红火。上中学时，除利用课余时间做报童外，还与伙伴合伙购买弹子游戏机出租给理发店老板，以挣取外快。1965～2006年的41年间，“股神”沃伦·巴菲特笔下的投资旗舰公司——伯克希尔哈撒维公司净资产年均增长率达到21.46%。2011年其财富位居世界第三，净资产达500亿美元，我们来看看他的两条经典投资法则。

第一条法则，别被收益蒙骗。股本收益率是公司利润占股东股本状况的百分比，能更有效地反映公司的盈利增长状况。根据他的价值投资原则，公司的股本收益率应该不低于15%。在巴菲特持有的上市公司的股票中，可口可乐的股本收益率超过30%，美国运输公司达到37%。

第二条法则，要看未来。巴菲特总是有意识地去辨别公司是否有好的发展前途，能不能在今后25年里继续保持成功。巴菲特常说，要透过窗户向前看，不能看后视镜。预测公司未来发展的一个办法，是计算公司未来的预期现金收入在今天值多少钱。这是巴菲特评估公司内在价值的办法。

（资料来源：《巴菲特法则》，中信出版社，2008年）

请思考以下问题：

(1) 我们可以选择的证券投资方式和内容有哪些？

(2) 你认为如何评价证券投资的风险和收益？

任务一 证券投资认知

一、证券投资的特点

证券投资是指投资者(法人或自然人)买卖股票、债券、基金券等有价证券以及这些有价证券的衍生品,以获取差价、利息及资本利得的投资行为和投资过程,是间接投资的重要形式。证券投资不同于项目投资,项目投资的对象是实体性经营资产,而证券投资的对象是金融资产,它是一种以凭证、票据或合同合约形式存在的权利性资产,如股票、债券及其衍生证券等。

其特点如表7-1所示。

表7-1 证券投资的特点

特 点	说 明
价值虚拟性	证券资产不能脱离实体资产而完全独立存在,但证券资产的价值不是完全由实体资本的现实生产经营活动决定的,而是取决于契约性权利所能带来的未来现金流量,是一种未来现金流量折现的资本化价值
可分割性	实体项目投资的经营资产一般具有整体性要求;证券资产可以分割为一个最小的投资单位
持有目的多元性	证券资产的持有目的:① 为未来变现;② 为谋取资本利得;③ 取得对其他企业的控制权 实体项目投资:为使用消耗而持有,为流动资产加工提供生产条件
强流动性	① 变现能力强;② 持有目的可以相互转换。证券资产本身的变现能力虽然较强,但其实际周转速度取决于企业对证券资产的持有目的
高风险性	证券资产是一种虚拟资产,决定了金融投资受公司风险和市场风险的双重影响,不仅发行证券的公司的业绩影响着证券资产投资的报酬率,资本市场的市场平均报酬率变化也会给金融投资带来直接的市场风险

二、证券投资的目的

(一) 分散资金投向,降低投资风险

投资分散化,即将资金投资于多个相关程度较低的项目,实现多元化经营,能够有效地分散投资风险。

(二) 利用闲置资金,增加企业收益

企业在生产经营过程中,由于各种原因有时会出现资金闲置、现金结余较多的情况。这

些闲置的资金可以投资于股票、债券等有价证券上，谋取投资收益，这些投资收益主要表现在股利收入、债息收入、证券买卖差价等方面。

（三）稳定客户关系，保障生产经营

企业生产经营环节中，供应和销售是企业与市场相联系的重要通道。没有稳定的原材料供应来源，没有稳定的销售客户，都会使企业的生产经营中断。为了保持与供销客户良好而稳定的业务关系，可以对业务关系链的供销企业进行投资，持有他们一定的债券或股权，甚至控股。

（四）提高资产的流动性，增强偿债能力

资产流动性强弱是影响企业财务安全性的主要因素。除现金等货币资产外，有价证券投资是企业流动性最强的资产，是企业速动资产的主要构成部分。在企业需要支付大量现金，而现有现金储备又不足时，可以通过变卖有价证券迅速取得大量现金，保证企业的及时支付。

【边学边练】

一般认为，企业利用闲置资金进行债券投资的主要目的是（　　）。

A. 谋取投资收益　　B. 增强资产流动性

C. 控制被投资企业　　D. 降低投资风险

『正确答案』A

『答案解析』企业利用闲置资金投资的目的是增加企业收益。

三、证券投资的风险

由于证券资产市价波动频繁，证券资产投资的风险往往较大。获取投资收益是证券投资的主要目的，证券投资风险是投资者无法获取预期投资收益的可能性。

证券投资的风险如表7-2所示。

表7-2　证券投资的风险

风　险	构成	内　容
系统性风险	价格风险	市场利率上升，使证券资产价格普遍下跌的可能性
	再投资风险	市场利率下降，造成的无法通过再投资而实现预期收益的可能性
	购买力风险	由于通货膨胀而使货币购买力下降的可能性
非系统性风险	违约风险	证券资产发行者无法按时兑付证券资产利息和偿还本金的可能性
	变现风险	证券资产持有者无法在市场上以正常的价格平仓出货的可能性
	破产风险	证券资产发行者破产清算时投资者无法收回应得权益的可能性

【边学边练】

1. 对债券持有人而言，债券发行人无法按期支付债券利息或偿付本金的风险是（　　）。

A. 流动性风险　　B. 系统风险　　C. 违约风险　　D. 购买力风险

『**正确答案**』C

『**答案解析**』违约风险是指证券资产发行者无法按时兑付证券资产利息和偿还本金的可能性。

2. 证券资产持有者无法在市场上以正常的价格平仓出货的可能性指的是(　　)。

A. 变现风险　　B. 违约风险　　C. 破产风险　　D. 系统性风险

『**正确答案**』A

『**答案解析**』变现风险是证券资产持有者无法在市场上以正常的价格平仓出货的可能性。

任务二　债券投资管理

一、债券内在价值的估算

(一) 债券要素

债券是依照法定程序发行的、约定在一定期限内还本付息的有价证券,它反映证券发行者与持有者之间的债权与债务关系。债券一般包含的基本要素如表7-3所示。

表7-3　债券基本要素

构成要素	内　容
债券面值	债券设定的票面金额,代表发行人借入并且承诺于未来某一特定日偿付债券持有人的金额
债券票面利率	债券发行者预计一年内向持有者支付的利息占票面金额的比率
债券到期日	债券到期日,是指偿还债券本金的日期

应该注意的是:利息=债券面值×票面利率。

(二) 债券的内在价值估算

将在债券投资上未来收取的本息折为现值,即可得到债券的内在价值。债券的内在价值也称为债券的理论价格,只有债券价值大于其购买价格时,该债券才值得投资。

1. 债券估价基本模型

典型的债券类型是有固定的票面利率、每期支付利息、到期还本的债券,其价值估算的基本模型为

$$V_b=\sum_{t=1}^{n}\frac{I_t}{(1+R)^t}+\frac{M}{(1+R)^n}$$

式中,V_b为债券的价值,I_t为债券各期的利息,M为债券的面值,R为债券价值估算时所采用

的贴现率，即期望的最低投资报酬率。一般用市场利率作为债券价值估算时所期望的最低投资报酬率。影响债券价值的基本因素有债券面值(M)、债券期限(n)、票面利率(i)、市场利率(R)等。

【例7-1】 某债券面值1 000元，期限20年，每年支付一次利息，到期归还本金，以市场利率作为评估债券价值的贴现率，目前的市场利率为10%，如果票面利率分别为8%、10%和12%，请问债券的价值分别是多少？

解析

$$V_b = 80 \times (P/A, 10\%, 20) + 1\,000 \times (P/F, 10\%, 20) = 830.12(\text{元})$$
$$V_b = 100 \times (P/A, 10\%, 20) + 1\,000 \times (P/F, 10\%, 20) = 1\,000(\text{元})$$
$$V_b = 120 \times (P/A, 10\%, 20) + 1\,000 \times (P/F, 10\%, 20) = 1\,170.68(\text{元})$$

2. 债券期限对债券价值的敏感性

选择长期债权还是短期债券，是公司财务经理经常面临的投资选择问题。由于票面利率的不同，当债券期限发生变化时，债券的价值也随之波动。

【例7-2】 假定市场利率为10%，面值1 000元，每年支付一次利息，到期归还本金，票面利率分别为8%、10%和12%的三种债券，在债券期限发生变化时的债券价值如表7-4所示。

表7-4 债券期限变化的敏感性

单位：元

债券期限	债 券 价 值(元)				
	票面利率10%	票面利率8%	环比差异	票面利率12%	环比差异
0年期	1 000	1 000	—	1 000	—
1年期	1 000	981.72	−18.28	1 018.08	+18.08
2年期	1 000	964.88	−16.84	1 034.32	+16.24
5年期	1 000	924.28	−40.60	1 075.92	+41.60
10年期	1 000	877.60	−46.68	1 123.40	+47.48
15年期	1 000	847.48	−30.12	1 151.72	+28.32
20年期	1 000	830.12	−17.36	1 170.68	+18.96

将表7-4中债券期限与债券价值的函数描述在图7-1中，结合表7-4中的数据，可以得出如下结论：

(1) 引起债券价值随着债券期限的变化而波动的原因是债券票面利率和市场利率的不一致，即只有溢价债券或折价债券，才产生不同期限下债券价值有所不同的现象。

(2) 债券期限越短，债券票面利率对债券价值的影响越小。不论是溢价债券还是折价

债券，当债券期限较短时，票面利率与市场利率的差异，不会使债券价值过于偏离债券的价值。

(3) 债券期限越长，债券价值越偏离于债券面值。

(4) 随着债券期限的延长，在票面利率偏离市场利率的情况下，债券价值会越偏离债券的面值，但这种偏离的变化最终会趋于平稳。即对于非平价发行的分期付息、到期归还本金的债券来说，超长期债券的期限差异，对债券价值的影响不大。

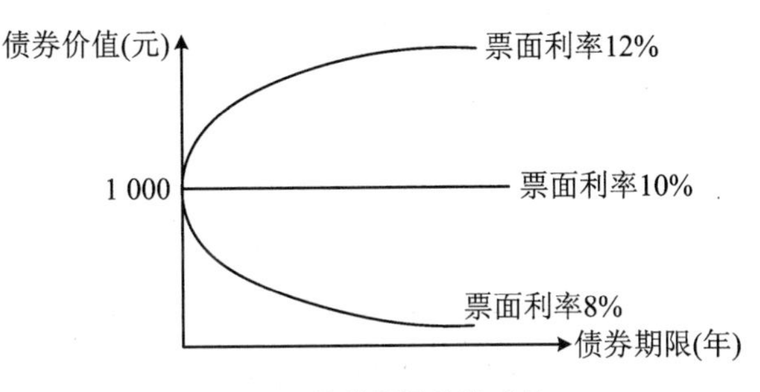

图7-1　债券期限的敏感性

【边学边练】

关于债券价值与债券期限的关系，下列说法中不正确的是(　　)。

A. 随着债券期限越延长，溢价发行债券的价值会越偏离债券的面值，但这种偏离的变化幅度最终会趋于平稳

B. 不管是平价、溢价还是折价债券，都会产生不同期限下债券价值有所不同的现象

C. 债券期限越短，债券票面利率对债券价值的影响越小

D. 引起债券价值随债券期限的变化而波动的原因，是债券票面利率与市场利率的不一致

『**正确答案**』B

『**答案解析**』引起债券价值随债券期限的变化而波动的原因，是债券票面利率与市场利率的不一致。如果债券票面利率与市场利率之间没有差异，债券期限的变化不会引起债券价值的变动。也就是说，只有溢价债券或折价债券，才会产生不同期期限下债券价值有所不同的现象。选项B不正确。

3. 市场利率对债券价值的敏感性

债券一旦发行，其面值、期限、票面利率都相对固定了，市场利率成为债券持有期间影响债券价值的主要因素。市场利率是决定债券价值的贴现率，它的变化会造成系统性的利率风险。

【例7-3】　假定现有面值1 000元、票面利率15%的2年期和20年期两种债券，每年支付一次利息，到期归还本金。当市场利率发生变化时的债券价值如表7-5所示。

表7-5　市场利率变化的敏感性

市场利率	债券价值	
	2年期债券	20年期债券
5%	1 185.85	2 246.30
10%	1 086.40	1 426.10
15%	1 000.00	1 000.00
20%	923.20	756.50
25%	856.00	605.10
30%	796.15	502.40

将表7-5中债券价值对市场利率的函数描述在图7-2中，结合表7-5数据，可以得出如下结论：

（1）市场利率与债券价值呈反向变动关系。市场利率的上升会导致债券价值的下降，反之则导致债券价值的上升。

（2）长期债券对市场利率的敏感性会大于短期债券，在市场利率较低时，长期债券的价值远高于短期债券，在市场利率较高时，长期债券的价值远低于短期债券。

（3）市场利率低于票面利率时，债券价值对市场利率的变化较为敏感，市场利率稍有变动，债券价值就会发生剧烈的波动；市场利率超过票面利率后，债券价值对市场利率变化的敏感性减弱，市场利率的提高，不会使债券价值过分降低。

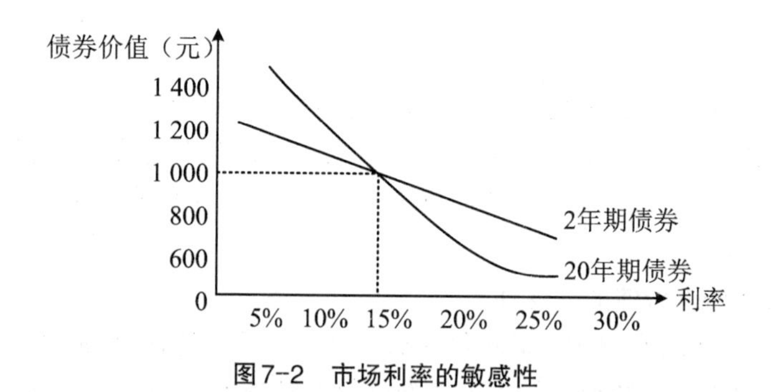

图7-2　市场利率的敏感性

因此，财务经理在债券投资决策中应当注意：长期债券的价值波动较大，特别是票面利率高于市场利率的长期溢价债券，容易获取投资收益但安全性较低，利率风险大。如果市场利率波动频繁，利用长期债券来储备现金显然是不明智的，将为较高的收益率而付出安全性的代价。

【边学边练】

市场利率和债券期限对债券价值都有较大的影响。下列相关表述中，不正确的是（　　）。

A. 市场利率上升会导致债券价值下降

B. 长期债券的价值对市场利率的敏感性小于短期债券

C. 债券期限越短，债券票面利率对债券价值的影响越小

D. 债券票面利率与市场利率不同时，债券面值与债券价值存在差异

『正确答案』B

『答案解析』长期债券对市场利率的敏感性会大于短期债券，在市场利率较低时，长期债券的价值远高于短期债券；在市场利率较高时，长期债券的价值远低于短期债券。所以选项B的表述不正确。

二、债券投资收益率的估算

（一）债券投资收益的来源

债券投资收益是投资于债券所获得的全部报酬，这些投资报酬来源于三个方面：

1. 名义利息收益

债券各期的名义利息收益＝面值×票面利率

2. 利息再投资收益

假如某5年期债券面值1 000元，票面利率为12%，如果每期利息不再进行投资，5年共获利息收益600元(1 000×12%×5)。如果将每期利息进行再投资，第1年获利息120元，第2年1 000元本金获利息120元，第1年的利息120元在第2年又获得利息收益14.4元(120×12%)，第2年共获利息收益134.4元，以此类推，到第5年年末累计获利息762.34元。事实上，按12%的利率水平，1 000元本金在第5年末复利终值为1 762.34元，按货币时间价值原理计算债券投资收益，就已经考虑了再投资因素。在取得再投资收益的同时，承担着再投资风险。

评价债券投资时，有两个重要假定：

一是债券本金到期收回，债券的利息是分期收取；

二是将分期收到的利息重新投资于同一项目，并取得与本金同等的利息收益率。

3. 价差收益

债券未到期时，投资者中途转让债券，在卖价和买价之间的价差上所获得的收益，也称为资本利得收益。

（二）债券投资收益率估算

债券投资收益率，是指按当前价格购买债券并持有至到期日或转让日所产生的预期报酬率，也称为债券内部收益率。

计算思路：债券投资项目的内部收益率，即未来的现金流入量现值等于购买价格的折现率。

【例7-4】 假定投资者目前以1 075.92元的价格，购买一份面值1 000元、每年付息一次、到期归还本金、票面利率为12%的5年期债券，投资者将该债券持有至到期日，那么内部收益率如何计算呢？

解析

$$1\,075.92=120\times(P/A,R,5)+1\,000\times(P/F,R,5)$$

解之得:内部收益率$R=10\%$。

同样原理,如果债券目前购买价格为1 000元或899.24元,有:

内部收益率$R=12\%$,或内部收益率$R=15\%$

由此可见,溢价债券的内部收益率低于票面利率,折价债券的内部收益率高于票面利率,平价债券的内部收益率等于票面利率。

通常,也可以用简便算法对债券投资收益率近似估算,其公式为

$$R=\frac{I+(B-P)/N}{(B+P)/2}\times 100\%$$

式中,P表示债券的当前购买价格,B表示债券面值,N表示债券期限,分母是平均占用,分子是平均收益。

将【例7-4】数据代入简便法公式为

$$R=\frac{120+(1\,000-1\,075.92)/5}{(1\,000+1\,075.92)/2}\times 100\%=10.098\%$$

【边学边练】

下列关于债券投资的说法中,不正确的是(　　)。

A. 债券各期的名义利息收益是其面值与票面利率的乘积

B. 如果购买价格高于债券价值,则债券投资收益率高于市场利率

C. 利息再投资收益属于债券投资收益的一个来源

D. 债券真正的内在价值是按市场利率贴现所决定的内在价值

『正确答案』B

『答案解析』按照债券投资收益率对未来现金流量折现得到的是债券的购买价格,按照市场利率对未来现金流量折现得到的是债券的价值。由于未来现金流量现值与折现率反向变动,所以,如果购买价格高于债券价值,则债券投资收益率低于市场利率。

三、债券投资的优缺点

(一) 优点

1. 安全性高

由于债券发行时就约定到期后可以支付本息,故收益稳定,安全性高。特别是国债,本息的给付是由政府作担保,几乎没有什么风险,是具有较高安全性的一种投资方式。

2. 收益高于银行存款

我国债券的利息高于银行存款的利率。投资于债券,一方面可以获得稳定的高于银行存款的利息收益,还可以利用债券价格的变动,赚取买卖差价。

3. 流动性强

上市债券具有较好的流动性。当债券持有人急需资金时,可以在交易市场随时卖出,而且随着金融市场进一步开放,债券的流动性将会不断加强。因此,债券作为投资工具,最适

合想获取固定收入的投资人及投资目标属长期的人。

（二）缺点

1. 风险较大

利率上扬时，债券价格会下跌，而且对抗通货膨胀的能力较差。另外，债券本金的安全性视发行机构的信用而定。

2. 没有经营管理权

债券投资只能获得收益，相对股票投资而言，无权参与债券发行单位的经营和管理。

任务三　股票投资管理

一、股票内在价值的估算

投资于股票预期获得的未来现金流量的现值，即为股票的价值或内在价值、理论价格。股票是一种权利凭证，之所以有价值，是因为它能给持有者带来未来的收益，这种未来的收益包括各期获得的股利、转让股票获得的价差收益、股份公司清算收益等。

股份公司的净利润是决定股票价值的基础，股票给持有者带来未来的收益一般是以股利形式出现的，因此也可以说股利决定了股票内在价值。

（一）股票估价基本模型

如果股东中途不转让股票，股票投资没有到期日，投资于股票所得到的未来现金流是各期的股利，即股票内在价值就是投资于股票预期获得的未来现金流量的现值。未来现金流是指未来的各期股利和未来卖出股票的现金流入。

假定某股票未来各期股利为D_t（t为期数），R_s为估价所采用的贴现率，即期望的最低收益率。则股价基本模型为

$$V_S=\frac{D_1}{(1+R_S)^1}+\frac{D_2}{(1+R_S)^2}+\cdots+\frac{D_n}{(1+R_S)^n}+\cdots$$
$$=\sum_{t=1}^{\infty}\frac{D_t}{(1+R_S)^t}$$

优先股是特殊的股票，优先股股东每期在固定的时点上收到相等的股利，优先股没有到期日，未来的现金流量其实是一种永续年金，其内在价值为

$$V_S=\frac{D}{R_S}$$

（二）常用的股票估价模式

与债券不同的是，持有期限、股利、贴现率是影响股票内在价值的重要因素。如果投资者准备永久性持有股票，未来的贴现率也是固定不变的，则未来的各期不断变化的股利就成

为股票价值评价的难题。因此，我们不得不假定未来的股利按一定的规律变化，形成了如下常用的股票估价模式。

1. 固定增长模式

一般而言，公司并没有把每年的盈余全部作为股利分配出去，留存的收益扩大了公司的资本额，不断增长的资本会创造更多的盈余，又进一步引起下期股利的增长。

如果公司本期股利为D_0，未来各期的股利按上期股利的g速度呈几何级数增长，根据股票价值的基本模型，股票价值V_S化简为

$$V_S = \frac{D_1}{R_S - g}$$

【例7-5】 假定某投资者准备购买A公司的股票，并且准备长期持有，要求达到12%的收益率，该公司今年每股股利0.8元，预计未来股利会以9%的速度增长。请计算A公司股票的内在价值。

解析

$$V = \frac{0.8 \times (1 + 9\%)}{12\% - 9\%} = 29.07(\text{元})$$

如果A股票目前的购买价格低于29.07元，那么该公司的股票是值得购买的。

【边学边练】

某公司当期每股股利为3.30元，预计未来每年以3%的速度增长，假设投资者的必要收益率为8%，则该公司每股股票的价值为(　　)元。

A. 41.25　　B. 67.98　　C. 66.00　　D. 110.00

『正确答案』B

『答案解析』公司每股股权价值=3.30×(1+3%)/(8%−3%)=67.98(元)。

2. 零增长模式

如果公司未来各期发放的股利都相等，并且投资者准备长期持有，那么这种股票与优先股是相类似的。或者说，当固定增长模式中g=0时，则

$$V_S = \frac{D_1}{R_S - g}$$

$$\downarrow$$

$$V_S = \frac{D}{R_S}$$

【例7-6】 假定上例中g=0，则股票内在价值为

$$V_S = 0.8 \div 12\% = 6.67(\text{元})$$

3. 阶段性增长模式

许多公司股利在某一阶段有一个超长的增长率，这段期间的增长率g可能大于R_S，而后阶段股利固定不变或正常增长。

对于阶段性增长的股票，需要分段计算，才能确定股票的内在价值。

【例7-7】 一个投资人持有ABC公司的股票，投资必要报酬率为15%。预期ABC公

司未来3年股利将高速增长，增长率为20%。在此以后转为正常的增长，增长率为12%。公司最近支付的股利是2元。请计算该公司股票的内在价值。

解析　相关分析如图7-3所示。

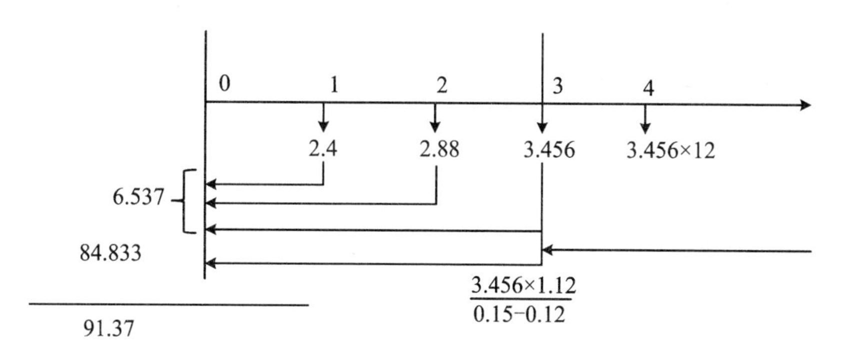

图7-3　分段计算

前三年的股利收入现值 $=2.4\times(P/F,15\%,1)+2.88\times(P/F,15\%,2)+3.456\times(P/F,15\%,3)=6.537$（元）

第四年及以后各年的股利收入现值 $=D_4/(R_S-R_g)\times(P/F,15\%,3)=3.456\times(1+12\%)/(15\%-12\%)\times(P/F,15\%,3)=84.833$（元）

股票价值 $=6.537+84.833=91.37$（元）

二、股票投资收益率的估算

（一）股票收益的来源

股票投资的收益由股利收益、股利再投资收益、转让价差收益三部分构成。

（二）股票投资收益率的估算

股票投资收益率，又称为股票内部收益率，是在股票投资上未来现金流量贴现现值等于目前的购买价格时的贴现率。只有当股票投资收益率高于投资者要求的最低报酬率时，投资者才愿意购买该股票。

1. 固定增长模式

固定增长股票估价模型中，用股票的购买价格 P_0 代替内在价值 V_S，有

$$R=\frac{D_1}{P_0}+g$$

由此可见，固定增长模式下的股票收益率由两部分构成：一是预期股利收益率 D_1/P_0；二是股利增长率 g。

2. 投资者不打算长期持有股票

如果投资者不打算长期持有股票，而准备将股票持有一定时间转让出去，则股票收益由股利收益和资本利得（转让价差）构成。这时，股票投资收益率 R 是使股票投资净现值为零时的贴现率，计算公式为

$$NPV=\sum_{t=1}^{n}\frac{D_t}{(1+R)^t}+\frac{P_n}{(1+R)^n}-P_0=0$$

【例7-8】 某投资者2016年5月购入A公司股票1 000股，每股购价为3.2元；A公司2017年、2018年、2019年分别派分现金股利每股0.25元、0.32元、0.45元；该投资者2019年5月以每股3.5元的价格售出该股票。请计算A股票内部收益率。

解析

$$NPV=\frac{0.25}{1+R}+\frac{0.32}{(1+R)^2}+\frac{0.45}{(1+R)^3}+\frac{3.5}{(1+R)^3}-3.2=0$$

当$R=12\%$时，$NPV=0.089\,8$；

当$R=14\%$时，$NPV=-0.068\,2$。

用插值法计算：$R=12\%+2\%\times\frac{0.089\,8}{0.089\,8+0.068\,2}=13.14\%$。

或者，$\frac{R-12\%}{14\%-12\%}=\frac{0-0.089\,8}{-0.068\,2-0.089\,8}$

解得$R=13.14\%$。

三、股票投资的优缺点

（一）优点

1. 投资收益高

虽然普通股票价格变动频繁，但优质股票的价格总是呈上涨趋势。随着股份公司的发展，股东获得的股利也会不断增加。只要投资决策正确，股票投资收益是比较高的。

2. 能降低购买力损失

普通股票的股利是不固定的，会随着股份公司收益的增长而提高。在通货膨胀期间，股份公司收益增长率一般大于通货膨胀率，股东获得股利全部或部分抵消通货膨胀带来的购买力损失。

3. 流动性强

上市公司股票的流动性很强，投资者有闲散资金可随时买入，需要资金时又可随时卖出。这既有利于增强资产的流动性，又有利于提高收益水平。

4. 能达到控制股份公司的目的

投资者是股份公司的股东，有权参与或监督公司的生产经营活动。当投资者投资额达到公司股本一定比利时，就能实现控制公司的目的。

（二）缺点

1. 求偿权居后

普通股对企业资产和盈利的求偿权居于最后。企业破产时，股东原来的投资可能得不到全额补偿甚至一无所有。

2. 价格不稳定

普通股的价格受众多因素影响很不稳定，从而使得股票投资具有较高的风险。

3. 收入不稳定

普通股股利的多少，视企业经营状况和财务状况而定，其有无、多寡均无法律上的保证，其收入的风险远大于固定收益的债券。

任务四　证券投资组合管理

一、证券投资组合风险

两个或两个以上资产所构成的集合，称为资产组合。资产组合中的资产均为有价证券，该资产组合称为证券组合。证券资产组合的风险与收益具有与单个资产不同的特征。尽管方差、标准离差、标准离差率是衡量风险的有效工具，但当某项资产或某个证券成为投资组合的一部分时，这些指标就可能不再是衡量风险的有效工具。

(一) 证券资产组合的预期收益率

证券资产组合的预期收益率是组成证券资产组合的各种资产收益率的加权平均数，即

$$E(R_p)=\sum_{i=1}^{n}[W_i\times E(R_i)]$$

式中，$E(R_p)$为证券资产组合的预期收益率，$E(R_i)$为组合内第i项资产的预期收益率，W_i为第i项资产在整个组合中所占的价值比例。

【例7-9】 某投资公司的一项投资组合中包含A、B和C三种股票，权重分别为30%、40%和30%，三种股票的预期收益率分别为15%、12%、10%。请计算该投资组合的预期收益率。

解析

该投资组合的预期收益率$E(R_P)=30\%\times15\%+40\%\times12\%+30\%\times10\%=12.3\%$。

由此可见，资产组合预期收益率的影响因素有两个：投资比例和单项投资的预期收益率。

(二) 证券资产组合的风险及其衡量

两项资产组合的收益率的方差满足以下关系式

$$\sigma_p^2=w_1^2\sigma_1^2+w_2^2\sigma_2^2+2w_1w_2\rho_{1,2}\sigma_1\sigma_2$$

式中，σ_p为证券资产组合的标准差，它衡量的是组合的风险；σ_1和σ_2分别为组合中两项资产的标准差；w_1和w_2分别为组合中两项资产分别所占的价值比例；ρ_1，ρ_2反映两项资产收益率的相关程度，即两项资产收益率之间的相对运动状态，称为相关系数。理论上，相关系数介于[−1,1]之间。

由关系式可以看出，影响证券资产组合风险的因素有：投资比例、单项资产的标准差(或

方差)和相关系数。相关系数越大,组合方差越大,风险越大,反之亦然。

(1) 相关系数最大值为1,此时

$$\sigma_p^2 = w_1^2\sigma_1^2 + w_2^2\sigma_2^2 + 2w_1w_2\sigma_1\sigma_2 = (w_1\sigma_1 + w_2\sigma_2)^2$$

组合的风险等于组合中各项资产风险的加权平均值。换而言之,当两项资产的收益率完全正相关时,两项资产的风险完全不能互相抵消,所以,这样的资产组合不能抵消任何风险。

(2) 相关系数最小值为−1,此时

$$\sigma_p^2 = w_1^2\sigma_1^2 + w_2^2\sigma_2^2 - 2w_1w_2\sigma_1\sigma_2 = (w_1\sigma_1 - w_2\sigma_2)^2$$

当两项资产的收益率具有完全负相关关系时,两者之间的风险可以充分地抵消。这样的资产组合就可以最大限度地抵消风险。

(3) 相关系数小于1且大于−1(多数情况下大于0)

$$0 < \sigma_p < (w_1\sigma_1 - w_2\sigma_2)$$

资产组合收益率的标准差大于0,但小于组合中各资产收益率标准差的加权平均值。因此,资产组合可以分散风险,但不能完全消除风险。

一般而言,随着证券资产组合中资产个数的增加,证券资产组合的风险会逐渐降低,当资产的个数增加到一定程度时,证券资产组合的风险程度将趋于平稳,这时组合风险的降低将非常缓慢直到不再降低。这种随着资产种类增加而降低直至消除的风险,被称为非系统性风险,不能随着资产种类增加而分散的风险,被称为系统性风险。

【边学边练】

下列关于两项资产组合风险分散情况的说法中,错误的是(　　)。

A. 当收益率相关系数为0时,不能分散任何风险

B. 当收益率相关系数在0~1之间时,相关系数越大风险分散效果越小

C. 当收益率相关系数在−1~0之间时,相关系数越大风险分散效果越小

D. 当收益率相关系数为−1时,能够最大限度地降低风险

『正确答案』A

『答案解析』只有在相关系数等于1的情况下,组合才不能分散风险,收益率相关系数只要小于1就可以分散风险。所以选项A的说法是错误的。

(三) 非系统性风险与系统性风险

证券投资者所承担的风险按其是否可以分散分为两种:一种是非系统性风险,另一种是系统性风险。

1. 非系统性风险

非系统性风险,又称企业特有风险或可分散风险,是由于某种特定原因对某特定资产收益率造成影响的可能性。它是可以通过有效的资产组合来消除掉的风险;它是特定企业或特定行业所特有的,与政治、经济和其他影响所有资产的市场因素无关。非系统性风险的示意图见图7-4。

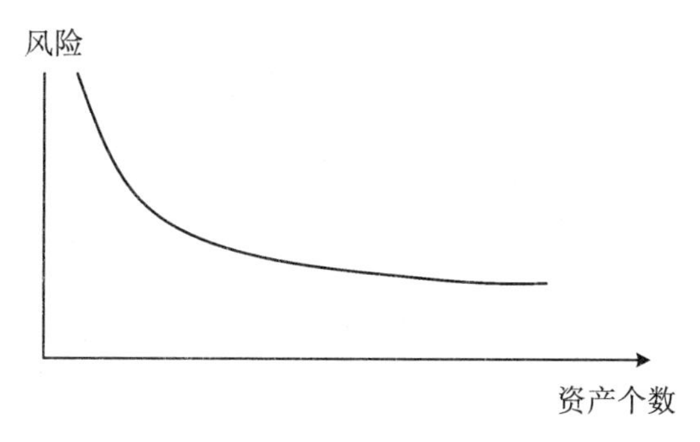

图7-4 非系统性风险

经验数据表明，组合中不同行业的资产个数达到20个时，绝大多数非系统风险均已被消除掉。

【边学边练】

证券投资的风险分为可分散风险和不可分散风险两大类，下列各项中，属于可分散风险的有（　　）。

A. 研发失败风险　　B. 生产事故风险

C. 通货膨胀风险　　D. 利率变动风险

『**正确答案**』AB

『**答案解析**』可分散风险是特定企业或特定行业所持有的，与政治、经济和其他影响所有资产的市场因素无关。

2. 系统性风险及其衡量

系统风险是指不随着组合中资产数目的增加而消失的始终存在的风险。系统风险又称为市场风险或不可分散风险，是影响所有资产、不能通过风险分散而消除的风险。由影响整个市场的风险因素所引起，包括宏观经济形势变动、国家经济政策变化、税制改革、企业会计准则改革、世界能源状况、政治因素等。

尽管绝大部分企业和资产都不可避免地受到系统风险的影响，但并不意味着系统性风险对所有资产或所有企业有着相同的影响。有些资产受影响大一些，有些资产受影响小一些。单项资产或证券组合受系统性风险影响的程度，可以通过系统风险系数（β系数）来衡量。

（1）单项资产的β系数。单项资产的β系数是指可以反映单项资产收益率与市场平均收益率之间变动关系的一个量化指标。它表示单项资产收益率的变动受市场平均收益率之间变动的影响程度。换句话说，用β系数对系统风险进行量化时，以市场组合的系统风险为基准，认为市场组合的β系数等于1。不同系统风险系数如表7-6所示。

表7-6 不同系统风险系数

β	说明
$\beta=1$	该资产的收益率与市场平均收益率呈同方向、同比例的变化。该资产所含的系统风险与市场组合的风险一致
$\beta<1$	该资产收益率的变动幅度小于市场组合收益率的变动幅度，所含的系统风险小于市场组合的风险
$\beta>1$	该资产收益率的变动幅度大于市场组合收益率的变动幅度，所含的系统风险大于市场组合风险

【提示】① 绝大多数资产的β系数是大于零的，它们收益率的变化方向与市场平均收益率的变化方向是一致的，只是变化幅度不同而导致β系数不同；② 极个别的资产的β系数是负数，表明这类资产与市场平均收益的变化方向相反，当市场平均收益增加时，这类资产的收益却在减少。

【边学边练】

下列关于β系数的表述中，不正确的是(　　)。

A. β系数可以为负数

B. 某股票的β值反映该股票收益率变动与整个股票市场收益率变动之间的相关程度

C. 投资组合的β系数一定会比组合中任一单项证券的β系数低

D. β系数反映的是证券的系统风险

『**正确答案**』C

『**答案解析**』由于投资组合的β系数等于单项资产的β系数的加权平均数，所以，选项C的说法不正确。

3. 证券资产组合的系统风险系数

证券资产组合的系统风险系数是所有单项资产的β系数的加权平均数，权数为各种资产在组合中所占的价值比例，计算公式为

$$\beta_p=\sum_{i=1}^{n}(w_i\times\beta_i)$$

式中，β_p表示证券组合的风险系数，w_i表示第i项资产在组合中所占的价值比重，β_i表示第i项资产的β系数。

由公式可以看出，通过替换资产组合中的资产或改变不同资产在组合中的价值比例，可以改变组合的风险特性。

【例7-10】 某投资者打算用20 000元购买A、B、C三种股票，股价分别为40元、10元、50元；β系数分别为0.7、1.1和1.7。现有两个组合方案可供选择：

甲方案：购买A、B、C三种股票的数量分别是200股、200股、200股；

乙方案：购买A、B、C三种股票的数量分别是300股、300股、100股。

如果该投资者最多能承受1.2倍的市场组合系统风险，投资者会选择哪个方案。

解析

甲方案：A股票比例：40×200÷20 000×100%=40%

　　　　B股票比例：10×200÷20 000×100%=10%

　　　　C股票比例：50×200÷20 000×100%=50%

甲方案的β系数=40%×0.7+10%×1.1+50%×1.7=1.24

乙方案：A股票比例：40×300÷20 000×100%=60%

　　　　B股票比例：10×300÷20 000×100%=15%

　　　　C股票比例：50×100÷20 000×100%=25%

乙方案的β系数=60%×0.7+15%×1.1+25%×1.7=1.01

该投资者最多能承受1.2倍的市场组合系统风险意味着该投资者能承受的β系数最大值为1.2，所以，该投资者会选择乙方案。

二、资本资产定价模型

（一）资本资产定价模型的基本原理

资本资产主要是指股票资产，定价则试图解释资本市场如何决定股票收益率，进而决定股票价格。根据风险与收益的一般关系，某资产的必要收益率是由无风险收益率和资产的风险收益率决定的，即

某项资产的必要收益率＝无风险收益率＋风险收益率

＝无风险收益率＋β×（市场组合的平均收益率－无风险收益率）

资产组合的必要收益率＝无风险收益率＋资产组合的β

×（市场组合的平均收益率－无风险收益率）

即

$$R=R_f+\beta\times(R_m-R_f)$$

这是资本资产定价模型的核心关系式，式中R_m表示市场组合收益率，还可以称为平均风险的必要收益率、市场组合的必要收益率等，(R_m-R_f)称为市场风险溢酬，也可以称为市场组合的风险收益率或股票市场的风险收益率、平均风险的风险收益率等。

【例7-11】 假设平均风险的风险收益率为5%，平均风险的必要收益率为8%。请计算【例7-10】中乙方案的风险收益率和必要收益率。

解析

由于乙方案的β系数为1.01，所以，乙方案的风险收益率=1.01×5%=5.05%。

本题中，R_m=8%，R_m-R_f=5%，所以，R_f=3%。

乙方案的必要收益率(R)=3%+5.05%=8.05%。

【边学边练】

某公司普通股的β系数为1.25，此时一年期国债利率为6%，市场上所有股票的平均风险收益率为8%，则该股票的资本成本为（　　）。

A. 12.5%　　B. 14%　　C. 16%　　D. 18%

『正确答案』C

『**答案解析**』根据资本资产定价模型可知：该公司股票的必要收益率(R)=6%+1.25×8%=16%

(二) 资产组合的必要收益率

资产组合的必要收益率(R)=$R_f+\beta_p\times(R_m-R_f)$，和资本资产定价模型公式相比，它们的右侧唯一不同的是β系数的主体，前面公式中的β系数是单项资产或个别公司的β系数；而这里的β_p则是资产组合的β系数。

【例7-12】 假设当前短期国债收益率为3%，股票价格指数平均收益率为12%，A、B、C三只股票组成的资产组合的β系数为1.24，计算A、B、C三种股票组合的必要收益率。

解析

三种股票组合的必要收益率(R)=3%+1.24×(12%−3%)=14.16%。

由此可见，若干种证券组成的投资组合，其收益是这些证券收益的加权平均数，但是其风险不是这些证券风险的加权平均风险，投资组合能降低非系统性风险。

【边学边练】

下列关于证券投资组合的表述中，正确的有(　　)。

A. 两种证券的收益率完全正相关时可以消除风险

B. 投资组合收益率为组合中各单项资产收益率的加权平均数

C. 投资组合风险是各单项资产风险的加权平均数

D. 投资组合能够分散掉的是非系统风险

『**正确答案**』BD

『**答案解析**』相关系数的区间位于[−1,1]之间，相关系数为1，也就是两种证券的收益率完全正相关时，不能分散风险，选项A不正确；只要相关系数小于1，投资组合就可以分散风险，投资组合的风险就小于各单项资产的加权平均数，选项C不正确。

三、证券组合的策略和方法

(一) 证券组合的策略

证券投资组合的策略与证券投资者对风险的态度有关。证券投资者可以分为三类：风险厌恶型、风险中立型和风险爱好型。风险厌恶型投资者厌恶风险，不愿意冒风险，即使风险投资期望收益率高于其必要投资收益率，他宁可投资无风险项目。风险中立型投资者对于风险态度中庸，只要风险投资的期望收益能大于或等于风险投资的必要收益，他将愿意进行风险投资。风险爱好者愿意承担风险，敢于冒风险，即使风险投资的期望收益率低于风险投资的必要收益率，他也会投资于风险项目以获取可能的高收益。大多数投资者为风险厌恶型。不同类型的投资者往往采取不同的组合策略(见表7-7)。

表7-7　证券组合策略

策　略	说　明
保守型策略	(1) 风险厌恶型投资者采用 (2) 最佳的证券组合策略要尽量模拟市场现状,将尽可能多的证券包括进来 (3) 操作简单,不需要专业知识,但需要足够的资金。增加交易成本,降低投资收益
冒险性策略	(1) 风险爱好型投资者采用 (2) 选择高风险高收益的成长型证券组合,且组合随意性强,变动频繁,更注重眼前利益,一般不愿做长期投资
适中型策略	(1) 风险中立型投资者采用 (2) 要求投资者有较强的理性、耐性,足够的信息和较高的专业技能,选择那些业绩好、内在价值高于市场价值的证券构成投资组合

(二) 证券组合的方法

证券组合方法很多,但如果投资者为风险厌恶型和非专业人士,可以选择以下降低风险的方法。

1. 选择足够数量的证券进行组合

如前所述,不同的证券其风险程度不同,非系统性风险可以通过证券组合进行分散,当证券品种达到一定数量时,就可以分散大部分非系统性风险。

2. 把投资收益呈负相关的证券放在一起进行组合

如前所述,非系统性风险在证券为负相关时可以有效抵消。

3. 把不同风险等级的证券放在一起进行组合

这种又称1/3法,即将全部资金分为三份,分别投资于高、中、低三个风险等级的证券上,以便均衡风险与收益。

学习小结

◇ 证券投资是投资者买卖股票、债券等有价证券以及其衍生品,以获取差价、利息及资本利得的投资行为。投资者能否按现行价格购买债券,需要结合债券类型进行内在价值和内部收益率的估算,只有债券内在价值大于购买价格,债券内部收益率大于市场利率,该债券才值得投资,这也正是投资者所期望的。结合不同类型股票,正确计算出股票内在价值,只有当股票内在价值大于股票市场价格,股票内部收益率大于投资者要求的最低报酬率,投资者才愿意购买该股票。

◇ 实际投资中,投资者往往不仅投资于一种证券或一家企业有价证券,即进行证券投资组合。证券投资组合是降低证券投资风险的有效手段。证券投资者承担的风险按是否可以分散分为非系统性风险和系统性风险。当投资者购买足够多的证券,可以分散掉大部分甚至所有的非系统性风险;而系统性风险不可能通过选择或组合而分散掉。不同企业的证券对系统性风险的敏感程度不同,即不同证券的系统性风险程度也是有差异的。证券组合的系统性风险是每种证券风险系数的加权平均数。资本资产定价模型的主要贡献解释了风险收益率的决定因素和度量方法。不同类型的证券投资者进行证券组合的策略与方法也不同，投资者应结合自身对风险的厌恶程度，有效选择适合的证券组合策略和方法，以便降低风险，获取最大投资收益。

拓展训练

一、单项选择题

1. 证券资产的价值不是完全由实体资本的现实生产经营活动决定的，而是取决于契约性权利所能带来的未来现金流量。这句话所体现的证券资产的特点是(　　)。

A. 持有目的多元性　　B. 价值虚拟性　　C. 强流动性　　D. 可分割性

2. 将资金投资于多个相关程度较低的项目，实行多元化经营。所能体现的证券投资的目的是(　　)。

A. 利用闲置资金，增加企业收益

B. 稳定客户关系，保障生产经营

C. 提高资产的流动性，增强偿债能力

D. 分散资金投向，降低投资风险

3. 下列关于购买力风险的说法中，错误的是(　　)。

A. 股票投资的购买力风险远大于债券投资

B. 当物价持续上涨时，货币性资产会遭受购买力损失

C. 如果通货膨胀长期延续，证券资产价格会下降

D. 证券资产是一种货币性资产

4. 某公司拟发行5年期债券进行筹资，债券票面金额为100元，票面利率为12%，而当时市场利率为10%，每年年末付息一次，到期还本，则该公司债券的价值为(　　)元。[已知：$(P/F,10\%,5)=0.620\ 9$，$(P/A,10\%,5)=3.790\ 8$]

A. 93.22　　B. 100　　C. 105.35　　D. 107.58

5. 下列关于债券要素的说法中，正确的是(　　)。

A. 一般而言，在国内发行的债券，发行的对象是国内有关经济主体，则选择本国货币

B. 票面金额小，有利于小额投资者购买，但发行费用增加，不利于债券发行

C. 票面金额大，会降低发行成本，增加发行量

D. 实际利率是指按单利计算的一年期的利率

6. 假定投资者目前以1 100元的价格，购买一份面值为1 000元、每年付息一次、到期归还本金、票面利率为12%的5年期债券，投资者将该债券持有至到期，则按简便算法计算的债券投资收益率为(　　)。

A. 11.25%　　B. 9.6%　　C. 10.01%　　D. 9.52%

7. 某投资者准备以35元/股的价格购买A公司的股票，该公司今年刚支付的每股股利为0.8元，预计未来股利会以9%的速度增长，则投资该股票的内部收益率为(　　)。

A. 9.23%　　B. 11.29%　　C. 11.49%　　D. 9%

8. 已知某公司股票的β系数为0.8,短期国债收益率为5%,市场组合收益率为10%,则该公司股票的必要收益率为(　　)。

A. 5%　　B. 8%　　C. 9%　　D. 10%

9. 如果有两个证券,它们收益率的变化方向、变化幅度都一样,则(　　)。

A. 可以分散部分风险　　B. 可以分散全部风险

C. 不能分散任何风险　　D. 风险的大小等于两个证券风险之和

10. 下列关于证券资产组合的说法中,不正确的是(　　)。

A. 能够随着组合资产的种类增加而消除的是全部风险

B. 两项资产完全负相关时可以最大限度地降低风险

C. 系统风险是不能随着资产数量的增加而分散的

D. 两项资产完全正相关时组合的风险等于组合中各项资产风险的加权平均值

二、多项选择题

1. 下列关于证券资产特点的说法中,错误的有(　　)。

A. 证券资产的价值是完全由实体资本的现实生产经营活动决定的

B. 证券资产价值的统一表达按未来现金流量折现,即资本化价值

C. 证券资产不能脱离实体资产而完全独立存在

D. 证券资产不可分割

2. 下列属于证券资产投资系统性风险的有(　　)。

A. 违约风险　　B. 再投资风险　　C. 购买力风险　　D. 价格风险

3. 下列关于债券价值的说法中,正确的有(　　)。

A. 债券期限越短,债券票面利率对债券价值的影响越小

B. 债券期限越长,在票面利率偏离市场利率的情况下,债券价值越偏离债券面值

C. 长期债券对市场利率的敏感性会大于短期债券

D. 市场利率低于票面利率时,债券价值对市场利率的变化较为敏感

4. 在下列各项中,影响债券价值的主要因素有(　　)。

A. 所采用的贴现率　　B. 票面利率

C. 面值　　D. 到期时间

5. 如果在持有股票2年之后将股票出售,则投资于股票所得到的未来现金流量包括(　　)。

A. 未来2年发放的股利　　B. 本金

C. 第1年年末股票的售价　　D. 第2年年末股票的售价

6. 根据流动性偏好理论,长期证券资产的报酬率高于短期证券资产报酬率的原因有(　　)。

A. 期限越长,不确定性就越强

B. 证券资产发行者一般喜欢发行长期证券资产

C. 风险小,报酬高

D. 短期证券资产易变现收回本金

7. 当某股票的贝塔系数小于1时，下列表述不正确的有(　　)。

A. 该股票的市场风险大于整个股票市场的系统风险

B. 该股票的市场风险小于整个股票市场的系统风险

C. 该股票的市场风险等于整个股票市场的系统风险

D. 该股票的市场风险与整个股票市场的系统风险无关

8. 下列因素可以影响系统风险的有(　　)。

A. 宏观经济形势的变动　　B. 国家经济政策的变化

C. 税制改革　　D. 世界能源状况

9. 下列关于资本资产定价模型的描述中，说法正确的有(　　)。

A. 计算风险收益率时考虑了全部风险

B. 市场风险溢酬越大，表示对风险越厌恶

C. 无风险收益率和风险收益率共同组成必要收益率

D. 资本资产定价模型不是对任何公司都是适合的

10. 债券投资的收益是投资于债券所获得的全部投资报酬，其来源有(　　)。

A. 名义利息收益　B. 转换权收益　C. 利息再投资收益　D. 价差收益

三、计算题

1. 某公司最近刚刚发放的股票股利为2元/股，预计该公司近两年股利稳定，但从第三年起估计将以2%的速度递减，若此时无风险报酬率为6%，整个股票市场的平均收益率为10%，公司股票的β系数为2，公司目前的股价为12元/股。

要求：

(1) 计算股票的价值；

(2) 若公司准备持有2年后将股票出售，预计售价为13元，计算股票投资的内含报酬率。

2. A公司拟购买某公司债券作为长期投资，要求的必要报酬率为6%。现有三家公司同时发行5年期、面值均为1 000元的债券。其中，甲公司债券的票面利率为8%，每年付息一次，到期还本，债券发行价格1 041元，乙公司债券的票面利率为8%，单利计息，到期一次还本付息，债券发行价格为1 050元，丙公司债券票面利率为8%，到期按面值还本。

要求：

(1) 计算A公司购入甲公司债券的价值和收益率；

(2) 计算A公司购入乙公司债券的价值和收益率；

(3) 计算A公司购入丙公司债券的价值和收益率；

(4) 根据上述结果，评价甲、乙、丙三种公司债券是否有投资价值，并为A公司做出购买何种债券的决策；

(5) 若A公司购买甲公司债券，1年后将其以1 050元的价格出售，计算该项投资的收益率。

3. 已知甲股票的期望收益率为12%，收益率的标准差为16%；乙股票的期望收益率为

15%,收益率的标准差为18%。市场组合的收益率为10%,市场组合收益率的标准差为8%,无风险收益率为5%。假设市场达到均衡。

要求:

(1) 分别计算甲、乙股票的必要收益率;

(2) 分别计算甲、乙股票的β值;

(3) 假设投资者将全部资金按照60%和40%的比例投资购买甲、乙股票构成投资组合,计算该组合的β系数、组合的风险收益率和组合的必要收益率。

四、案例分析题

甲公司打算将多余资金用于股票或债券投资,已知2019年5月1日的有关资料如下:

(1) A债券每年5月1日付息一次,到期还本,发行日为2018年5月1日,面值为100元,票面利率为6%,期限为5年,目前尚未支付利息,目前的市价为110元,市场利率为5%。

(2) B股票刚刚支付的股利为1.2元,预计每年的增长率固定为4%,投资人要求的必要收益率为10%,每年4月30日支付股利,预计2023年5月1日可以按照20元的价格出售,目前的市价为15元。

已知:$(P/A,5\%,4)=3.4651$,$(P/F,5\%,4)=0.8227$,$(P/F,10\%,1)=0.9091$,$(P/F,10\%,2)=0.8264$,$(P/F,10\%,3)=0.7513$,$(P/F,10\%,4)=0.6830$。

要求:

(1) 计算A债券目前(2019年5月1日)的价值,并判断是否值得投资;

(2) 计算B股票目前的价值,并判断是否值得投资。

实训项目

一、实训目的

1. 掌握证券投资的分析方法。
2. 为企业是否值得投资做出决策。

二、实训资料

资产组合M的期望收益率为18%,标准离差为27.9%;资产组合N的期望收益率为13%,标准离差率为1.2。投资者张某和赵某决定将其个人资金投资于资产组合M和N中,张某期望的最低收益率为16%,赵某投资于资产组合M和N的资金比例分别为30%和70%。

三、实训要求

1. 计算资产组合M的标准离差率;
2. 判断资产组合M和N哪个风险更大;
3. 为实现其期望的收益率,张某应在资产组合M上投资的最低比例是多少;
4. 判断投资者张某和赵某谁更厌恶风险,并说明理由。

典型工作岗位——营运管理岗位

项目八　营运资金管理

项目导航

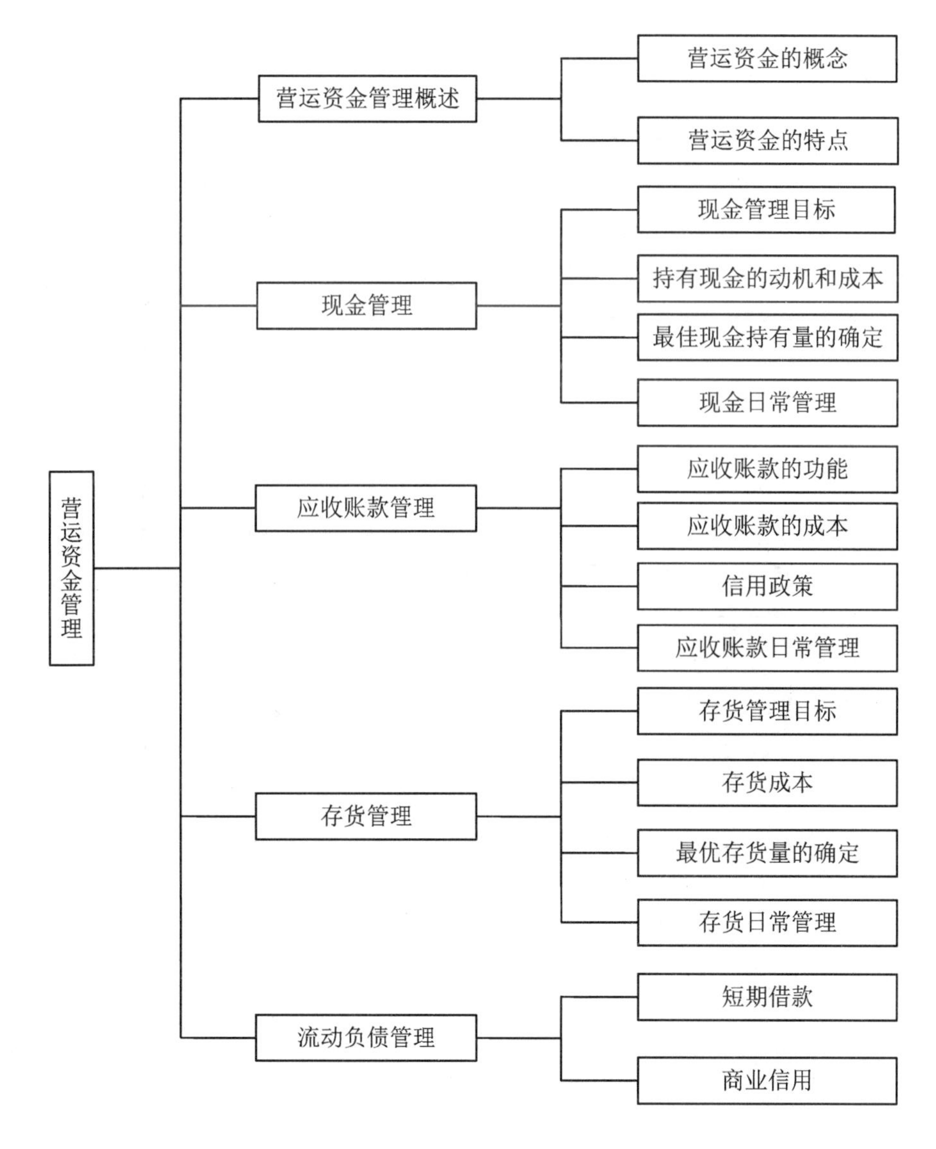
营运资金管理
营运资金管理概述
营运资金的概念
营运资金的特点
现金管理
现金管理目标
持有现金的动机和成本
最佳现金持有量的确定
现金日常管理
应收账款管理
应收账款的功能
应收账款的成本
信用政策
应收账款日常管理
存货管理
存货管理目标
存货成本
最优存货量的确定
存货日常管理
流动负债管理
短期借款
商业信用

学习目标

了解营运资金的内容和特点，理解营运资金管理的基本内容，掌握现金日常收支管理、应收账款信用政策的制定、信用成本的确定和应收账款日常管理、存货成本的内容以及存货日常控制的方法等，掌握商业信用和短期借款的管理方法。

重点难点

现金日常收支管理、应收账款信用政策的制定、信用成本的确定和应收账款日常管理、存货成本的内容。

案例导读

OPM战略与零营运资金管理——以海尔为例

海尔曾提出追求零营运资本管理，以尽可能减少公司在流动资产上的资金占用。这种管理模式在实战中火力多集中在存货与应收账款。要做到存货最小，措施为JIT(Just In Time)管理与订单生产;要做到应收账款最小，应拒绝赊销。

海尔强推现款现货实现零坏账目标。除家乐福、麦德龙等信用等级较高的大卖场，海尔很少给客户信用账期。做此流程再造，海尔头几个月销售量下降得很厉害，但张瑞敏未因此松口子。与商户僵持数月后，订单还是来了。一旦商户认可了，现款现货的价值凸显，海尔在竞争中占据了主动。现款现货体现的是胆识，也是远见。

经济下滑之际，会计报表上有两个风向标式的科目:主营业务收入与应收账款。因商品卖不动，前者会降低;因货款收不回，后者会上升。这两个科目的反向运动又必然带来一个后果:经营活动净现金流量下降。说白了，企业会缺钱。经济低迷，如同市场进入冬天，企业准备好棉衣了吗?能挨过去的，就会实现凤凰涅槃。

轻资产运营好，还是重资产运营好?从收益率角度看，重资产运营一般优于轻资产运营。但这一结论有个前提，重资产的产能须得到充分利用。企业资金实力弱时，只能轻资产运营。有钱了，要不要转型为重资产运营，要看企业对市场的理解与自身的竞争地位。如果没有争做市场龙头的决心，轻资产可以实现船小好调头。

销售产品时能预收账款，采购时能延期付款，无异于客户、供应商都在给公司提供无息贷款。这种运作商业信用的方法叫OPM(Other People's Money)模型。公司营运资金管理不妨对标OPM,“用别人的钱”还是“被别人用钱”，一正一反间不仅减少了资金占用，还可省下不菲的资金成本，甚至有企业盈利主要依赖OPM。

(资料来源:财会信报，2016年8月15日)

任务一　营运资金管理概述

一、营运资金的概念

营运资金是指企业长期资本金投放于流动资产上面的数额，是用于企业经营活动方面的资本金。营运资金有广义和狭义之分，广义的营运资金是指一个企业流动资产的总额；狭义的营运资金是指流动资产减去流动负债后的余额。这里指的是狭义的营运资金概念。营运资金的管理既包括流动资产的管理，也包括流动负债的管理。

流动资产是指可以在一年或超过一年的一个营业周期内变现或者耗用的资产，包括货币资金、短期投资、应收预付款项、存货等。流动负债是指必须在一年或超过一年的一个营业周期内偿还的债务，包括短期借款、应付预收款项、应交税费等。营运资金的存在表明企业的流动资产占用的资金除了以流动负债筹集外，还以长期负债或所有者权益筹集。计算公式是

$$营运资金=流动资产-流动负债$$

二、营运资金的特点

（一）营运资金周转的短期性

一般而言，企业占用在流动资产上的资金，周转一次所需要的时间都比较短，通常会在一年或者长于一年的一个营业周期内收回。根据这一特点，企业的营运资金可以通过商业信用、银行短期借款等短期筹资方式取得。

（二）营运资金数量的波动性

随着企业经营环境的变化，对营运资金的需求也会不断地发生变化，特别是对于季节性生产经营的企业，流动资金需求量的波动会更加明显。因此，随着企业内外部条件的变化，企业内部流动资产的数量和流动负债的数量也会发生相应的变化。

（三）营运资金实物形态的变动性

企业营运资金的实物形态是经常变化的。对于一个工业企业而言，营运资金的循环都要经过采购、生产、销售等过程，经过每次循环，其营运资金的实物形态会在现金、物料、在产品、产成品、应收账款和现金之间依次转化。为此，在进行营运资金管理时，必须在各项流动资产之间合理地配置资金数额，以促进资金周转的顺利进行。

（四）营运资金来源的灵活多样性

企业筹集长期资金的方式比较少，一般来说有吸收直接投资、发行股票、发行长期债

券、银行长期借款等方式。而企业筹集营运资金的方式却较为灵活多样，通常有银行短期借款、短期融资债券、商业信用、应付工资、应交税费、应付利润、预收货款和票据贴现等。

营运资金管理是对企业流动资产及流动负债的管理。一个企业要维持正常的运转就必须要拥有适量的营运资金。因此，营运资金管理是企业财务管理的重要组成部分，关系到企业能否维持正常运转。要搞好营运资金管理，必须解决好流动资产和流动负债两个方面的问题，换句话说，就是下面两个问题：

(1) 企业应该在流动资产上投资多少，即资金运用的管理，包括现金管理、应收账款管理和存货管理。

(2) 企业应该怎样来进行流动资产的融资，即资金筹措的管理，包括银行短期借款的管理和商业信用的管理。

任务二　现 金 管 理

现金是在生产过程中暂时停留在货币形态的资金，包括库存现金、银行存款、银行本票、银行汇票等。现金是流动性最强的资产，可以用来满足生产经营开支的各种需要，也是还本付息和履行纳税义务的保证。因此，企业拥有足够的现金对降低企业财务风险、增强企业资金的流动性和债务的可清偿性具有十分重要的意义。

一、现金管理目标

由于现金具有普遍可接受性及流动性最强而获利能力最弱的特点。企业持有充足的现金，就具有支付债务能力，并得到债权人的信任，从而可以减少技术上无力偿付到期债务的风险。但是，如果过分地考虑资产的流动性，保留过多的现金，就会使企业丧失盈利能力，结果导致股东的不满，甚至可能被相关单位接管。同样的道理，如果现金余额减为零，企业固然可增加收益，并提高企业的短期盈利能力。但是，从长期情况来看，由于缺乏流动性所造成的信用损失，肯定会导致利润的减少。

现金管理的目标，就是在资产的流动性与获利能力之间做出选择，既能保证正常的现金支付需要，又不闲置较多的现金，以获得最大的长期利润。

二、企业持有现金的动机和成本

(一) 现金的持有动机

企业持有现金的动机主要有如下三个方面：

1. 交易性动机

所谓交易动机，是指需要现金作为日常业务过程的支付手段。为了满足企业日常生产经营活动对现金的需要，如购买材料、支付工资、交纳税款等。每天都有一定的现金收入或支出，但收入或支出很少同时发生，而且即使同时发生，收支额也难相等。所以企业要有适当的现金余额以维持企业的生产经营活动正常进行。

2. 预防性动机

预防性动机是指企业持有现金，以应付意外事件对现金的需求，如地震、水灾、火灾等自然灾害，生产事故，主要顾客未能及时付款等。

预防目的所需要的现金量取决于以下三个因素：

（1）现金收支预测的可靠程度；

（2）企业临时借款能力；

（3）企业愿意承担的风险程度。

3. 投机动机

投机动机即为把握市场投资机会，获得较大收益而持有现金。这种获利机会具有时间短、收益高的特点。比如遇有廉价原材料、其他资产供应等不寻常的购买机会，便可用手头现金大量购入；再比如在适当时机购入价格上有优势的股票和其他有价证券等。

（二）现金的成本

企业持有现金的成本通常由以下三个部分组成：

1. 持有成本

现金的持有成本是指企业因保留一定现金余额而增加的及丧失的再投资收益，包括管理费用与机会成本。

企业拥有现金会发生管理费用，如管理人员工资、安全措施费等。这些费用是现金的管理成本。管理成本是一种固定成本，在一定范围内与现金持有量之间无明显的比例关系，因此可以作为决策无关成本。

现金的机会成本是指企业因持有现金而丧失的再投资收益，一般是指将现金投资于有价证券所能获得的收益，或者是企业向外筹集资金的资金成本，是企业要求的最低报酬率。现金作为企业的一项资金占用是有代价的，这种代价就是它的机会成本，或者称为资金成本。假定某企业的资金成本为10%，年均持有100万元的现金，则该企业每年现金的机会成本为10万元。现金持有额越大，机会成本越高。机会成本属于变动成本，与现金持有量成正比例关系。企业为了经营业务的需要，拥有一定的现金是必要的，但现金拥有量过高，机会成本代价就会大幅度上升，从而降低企业的收益。

2. 转换成本

现金的转换成本是指企业用现金购入有价证券以及转让有价证券换取现金时付出的交易费用，即现金同有价证券之间相互转换的成本，如委托买卖佣金、委托手续费、证券过户费、实物交割手续费等。

转换成本中有的具有变动成本性质，如委托买卖佣金或手续费通常是按照委托成交金额计算的。在证券总额既定的条件下，无论变现次数怎样变动，所需支付的委托成交金额总是相同的。因此，那些依据委托成交金额计算的转换成本与证券变现次数关系不大，属于决策无关成本。这样与证券变现次数密切相关的转换成本便只包括其中的固定性交易费用。固定性转换成本与现金持有量成反比例关系。

3. 短缺成本

现金的短缺成本是指在现金持有量不足而又无法及时通过有价证券变现加以补充而给企业造成的损失，包括直接损失与间接损失。

企业因缺乏必要的现金，不能应付业务开支所需，会使企业蒙受损失或为此付出代价。例如，由于现金短缺而无法购进急需的原材料，从而使企业的生产经营中断而给企业造成损失，这是直接的损失；由于现金短缺而无法按期支付货款或不能按期归还货款，将给企业的信用和企业形象造成损害，这是间接损失。现金的短缺成本随现金持有量的增加而下降，随现金持有量的减少而上升，现金持有量与短缺成本是反向变动关系。明确与现金有关的成本及各自的特性，有助于从成本最低的角度出发确定现金最佳持有量。

三、最佳货币资金持有量的确定

如上所述，企业在生产经营过程中为了满足交易、预防、投机等需要，必须置存一定数量的货币资金，但货币资金持有太多或太少都对企业不利。最佳货币资金持有量就是指使有关成本之和最小的货币资金持有数额。

（一）成本分析模式

成本分析模式是通过分析企业置存货币资金的各相关成本，测算各相关成本之和最小时的货币资金持有量的一种方法。在成本分析模式下应分析机会成本、管理成本、短缺成本。

在成本分析模式下不存在转换成本。机会成本随着货币资金持有量的增大而增大，一般可按年货币资金持有量平均值的某一百分比计算，这个百分比是该企业的机会性投资的收益率，一般可用有价证券利息率代替。计算公式为

机会成本＝货币资金平均持有量×有价证券利息率

管理成本由于是固定成本，因而是一项无关成本，按理说在决策中不应予以考虑，但本模式下为匡算总成本的大小，仍把它考虑在内，当然对决策结果是不会造成影响的。短缺成本随着货币资金持有量的增大而减少，当货币资金持有量增大到一定量时，短缺成本将不存在。

成本分析模式下的最佳货币资金持有量可用图解法确定，总成本线最低点处对应的横坐标即为最佳货币资金持有量，如图8-1所示。

成本分析模式下的最佳货币资金持有量也可用编制货币资金持有成本分析表来确定。

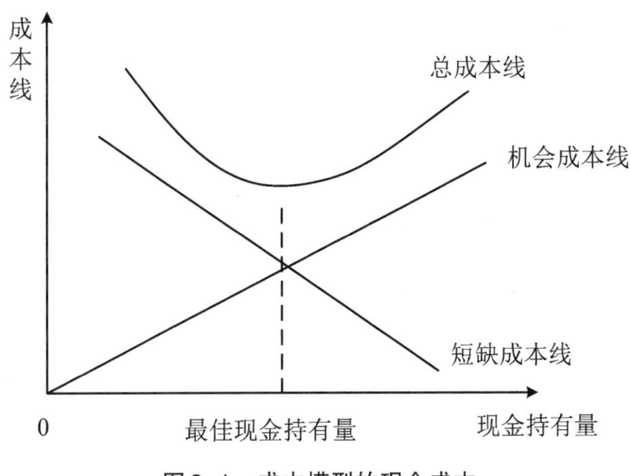

图8-1　成本模型的现金成本

【例8-1】 光明公司有五种现金持有方案,企业的投资报酬率为20%,现金的总成本列于表8-1。

表8-1　现金持有量方案与成本表

单位:元

项　目	方　案				
	1	2	3	4	5
现金持有量	60 000	70 000	80 000	90 000	100 000
机会成本	12 000	14 000	16 000	18 000	20 000
短缺成本	10 000	5 000	2 500	1 000	0
管理成本	18 000	18 000	18 000	18 000	18 000
总成本	40 000	37 000	36 500	37 000	38 000

经比较,第3个方案的总成本最低,故企业的最佳现金持有量应为80 000元。

(二) 存货分析模式

存货分析模式是借用存货管理经济批量公式来确定最佳货币资金持有量的一种方法。这一模式的使用有如下假定:

(1) 企业在某一段时期内需用的货币资金已事先筹措得到,并以短期有价证券的形式存放在证券公司内。

(2) 企业对货币资金的需求是均匀、稳定、可知的,可通过分批抛售有价证券取得。

(3) 短期有价证券利率稳定、可知。

(4) 每次将有价证券变现的转换成本可知。

在存货分析模式下有两项相关成本:机会成本和转换成本。机会成本是指企业置存货币资金而丧失的将这些资金投资于证券可得到的投资收益,此项成本与有价证券收益率有关,也与置存货币资金的平均余额有关。转换成本是指与交易次数成正比的交易费用。机会成本和转换成本的变化方向是相反的:若每次抛售有价证券金额大,会使货币资金平均余额大而增加机会成本，会使交易次数少而减少转换成本；反之，若每次抛售有价证券金额小，会减少机会成本和增加转换成本。存货分析模式旨在使相关总成本，即机会成本和转换成本之和最小化，如图8-2所示。

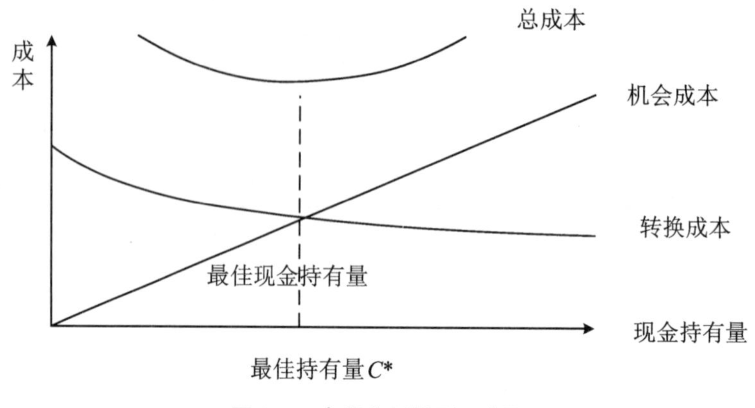

图8-2　存货分析模型示意图

其中，TC为存货分析模式下的相关总成本；T_1为相关的机会成本；T_2为相关的转换成本；C为一次交易资金量，即企业最高货币资金存量；i为有价证券收益率；T为一个周期内货币资金总需求量；b为有价证券一次交易固定成本。

$$\text{总成本}(TC)=T_1+T_2=\frac{\text{货币资金}}{\text{平均余额}}\times\frac{\text{有价证券}}{\text{收益率}}+\frac{\text{交易}}{\text{次数}}\times\frac{\text{有价证券一次}}{\text{交易固定成本}}$$

$$=\frac{C}{2}\times i+\frac{T}{C}\times b$$

$$TC'=\frac{i}{2}-\frac{Tb}{C^2}$$

令$TC'=0$，得$C=\sqrt{\frac{2bT}{i}}$。

这时$TC=\sqrt{\frac{2bT}{i}}\times\frac{i}{2}+Tb\times\sqrt{\frac{i}{2bT}}=\sqrt{2bTi}$。

因为$TC''=\frac{2Tb}{C^3}>0$，所以$\sqrt{2bTi}$是TC的最小值。

可得到结论：

最佳货币资金持有量$C^*=\sqrt{\frac{2bT}{i}}$时，相关总成本达最小值$TC^*=\sqrt{2bTi}$。

这里最佳货币资金持有量即一次抛售有价证券的金额，也即企业库存货币资金的最大值。

【例8-2】　光明企业预计1个月内经营所需货币资金约为800万元，准备用短期有价证券变现取得，证券每次交易的固定成本为100元，证券市场年利率为12%。请计算最佳货币资金持有量及最小相关总成本。

解析

最佳货币资金持有量：

$$C^{*}=\sqrt{\frac{2\times 100\times 8\,000\,000}{12\%\div 12}}=400\,000(\text{元})$$

最小相关总成本

$$TC^{*}=\sqrt{2\times 100\times 8\,000\,000\times 12\%\div 12}=4\,000(\text{元})$$

存货模式简单直观。但是，其缺点在于假定现金流出量均匀发生、现金持有成本与转换成本难于预测。

（三）现金周转模式

现金周转模式是根据企业现金周转期来确定最佳现金持有量的一种方法。

现金周转期是指企业从因购买原材料而支付应付账款的货币资金流出时起，至产成品销售而收回应收账款的货币资金流入为止这段时间。其中，从收到原材料，加工原材料，形成产成品，到将产成品卖出的这一时期，称为存货周转期；产品卖出后到收到顾客支付的货款的这一时期，称为应收账款周转期或收账期。

但是企业购买原材料并不用立即付款，这一延迟的付款时间段就是应付账款周转期或收账期。现金周转期，是指介于企业支付现金与收到现金之间的时间段，它等于经营周期减去应付账款周转期。具体循环过程如图8-3所示。

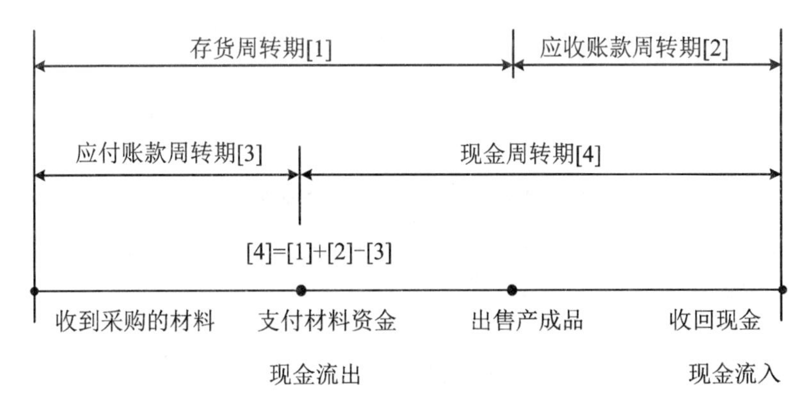

图8-3　现金周转期

$$\text{现金周转期}=\text{存货周转期}+\text{应收账款周转期}-\text{应付账款周转期}$$

$$\text{现金周转率(次)}=\frac{360}{\text{现金周转期}}$$

$$\text{最佳现金持有量}=\frac{\text{年现金需求总量}}{\text{现金周转率}}$$

即

$$\text{最佳现金持有量}=\frac{\text{企业年现金需求总额}}{360}\times\text{现金周转期}$$

其中，

存货周转期＝存货平均余额/每天的销货成本

应收账款周转期＝应收账款平均余额/每天的销货收入

应付账款周转期＝应付账款平均余额/每天的购货成本

总需求量一定条件下，现金周转期越短，企业现金持有量越小。所以，如果要减少现金周转期，可以从以下几个方面着手：加快制造与销售产成品来减少存货周转期，加速应收账款的回收来减少应收账款周转期，减缓支付应付账款来延长应付账款周转期。

【例8-3】 某企业预计存货周转期为90天，应收账款周转期为40天，应付账款周转期为30天，预计全年需要现金720万元，则：

现金周转期＝90＋40－30＝100(天)

最佳现金持有量＝(720/360)×100＝200(万元)

现金周转模式简单明了，易于计算。但这种方法假设材料采购与产品销售产生的现金流量在数量上一致，企业的生产经营过程在一年中持续稳定地进行，即现金需要和现金供应不存在不确定因素。如果以上条件不存在，则求得的最佳现金持有量将发生偏差。

（四）因素分析模式

所谓因素分析模式是指根据去年现金占用额和本年有关因素的变动情况，通过对不合理的现金占有进行调整来确定最佳现金余额的方法，该方法实用性较强。

最佳现金持有量＝(去年现金平均占用－不合理占用额)×(1±预计营业收入变动的%)

【例8-4】 光明企业2018年的现金实际平均占用额为2 000万元，经过分析，不合理的占有额为120万元，2019年预计销售收入可比去年增长10%。请利用因素分析模式计算企业最佳现金持有量。

解析

最佳货币资金持有量＝(2 000－120)×(1＋10%)＝2 068(万元)

四、现金日常管理

现金日常管理的目的在于加速现金周转速度，提高现金的使用效率。提高现金的使用效率主要有两个途径：一是尽量加速收款；二是严格控制现金支出，同时要尽量实现流量同步，才能达到这一目的。

（一）加速收款

加速收款主要是尽可能缩短从客户汇款或开出支票到企业收到客户汇款或将支票兑现的过程，常用方法有：

1. 邮政信箱法

此方法又称为“锁箱法”，指企业可在各主要城市租用专用的邮政信箱，并开立分行存款账户，授权当地银行每日开启信箱，在取得客户票据后立即予以结算，并通过电汇再将货款拨给企业所在地银行。该方法缩短了支票邮寄及在企业的停留时间，但成本较高。

2. 银行业务集中法

这是指企业不仅在其总部所在地设立收款中心，同时还根据客户地理位置的分布情况以及收款额大小，设立多个收款中心。企业销售商品时，由各地分设的收款中心开出账单，当地客户收到销售企业的账单后，直接汇款或邮寄支票给当地的收款中心，中心收款后，立即存入当地银行或委托银行办理支票兑现；当地银行在进行票据交换处理后立即转给企业总部所在地银行。这种方法缩短了账单和支票的往返邮寄和支票兑现所需的时间，但银行要求开设的账户应保持一定的存款余额，企业设立的收款中心越多，这部分"冻结资金"的机会成本越大。

此外，还有电汇、大额款项专人处理、企业内部往来多边结算、集中轧抵、减少不必要的账户等方法。

（二）延期支付

1. 使用现金浮游量

现金浮游量（又称净浮游量，Net Float）是指企业账户上的现金余额大于银行账户上所显示的现金余额的差额，这主要是因为在途支票未被支取。若能准确估计在途资金，就能减少银行账户的余额，从而进行更有效的投资。

2. 推迟支付应付款

在不影响信誉的情况下，尽可能推迟付款的时间。

3. 汇票代替支票

汇票分为商业承兑汇票和银行承兑汇票，与支票不同的是，承兑汇票并不是见票即付。这一方式的优点是它推迟了企业调入资金支付汇票的实际所需时间。这样企业就只需在银行中保持较少的现金余额。它的缺点是某些供应商可能并不喜欢用汇票付款，银行也不喜欢处理汇票，它们通常需要耗费更多的人力。同支票相比，银行会收取较高的手续费。

4. 改进员工工资支付模式

企业可以为支付工资专门设立一个工资账户，通过银行向职工支付工资。为了最大限度地减少工资账户的存款余额，企业要合理预测开出支付工资的支票到职工去银行兑现的具体时间。

5. 透支

企业开出支票的金额大于活期存款余额。它实际上是银行向企业提供的信用。透支的限额，由银行和企业共同商定。

6. 争取现金流出与现金流入同步

企业应尽量使现金流出与流入同步，这样就可以降低交易性现金余额，同时可以减少有价证券转换为现金的次数，提高现金的利用效率，节约转换成本。

7. 使用零余额账户

即企业与银行合作,保持一个主账户和一系列子账户。企业只在主账户保持一定的安全储备,而其一系列子账户不需要保持安全储备资金量。当从某个子账户签发的支票需要现金时,所需要的资金立即从主账户划拨过来,从而使更多的资金可以用作他用。

任务三　应收账款管理

一、应收账款的功能

企业通过提供商业信用,采取赊销、分期付款等方式可以扩大销售,增强竞争力,获得利润。应收账款可以为企业扩大销售和增加盈利,也会发生一定的成本,所以企业需要在应收账款所增加的盈利和所增加的成本之间作出权衡。应收账款管理就是分析赊销的条件,使赊销带来的盈利增加大于应收账款产生的成本费用增加,最终使企业利润增加,企业价值上升。应收账款的功能指其在生产经营中的作用,主要有以下两方面功能:

(一)增加销售

在激烈的市场竞争中,通过提供赊销可有效地促进销售。因为企业提供赊销不仅向顾客提供了商品,也在一定时间内向顾客提供了购买该商品的资金,顾客将从赊销中得到好处。所以赊销会使企业销售收入和利润增加,特别是在企业销售新产品、开拓新市场时,赊销更具有重要的意义。

提供赊销所增加的产品一般不增加固定成本,因此赊销所增加的收益等于增加的销量与单位边际贡献的乘积,计算公式如下:

增加的收益=增加的销售量×单位边际贡献

(二)减少存货

企业持有一定存货会相应地占用资金,形成仓储费用、管理费用等产生成本,而赊销则可避免这些成本的产生。所以,无论是季节性生产企业还是非季节性生产企业,当产成品存货较多时,一般会采用优惠的信用条件进行赊销,将存货转化为应收账款,减少产成品存货,存货资金占用成本、仓储与管理费用等会相应减少,从而提高企业收益。

应收账款管理就是分析赊销,即信用销售的条件,使赊销带来的收益增加大于应收账款投资增加所产生的费用增加,最终使企业现金收入增加,企业价值上升。图8-4表明了影响应收账款投资的各个因素。

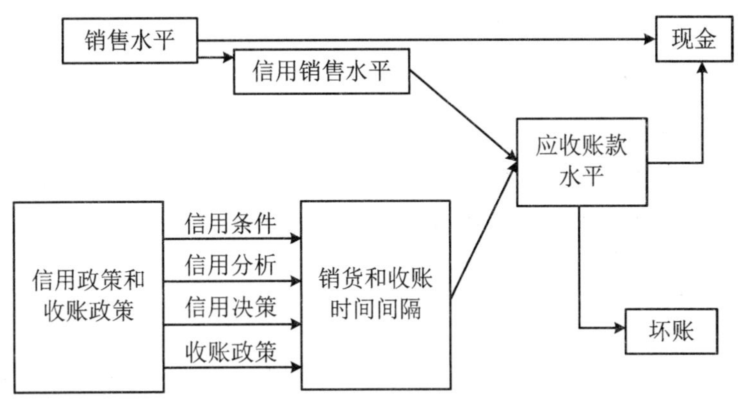

图8-4 影响应收账款的因素

二、应收账款的成本

采取赊销方式就必然产生应收账款，企业持有应收账款主要有三项成本：机会成本、管理成本和坏账成本。

（一）机会成本

应收账款的机会成本是指企业的资金被应收账款占用所丧失的潜在收益，它与应收账款的数额有关，与应收账款占用时间有关，也与参照利率有关。参照利率可用两种思维方法确定：假定资金没被应收账款占用，即应收账款款项已经收讫。那么，这些资金可用于投资，取得投资收益，参照利率就是投资收益率；这些资金可扣减筹资数额，供企业在经营中使用而减少筹资用资的资金成本，参照利率就是企业的平均资金成本率。计算步骤如下：

（1）计算应收账款周转率

应收账款周转率＝日历天数÷平均收账天数

（2）计算应收账款平均余额

应收账款平均余额＝年赊销额÷应收账款周转率

（3）计算维持赊销业务所需要的资金

维持赊销业务所需要的资金＝应收账款平均余额×（变动成本÷销售收入）

＝应收账款平均余额×变动成本率

（4）计算应收账款的机会成本

应收账款的机会成本＝维持赊销业务所需要的资金×资金成本率

【例8-5】 某企业预计年赊销额6 000 000元，收账天数（或应收账款周转期）为60天，变动成本率60%，资金成本率10%，则

应收账款周转率＝360÷60＝6（次）

应收账款平均余额＝6 000 000÷6＝1 000 000（元）

维持赊销业务所需要的资金＝1 000 000×60%＝600 000（元）

应收账款的机会成本＝600 000×10%＝60 000（元）

这表明，企业投放600 000元的资金可维持6 000 000元的赊销业务，相当于垫支资金的

10倍，这在很大程度上取决于应收账款的周转速度。而机会成本的大小则与维持赊销业务所需要的资金数量密切相关。

（二）管理成本

应收账款的管理成本是指企业对应收账款进行管理而发生的开支。管理成本包括对客户的信用调查费用、应收账款记录分析费用、催收账款费用等。在应收账款一定数额范围内管理成本一般为固定成本。

（三）坏账成本

坏账成本是指应收账款因故不能收回而发生的损失。存在应收账款就难以避免坏账的发生，这会给企业带来不稳定与风险，企业可按有关规定以应收账款余额的一定比例提取坏账准备。坏账成本一般与应收账款的数额大小有关，与应收账款的拖欠时间有关。

坏账成本一般用下列公式测算：

应收账款的坏账成本＝赊销额×预计坏账损失率

三、信用政策

加强应收账款管理，提高应收账款投资效益的重要前提就是制定合理的信用政策。信用政策即应收账款的管理政策，是指企业对应收账款投资进行规划与控制而确立的基本原则与行为规范，包括信用标准、信用条件和收账政策等方面。

（一）信用标准

信用标准是客户获得企业商业信用所应具备的最低条件，是企业愿意承担的最大付款风险的金额，一般以预期的坏账损失率表示。如信用标准过于严格，企业的应收账款可能很少，将使企业丧失向信誉较好的客户销售产品的机会；反之，如信用标准太宽松，虽然其增加销售收入的可能性增大，但也会因客户拒付而造成坏账损失的机会增多。因此，企业需针对不同情况确定合理的信用标准。同时，应规定一个信用额度，即规定该客户在任何时候可以赊欠的最大限额。

信用标准的主要确定依据是客户的信用状况，一般采用“5C”系统评判。“5C”是指：

1. 品德（Character）

指客户愿意履行其付款承诺的可能性，它直接影响到应收账款的回收速度、额度、收账成本，主要根据客户过去的信用记录来确定。

2. 能力（Capacity）

指客户偿还货款的能力，主要根据客户的经营状况和资产状况来判断。

3. 资本（Capital）

指客户的企业的财务状况，可以通过企业的财务报表和比率分析得出。

4. 抵押（Collateral）

指客户用其资产对其所承诺的付款进行的担保，对于有资产抵押的客户可适当放宽信用条件，对于没有信用记录和有不良信用记录的客户来讲，以一定的合法资产作为抵押是必要的。

5. 条件(Condition)

指能够对客户的偿付能力产生影响的社会经济发展的一般趋势,以及某些地区或某些领域的特殊发展和变动。

(二) 信用条件

信用条件是销货企业要求赊购客户支付货款的条件,包括信用期限、折扣期限和现金折扣。信用条件的基本表现方式是"3/10,n/30",是指发票开出后10天内付款,可享受3%的现金折扣;如果放弃折扣优惠,则必须在30天内付清。此时,信用期限是30天,折扣期限是10天,现金折扣率是3%。

1. 信用期限

信用期限是企业为顾客规定的最长付款时间。通常信用期限政策的制定既要考虑市场竞争激烈程度、企业自身资金实力、买方拥有货物的时间和交易传统等因素,也要考虑成本效益情况。信用期限过短,不足以吸引客户,在竞争中会使销售额下降;信用期限过长,对销售额固然有利,但如果盲目放宽信用期,可能影响资金周转,使得相应的费用增加,甚至造成利润的减少。所以,合理的信用期限应当着眼于使企业的总收益达到最大。

【例 8-6】 某企业预测年度赊销额为1 200万元,其信用条件是n/30,变动成本率为45%,资本成本率为10%。假定企业收账政策不变,固定成本总额不变。该企业准备了三个信用期限的备选方案:A方案是维持n/30的信用条件;B方案是将信用条件放宽至n/60;C方案是将信用条件放宽至n/90。

各备选估计的赊销水平、坏账损失率和收账费用等有关数据如表8-2所示:

表8-2　信用期限备选方案表

单位:万元

项　目	A方案	B方案	C方案
年赊销额	1 200	1 320	1 400
平均收账天数	30	60	90
应收账款周转率	360÷30=12	360÷60=6	360÷90=4
应收账款平均余额	1 200÷12=100	1 320÷6=220	1 400÷4=350
维持赊销业务所需资金	100×45%=45	220×45%=99	35×45%=157.5
坏账损失率	2%	3%	6%
坏账损失	1 200×2%=24	1 320×3%=39.6	1 400×6%=84
收账费用	24	40	80

根据上述资料,计算如下指标(见表8-3)。

表8-3　信用期限评价表

单位:万元

项　目	A方案	B方案	C方案
年赊销额	1 200	1 320	1 400
变动成本	540	594	630
扣减信用成本前的收益	660	726	770
信用成本:			
应收账款机会成本	45×10%=4.5	99×10%=9.9	157.5×10%=15.75
坏账损失	24	39.6	84
收账费用	24	40	80
小计	52.5	89.5	179.75
扣减信用成本后的收益	607.5	636.5	590.25

根据计算结果,B方案的收益最大,应选择B方案,将信用期限放宽至60天。

2. 现金折扣和折扣期限

现金折扣是在顾客提前付款时给予的优惠,一般为发票金额的1%~5%。折扣期限是为顾客规定的可享受现金折扣的付款时间。一般情况下折扣期限越短,折扣率越大,反之则越小。建立现金折扣政策的主要目的是为了吸引客户为享受优惠而提前付款,缩短平均收现期,但现金折扣实际上是对产品售价的扣减。因此,企业提供现金折扣的程度和折扣期限的长短,应着重考虑提供折扣后所得的收益是否大于现金折扣的成本。

【例8-7】　仍以【例8-6】资料为例,若企业为加速应收账款的回收,决定在B方案的基础上将信用条件改为"2/10,1/20,*n*/60"(D方案),估计约有60%的客户会利用2%的折扣;15%的客户利用1%的折扣。坏账损失率降为1%,收账费用降为30万元。则D方案的机会成本、坏账损失和现金折扣计算如下:

平均收账天数$=60\%\times10+15\%\times20+(1-60\%-15\%)\times60=24$(天)

应收账款周转率$=360\div24=15$(次)

应收账款平均余额$=1\,320\div15=88$(万元)

维持赊销业务所需要的资金$=88\times45\%=39.6$(万元)

应收账款的机会成本$=39.6\times10\%=3.96$(万元)

坏账损失$=1\,320\times1\%=13.2$(万元)

现金折扣$=1\,320\times(2\%\times60\%+1\%\times15\%)=17.82$(万元)

根据上述指标,可计算D方案的收益:

扣减信用成本前的收益＝年赊销额×(1－变动成本率)－现金折扣
＝1 320×(1－45%)－17.82
＝708.1(万元)
扣减信用成本后的收益＝扣减信用成本前的收益－机会成本－坏账损失－收账费用
＝708.1－3.96－13.2－30
＝660.94(万元)

计算结果表明,相对于B方案,D方案的收益增加24.44万元,因此,应最终选择D方案,实行现金折扣政策。

(三) 收款政策

收账政策(或收账方针)是企业针对客户违反信用条件,拖欠甚至拒付账款所采取的策略和措施,是客户未按事先约定在信用期内付款时企业所采取的事后补救方法。一般情况下,客户会在企业规定的信用期到来之前支付货款,只有当客户的付款期超过了信用期限,企业才需要采取催收行动。因此,收账政策有时仅指企业催收逾期应收账款的程序。

企业在选取收账政策时,应视逾期时间长短、欠缴金额大小、不同的客户、不同的产品,参考信用条件灵活运用。对于逾期时间较短的客户,可通过信函、电话等方式催收;对于情形较严重者,可派人面谈,必要时还可提请有关部门仲裁或提请诉讼等。

收账政策会影响企业收益。企业采取积极的收账政策,会减少应收账款及坏账损失,但有可能增加收账费用;反之,若采取消极的收账政策,会增加应收账款占用额和坏账损失。因此,制定收账政策需要在增加收账费用与减少坏账损失、减少应收账款机会成本之间进行权衡,若前者小于后者,则说明制定的收账政策可取。

四、应收账款日常管理

对于已经发生的应收账款,企业还应进一步强化日常管理工作,采取有力的措施进行分析、控制,及时发现问题,提前采取对策。

(一) 调查、评估客户信用

信用调查是指收集和整理反映客户信用状况有关资料的工作。信用调查是企业应收账款日常管理的基础,是正确评价客户信用的前提条件。企业对顾客进行信用调查主要有两种方法:

1. 直接调查

直接调查是指调查人员通过与被调查单位进行直接接触,通过当面采访、询问、观看等方式获取信用资料的一种方法。直接调查可以保证收集资料的准确性和及时性,但也有一定的局限性,获得的往往是感性资料,同时若不能得到被调查单位的合作,则会使调查工作难以开展。

收集好信用资料以后,就需要对这些资料进行分析、评价。企业一般采用“5C”系统来评价,并对客户信用进行等级划分。在信用等级方面,目前主要有两种:一种是三类九等,即将企业的信用状况分为 AAA、AA、A、BBB、BB、B、CCC、CC、C 九等,其中AAA为信用最优等级,C 为信用最低等级。另一种是三级制,即分为 AAA、AA、A 三个信用等级。

2. 间接调查

间接调查是以被调查单位以及其他单位保存的有关原始记录和核算资料为基础,通过加工整理获得被调查单位信用资料的一种方法。这些资料主要来自以下几个方面:

(1) 财务报表。通过财务报表分析可以基本掌握一个企业的财务状况和信用状况。

(2) 信用评估机构。对于专门的信用评估部门,因为它们的评估方法先进,评估调查细致,评估程序合理,所以可信度较高。在我国,目前的信用评估机构有三种形式:第一种是独立的社会评级机构,它们只根据自身的业务吸收有关专家参加,不受行政干预和集团利益的牵制,独立自主地开办信用评估业务;第二种是政策性银行、政策性保险公司负责组织的评估机构,一般由银行、保险公司有关人员和各部门专家进行评估;第三种是由商业银行、商业性保险公司组织的评估机构,由商业性银行、商业性保险公司组织专家对其客户进行评估。

(3) 银行。银行是信用资料的一个重要来源,许多银行都设有信用部,为其顾客服务,并负责对其顾客信用状况进行记录、评估。但银行的资料一般仅愿意在内部及同行间进行交流,而不愿向其他单位提供。

(4) 其他途径。如财税部门、工商管理部门、消费者协会等机构都可能提供相关的信用状况资料。

(二) 建立应收账款保理

应收账款保理是企业将赊销形成的未到期应收账款,在满足一定条件的情况下转让给保理商,以获得流动资金,加快资金的周转。保理可以分为有追索权保理(非买断型)和无追索权保理(买断型)、明保理和暗保理、折扣保理和到期保理。

应收账款保理对于企业而言,其财务管理作用主要体现在:

1. 融资功能

应收账款保理,其实质也是一种利用未到期应收账款这种流动资产作为抵押从而获得银行短期借款的一种融资方式。对于那些规模小、销售业务少的企业来说,向银行贷款将会受到很大的限制,而自身的原始积累又不能支撑企业的高速发展,通过保理业务进行融资可能是企业较为明智的选择。

2. 减轻企业应收账款的管理负担

推行保理业务是市场分工思想的运用,面对市场的激烈竞争,企业可以把应收账款让与专门的保理商进行管理,使企业从应收账款的管理之中解脱出来,由专业的保理企业对销售企业的应收账款进行管理,他们具备专业技术人员和业务运行机制,会详细地对销售客户的信用状况进行调查,建立一套有效的收款政策,及时收回账款,使企业减轻财务管理负担,提高财务管理效率。

3. 减少坏账损失、降低经营风险

企业只要有应收账款就有发生坏账的可能性,以往应收账款的风险都是由企业单独承担,而采用应收账款保理后,一方面可以提供信用风险控制与坏账担保,帮助企业降低其客户违约的风险；另一方面可以借助专业的保理商去催收账款，能够在很大程度上降低坏账发生的可能性，有效地控制坏账风险。

4. 改善企业的财务结构

应收账款保理业务是将企业的应收账款与货币资金进行置换。企业通过出售应收账款，将流动性稍弱的应收账款置换为具有高度流动性的货币资金，增强了企业资产的流动性，提高了企业的债务清偿能力。

企业对应收账款要落实专人做好备查记录，通过编制应收账款账龄分析表，实施对应收账款收回情况的监督，见表8-4：

表8-4　应收账款账龄分析表

应收账款账龄	账户数量	金额(万元)	比重(%)
信用期内	100	80	42.11
超过信用期1个月内	50	40	21.05
超过信用期2个月内	40	30	15.79
超过信用期3个月内	30	20	10.53
超过信用期半年内	20	10	5.26
超过信用期1年内	10	5	2.63
超过信用期1年以上	15	5	2.63
合　计	265	190	100

从账龄分析表可以看到企业的应收账款在信用期内及超过信用期各时间档次的金额及比重，即账龄结构。一般来说逾期拖欠时间越长，收回的难度越大，也越可能形成坏账。通过账龄结构分析，做好信用记录，可以研究与制定新的信用政策和收账政策。

(三) 加强收账的日常管理

应收账款发生后，企业应采取各种措施，尽量争取按期收回款项，否则会因拖欠时间过长而发生坏账，使企业蒙受损失。因此，企业必须在对收账的收益与成本进行比较分析的基础上，制定切实可行的收账政策。通常企业可以采取寄发账单、电话催收、派人上门催收、法律诉讼等方式催收应收账款，然而催收账款要发生费用，某些催款方式的费用还会很高。一般来说，收账的花费越大，收账措施越有力，可收回的账款越多，坏账损失也就越小。因此制定收账政策，要在收账费用和所减少坏账损失之间作出权衡。制定有效、得当的收账政策在很大程度上依赖有关人员的经验。从财务管理的角度讲，也有一些数量化的方法可以参照。根据应收账款总成本最小化的原则，可以通过比较各收账方案成本的大小对其加以选择。

任务四　存货管理

一、存货管理目标

存货是指企业在生产经营过程中为销售或者耗用而储备的物资,包括材料、燃料、低值易耗品、在产品、半成品、产成品、商品等。存货管理水平的高低直接影响着企业的生产经营能否顺利进行,并最终影响企业的收益、风险等状况。因此,存货管理是财务管理的一项重要内容。

企业持有存货的原因,一方面是为了保证生产或销售的经营需要,另一方面是出自价格的考虑,零购物资的价格往往较高,而整批购买在价格上有优惠。但是过多的存货要占用较多资金,并且会增加包括仓储费、保险费、维护费、管理人员工资在内的各项开支,因此,存货管理的目标,就是在保证生产或销售经营需要的前提下,最大限度地降低存货成本。具体包括以下几个方面:

(一) 保证生产正常进行

生产过程中需要的原材料和在产品,是生产的物质保证。为保障生产的正常进行,必须储备一定量的原材料,否则可能会造成生产中断、停工待料现象。尽管当前部分企业的存货管理已经实现计算机自动化管理,但要实现存货为零的目标实属不易。

(二) 有利于销售

一定数量的存货储备能够增加企业在生产和销售方面的机动性和适应市场变化的能力。当企业市场需求量增加时,若产品储备不足就有可能失去销售良机。同时,由于顾客为节约采购成本和其他费用,一般可能成批采购;企业为了达到运输上的最优批量也会组织成批发运,所以保持一定量的存货是有利于市场销售的。

(三) 便于维持均衡生产,降低产品成本

有些企业产品属于季节性产品或者需求波动较大的产品,此时若根据需求状况组织生产,则有时生产能力可能得不到充分利用,有时又超负荷生产,造成产品成本的上升。为了降低生产成本,实现均衡生产,就要储备一定的产成品存货,并相应地保持一定的原材料存货。

(四) 降低存货取得成本

一般情况下,当企业进行采购时,进货总成本与采购物资的单价和采购次数有密切关系。而许多供应商为鼓励客户多购买其产品,往往在客户采购量达到一定数量时,给予价格折扣,所以企业通过大批量集中进货,既可以享受价格折扣,降低购置成本,也可以因减少订货次数,降低订货成本,使总的进货成本降低。

(五) 防止意外事件的发生

企业在采购、运输、生产和销售过程中，都可能发生意料之外的事故，保持必要的存货保险储备，可以避免和减少意外事件的损失。

二、存货成本

为充分发挥存货的固有功能，企业必须储备一定的存货。但企业持有存货，必然会发生一定的成本支出。存货的成本主要有进货成本、储存成本和缺货成本，如图8-5所示。

- 进货成本
  - 进货费用
    - 订货固定成本(F_1)与订货次数无关
    - 订货变动成本($A/Q \times B$)与订货次数有关
  - 进价成本:指存货本身的价值$=A \times P$
- 储存成本
  - 固定储存成本(F_2)，与储存数量无关
  - 变动储存成本($C \times Q/2$)，与储存数量有关
- 缺货成本:缺货成本(TCs)是指由于存货供应中断而造成的损失

图8-5　存货成本关系

(一) 进货成本

进货成本是指存货的取得成本，主要由存货进价和进货费用构成。存货的进价是指存货本身的价值，等于存货进货数量与单价的乘积，又称为购置成本。在一定时期进货总量既定、物价不变且无采购数量折扣的条件下，无论企业采购次数如何变动，存货的进价成本通常保持相对稳定。若存货进货数量用A表示，单价用P表示，则

$$\text{购置成本}=A\times P$$

进货费用又称订货成本，是指企业为组织进货而开支的费用，如与存货采购有关的办公费、差旅费、邮资、电报电话费、运输费、检验费、入库搬运费等支出，也称为进货费用。订货成本有一部分与订货次数无关，如常设采购机构的基本开支等，称为订货的固定成本，用F_1表示，这类固定性进货费用属于决策的无关成本；另一部分与订货次数有关，如差旅费、邮资、通信费等，与进货次数成正比例变动，这类变动性进货费用属于决策的相关成本。每次订货的变动成本用B表示。订货次数等于存货年需要量A与每次进货量Q之商。

订货成本的计算公式为

$$\begin{aligned}\text{进货成本} &= \text{购置成本} + \text{订货变动成本} + \text{订货固定成本} \\ &= A \times P + \frac{A}{Q} \times B + F_1\end{aligned}$$

(二) 储存成本

储存成本是指企业为持有存货而发生的费用，主要包括存货占用资金所应计的利息、仓库费用、存货破损变质损失、存货的保险费用等。储存成本按照与储存数额的关系也分为固定成本和变动成本。固定成本与存货数量的多少无关，如仓库折旧、仓库职工的固定月工资等，是决策无关成本，常用F_2表示；变动成本则与存货的数量有关，如存货资金的应计利息、存货的破损和变质损失、存货的保险费用等，属于决策的相关成本。单位变动储存成本用C

来表示。储存成本的计算公式为

$$\begin{aligned}储存成本 &= 固定储存成本 + 变动储存成本 \\ &= F_2 + C \times \frac{Q}{2}\end{aligned}$$

（三）缺货成本

缺货成本是指因存货不足而给企业造成的损失，主要包括材料供应中断造成的停工损失、产成品库存缺货造成的拖欠发货损失和丧失销售机会的损失，还应包括需要主观估计的商誉损失等有形和无形的损失。如果生产企业以紧急采购代用材料解决库存材料中断之急，那么缺货成本表现为紧急额外购入成本，而紧急额外购入的开支会大于正常采购的开支。缺货成本能否作为决策的相关成本，应视企业是否允许出现存货短缺的不同情形而定。若允许缺货，则缺货成本便与存货数量反向相关，即属于决策相关成本；反之，若企业不允许发生缺货情形，此时缺货成本为零，也就无需加以考虑。但在实际工作中，缺货成本因其计量十分困难常常不予考虑，但如果缺货成本能够准确计量的话，也可以在存货决策中考虑缺货成本。缺货成本用TC_S表示。

如果以TC来表示储备存货的总成本，它的计算公式为

$$TC = A \times P + \frac{A}{Q} \times B + F_1 + F_2 + C \times \frac{Q}{2} + TC_S$$

三、最优存货量的确定

实现存货管理的目标，关键在于确定一个最佳的存货数量，对存货数量加以控制，使存货的总成本最低。在企业存货管理和控制的实践过程中，逐步形成了一些有效的存货控制方法，最主要的方法是存货经济批量模型。

（一）经济进货批量的基本模式

基本经济进货批量模型的确定，是以如下假设为前提的：

(1) 企业一定时期的进货总量可以较为准确地预测；

(2) 存货的耗用或者销售比较均衡，如图8-6所示；

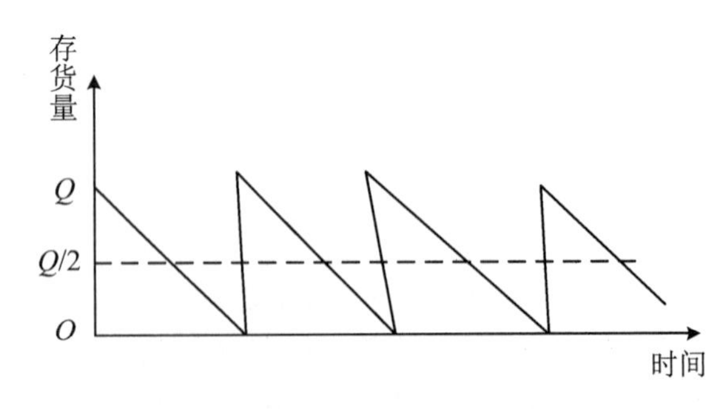

图8-6　基本假设下的存货数量变动

(3) 存货的价格稳定，且不存在数量折扣，进货日期完全由企业自行决定，企业能够及

时补充存货,即需要存货时便可立即取得存货;

(4) 仓储条件及所需现金不受限制;

(5) 不允许出现缺货情形;

(6) 所需存货市场供应充足,不会因买不到所需存货而影响其他方面。

在满足以上假设的前提下,依据存货成本关系(见图8-6),存货的进价成本、进货的固定费用和储存固定成本均为常量,因为不存在缺货,短缺成本也不是决策的相关成本。此时,经济批量考虑的仅仅是相关成本,即进货的变动成本(可简称进货费用)与储存变动成本(可简称储存成本)之和最低(见图8-7)。

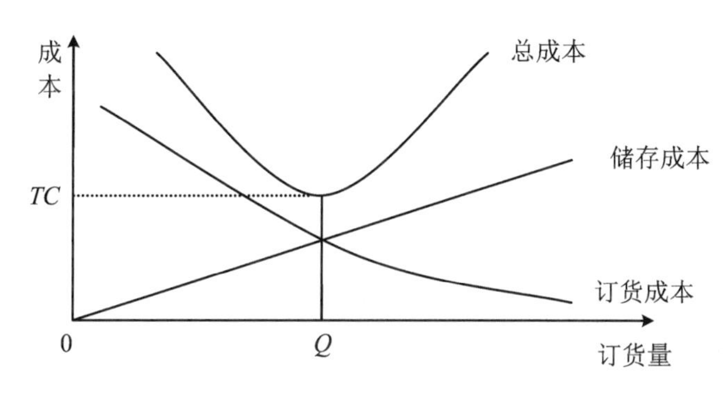

图8-7　经济订购批量

此时,经济进货批量下的存货总成本的计算公式可表示为

变动进货费用＝年进货次数×每次进货费用＝$(A/Q)\times B$

变动储存成本＝年平均库存×单位储存成本＝$(Q/2)\times C$

相关总成本＝变动进货费用＋变动储存成本

$TC=(A/Q)\times B+(Q/2)\times C$

求T_C对Q的导数得

$$TC'=\left(\frac{A}{Q}B+\frac{Q}{2}C\right)'=\frac{C}{2}-\frac{AB}{Q^2}$$

令$T'_C=0$,则

$$\text{经济批量}(Q^*)=\sqrt{\frac{2AB}{C}}$$

如果用字母来表示,假设:Q^*为经济进货批量,A为某种存货的全年需要量,B为平均每次的进货费用,C为存货的年度单位储存成本,TC表示存货的相关总成本,P为进货单价,I表示经济进货批量平均占用资金,N表示年度最佳进货批次。

利用数学原理可求出经济进货批量的基本模型,并导出最低存货相关总成本等的计算公式如下:

$$存货的经济进货批量(Q^*)=\sqrt{\frac{2AB}{C}}$$

$$经济进货批量的存货总成本(TC)=\sqrt{2ABC}$$

$$经济进货批量的平均占用资金(I)=\frac{Q^*}{2}\times P$$

$$年度最佳进货批次(N)=\frac{A}{Q^*}$$

【例8-8】 假设光明企业每年所需的原材料为720千克，单位成本为20元／千克。每次订货的变动成本为40元，单位变动储存成本为4元/千克。一年按360天计算。则$A=720$千克，$B=40$元，$C=4$元，$P=20$元。

$$经济订货批量(Q^*)=\sqrt{\frac{2AB}{C}}=\sqrt{\frac{2\times 720\times 40}{4}}=120(千克)$$

$$每年最佳订货次数(N)=720/1\,20=6(次)$$

$$最佳订货周期=360/6=60(天)$$

$$与经济订货批量相关的存货总成本=\sqrt{2\times 720\times 40\times 4}=480(元)$$

$$在经济订货批量下，变动订货成本=\frac{720}{120}\times 40=240(元)$$

$$变动储存成本=\frac{120}{2}\times 4=240(元)$$

有许多方法可以用来扩展经济批量基本模型，以使其适用范围更广。事实上，许多存货模型研究都立足于经济批量基本模型，只是扩展了其假设。

（二）有数量折扣的经济批量模型

在上述经济批量分析中，假定价格不随年需求量而变动，但实际工作中，许多企业在销售时都有批量折扣，对大批量采购在价格上给予一定的优惠。在这种情况下，除了考虑订货成本和储存成本外，还应考虑购置成本。

实行数量折扣的经济进货批量具体步骤如下：

(1) 按照基本经济进货批量模式确定经济进货批量；

(2) 计算按经济进货批量进货时的存货总成本；

(3) 按给予数量折扣的不同批量进货时，计算存货总成本；

(4) 比较不同批量进货时的存货总成本。

此时，最佳进货批量就是使存货总成本最低的进货批量。

【例8-9】 假设【例8-8】中如果一次订购大于或等于240千克，可给予2%的批量折扣（折扣率用Z表示），请问能否大批量订货？

解析

此时，如果确定最优订购批量就要按以下两种情况分别计算订货成本、储存成本和购置成本三种成本的总数。

(1) 按经济批量采购，不取得数量折扣，则

$$TC=\frac{A}{Q}B+\frac{Q}{2}C+AP$$
$$=(720/120)\times 40+(120/2)\times 4+720\times 20$$
$$=14\,880(\text{元})$$

(2) 不按经济批量采购，取得数量折扣。若想取得数量折扣，必须按240千克订购量，则

$$TC=\frac{A}{Q}B+\frac{Q}{2}C+AP(1-Z)$$
$$=(720/240)\times 40+(240/2)\times 4+720\times 20\times(1-2\%)$$
$$=14\,712(\text{元})$$

将以上两种情况下的总成本进行对比可知，订购量240千克时成本低，应以240千克作为订货量。

四、存货管理方法

(一) 适时制库存控制系统

适时制库存控制系统又称零库存管理、看板管理系统。它最早由丰田公司提出并将其应用于实践，是指制造企业事先和供应商和客户做好协调：只有当制造企业在生产过程中需要原料或零件时，供应商才会将原料或零件送来，每当产品生产出来就被客户拉走。这样，制造企业的存货持有水平就可以大大下降，企业的物资供应、生产和销售形成连续的同步运动过程。显然，适时制库存控制系统需要的是稳定而标准的生产程序以及诚信的供应商。否则，任何一环出现差错都将导致整个生产线的停止。目前，已有越来越多的企业利用适时制库存控制系统减少甚至消除对存货的需求，即实行零库存管理。比如沃尔玛、丰田、海尔等。适时制库存控制系统进一步的发展被应用于企业整个生产管理的过程中，集开发、生产、库存和分销于一体，大大提高了企业运营管理效率。

(二) ABC控制法

企业存货品种繁多，尤其是大中型企业的存货往往多达上万种甚至数十万种。实际上，不同的存货对企业财务目标的实现具有不同的作用。有的存货尽管品种数量很少，但金额巨大，如果管理不善，将给企业造成巨大的损失。相反，有的存货虽然品种数量繁多，但金额微小，即使管理当中出现一些问题，也不至于对企业产生较大的影响。因此，无论是从能力角度还是从经济角度看，企业均不可能也没有必要对所有存货不分主次地严加管理。ABC分类管理正是基于这一考虑而提出的，其目的在于使企业分清主次，突出重点，以提高存货资金管理的整体效果。

所谓的ABC分类管理就是按照一定的标准，将企业的存货划分为A、B、C三类，分别实行按品种重点管理、按类别一般控制和按总额灵活掌握的存货管理方法。

1. 存货ABC分类的标准

分类的标准主要有两个：一是金额标准，二是品种数量标准。其中金额标准是最基本的，品种数量标准仅作为参考。

A类存货的特点是金额巨大，但品种数量较少；

B类存货金额一般,品种数量相对较多;

C类存货品种数量繁多,但价值金额却很小。

一般而言,三类存货的金额比重大致为$A:B:C=0.7:0.2:0.1$,而品种数量比重大致为$A:B:C=0.1:0.2:0.7$。可见,由于A类存货占用着企业绝大多数的资金,只要能够控制好A类存货,基本上也就不会出现较大的问题。同时,由于A类存货品种数量较少,企业完全有能力按照每一个品种进行管理。B类存货金额相对较小,企业不必像对待A类存货那样花费太多的精力,同时,有能力对每一个具体品种进行控制,因此可以通过划分等级的方式进行管理。C类存货尽管品种数量繁多,但其所占金额却很小,对此,企业只要把握一个总金额也就完全可以了。不过,在此需要提醒的是,由于C类存货大多与消费者的日常生活息息相关,虽然这类存货的直接经济效益对企业并不重要,但如果企业能够在服务态度、花色品种、存货质量、价格方面加以重视的话,其间接经济效益将是无法估量的。相反,企业一旦忽视了这些方面的问题,其间接的经济损失同样也是无法估量的。

2. A、B、C三类存货的具体划分

具体过程可以分三个步骤:

(1) 列示企业全部存货的明细表,并计算出每种存货的价值总额及占全部存货金额的百分比;

(2) 按照金额由大到小进行排序并累加金额百分比;

(3) 当金额百分比累加到70%左右时,以上存货视为A类存货;百分比介于70%~90%之间的存货作B类存货;其余则为C类存货。

3. A、B、C分类法在存货管理中的运用

对存货进行A、B、C分类,可以使企业分清主次,采取相应的对策进行有效的管理、控制。企业在组织经济进货批量、储存期分析时,对A、B两类存货可以分别按品种、类别进行。对C类存货只需要加以灵活掌握即可,一般不必进行上述各方面的测算与分析。此外,企业还可以通过研究各类消费者的消费倾向、档次等,对各档次存货的需要量(额)加以估算,并购进相应数量的存货。这样,能够使存货的购进与销售工作有效地建立在市场调查的基础上,从而收到良好的控制效果。

任务五　流动负债管理

流动负债主要有两种主要来源:短期借款和商业信用,各种来源具有不同的获取速度、灵活性、成本和风险。

一、短期借款

企业的借款通常按其流动性或偿还时间的长短,划分为短期借款和长期借款。短期借款是指企业向银行或其他金融机构借入的期限在1年以内(含1年)的各种借款。

目前我国短期借款按照目的和用途分为生产周转借款、临时借款、结算借款、票据贴现借款等。按照国际惯例，短期借款往往按偿还方式不同分为一次性偿还借款和分期偿还借款；按利息支付方式不同分为收款法借款、贴现法借款和加息法借款；按有无担保分为抵押借款和信用借款。

短期借款可以随企业的需要安排，便于灵活使用，但其突出的缺点是短期内要归还，且可能会附带很多附加条件。

（一）短期借款的信用条件

银行等金融机构对企业贷款时，通常会附带一定的信用条件。短期借款所附带的一些信用条件主要有：

1. 信贷额度

信贷额度即贷款限额，是借款企业与银行在协议中规定的借款最高限额，信贷额度的期限通常为1年。一般情况下，在信贷额度内，企业可以随时按需要支用借款。但是，银行并不承担必须支付全部信贷数额的义务。如果企业信誉恶化，即使在信贷限额内，企业也可能得不到借款。此时，银行不会承担法律责任。

2. 周转信贷协定

周转信贷协定是银行具有法律义务地承诺提供不超过某一最高限额的贷款协定。在协定的有效期内，只要企业借款总额未超过最高限额，银行必须满足企业任何时候提出的借款要求。企业要享用周转信贷协定，通常要对贷款限额的未使用部分付给银行一笔承诺费用。

【例 8-10】 某企业与银行商定的周转信贷额度为5 000万元，年度内实际使用了2 800万元，承诺率为0.5%，企业应向银行支付的承诺费为

$$\text{信贷承诺费}=(5\,000-2\,800)\times 0.5\%=11(\text{万元})$$

周转信贷协定的有效期通常超过1年，但实际上贷款每几个月发放一次，所以这种信贷具有短期借款和长期借款的双重特点。

3. 补偿性余额

补偿性余额是银行要求借款企业在银行中保持按贷款限额或实际借用额一定比例（通常为10%～20%）计算的最低存款余额。对于银行来说，补偿性余额有助于降低贷款风险，补偿其可能遭受的风险；对借款企业来说，补偿性余额则提高了借款的实际利率，加重了企业负担。

【例 8-11】 某企业向银行借款800万元，利率为6%，银行要求保留10%的补偿性余额，则企业实际可动用的贷款为720万元，该借款的实际利率为

$$\text{实际借款利率}=\frac{800\times 6\%}{720}=\frac{6\%}{1-10\%}=6.67\%$$

4. 借款抵押

为了降低风险，银行发放贷款时往往需要有抵押品担保。短期借款的抵押品主要有应收账款、存货、应收票据、债券等。银行将根据抵押品面值的30%～90%发放贷款，具体比例取决于抵押品的变现能力和银行对风险的态度。

5. 偿还条件

贷款的偿还有到期一次偿还和在贷款期内定期(每月、季)等额偿还两种方式。一般来讲,企业不希望采用后一种偿还方式,因为这会提高借款的实际年利率;而银行不希望采用前一种偿还方式,因为这会加重企业的财务负担,增加企业的拒付风险,同时会降低实际贷款利率。

6. 其他承诺

银行有时还会要求企业为取得贷款而做出其他承诺,如及时提供财务报表、保持适当的财务水平(如特定的流动比率)等。如企业违背所作出的承诺,银行可要求企业立即偿还全部贷款。

(二) 短期借款的成本

短期借款的成本主要包括利息、手续费等。短期借款成本的高低主要取决于贷款利率的高低和利息的支付方式。短期贷款利息的支付方式有收款法、贴现法和加息法三种,付息方式不同,短期借款成本计算也有所不同。

1. 收款法

收款法是指在借款到期时向银行支付利息的方法。银行向企业贷款一般都是采用这种方法收取利息。采用收款法时,短期贷款的实际利率就是名义利率。

2. 贴现法

贴现法又称折价法,是指银行向企业发放贷款时,先从本金中扣除利息部分,到期时借款企业偿还全部贷款本金的一种利息支付方法。在这种利息支付方式下,企业可以利用的贷款只是本金减去利息部分后的差额,因此,贷款的实际利率要高于名义利率。

【例8-12】 某企业从银行取得借款200万元,期限1年,利率6%,利息12万元。按贴现法付息,企业实际可动用的贷款为188万元,该借款的实际利率为

$$\text{实际借款利率}=\frac{200\times 6\%}{188}=\frac{6\%}{1-6\%}=6.38\%$$

3. 加息法

加息法是指银行发放分期等额偿还贷款时采用的利息收取方法。在分期等额偿还贷款情况下,银行将根据名义利率计算的利息加到贷款本金上,计算出贷款的本息和,要求企业在贷款期内分期偿还本息之和。由于贷款本金分期均衡偿还,借款企业实际上只平均使用了贷款本金的一半,却支付了全额利息。这样企业所负担的实际利率大约是名义利率的2倍。

【例8-13】 某企业借入(名义)年利率为12%的贷款20 000元,分12个月等额偿还本息。该项借款的实际年利率为

$$\text{实际借款利率}=\frac{20\,000\times 12\%}{20\,000/2}=24\%$$

二、商业信用

商业信用是指企业在商品或劳务交易中，以延期付款或预收货款方式进行购销活动而形成的借贷关系，是企业之间的直接信用行为，也是企业短期资金的重要来源。商业信用产生于企业生产经营的商品、劳务交易之中，是一种“自动性筹资”。

（一）商业信用的形式

1. 应付账款

应付账款是供应商给企业提供的一种商业信用。由于购买者往往在到货一段时间后才付款，商业信用就成为企业短期资金来源。如企业规定对所有账单均见票若干日后付款，商业信用就成为随生产周转而变化的一项内在的资金来源。当企业扩大生产规模时，其进货和应付账款相应增长，商业信用就提供了增产需要的部分资金。

商业信用条件通常包括以下两种：第一，有信用期，但无现金折扣。如“$n/30$”表示30天内按发票金额全数支付；第二，有信用期和现金折扣，如“$2/10,n/30$”表示10天内付款享受现金折扣2%，若买方放弃折扣，30天内必须付清款项。供应商在信用条件中规定有现金折扣，目的主要在于加速资金回收。企业在决定是否享受现金折扣时，应仔细考虑。通常放弃现金折扣的成本是很高的。

（1）放弃现金折扣的信用成本。倘若买方企业购买货物后在卖方规定的折扣期内付款，可以获得免费信用，这种情况下企业没有因为取得延期付款信用而付出代价。例如，某应付账款规定付款信用条件为“$2/10,n/30$”，是指买方在10天内付款，可获得2%的付款折扣；若在10天至30天内付款，则无折扣；允许买方付款期限最长为30天。

$$放弃折扣的信用成本率=\frac{折扣率}{1-折扣率}\times\frac{360天}{信用期(付款期)-折扣期}$$

【例8-14】 某企业按“$2/10,n/30$”的付款条件购入货物60万元。如果企业在10天以后付款，便放弃了现金折扣1.2(60×2%)万元，信用额为58.8(60−1.2)万元。放弃现金折扣的信用成本率为

$$效率折扣的信用成本率=\frac{2\%}{1-2\%}\times\frac{360}{30-10}=36.73\%$$

公式表明，放弃现金折扣的信用成本率与折扣百分比大小、折扣期长短和付款期长短有关系，与货款额和折扣额没有关系。企业在放弃折扣的情况下，推迟付款的时间越长，其信用成本便会越小，但展期信用的结果是企业信誉恶化导致信用度的严重下降，日后可能招致更加苛刻的信用条件。

（2）放弃现金折扣的信用决策。企业放弃应付账款现金折扣的原因，可能是企业资金暂时的缺乏，也可能是基于将应付的账款用于临时性短期投资，以获得更高的投资收益。如果企业将应付账款额用于短期投资，所获得的投资报酬率高于放弃折扣的信用成本率，则应当放弃现金折扣。

【例8-15】 光明企业采购一批材料，供应商报价为10 000元，付款条件为：3/10、

2.5/30、1.8/50、n/90。目前企业用于支付账款的资金需要在90天时才能周转回来，在90天内付款，只能通过银行借款解决。如果银行利率为12%，确定企业材料采购款的付款时间和价格即可。

根据放弃折扣的信用成本率计算公式，10天付款方案，放弃折扣的信用成本率为13.92%；30天付款方案，放弃折扣的信用成本率为15.38%；50天付款方案，放弃折扣的信用成本率为16.50%。由于各种方案放弃折扣的信用成本率均高于借款利息率，因此初步结论是要取得现金折扣，借入银行借款以偿还货款。

10天付款方案，得折扣300元，用资9 700元，借款80天，利息258.67元，净收益41.33元；

30天付款方案，得折扣250元，用资9 750元，借款60天，利息195元，净收益55元；

50天付款方案，得折扣180元，用资9 820元，借款40天，利息130.93元，净收益49.07元。

最终结论：第30天付款是最佳方案，其净收益最大。

2. 应付票据

应付票据是指企业在商品购销活动和对工程价款进行结算中，因采用商业汇票结算方式而产生的商业信用。商业汇票是指由付款人或存款人（或承兑申请人）签发，由承兑人承兑，并于到期日向收款人或被背书人支付款项的一种票据，它包括商业承兑汇票和银行承兑汇票。应付票据按是否带息分为带息应付票据和不带息应付票据两种。

3. 预收货款

预收货款，是指销货单位按照合同和协议规定，在发出货物之前向购货单位预先收取部分或全部货款的信用行为。购买单位对于紧俏商品往往乐于采用这种方式购货；销货方对于生产周期长、造价较高的商品，往往采用预收货款方式销货，以缓和本企业资金占用过多的矛盾。

4. 应计未付款

应计未付款是企业在生产经营和利润分配过程中已经计提但尚未以货币支付的款项。主要包括应付职工薪酬、应缴税金、应付利润或应付股利等。以应付职工薪酬为例，企业通常以半月或月为单位支付职工薪酬，在应付职工薪酬已计但未付的这段时间，就会形成应计未付款。它相当于职工给企业的一个信用。应缴税金、应付利润或应付股利也有类似的性质。应计未付款随着企业规模扩大而增加，企业使用这些自然形成的资金无需付出任何代价。但企业不是总能控制这些款项，因为其支付是有一定时间的，企业不能总拖欠这些款项。所以，企业尽管可以充分利用应计未付款项，但并不能控制这些账目的水平。

（二）商业信用筹资的优缺点

1. 商业信用筹资的优点

（1）商业信用容易获得。商业信用的载体是商品购销行为，企业总有一批既有供需关系又有相互信用基础的客户，所以对大多数企业而言，应付账款和预收账款是自然的、持续的信贷形式。商业信用的提供方一般不会对企业的经营状况和风险作严格的考量，企业无需办理像银行借款那样复杂的手续便可取得商业信用，有利于应对企业生产经营之急。

(2) 企业有较大的机动权。企业能够根据需要,选择筹资的金额大小和期限长短,同样要比银行借款等其他方式灵活得多,甚至如果在期限内不能付款或交货时,一般还可以通过与客户的协商,请求延长时限。

(3) 企业一般不用提供担保。通常商业信用筹资不需要第三方担保,也不会要求筹资企业用资产进行抵押。这样,在出现逾期付款或交货的情况时,可以避免像银行借款那样面临抵押资产被处置的风险,企业的生产经营能力在相当长的一段时间内不会受到限制。

2. 商业信用筹资的缺点

(1) 商业信用筹资成本高。在附有现金折扣条件的应付账款融资方式下,其筹资成本与银行信用相比较高。

(2) 容易恶化企业的信用水平。商业信用的期限短,还款压力大,对企业现金流量管理的要求很高。如果长期或经常性地拖欠账款,会造成企业的信誉恶化。

(3) 受外部环境影响较大。商业信用筹资受外部环境影响较大,稳定性较差,即使不考虑机会成本,也是不能无限利用的。一是受商品市场的影响,如当求大于供时,卖方可能停止提供信用;二是受资金市场的影响,当市场资金供应紧张或有更好的投资方向时,商业信用筹资就可能遇到障碍。

三、流动负债的利弊

(一) 流动负债的经营优点

理解流动负债(期限为365天甚至更少)和长期负债(期限在1年以上)的优势和劣势相当重要。除了成本和风险不同外,为流动资产融资时使用短期和长期负债之间还存在经营上的不同。

流动负债的主要经营优势包括:容易获得,灵活性强,能有效地为季节性信贷需要进行融资。这创造了需要融资和获得融资之间的同步性。另外,短期借款一般比长期借款具有更少的约束性条款。如果仅在一个短期内需要资金,以短期为基础进行借款可以使企业维持未来借款决策的灵活性。如果一个企业签订了长期借款协议,该协议具有约束性条款、大量的预付成本和(或)信贷合约的初始费用,那么流动负债所具有的那种灵活性通常不适用。

流动负债的一个主要作用是为季节性行业的流动资产进行融资。为了满足增长的需要,一个季节性企业必须增加存货或应收账款。流动负债是为流动资产中的临时性的、季节性的增长进行融资的主要工具。

(二) 流动负债的经营缺点

流动负债的一个经营劣势是需要持续地重新谈判或滚动安排负债。贷款人由于企业财务状况的变化,或整体经济环境的变化,可能在到期日不愿滚动贷款或重新设定信贷额度。而且,提供信贷额度的贷款人一般要求,用于为短期营运资金缺口而筹集的贷款,必须每年支付至少1至3个月的全额款项,这1至3个月被称为结清期。贷款人之所以这么做,是为了确认企业是否在长期负债是合适的融资来源时仍然使用流动负债。许多企业的实践证明,使用短期贷款来为永久性流动资产融资是一件危险的事情。

◇本章主要介绍了营运资金的含义和特点,并进一步介绍了现金、应收账款、存货管理以及流动负债的理论和方法。

◇流动资产投资又称经营性投资,通常是指企业对生产周期占用的流动资产的投资。对流动资产技资的管理,应遵循效益性、安全性、流动性和整体性原则。

◇现金作为企业流动性最强的资产,其管理的目的是在保证企业生产经营所需现金的同时,节约使用资金,使企业闲置的资金得以充分利用以获取收益,始终保持最佳现金持有量,并通过编制现金预算,有效控制财务收支。

◇应收账款的管理主要包括企业信用政策的制定和应收账款的日常管理。信用政策包括信用标准、信用条件和收账政策三个部分;应收账款的日常管理包括对客户进行的信用调查和信用评估以及应收账款的监控和催收。

◇存货在企业流动资产中也占有较大比重,加强存货的规划与控制,使存货保持在最优水平上,是财务管理的一项重要内容。存货的控制方法主要是存货的经济批量模型、存货ABC分类管理以及零库存管理。

◇流动负债主要有两种主要来源:短期借款和商业信用。在短期负债筹资中商业信用是企业之间的直接信用行为,也是企业短期资金的重要来源;短期借款的重要性仅次于商业信用,短期借款可以随企业的需要安排,便于灵活使用,且取得亦较简便。但其突出的缺点是短期内要归还,特别是在带有诸多附加条件的情况下更使风险加剧。

一、单项选择题

1. 企业为了满足交易动机所持有的现金数量主要取决于(　　)。

A. 企业的支付能力　　B. 企业的生产能力

C. 企业的偿债能力　　D. 企业的销售水平

2. 不属于流动资产投资特点的是(　　)。

A. 形态的变动性　　B. 数量的波动性

C. 流动性　　D. 投资的集中性

3. 企业将资金占用在应收账款上而放弃其他方面投资可获得的收益是应收账款的(　　)。

A. 管理成本　　B. 机会成本　　C. 坏账成本　　D. 资金成本

4. 下列不属于信用条件的是(　　)。

A. 现金折扣　　B. 数量折扣　　C. 信用期间　　D. 折扣期间

5. 在一定时期,当现金需要量一定时,同现金持有量成反比的成本是(　　)。

A. 管理成本　　B. 资金成本　　C. 短缺成本　　D. 机会成本

6. 某企业的现金周转率为6次,则其现金周转期为( )。

A. 30天 B. 40天 C. 50天 D. 60天

7. 在存货ABC管理中,将存货金额很大,品种数量很少的存货划分为( )。

A. A类 B. B类 C. C类 D. AB类

8. 经济批量是材料的采购量,再订货点是材料的( )。

A. 订货时间 B. 采购量 C. 最低储存量 D. 安全储存量

9. 企业持有一定量的短期有价证券,主要是为了维护企业资产的流动性和( )。

A. 收益性 B. 企业的现金收入

C. 企业良好的信用 D. 偿债能力

10. 既要充分发挥应收账款的作用,又要加强应收账款的管理,其核心是( )。

A. 加强销售管理 B. 制定适当的信用政策

C. 采取积极的收账政策 D. 尽量采用现款现货

二、多项选择题

1. 下列属于流动资产的有( )。

A. 现金 B. 短期投资 C. 应付账款 D. 预付账款

2. 流动资产投资的特点有( )。

A. 变现能力强 B. 投资风险大 C. 数量波动大 D. 收益率高

3. 企业持有现金的动机有( )。

A. 交易动机 B. 预防动机 C. 投资动机 D. 投机动机

4. 现金成本包括( )。

A. 持有成本 B. 转换成本 C. 短缺成本 D. 管理成本

5. 确定最佳现金持有量的存货模式考虑的成本主要是( )。

A. 机会成本 B. 管理成本 C. 短缺成本 D. 转换成本

6. 下列属于存货功能的有( )。

A. 有利于企业的销售 B. 防止生产中断

C. 降低进货成本 D. 提高企业的变现能力

7. 构成企业信用政策的主要内容有( )。

A. 信用标准 B. 信用条件 C. 信用期限 D. 收账政策

8. 利用账龄分析表可了解下列哪些情况( )。

A. 信用期内的应收账款数额 B. 信用期内应收账款的还款日期

C. 逾期的应收账款数额 D. 逾期应收账款的还款日期

9. 在存货的ABC管理中,对存货进行划分的标准有( )。

A. 存货的金额 B. 存货的类别 C. 存货的大小 D. 存货的品种数量

三、判断题

1. ( )流动资产的组成内容不仅表明它在再生产过程中存在的形态,而且反映了流动资产在再生产过程中所处的领域和占用特点。

2. ( )现金是一种非收益性资产。

3.(　　)信用标准是指企业接受客户赊销要求时，客户必须具备的最高财务能力。

4.(　　)企业使用的原料虽然很多，但各种原材料库存周转储备上的资金是不能相互调剂使用的。

5.(　　)只要花费必要的收账费用，积极做好收账工作，坏账损失是完全可以避免的。

6.(　　)催收应收账款的最佳选择是通过法律途径。

7.(　　)为保证企业生产经营所需现金，企业持有的现金越多越好。

8.(　　)采购批量越大，持有成本越高，订货成本就越低。

9.(　　)存货管理的目标是以最低的存货成本保证企业生产经营的顺利进行。

10.(　　)给客户提供现金折扣的主要目的是为了扩大企业的销售。

四、计算分析题

1. 某企业预计全年需用现金2 000万元，预计的存货周期为90天，应收账款和应付账款周转期均为60天。

要求：计算该企业的最佳现金持有量。

2. 某公司预测的年度赊销收入净额为2 400万元，应收账款周期为30天，变动成本率为75%，资金成本为8%。

要求：计算该企业应收账款的机会成本。

3. 企业出售甲产品单位售价100元，单位变动成本65元，应收账款投资年期望报酬率为24%，现接到一客户40件的赊购订单，预计坏账损失率为22%，平均账款收账期90天，收账费用120元，请问能否接收此信用订单？

4. 某企业生产甲产品，固定成本总额为100 000元，变动成本率为75%，当该企业不对客户提供现金折扣时，该产品的年销售收入为2 000 000元，应收账款的平均回收期为60天，坏账损失率为2%，现考虑是否给客户提供信用条件“2/10，n/60”，估计采用这一新的信用条件后，销售将增加15%，有60%的客户将在折扣期内付款，另外40%的客户的平均收现期为40天，坏账损失率降为1%。该企业生产能力有剩余，企业资金成本为10%。

要求：确定该企业是否应采用新的信用条件。

5. 某企业全年需要甲材料3 600千克，每次订货成本为200元，每千克甲材料的年平均储存变动成本为4元，材料单价50元/千克。要求计算甲材料的经济订货量、最佳相关总成本、最佳订货批次及经济进货批量平均占用资金。

实训项目

一、实训目的

1. 掌握存货管理的分析与评价方法。
2. 掌握库存商品管理的分析与评价方法。
3. 掌握应收账款管理的分析与评价方法。

二、实训资料

某公司是一家大型家用电器生产制造企业，该公司在流动资产管理方面有其独到之处。科学的经营策略和完善的管理模式，使企业流动资金发挥了最大效用。公司着重在以下几方面进行了规范化管理：

1. 在存货管理中采用了不允许缺货的方法，并对各项指标做了严格规定。公司每年耗用专用材料72 000千克，每批进货1 200千克，单位采购成本200元，单位储存成本4元，每批标准进货费用40元。该材料每天最大耗用量为250千克。该公司有长期合作的供应商，每次提前10天订货，再订货点控制在2 500千克左右。

2. 公司对产成品入库也制定了严格的管理制度，其主要产品目标库存天数为150天，最长库存时间是200天，超过200天将转为企业负债核算。仓库每年固定储存费为10 000元，每批成品入库数量为2 500件，目标利润为20 500元，单位变动储存费为43.20元，单位入库成本为110元/件，单位出库价为150元/件，平均每天销售20件。每批产品应负担的营业税金及附加为8 000元。公司资本成本为14.4%。

3. 2019年公司预计主要产品销售收入7 200元，全部采用商业信用方式销售，其信用条件为：2/10，1/20，n/30，企业的客户群中有50%的客户在10天内付款，30%在20天内付款，20%在30天内付款。

4. 公司原应收账款收账政策如表8-5所示。公司2019年拟对收账政策进行调整，见表8-6。

表8-5 原应收账款收账政策表

项 目	年收账费用	平均收账期	坏账损失率	年赊销净额	变动成本率	资本成本
原政策	4万元	60天	3%	800万元	60%	14.4%

表8-6 调整后应收账款收账政策表

项 目	年收账费用	平均收账期	坏账损失率	年赊销净额	变动成本率	资本成本
调整政策	6万元	45天	2%	800万元	60%	14.4%

三、实训要求

从以下四个方面对该企业流动资金管理状况进行分析和评价：

1. 公司存货控制方面；
2. 库存商品主要指标分析；
3. 公司应收账款机会成本分析；
4. 调整前后的应收账款收账政策分析和评价，并将其填入表8-7。

表8-7　调整前后应收账款收账政策分析评价表

单位:万元

项目	原方案	新方案	差额(原/新)
年赊销净额			
应收账款周转次数(次)			
应收账款平均余额			
应收账款占用资金			
收账成本			
机会成本			
坏账损失			
年收账费用			
收账成本合计			

典型工作岗位——收益分配岗位

项目九　收益分配管理

项目导航

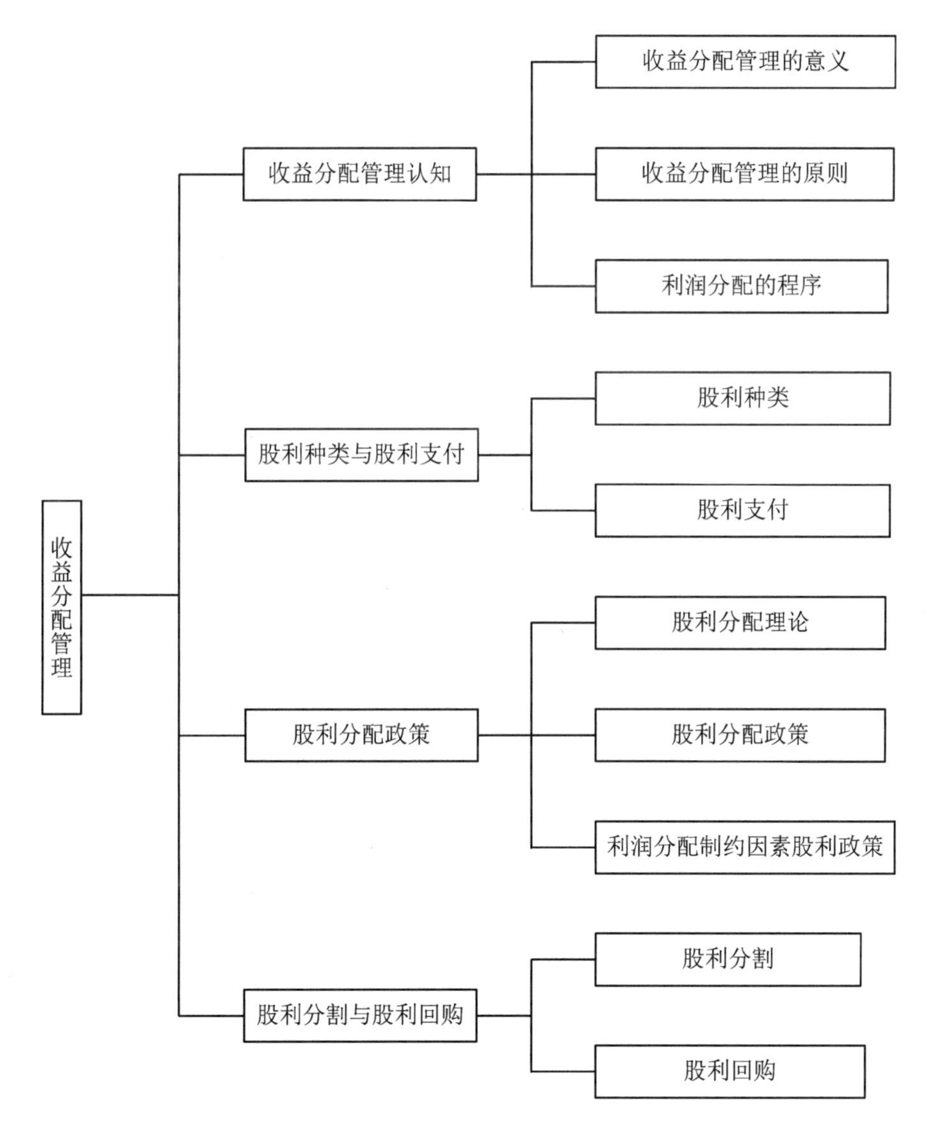
收益分配管理
收益分配管理认知
收益分配管理的意义
收益分配管理的原则
利润分配的程序
股利种类与股利支付
股利种类
股利支付
股利分配政策
股利分配理论
股利分配政策
利润分配制约因素股利政策
股利分割与股利回购
股利分割
股利回购

学习目标

了解利润分配的意义和原则，掌握利润分配的程序，熟悉各种不同股利理论的应用，掌握股利分配政策的影响因素以及股利政策类型，并能针对不同企业选择合适的股利分配政策，找出企业股利政策制定的制约因素，理解股票回购的动机，了解股票分割与股票股利的区别。

重点难点

利润分配的程序，股利分配政策类型，股票股利和股票分割区别。

案例导读

苹果计算机公司创立于1976年，到1980年，该公司研制生产用的家用电脑已经销售13万多台，销售收入达到1.17亿元。1980年苹果公司首次公开发行股票上市。上市以后，公司得到快速成长，到1986年，公司销售收入已达19亿元，实现净利润1.54亿元。1980～1986年，苹果公司净利润年增长率达到53%，1986年，苹果公司与马克公司联合进入办公电脑市场，当时办公电脑市场主要竞争对手是强大的IBM公司。因为竞争非常激烈，所以1987年苹果公司对自身能否持续增长表示怀疑。为了增强投资者信心，特别是吸引更多的机构投资者，苹果公司在1987年4月23日宣布首次分配季度股利，每股支付现金0.12美元，同时按1:2的比例进行股票分割。股票市场对苹果公司首次分配股利反应非常强烈，股利分配方案宣布当天，股价就上涨了1.75美元，之后在4个交易日里，股价上涨了约8%。在之后三年多的时间里，苹果公司经营业绩保持良好的增长，截至1990年实现销售收入55.58亿元，净利润达4.75亿美元。1986～1990年，销售收入平均年增长率为31%，净利润平均年增长率为33%。但是1990年以后，苹果公司业绩开始逐年下降，1996年亏损7.42亿美元，1997年亏损3.79亿美元。苹果公司的股票价格也从1990年的48美元/股跌到1997年的24美元/股。尽管经营业绩发生较大变化，但苹果公司从1987年首次分配股利开始，一直坚持每年支付大约0.45美元/股的现金股利，直到1996年，由于经营困难，不得不停止发放股利。

你认为股票市场对苹果公司首次分配股利为什么反应如此强烈？股利分配对企业有什么影响？你认为苹果公司执行的是什么股利分配政策？你对苹果公司的股利分配有更好的建议吗？

（资料来源：《国际融资》，2003年21期）

任务一　收益分配管理认知

一、收益分配管理的意义

（一）收益分配管理的概念

收益分配管理是对企业收益分配的主要活动及其形成的财务关系的组织与调节，是企业将一定时期内所创造的经营成果合理地在企业内、外部各利益相关者之间有效分配的过程。企业的收益分配有广义和狭义两种概念。广义的收益分配是指对企业收入和净利润进行分配；狭义的收益分配仅仅是指对企业净利润的分配，本单元所指的则是狭义收益分配，即对企业净利润的分配管理。

（二）收益分配管理的意义

收益分配管理作为企业财务管理的重要内容之一，对于维护企业与各相关利益主体的财务关系、提升企业价值具有重要意义。

1. 收益分配管理集中体现了企业所有者、经营者与职工之间的利益关系

企业所有者是企业权益资金的提供者，按照谁出资、谁受益的原则，其应得的投资收益须通过企业的收益分配来实现，获得投资收益的多少取决于企业盈利状况以及利润分配政策。通过收益分配，投资者能实现预期的收益，提高企业信誉度，有利于增强企业未来融通资金的能力。

企业的债权人在向企业投入资金的同时也承担了一定的风险。企业的收益分配也要考虑对债权人利益的充分保护。除了按时支付本息外，企业还要考虑债权人未偿付本金的保障程度，否则将在一定程度上削弱企业的偿债能力，降低企业的财务弹性。

职工是价值的创造者，是企业收入和利润的源泉。通过薪资的支付及各福利的提供，可以提高职工的工作热情，为企业创造更多的价值。因此，为了正确合理地处理好企业各方利益相关者的需求，就必须要对收益进行合理分配。

2. 收益分配管理是企业再生产的条件和优化资本结构的重要措施

企业在生产条件过程中投入的各类资金，随着生产经营活动的进行不断发生消耗和转移，形成成本费用，最终构成产品价值的一部分。销售收入取得，为企业成本费用的补偿提供了前提，为企业简单再生产的正常进行创造了条件。通过收益分配，企业能形成一部分自行安排的资金，可以增强企业生产经营的财力，有利于企业适应市场需要扩大再生产。

留存收益是企业重要的权益资金来源。留存收益的多少，影响企业积累的多少，从而影响权益与负债的比例，即资本结构。企业价值最大化目标要求企业保持最优资本结构，而收益分配管理则是优化资本结构的重要措施。

3. 收益分配管理是国家建设资金的重要来源之一

在企业正常条件下，企业不仅为自己创造了价值，还为社会创造了价值，即利润。利润是企业收入的重要构成部分。除了满足企业自身生产经营积累外，通过收入分配，国家税收也集中了企业一部分利润，由国家有计划地分配使用，实现国家政治经济职能，为社会经济的发展创造良好条件。

二、收益分配管理的原则

（一）依法分配原则

为了规范企业的收益分配行为，维护各利益相关者的合法权益，国家颁布了相关法规。这些法规规定了企业收益分配的基本要求、一般程序和重要比例，企业应当认真执行，不得违反。

（二）分配与积累并重原则

企业通过经营活动获取的收益，既要保证企业简单再生产的持续进行，又要不断积累企业扩大再生产的财力基础。恰当处理分配与积累的关系，留存一部分净利润，能增强企业抵抗风险的能力，也可以提高企业经营的稳定性与安全性。

（三）兼顾各方利益原则

企业是经济社会的基本单元，企业的收益分配涉及国家、股东、债权人、职工等多方面的利益。正确处理它们之间的关系，协调矛盾，对企业的生存、发展是至关重要的。企业应当统筹兼顾，维护各利益相关者的合法权益。

（四）投资与收益对等原则

企业进行收益分配要体现“谁投资谁受益”、收益大小与投资比例相对等的原则，这是正确处理投资者利益关系的关键。企业应当本着平等一致的原则，按照投资额比例进行分配，不允许任何一方多分多占，从根本上实现收益分配的公开、公平和公正，保护投资者的利益。

【边学边练】

下列不属于收益分配应遵循的原则是（　　）。

A. 依法分配　　B. 股东利益优先　　C. 分配与积累并重　　D. 投资与收入对等

『**正确答案**』B

『**答案解析**』收益分配的原则包括：依法分配、分配与积累并重、兼顾各方利益、投资与收入对等，故选项B不正确。

三、利润分配的程序

利润分配是指对净利润的分配。利润分配关系着国家、企业及所有者等各方面的利益，必须严格按照国家的法令和制度执行。根据《公司法》及相关法律制度的规定，公司净利润的分配按照下列顺序进行，并构成了利润分配管理的主要内容。

（一）弥补以前年度亏损

企业在提取法定公积金之前，应当先用当年利润弥补以前年度亏损，企业年度亏损可以用下一年度的税前利润弥补，下一年度不足弥补的，可以在五年之内用税前利润连续弥补，连续五年未弥补的亏损则用税后利润弥补。其中，税后利润弥补亏损可以用当年实现的净利润，也可以用盈余公积转入。

（二）提取法定盈余公积金

根据《公司法》的规定，法定公积金的提取比例为当年税后利润（弥补亏损后）的10%。当年法定公积金的累积额已达注册资本的50%时，可以不再提取。法定公积金提取后，根据企业的需要，可用于弥补亏损或转增资本，但企业用法定公积金转增资本后，其余额不得低于转增前注册资本的25%。提取法定公积金的主要目的是为了增加企业的内部积累，以利于企业扩大再生产。

（三）提取任意公积金

根据《公司法》的规定，公司从税后利润提取法定公积金后，经股东会或股东大会决议，还可以从税后利润中提取任意公积金。这是为满足企业经营管理的需要，控制向投资者分配利润的水平，以及调整各年度利润分配的波动。

（四）向股东（投资者）分配股利（利润）

根据《公司法》的规定，公司弥补亏损和提取公积金后所余税后利润，可以向股东（投资者）分配。有限责任公司股东按实缴的出资比例分取红利，全体股东约定不按照出资比例分取红利的除外；股份有限公司按照股东持有的股份比例分配，但股份公司章程规定不按照持股比例分配的除外。

【边学边练】

以下对股利分配顺序的说法不正确的有（　　）。

A. 法定公积金必须按照本年净利润的10%提取

B. 法定公积金达到注册资本的50%时，就不能再提取

C. 企业提取的法定公积金可以全部转增资本

D. 公司当年无盈利不能分配股利

『**正确答案**』ABCD

『**答案解析**』法定公积金按照净利润扣除弥补以前年度亏损后的10%提取，不一定必须按照本年净利润的10%提取，所以A不正确。B的正确说法是“法定盈余公积金已达注册资本的50%时可不再提取”。企业提取的法定盈余公积金转增资本时，法定盈余公积金的余额不得低于转增前公司注册资本的25%，所以C不正确。公司本年净利润扣除公积金后，再加上以前年度的未分配利润，即为可供普通股分配的利润，本年无盈利时，可能还会有以前年度的未分配利润，经过股东大会决议，也可以发放股利，所以D不正确。

任务二　股利种类与股利支付

一、股利种类

（一）现金股利

现金股利是以现金支付的股利，它是股利支付最常见到的种类。公司选择发放现金股利除了要有足够的留存收益外，还要有足够的现金，而现金充足与否往往会成为公司发放现金股利的主要制约因素。

（二）财产股利

财产股利是以现金以外的其他资产支付的股利，主要是以公司所拥有的其他公司的有价证券，如债券、股票等，作为股利支付给股东。

（三）负债股利

负债股利是以负债的方式支付的股利，通常以公司的应付票据支付给股东，有时以发放公司债券的方式支付股利。

财产股利和负债股利实质上是现金股利的替代，但这两种股利支付形式在我国公司实务中很少使用，但并非国家法律所禁止。

（四）股票股利

股票股利是公司以增发股票的方式所支付的股利，我国实务中通常称之为“红股”。发放股票股利对公司而言，并没有现金流出企业，也不会导致公司财产减少，而只是将公司的未分配利润转化为股本和资本公积。但股票股利会增加股票流通在外的股票数量，同时降低股票每股价值，不改变公司股东权益总额，但会改变股东权益内部结构。具体影响项目和不影响项目如表9-1所示。

表9-1　股票股利的影响

有影响的项目	无影响的项目
（1）所有者权益的内部结构 （2）股票数量（增加） （3）每股收益（下降） （4）每股市价（下降）	（1）每股面值 （2）资本结构（资产总额、负债总额、股东权益总额均不变） （3）股东持股比例 （4）若盈利总额和市盈率不变，股票股利发放不会改变股东持股的市场价值总额

【例9-1】　光明公司在2018年发放股票股利前，其资产负债表上的股东权益账户情况如表9-2所示。

表9-2　股票股利发放前的股东权益构成

单位:万元

股本(面值1元,发行在外2 000万股)	2 000
资本公积	3 000
盈余公积	2 000
未分配利润	3 000
股东权益合计	10 000

假设该公司宣布发放10%的股票股利,现有股东每持有10股,即可获赠1股普通股。若该股票当时市价为5元。请计算发放后的股东权益构成。

解析

从"未分配利润"项目划转出的资金为:2 000×10%×5=1 000(万元),由于股票面值(1元)不变,发放200万股,"股本"项目应增加200万元,其余的800万元(1 000-200)应作为股票溢价转至"资本公积"项目,而公司的股东权益总额并未发生改变,仍是10 000万元。股票股利发放后,资产负债表上的股东权益部分如表9-3所示。

表9-3　股票股利发放后的股东权益构成

单位:万元

股本(面值1元,发行在外2 200万股)	2 200
资本公积	3 800
盈余公积	2 000
未分配利润	2 000
股东权益合计	10 000

假设一位股东派发股票股利之前持有公司的普通股10万股,那么,他所拥有的股权比例为

$$10\div 2\,000\times 100\%=0.5\%$$

派发股利之后,他所拥有的股票数量和股份比例为

$$10\times(1+10\%)=11(\text{万股})$$

$$11\div 2\,200\times 100\%=0.5\%$$

可见,发放股票股利,不会对公司股东权益总额产生影响,但会引起资金在各股东权益项目间的再分配。而且股票股利派发前后每一位股东的持股比例也不会发生变化。

需要说明的是,【例9-1】中股票股利以市价计算价格的做法,是很多西方国家所通行的,而我国则是按照股票面值计算的。

发放股票股利虽不直接影响股东财富,也不增加公司价值,但对股东和公司都有着特殊意义,具体如表9-4所示。

表9-4　发放股票股利意义

对股东的意义	(1) 发放股票股利往往预示着公司会有较大的发展和成长,这样的信息传递会稳定股价或使股价下降比例减小甚至不降反升,股东便可以获得股票价值相对上升的好处 (2) 由于股利收入和资本利得税率的差异,如果股东把股票股利出售,还会给他带来资本利得纳税上的好处
对公司的意义	(1) 发放股票股利不需要向股东支付现金 (2) 发放股票股利可以降低公司股票的市场价格,既有利于促进股票的交易和流通,又有利于吸引更多的投资者成为公司股东,进而使股权更为分散,有效地防止公司被恶意控制 (3) 股票股利的发放可以传递公司未来发展前景良好的信息,从而增强投资者的信心,在一定程度上稳定股票价格

【边学边练】

1. 对公司而言,发放股票股利的优点有(　　)。

A. 减轻公司现金支付压力

B. 有利于股票交易和流通

C. 使股权更为集中

D. 可以向市场传递公司未来发展前景良好的信息

『**正确答案**』ABD

『**答案解析**』对公司来讲,股票股利的优点主要有:

(1) 不需要向股东支付现金,在再投资机会较多的情况下,公司就可以为再投资提供成本较低的资金,从而有利于公司的发展;

(2) 可以降低公司股票的市场价格,既有利于促进股票的交易和流通,又有利于吸引更多的投资者成为公司股东,进而使股权更为分散,有效地防止公司被恶意控制;

(3) 可以传递公司未来发展良好的信息,从而增强投资者的信心,在一定程度上稳定股票价格。

2. 下列关于发放股票股利的表述中,正确的有(　　)。

A. 不会导致公司现金流出

B. 会增加公司流通在外的股票数量

C. 会改变公司股东权益的内部结构

D. 会对公司股东权益总额产生影响

『**正确答案**』ABC

『**答案解析**』发放股票股利,不会对公司股东权益总额产生影响。

二、股利支付

公司股利的发放必须遵守相关的要求,按照日程安排来进行。一般情况下,先由董事会提出分配预案,然后提交股东大会决议,股东大会决议通过才能进行分配。股东大会决议通

过分配预案后，要向股东宣布发放股利的方案，并确定股权登记日、除息日和股利发放日。具体程序如表9-5所示。

表9-5　股利支付程序

日　程	主要任务
预案公布日	即公司董事会将分红预案予以公布的日期
股利宣告日	即分红预案经股东大会决议通过并由董事会将股利支付情况予以公告的日期。公告中将宣布每股应支付的股利、股权登记日、除息日以及股利支付日
股权登记日	即有权领取本期股利的股东资格登记截止日期。在此指定日期收盘之前取得公司股票，成为公司在册股东的投资者都可以作为股东享受公司本期分派的股利
除息日	即指领取股利的权利与股票分离的日期。除息日的股票失去了“收息”的权利，价格会下跌
股利发放日	即向股东发放股利的日期

【例9-2】　光明公司于2018年4月10日公布2017年度的最后分红方案，其公告如下：“2017年4月9日在北京召开的股东大会，通过了董事会关于每股分派0.15元的2017年股息分配方案。股权登记日为4月25日，除息日为4月26日，股东可在5月10日至25日之间通过深圳交易所按交易方式领取股息。特此公告。”该公司的股利支付程序如图9-1所示：

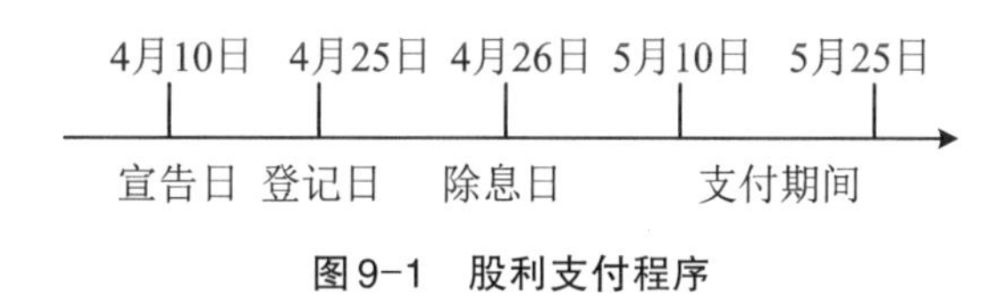

图9-1　股利支付程序

【边学边练】

要获得收取股利的权利，投资者购买股票的最迟日期是(　　)。

A. 除息日　　B. 股权登记日　　C. 股利宣告日　　D. 股利发放日

『**正确答案**』B

『**答案解析**』股权登记日是指有权领取本期股利的股东资格登记的截止日期，凡是在此指定日期收盘之前取得公司股票，成为公司在册股东的投资者都可以作为股东享受本期分派的股利。在这一天之后取得股票的股东则无权领取本次分派的股利。

任务三　股利分配政策

一、股利分配理论

企业的股利分配政策既取决于企业的股利政策，又取决于决策者对股利分配的理解与认识,即股利分配理论。股利分配理论是指人们对股利分配的客观规律的科学认识与总结,其核心问题是股利政策与公司价值的关系问题。在市场经济条件下,股利分配要符合财务管理目标。人们对股利分配与财务目标之间关系的认识存在不同的流派与观念,还没有一种被大多数人所接受的权威观点和理论。但主要有以下两种较流行的观点:

(一) 股利无关论

股利无关论是由美国经济学家弗兰科·莫迪利安尼(Franco Modigliani)和财务学家默顿·米勒(Merton Miller)于1961年提出,又称为MM理论。股利无关论认为,在一定的假设条件下,股利政策不会对公司的市场价值(股票价格)产生任何影响,投资者不关心公司股利的分配。公司市场价值的高低,由公司所选择的投资决策的获利能力和风险组合所决定的,而与公司的利润分配政策无关。

该理论是建立在完全资本市场理论之上的,假定条件包括:① 市场具有强势效率,没有交易成本;② 不存在任何公司或个人所得税;③ 不存在任何筹资费用;④ 公司的投资决策与股利决策彼此独立;⑤ 股东对股利收入和资本增值之间并无偏好。

(二) 股利相关论

与股利无关论相反,股利相关论认为,企业的股利政策会影响股票价格和市场价值,主要观点如表9-6所示。

表9-6 股票相关论观点

“手中鸟”理论	该理论认为,厌恶风险的投资者偏好于确定的股利收益,而不愿将收益存在公司内部去承担未来的投资风险,因此当公司支付较高的股利时,公司的股票价格会随之上升,公司的价值将得到提高
信号传递理论	该理论认为,在信息不对称的情况下,公司可以通过股利政策向市场传递有关公司未来获利能力的信息,从而会影响公司的股价; 一般来讲,预期未来获利能力强的公司,往往愿意通过相对较高的股利支付水平,把自己同预期盈利能力差的公司区别开来,以吸引更多的投资者
所得税差异理论	该理论认为,由于普遍存在的税率以及纳税时间的差异,资本利得收入比股利收入更有助于实现收益最大化目标,公司应当采用低股利政策
代理理论	该理论认为,股利的支付能够有效地降低代理成本; 高水平的股利政策降低了企业的代理成本,但同时增加了外部融资成本,理想的股利政策应当使两种成本之和最小

【边学边练】

1. 下列股利理论中,支持“低现金股利有助于实现股东利益最大化目标”观点的是(　　)。

A. 信号传递理论　　　　B. “手中鸟”理论

C. 代理理论　　　　　　D. 所得税差异理论

『**正确答案**』D

『**答案解析**』所得税差异理论认为,由于普遍存在的税率以及纳税时间的差异,资本利得收益比股利收益更有助于实现收益最大化目标,公司应当采用低股利政策,所以答案为选项D。

2. 当公司宣布高股利政策后,投资者认为公司有充足的财务实力和良好的发展前景,从而使股价产生正向反映。持有这种观点的股利理论是(　　)。

A. 所得税差异理论　　　　B. 信号传递理论

C. 代理理论　　　　　　D. "手中鸟"理论

『**正确答案**』B

『**答案解析**』信号传递理论认为,在信息不对称的情况下,公司可以通过股利政策向市场传递有关公司未来获利能力的信息,从而会影响公司的股价。此题中公司通过宣布高股利政策,向投资者传递"公司有充足的财务实力和良好的发展前景"的信息,从而对股价产生正向影响。

二、股利分配政策

(一) 剩余股利政策

剩余股利政策是指公司在有良好投资机会时,根据目标资本结构,测算出投资所需的权益资本额,先从盈余中留用,然后将剩余的盈余作为股利发放。其理论依据是股利无关论。

采用剩余股利政策时,公司要遵循如下四个步骤:

(1) 设定目标资本结构,使加权平均资本成本将达最低水平;

(2) 确定最佳资本预算,根据目标资本结构预计所需增加的权益资本;

(3) 最大限度地使用留存收益来满足资金需求中所需的权益资本数额;

(4) 净利润在满足权益资本增加需求后,若还有剩余再用来发放股利。

【例9-3】 某公司2018年税后净利润为1 000万元,2019年的投资计划需要资金1 200万元,公司的目标资本结构为权益资本占60%,债务资本占40%。该公司采用剩余股利政策。假设公司2018年流通在外的普通股为1 000万股,则该公司2018年应分配的每股利为多少?

解析

按照目标资本结构,公司投资方案所需的权益资本数额为

$$1\ 200\times60\%=720(\text{万元})$$

2018年可以发放的股利为:1 000−720=280(万元)

假设公司当年流通在外的普通股为1 000万股,那么,每股股利为

$$280/1\ 000=0.28(\text{元/股})$$

剩余股利政策优缺点如表9-7所示。

表9-7 剩余股利政策优缺点

优点	有助于降低再投资的资金成本,保持最佳的资本结构,实现企业价值的长期最大化
缺点	(1)若完全遵照执行剩余股利政策,股利发放额就会每年随着投资机会和盈利水平的波动而波动。在盈利水平不变的情况下,股利发放额与投资机会的多寡呈反方向变动;在投资机会维持不变的情况下,股利发放额将与公司盈利呈同方向变动; (2)不利于投资者安排收入与支出,不利于树立公司良好形象,一般适用于公司的初创阶段

【边学边练】

下列各项中,属于剩余股利政策优点的有(　　)。

A. 保持目标资本结构　　B. 降低再投资资本成本

C. 使股利与企业盈余紧密结合　　D. 实现企业价值的长期最大化

『**正确答案**』ABD

『**答案解析**』剩余股利政策的优点是:留存收益优先满足再投资的需要,有助于降低再投资的资金成本,保持最佳的资本结构,实现企业价值的长期最大化。股利与企业盈余紧密结合是固定股利支付率政策的优点,所以选项ABD是答案。

(二)固定或稳定增长的股利政策

固定或稳定增长的股利政策是指公司将每年派发的股利额固定在某一特定水平或是在此基础上维持某一固定比率逐年稳定增长。公司只有在确信未来盈余增长不会发生逆转时,才会宣布实施固定或稳定增长的股利政策。在固定或稳定增长的股利政策下,首先确定的是股利分配额,而且该分配额一般不随资金需求的波动而波动。

固定或稳定增长的股利政策的优缺点如表9-8所示。

表9-8 固定或稳定增长的股利政策的优缺点

优点	(1)市场传递公司正常发展的信息,有利于树立公司的良好形象,增强投资者对公司的信心,稳定股票的价格 (2)稳定的股利额有助于投资者安排股利收入与支出,有利于吸引那些打算进行长期投资并对股利有很高依赖性的股东 (3)为了将股利或股利增长率维持在稳定的水平上,即使推迟某些投资方案或暂时偏离目标资本结构,也可能比降低股利或股利增长率更为有利
缺点	(1)股利的支付与企业的盈利相脱节 (2)在企业无利可分时,若依然实施该政策,也是违反《公司法》的行为。通常适用于经营比较稳定或正处于成长期的企业,但很难被长期采用

(三)固定股利支付率政策

固定股利支付率政策是指公司将每年净利润的某一固定百分比作为股利分派给股东。这一百分比通常被称为股利支付率,股利支付率一经确定,一般不得随意变更。

固定股利支付率政策优缺点如表9-9所示。

表9-9　固定股利支付率政策优缺点

优点	(1)用固定股利支付率政策,股利与公司盈余紧密地配合,体现了“多盈多分、少盈少分、无盈不分”的股利分配原则 (2)采用固定股利支付率政策,公司每年按固定的比例从税后利润中支付现金股利,从企业支付能力的角度看,这是一种稳定的股利政策
缺点	(1)股利支付额波动较大,由于股利的信号传递作用,波动的股利很容易给投资者带来经营状况不稳定、投资风险较大的不良印象,成为影响股价的不利因素 (2)容易使公司面临较大的财务压力。因为公司实现的盈利多,并不代表公司有充足的现金流用来支付较多的股利额 (3)合适的固定股利支付率的确定难度大。如果固定股利支付率确定的较低,不能满足投资者对投资收益的要求;而固定股利支付率确定的较高,没有足够的现金派发股利时会给公司带来巨大的财务压力。另外,当公司发展需要大量资金时,也要受其制约。所以,确定合适的股利支付率的难度很大

【例9-4】　光明公司长期以来用固定股利支付率政策进行股利分配,确定的股利支付率为30%。2018年税后净利润为1 500万元,如果仍然继续执行固定股利支付率政策,公司2018年度将要支付的股利为

$$1\,500\times30\%=450(万元)$$

公司2019年度有较大的投资需求,因此,准备2018年度采用剩余股利政策。如果公司2019年度的投资预算为2 000万元,目标资本结构为权益资本占60%。

按照目标资本结构的要求,公司投资方案所需的权益资本额为

$$2\,000\times60\%=1\,200(万元)$$

公司2018年度可以发放的股利为

$$1\,500-1\,200=300(万元)$$

【边学边练】

下列关于固定股利支付率政策的说法中,不正确的是(　　)。

A. 体现了多盈多分、少盈少分、无盈不分的股利分配原则

B. 从企业支付能力的角度看,这是一种不稳定的股利政策

C. 比较适用于那些处于稳定发展阶段且财务状况也较稳定的公司

D. 在该政策下,容易使公司面临较大的财务压力

『**正确答案**』B

『**答案解析**』采用固定股利支付率政策,公司每年按固定的比例从税后利润中支付现金股利,从企业支付能力的角度看,这是一种稳定的股利政策。所以,选项B的说法不正确。

(四)低正常股利加额外股利政策

低正常股利加额外股利政策是指企业事先设定一个较低的正常股利额,每年除了按正常股利额向股东发放现金股利外,还在企业盈余较多、资金较为充裕的年份向股东发放额外股利。

低正常股利加额外股利政策优缺点如表9-10所示。

表 9-10　低正常股利加额外股利政策优缺点

优点	(1) 赋予公司较大的灵活性，使公司在股利发放上留有余地，并具有较大的财务弹性。公司可根据每年的具体情况，选择不同的股利发放水平，以稳定和提高股价，进而实现公司价值的最大化 (2) 使那些依靠股利度日的股东每年至少可以得到虽然较低但比较稳定的股利收入，从而留住这部分股东
缺点	(1) 由于各年度之间公司盈利的波动使得额外股利不断变化，造成分派的股利不同，容易给投资者造成收益不稳定的感觉 (2) 当公司在较长时期持续发放额外股利后，可能会被股东误认为是"正常股利"，一旦取消，传递出去的信号可能会使股东认为这是公司财务状况恶化的表现，进而导致股价下跌。对于那些盈利随着经济周期而波动较大的公司或者盈利与现金流量很不稳定时，低正常股利加额外股利政策也许是一种不错的选择

【边学边练】

1. 在下列股利分配政策中，能保持股利与收益之间一定的比例关系，并体现多盈多分、少盈少分、无盈不分原则的是(　　)。

A. 剩余股利政策　　B. 固定或稳定增长的股利政策

C. 固定股利支付率政策　　D. 低正常股利加额外股利政策

『正确答案』C

『答案解析』固定股利支付率政策下，股利与公司盈余紧密地配合，能保持股利与收益之间一定的比例关系，体现了多盈多分、少盈少分、无盈不分的股利分配原则。

2. 下列股利政策中，具有较大财务弹性，且可使股东得到相对稳定的股利收入的是(　　)。

A. 低正常股利加额外股利政策　　B. 固定股利支付率政策

C. 固定或稳定增长的股利政策　　D. 剩余股利政策

『正确答案』A

『答案解析』低正常股利加额外股利政策的优点：① 赋予公司较大的灵活性，使公司在股利发放上留有余地，并具有较大的财务弹性。公司可根据每年的具体情况，选择不同的股利发放水平，以稳定和提高股价，进而实现公司价值的最大化；② 使那些依靠股利度日的股东每年至少可以得到虽然较低但比较稳定的股利收入，从而留住这部分股东。

三、利润分配制约因素

企业利润分配涉及企业相关各方的切身利益，受众多不确定因素的影响，在确定分配政策时，应当考虑各种相关因素的影响。

(一) 法律因素

企业应考虑的法律法规因素如表 9-11 所示。

表9-11　法律法规因素

资本保全约束	规定公司不能用资本(实收资本或股本和资本公积)发放股利
资本积累约束	规定公司必须按照一定的比例和基数提取各种公积金,股利只能从企业的可供股东分配利润中支付。在进行利润分配时,一般应当贯彻“无利不分”的原则
超额累积利润约束	由于资本利得与股利收入的税率不一致,如果公司为了股东避税而使得盈余的保留大大超过了公司目前及未来的投资需要时,将被加征额外的税款
偿债能力约束	确定在现金股利分配后仍能保持较强的偿债能力

(二)自身因素

企业应考虑的自身因素如表9-12所示。

表9-12　自身因素

现金流量	企业盈余与现金流量并非完全同步,有利润不一定有现金支持股利支付
资产的流动性	企业现金股利的支付会减少其现金持有量,降低资产的流动性,而保持一定的资产流动性是企业正常运转的必备条件
盈余的稳定性	一般来讲,企业的盈余越稳定,其股利支付水平也就越高
投资机会	投资机会多则低股利;投资机会少则高股利
筹资因素	筹资能力强,有较强的股利支付能力;留存收益是企业内部筹资的重要方式,不需花费筹资费用
其他因素	股利的信号传递作用,要求利润分配政策应保持连续性和稳定性,改变时应充分考虑股利政策调整的负面影响,此外还需要考虑发展阶段以及所处行业状况等影响

(三)股东因素

企业应考虑的股东因素如表9-13所示。

表9-13　股东因素

控制权	股东会倾向于较低的股利支付水平
稳定的收入	靠股利维持生活的股东要求支付稳定的股利,反对过多地留存
避税	一般来讲,股利收入的税率要高于资本利得的税率,高股利收入的股东出于避税的考虑,偏好低股利支付水平

(四)其他因素

企业应考虑的其他因素如表9-14所示。

表9-14　其他因素

债务契约	债权人通常都会在债务契约、租赁合同中加入关于借款公司限制公司股利发放的条款
通货膨胀	在通货膨胀时期，企业一般采用偏紧的利润分配政策

【边学边练】

1. 下列关于股利分配政策的表述中，正确的是(　　)。

A. 公司盈余的稳定程度与股利支付水平负相关

B. 偿债能力弱的公司一般不应采用高现金股利政策

C. 基于控制权的考虑，股东会倾向于较高的股利支付水平

D. 债权人不会影响公司的股利分配政策

『**正确答案**』B

『**答案解析**』一般来讲，公司的盈余越稳定，其股利支付水平也就越高，所以选项A错误；基于控制权的考虑，股东会倾向于较低的股利支付水平，所以选项C错误；根据债务条约，债权人通常都会在债务契约、租赁合同中加入关于借款公司股利政策的限制条款，所以选项D错误。

2. 下列因素会导致公司采取偏紧的股利政策的有(　　)。

A. 投资机会较多　B. 筹资能力较强　C. 控制权集中　D. 通货膨胀

『**正确答案**』ACD

『**答案解析**』投资机会多、资金需求量大，会考虑采用低股利政策，选项A正确；公司具有较强的筹资能力，随时能筹集到所需资金，则具有较强的股利支付能力，选项B不正确；拥有控制权的股东希望少发股利以避免控制权稀释，选项C正确；通货膨胀时期，为弥补货币购买力下降而造成的固定资产重置资金缺口，公司的股利政策往往偏紧，选项D正确。

任务四　股票分割与股票回购

一、股票分割

(一) 股票分割的含义

股票分割又称拆股，即将一股股票拆分成多股股票。股票分割一般只会增加发行在外的股数，但不会对公司的资本结构产生任何影响。股票分割与股票股利非常相似，都是在不增加股东权益的情况下，增加了股份数量，所不同的是，股票股利虽不会引起股东权益总额变化，但股东权益内部结构会发生变化，而股票分割之后，股东权益总额和内部结构都不会发生变化，变化的只是股票面值。具体比较如表9-15所示。

表 9-15　股票分割与股票股利比较

内　容	股票股利	股票分割
不同点	(1) 面值不变 (2) 股东权益结构改变 (3) 属于股利支付方式	(1) 面值变小 (2) 股东权益结构不变 (3) 不属于股利支付方式
相同点	(1) 普通股股数增加(股票分割增加更多) (2) 每股收益和每股市价下降(股票分割下降更多) (3) 股东持股比例不变 (4) 资产总额、负债总额、股东权益总额不变	

【例 9-5】 光明公司在2018年年末资产负债表上的股东权益账户情况如表9-16所示。

表 9-16　股东权益账户情况

单位:万元

项目	金额
股本(面值10元,发行在外1 000万股)	10 000
资本公积	10 000
盈余公积	5 000
未分配利润	8 000
股东权益合计	33 000

要求:

(1) 假设股票市价为20元,该公司宣布发放10%的股票股利,即现有股东每持有10股即可获赠1股普通股。发放股票股利后,股东权益有何变化?每股净资产是多少?

(2) 假设该公司按照1:2的比例进行股票分割。股票分割后,股东权益有何变化?每股净资产是多少?

解析

(1) 发放股票股利后股东权益如表9-17所示。

表 9-17　股东权益表

单位:万元

项目	金额
股本(面值10元,发行在外1 100万股)	11 000
资本公积	11 000
盈余公积	5 000
未分配利润	6 000
股东权益合计	33 000

每股净资产为:33 000÷(1 000+100)=30(元/股)。

(2) 股票分割后股东权益如表9-18。

表9-18 股东权益表

单位:万元

股本(面值5元,发行在外2 000万股)	10 000
资本公积	10 000
盈余公积	5 000
未分配利润	8 000
股东权益合计	33 000

每股净资产为:33 000÷(1 000×2)=16.5(元/股)。

(二) 股票分割的作用

1. 降低股票价格

股票分割使股票每股市价降低,买卖股票所需资金减少,从而可以促进股票的流通和交易。流动性的提高和股东数量的增加,会在一定程度上加大对公司股票恶意收购的难度。此外,降低股价还可以为公司发行新股做准备,因为股价太高会使许多潜在投资者力不从心而不敢轻易对公司股票进行投资。

2. 提高投资者信心

向市场和投资者传递"公司发展前景良好"的信号,有助于提高投资者对公司股票的信心。

【边学边练】

下列各项中,受企业股票分割影响的是(　　)。

A. 每股股票价值　　B. 股东权益总额

C. 企业资本结构　　D. 股东持股比例

『**正确答案**』A

『**答案解析**』股票分割,只是增加企业发行在外的股票股数,而企业的股东权益总额及内部结构都不会发生变化。股数增加导致每股价值降低,所以选项A是答案。

二、股票回购

(一) 股票回购的含义

股票回购,是指上市公司出资将其发行在外的股票以一定价格购买回来予以注销或作为库存股的一种资本运作方式。公司不得随意收购本公司的股份,只有满足相关法律规定的情形才允许股票回购。

（二）股票回购的方式

表9-19　股票回购的方式

形　式	内　容
公开市场回购	指公司在公开交易市场上以当前市价回购股票
要约回购	公司在特定期间向股东发出以高出当前市价的某一价格回购既定数量股票的要约，并根据要约内容进行回购
协议回购	公司以协议价格直接向一个或几个主要股东回购股票

（三）股票回购的动机

股票回购的动机如表9-20所示。

表9-20　股票回购的动机

动　机	实现机制
现金股利的替代	市场回购：提高价格、资本利得、替代现金股利
改变公司资本结构	股票回购：减少权益资金、提高债务资金比例、提高财务杠杆水平
传递公司信息（稳定或提高公司股价）	回购股票：传递信号（股价过低）、提高股价
基于控制权的考虑	回购股票：减少流通在外的普通股、提高现有股东股权比重、有效地防止恶意收购

（四）股票回购的影响

（1）股票回购需要大量资金支付回购成本，容易造成资金紧张，降低资产流动性，影响公司的后续发展。

（2）公司进行股票回购，无异于股东退股和公司资本的减少，在一定程度上削弱了对债权人利益的保障。忽视了公司长远的发展，损害了公司的根本利益。

（3）股票回购容易导致公司操纵股价。公司回购自己的股票容易导致其利用内幕消息进行炒作，加剧公司行为的非规范化，损害投资者的利益。

【边学边练】

股票回购对上市公司的影响是（　　）。

A. 有助于降低公司财务风险　　B. 分散控股股东的控制权

C. 有助于保护债权人利益　　D. 降低资产流动性

『正确答案』D

『答案解析』股票回购无异于股东退股和公司资本的减少，也可能会使公司的发起人股东更注重创业利润的实现，从而不仅在一定程度上削弱了对债权人利益的保护，而且也忽视了公司的长远发展，损害了公司的根本利益。股票回购需要大量资金支付回购成本，容易造成资金紧张，降低资产流动性，影响公司的后续发展。

◇收益分配管理的意义、收益分配管理应遵循的原则以及利润分配的程序。

◇股利种类及支付程序。股票种类有:现金股利、财产股利、负债股利和股票股利。现金股利是最常见的股利形式。我国目前实务中很少使用负债股利和财产股利。股票股利目前对我国企业和投资者具有特殊的重要意义。股票股利只影响股东权益内部结构变化。股利的发放必须遵守相关的要求,按照日程安排来进行。

◇股票分配理论及应用的四大常见的股利分配政策。每个股利分配政策都详细介绍了分配政策如何使用、有何优缺点、适用于哪些企业。

◇股票分割与回购,讲解股票分割的定义和作用,以及如何分割。股票分割与股票股利有何不同,还列示了股票回购的方式、动机以及股票回购对企业的影响。

一、单项选择题

1. 为了规范企业的收入分配行为,国家颁布相关法规,这一举措体现的收入与分配管理的原则是(　　)。

A. 兼顾各方利益原则　　B. 依法分配原则
C. 分配与积累并重原则　　D. 投资与收入对等原则

2. 下列关于公司对净利润的分配顺序的排列中,正确的是(　　)。

① 提取任意公积金;② 向股东(投资者)分配股利(利润);③ 提取法定公积金;④ 弥补以前年度亏损。

A. ③①④②　　B. ②①③④　　C. ④③①②　　D. ④②③①

3. 股利的支付减少了管理者对自由现金流量的支配权,这在一定程度上可以抑制公司管理者的过度投资或在职消费行为,从而保护外部投资者的利益。这种观点体现的股利理论是(　　)。

A. "手中鸟"理论　　B. 信号传递理论
C. 所得税差异理论　　D. 代理理论

4. 下列股利政策中最能反映股利无关论观点的是(　　)。

A. 剩余股利政策　　B. 固定或稳定增长的股利政策
C. 固定股利支付率政策　　D. 低正常股利加额外股利政策

5. 在下列公司中,通常适合采用固定股利政策的是(　　)。

A. 收益显著增长的公司　　B. 经营相对稳定的公司
C. 财务风险较高的公司　　D. 投资机会较多的公司

6. 主要依靠股利维持生活或对股利有较高依赖性的股东最不赞成的公司股利政策是(　　)。

A. 剩余股利政策　　B. 固定或稳定增长的股利政策

C. 低正常股利加额外股利政策　　D. 固定股利支付率政策

7. 下列关于影响利润分配政策的公司因素的说法中,错误的是(　　)。

A. 净收入增加,公司应多发放股利

B. 对于盈利不稳定的公司,可以采用低股利政策

C. 如果公司将留存收益用于再投资所得报酬低于股东个人单独将股利收入投资于其他投资机会所得的报酬时,公司应多发股利

D. 如果公司具有较强的筹资能力,应该多发放股利

8. 如果A上市公司以其持有的B上市公司的股票作为股利支付给股东,则这种支付股利的方式为(　　)。

A. 现金股利　　B. 财产股利　　C. 负债股利　　D. 股票股利

9. 甲上市公司于2019年4月10日公布2018年度的利润分配方案,股权登记日为4月25日,除息日为4月26日,股东可在5月10日至25日之间通过深圳交易所按交易方式领取股息。则领取股利的权利与股票分离的日期是(　　)。

A. 4月10日　　B. 4月25日　　C. 4月26日　　D. 5月10日

10. 下列关于股票回购的说法中,不正确的是(　　)。

A. 股票回购是现金股利的一种替代方式

B. 股票回购不改变公司的资本结构

C. 股票回购可减少流通在外的股票数量,提高每股收益

D. 股票回购容易造成资金紧张,资产流动性变差,影响公司的后续发展

二、多项选择题

1. 收入与分配管理应当遵循的原则包括(　　)。

A. 依法分配原则　　B. 分配与积累并重原则

C. 兼顾各方利益原则　　D. 投资收入对等原则

2. 下列股利政策中造成股利波动较大,容易让投资者感觉公司不稳定的股利分配政策有(　　)。

A. 剩余股利政策　　B. 固定股利政策

C. 固定股利支付率政策　　D. 稳定增长股利政策

3. 股利无关论是建立在完全资本市场理论之上的,下列各项中,属于其假定条件的有(　　)。

A. 市场具有强势效率,没有交易成本

B. 不存在任何公司或个人所得税

C. 不存在任何筹资费用

D. 股东对股利收入和资本增值之间并无偏好

4. 下列关于剩余股利政策的说法中,正确的有(　　)。

A. 此政策下的加权平均资本是最低水平的

B. 资金需求中所需增加的权益资本数额是根据目标资本结构确定的

C. 最大限度地使用留存收益来满足资金需求中所需增加的权益资本数额

D. 留存收益在满足公司权益资本增加需求后,若还有剩余才用来发放股利

5. 一般情况下,股东偏好公司支付较高的股利政策的有(　　)。

A. “手中鸟”理论　　B. 信号传递理论

C. 所得税差异理论　　D. 代理理论

6. 下列关于固定或稳定增长的股利政策优点的说法中,正确的有(　　)。

A. 稳定的股利向市场传递着公司正常发展的信息

B. 有利于吸引对股利有很高依赖性的股东

C. 股利与公司盈余紧密地配合

D. 保持最佳的资本结构

7. 下列股利政策中,能够吸引住依靠股利度日的股东的有(　　)。

A. 固定或稳定增长的股利政策　　B. 低正常股利加额外股利政策

C. 剩余股利政策　　D. 固定股利支付率政策

8. 股票分割的主要作用包括(　　)。

A. 降低股票价格　　B. 巩固既有股东控制权

C. 促进股票的流通和交易

D. 向市场和投资者传递“公司发展前景良好”的信号

9. 下列关于利润分配制约因素中的公司因素的表述中,不正确的有(　　)。

A. 公司在满足了生产经营活动所需资金外还有大量盈余,可以采取较高股利支付水平

B. 如果公司的投资机会较多,应该采取较高的股利支付水平

C. 如果公司有着较高的筹资能力,应该采取较低的股利支付水平

D. 为保持现金持有量,公司应该适当减少股利支付

10. 下列各项中,属于发放股票股利可能导致的结果的有(　　)。

A. 股东权益内部结构发生变化　　B. 股东权益总额发生变化

C. 每股利润下降　　D. 股份总额发生变化

三、计算分析题

1. 某股份公司2018年的税后利润为800万元,目前的负债比率为50%,该公司想继续保持这一比例,预计明年将有一个良好的投资机会,需要资金700万元,假设该公司采取剩余股利政策。

要求:

(1) 计算明年对外筹资额;

(2) 计算2018年可发放的股利额及股利发放率。

2. 某公司年终利润分配前的股东权益项目资料如表9-21所示。

表9-21　股东权益项目资料

单位:万元

普通股股本(每股面值10元,流通在外1 000万股)	10 000
资本公积	20 000
盈余公积	4 000
未分配利润	5 000
股东权益合计	39 000

要求:

(1) 假设该公司宣布发放20%的股票股利,即现有普通股每持有10股,即可获得赠送的2股普通股。股票股利按面值计价,发放股票股利后,股东权益各项目有何变化?每股净资产是多少?

(2) 假设该公司按照1:2的比例进行股票分割,股票分割后,股东权益各项目有何变化?每股净资产是多少?

实训项目

一、实训目的

1. 熟悉企业收益分配的过程。
2. 认识股利分配政策的影响因素。
3. 灵活运用股利政策。

二、实训资料

某公司成立于2017年1月1日。2017年度实现的净利润为1 000万元,分配现金股利550万元,提取盈余公积450万元(所提盈余公积均已指定用途)。2018年度实现的净利润为900万元(不考虑计提法定盈余公积的因素)。2019年计划增加投资,所需资金为700万元。假定公司目标资本结构为自有资金占60%,借入资金占40%。

三、实训要求

(1) 在保持目标资本结构的前提下,计算2019年投资方案所需的自有资金金额和需要从外部借入的资金金额;

(2) 在保持目标资本结构的前提下,如果公司执行剩余股利政策,计算2018年度应分配的现金股利;

(3) 在不考虑目标资本结构的前提下,如果公司执行固定股利政策,计算2018年应分配的现金股利、可用于2019年投资的留存收益和需要额外筹集的资金额;

(4) 在不考虑目标资本结构的前提下,如果公司执行固定股利支付率政策,计算该公司的股利支付率和2018年度应分配的现金股利;

(5) 假定公司2019年面临着从外部筹资的困难,只能从内部筹集筹资,不考虑目标资本结构,计算在此情况下2018年度应分配的现金股利。

典型工作岗位——财务分析岗位

项目十　财 务 分 析

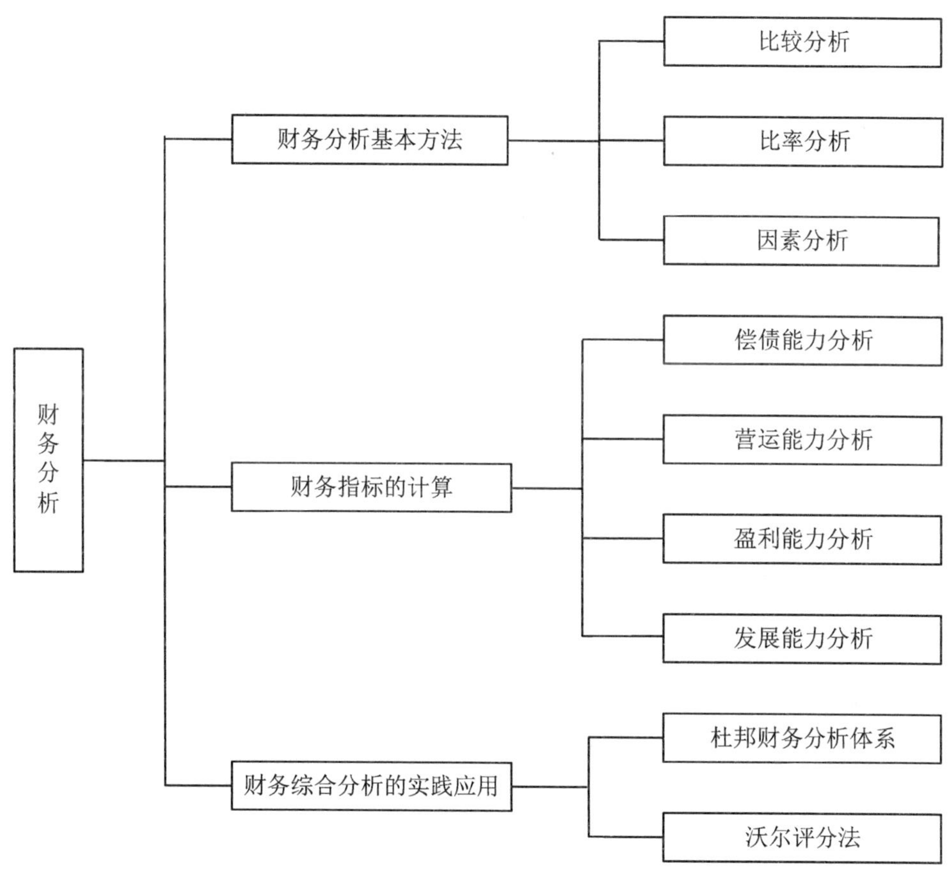

学习目标

理解财务分析的概念和作用，掌握财务分析的方法，掌握偿债能力、营运能力、盈利能力以及发展能力分析的内容，掌握杜邦财务分析体系。

重点难点

偿债能力、营运能力、盈利能力以及发展能力分析的内容，杜邦财务分析体系。

案例导读

雅百特财务造假案例分析——透过财务报表发现财务造假

财务报表是浓缩企业某一特定日期财务状况和某一时期经营成果、现金流量的报告文件，是国家实施宏观调控和企业加强内部经营管理的重要依据，也是投资者和债权人进行决策的重要参考。因此，财务报表的真实性显得尤为重要。然而，一些企业置法律法规及社会责任于不顾，玩弄"数字游戏"，编制虚假财务报告，给企业及相关利益主体造成了巨大的损失。这种现象在世界各国都不同程度地存在，也曾形成了许多"辉煌"的企业。但靠虚假财务报表支撑的"辉煌"终难持久，如美国的安然、日本的奥巴林斯等大公司的财务丑闻让全世界都感到震惊；中国的银广夏、蓝田、郑百文等上市公司绩优股神话的破灭，也让人们心有余悸，但仍然有些公司铤而走险，无视法律。

2017年7月，证监会查处了上市公司雅百特跨境财务造假案，这家公司不仅将建材自买自卖，假冒进行跨国生意。而且还想乘着"一带一路"的东风，把假生意做到巴基斯坦，但经过监管机构跨境调查，其参与巴基斯坦的项目完全子虚乌有，公司在年报中撒下弥天大谎。

雅百特2015年8月成功"借壳上市"，当年年报显示，雅百特在与巴基斯坦木尔坦市开展的城市快速公交专线项目实现收入超过2亿元，占年度销售总额的21.8%。这么大单的跨国生意，让雅百特的年报"闪闪发亮"。不过，调查人员却发现，这笔收入有问题。

经确认，雅百特于2015年至2016年9月通过虚构海外工程项目、虚构国际贸易和国内贸易等手段，累计虚增营业收入约5.8亿元，虚增利润近2.6亿元，其中2015年虚增利润占当期利润总额约73%。时至今日，雅百特将被强制退市了。

从财务分析的角度来看，我们应如何分析它的财务报告，又可以从中吸取什么教训、得到什么启示呢？

（资料来源：https://www.sohu.com/a/160591487_466906）

任务一　财务分析基本方法

一、财务分析的意义和内容

财务分析是根据企业财务报表等信息资料，采用专门方法，系统分析和评价企业财务状况、经营成果以及未来发展趋势的过程。

财务分析以企业财务报告及其他相关资料为主要依据，对企业的财务状况和经营成果进行评价和剖析，反映企业在运营过程中的利弊得失和发展趋势，从而为改进企业财务管理工作和优化经济决策提供重要财务信息。

(一) 财务分析的意义

财务分析对不同的信息使用者具有不同的意义。具体来说，财务分析的意义主要体现在如下几个方面：

(1) 可以判断企业的财务实力。通过对资产负债表和利润表有关资料进行分析，计算相关指标，可以了解企业的资产结构和负债水平是否合理，从而判断企业的偿债能力、营运能力及盈利能力等财务实力，揭示企业在财务状况方面可能存在的问题。

(2) 可以评价和考核企业的经营业绩，揭示财务活动存在的问题。通过指标的计算、分析和比较，能够评价和考核企业的盈利能力和资产周转状况，揭示其经营管理的各个方面和各个环节问题，找出差距，得出分析结论。

(3) 可以挖掘企业潜力，寻求提高企业经营管理水平和经济效益的途径。企业进行财务分析的目的不仅仅是发现问题，更重要的是分析问题和解决问题。通过财务分析，应保持和进一步发挥生产经营管理中成功的经验，对存在的问题应提出解决的策略和措施，以达到扬长避短、提高经营管理水平和经济效益的目的。

(4) 可以评价企业的发展趋势。通过各种财务分析，可以判断企业的发展趋势，预测其生产经营的前景及偿债能力，从而为企业领导层进行生产经营决策、投资者进行投资决策和债权人进行信贷决策提供重要的依据，避免因决策错误给其带来重大损失。

(二) 财务分析的内容

财务分析信息的需求者主要包括企业所有者、企业债权人、企业经营决策者和政府等。不同主体出于不同的利益考虑，对财务分析信息有着各自不同的要求。

(1) 企业所有者作为出资人，关心其资本的保值和增值状况，因此较为重视企业盈利能力指标，主要进行企业盈利能力分析。

(2) 企业债权人因不能参与企业剩余收益分享，所以重点关注的是其投资的安全性，因此更重视企业偿债能力指标，主要进行企业偿债能力分析，同时也关注企业盈利能力分析。

(3) 企业经营决策者必须对企业经营理财的各个方面，包括营运能力、偿债能力、盈利能力及发展能力的全部信息予以详尽地了解和掌握，进行各方面综合分析，并关注企业财务风险和经营风险。

(4) 政府兼具多重身份，既是宏观经济管理者，又是国有企业的所有者和重要的市场参与者，因此政府对企业财务分析的关注点因所处身份不同而异。

为了满足不同需求者的需求，财务分析一般应包括偿债能力分析、营运能力分析、盈利能力分析、发展能力分析和现金流量分析等方面。

二、财务分析的方法

(一) 比较分析法

比较分析法是按照特定的指标系将客观事物加以比较,从而认识事物的本质和规律并做出正确的评价。财务报表的比较分析法,是指对两个或两个以上的可比数据进行对比,找出企业财务状况、经营成果中的差异与问题。

根据比较对象的不同,比较分析法分为趋势分析法、横向比较法和预算差异分析法。趋势分析法的比较对象是本企业的历史;横向比较法比较的对象是同类企业,比如行业平均水平或竞争对手;预算差异分析法的比较对象是预算数据。在财务分析中,最常用的比较分析法是趋势分析法。

趋势分析法,是通过对比两期或连续数期财务报告中的相同指标,确定其增减变动的方向、数额和幅度,来说明企业财务状况或经营成果变动趋势的一种方法。采用这种方法,可以分析引起变化的主要原因、变动的性质,并预测企业未来的发展趋势。

比较分析法的具体运用主要有重要财务指标的比较、会计报表的比较和会计报表项目构成的比较三种方式。下面以趋势分析法为例进一步阐述。

1. 重要财务指标的比较

这种方法是指将不同时期财务报告中的相同指标或比率进行纵向比较,直接观察其增减变动情况及变动幅度,考察其发展趋势,预测其发展前景。用于不同时期财务指标比较的比率主要有以下两种:

(1) 定基动态比率,是以某一时期的数额为固定的基期数额而计算出来的动态比率。其计算公式为

$$\text{定基动态比率}=\frac{\text{分析期数额}}{\text{固定基期数额}}\times 100\%$$

(2) 环比动态比率,是以每一分析期的数据与上期数据相比较计算出来的动态比率。其计算公式为

$$\text{环比动态比率}=\frac{\text{分析期数额}}{\text{前期数额}}\times 100\%$$

2. 会计报表的比较

会计报表的比较是指将连续数期的会计报表的金额并列起来,比较各指标不同期间的增减变动金额和幅度,据以判断企业财务状况和经营成果发展变化的一种方法。具体包括资产负债表比较、利润表比较和现金流量表比较等。

3. 会计报表项目构成的比较

这种方法是在会计报表比较的基础上发展而来的,是以会计报表中的某个总体指标作为100%,再计算出各组成项目占该总体指标的百分比,从而比较各个项目百分比的增减变动,以此来判断有关财务活动的变化趋势。

采用比较分析法时,应当注意以下问题:① 用于对比的各个时期的指标,其计算口径必须保持一致;② 应剔除偶发性项目的影响,使分析所利用的数据能反映正常的生产经营状

况;③ 应运用例外原则对某项有显著变动的指标作重点分析,研究其产生的原因,以便采取对策,趋利避害。

(二) 比率分析法

比率分析法是通过计算各种比率指标来确定财务活动变动程度的方法。比率指标的类型主要有构成比率、效率比率和相关比率三类。

1. 构成比率

构成比率又称结构比率,是某项财务指标的各组成部分数值占总体数值的百分比,反映部分与总体的关系。其计算公式为

$$构成比率=\frac{某个组成部分数值}{总体数值}\times 100\%$$

比如,企业资产中流动资产、固定资产和无形资产占资产总额的百分比(资产构成比率),企业负债中流动负债和长期负债占负债总额的百分比(负债构成比率)等。利用构成比率,可以考察总体中某个部分的形成和安排是否合理,以便协调各项财务活动。

2. 效率比率

效率比率是某项财务活动中所费与所得的比率,反映投入与产出的关系。利用效率比率指标,可以进行得失比较,考察经营成果,评价经济效益。

比如,将利润项目与营业成本、营业收入、资本金等项目加以对比,可以计算出成本利润率、营业利润率和资本金利润率等指标,从不同角度观察比较企业盈利能力的高低及其增减变化情况。

3. 相关比率

相关比率是以某个项目和与其有关但又不同的项目加以对比所得的比率,反映有关经济活动的相互关系。利用相关比率指标,可以考察企业相互关联的业务安排得是否合理,以保障经营活动顺畅进行。

比如,将流动资产与流动负债进行对比,计算出流动比率,可以判断企业的短期偿债能力;将负债总额与资产总额进行对比,可以判断企业长期偿债能力。

采用比率分析法时,应当注意以下几点:① 对比项目的相关性;② 对比口径的一致性;③ 衡量标准的科学性。

(三) 因素分析法

因素分析法是依据分析指标与其影响因素的关系,从数量上确定各因素对分析指标影响方向和影响程度的一种方法。

因素分析法具体有两种:连环替代法和差额分析法。

1. 连环替代法

连环替代法是将分析指标分解为各个可以计量的因素,并根据各个因素之间的依存关系,依次用各因素的比较值(通常为实际值)替代基准值(通常为标准值或计划值),据以测定各因素对分析指标的影响。

【例 10-1】 光明企业 2018 年 10 月某种原材料费用的实际数为 10 400 元,而其计划

数是9 000元。实际比计划增加1 400元。由于原材料费用是由产品产量、单位产品材料消耗量和材料单价三个因素的乘积组成,因此就可以把材料费用这一总指标分解为三个因素,然后逐个来分析它们对材料费用总额的影响程度。现假设这三个因素的数值如表10-1所示。

表10-1　三因素数值

项　目	单　位	计划数	实际数
产品产量	件	150	160
单位产品材料消耗量	千克	6	5
材料单价	7元	10	13
材料费用总额	7元	9 000	10 400

计划指标:150×6×10=9 000(元)　(1)

第一次替代:160×6×10=9 600(元)　(2)

第二次替代:160×5×10=8 000(元)　(3)

第三次替代:160×5×13=10 400(元)　(4)

实际指标:

(2)-(1)=9 600-9 000=600(元)　产量增加的影响

(3)-(2)=8 000-9 600=-1 600(元)　材料节约的影响

(4)-(3)=10 400-8 000=2 400(元)　价格提高的影响

600-1 600+2 400=1 400(元)　全部因素的影响

2. 差额分析法

差额分析法是连环替代法的一种简化形式,是利用各个因素的比较值与基准值之间的差额,来计算各因素对分析指标的影响。

【例10-2】 沿用表10-1中的资料。可采用差额分析法计算确定各因素变动对材料费用的影响。

(1) 由于产量增加对材料费用的影响为:(160-150)×6×10=600(元);

(2) 由于材料消耗节约对材料费用的影响为:(5-6)×160×10=-1 600(元);

(3) 由于价格提高对材料费用的影响为:(13-10)×160×5=2 400(元)。

采用因素分析法时,必须注意以下问题:

(1) 因素分解的关联性。构成经济指标的因素,必须客观上存在着因果关系,并能够反映形成该项指标差异的内在构成原因,否则就失去了应用价值。

(2) 因素替代的顺序性。确定替代因素时,必须根据各因素的依存关系,遵循一定的顺序并依次替代,不可随意加以颠倒,否则就会得出不同的计算结果。

(3) 顺序替代的连环性。因素分析法在计算每一因素变动的影响时,都是在前一次计算的基础上进行,并采用连环比较的方法确定因素变化的影响结果。

(4) 计算结果的假定性。由于因素分析法计算的各因素变动的影响数会因替代顺序不同而有差别,因而计算结果不免带有假定性,即它不可能使每个因素计算的结果都达到绝对的准确。为此,分析时应力求使这种假定合乎逻辑,具有实际经济意义。这样,计算结果的假定性才不至于妨碍分析的有效性。

任务二　财务指标的计算

财务比率也称为财务指标,是通过财务报表数据的相对关系来揭示企业经营管理的各方面问题,是最主要的财务分析方法。基本的财务报表分析内容包括偿债能力分析、营运能力分析、盈利能力分析、发展能力分析四个方面,以下分别加以介绍。

为便于说明,本节各项财务指标的计算,将主要采用光明公司作为例子,该公司的资产负债表、利润表如表10-2、表10-3所示。

表10-2　资产负债表

编制单位:光明公司　　　　2018年12月31日　　　　单位:万元

资　　产	期末余额	年初余额	负债和所有者权益(或股东权益)	期末余额	年初余额
流动资产:			流动负债:		
货币资金	260	135	短期借款	310	235
以公允价值计量且其变动计入当期损益的金融资产	40	70	以公允价值计量且其变动计入当期损益的金融负债	0	0
应收票据	50	65	应付票据	35	30
应收账款	2 000	1 005	应付账款	510	555
预付账款	70	30	预收账款	60	30
应收利息	0	0	应付职工薪酬	90	105
应收股利	0	0	应交税费	55	70
其他应收款	120	120	应付利息	55	35
存货	605	1 630	应付股利	0	0
一年内到期的非流动资产	235	0	其他应付款	240	145
其他流动资产	210	65	一年内到期的非流动负债	260	0
流动资产合计	3 590	3 130	其他流动负债	25	35
非流动资产:			流动负债合计	1 640	1 240
可供出售金融资产	0	0	非流动负债:		
持有至到期投资	0	0	长期借款	2 260	1 235

续表

资　　产	期末余额	年初余额	负债和所有者权益（或股东权益）	期末余额	年初余额
长期应收款	0	0	应付债券	1 210	1 310
长期股权投资	160	235	长期应付款	0	0
投资性房地产	0	0	专项应付款	0	0
固定资产	6 190	4 775	预计负债	0	0
在建工程	100	185	递延所得税负债	0	0
工程物资	0	0	其他非流动负债	360	385
固定资产清理	0	70	非流动负债合计	3 830	2 930
生产性生物资产	0	0	负债合计	5 470	4 170
油气资产	0	0	所有者权益(或股东权益):		
无形资产	100	120	实收资本(或股本)	3 000	3 000
开发支出	0	0	资本公积	90	60
商誉	0	0	减:库存股		
长期待摊费用	0	0	盈余公积	380	210
递延所得税资产	35	85	未分配利润	1 260	1 160
其他非流动资产	25	0	所有者权益(或股东权益)合计	4 730	4 430
非流动资产合计	6 610	5 470			
资产总计	10 200	8 600	负债和所有者权益(或股东权益)总计	10 200	8 600

注:交易性金融资产年初余额为70万元,期末余额为40万元。

表10-3　利　润　表

编制单位:光明公司　　　　2018年度　　　　单位:万元

项　　目	本期金额	上期金额
一、营业收入	15 010	14 260
减:营业成本	13 230	12 525
税金及附加	150	150
销售费用	120	110
管理费用	240	210
财务费用	560	490
资产减值损失		
加:公允价值变动收益(损失以"—"号填列)	110	190

续表

项目	本期金额	上期金额
投资收益	210	130
其中:对联营企业和合营企业的投资收益		
二、营业利润(亏损以"—"号填列)	1 030	1 095
加:营业外收入	60	95
减:营业外支出	110	35
其中:非流动资产处置损失		
三、利润总额(亏损总额以"—"号填列)	980	1 155
减:所得税费用	330	385
四、净利润(净亏损以"—"号填列)	650	770
五、每股收益:		
(一) 基本每股收益		
(二) 稀释每股收益		
六、其他综合收益		
七、综合收益总额		

一、偿债能力分析

偿债能力是指企业偿还到期债务(包括本金和利息)的能力。偿债能力分析包括短期偿债能力分析和长期偿债能力分析。

(一) 短期偿债能力分析

短期偿债能力是企业流动资产对流动负债及时足额偿还的保证程度,是衡量企业当前财务能力特别是流动资产变现能力的重要标志。衡量指标有流动比率、速动比率和现金比率。

(1) 流动比率。流动比率是流动资产与流动负债的比率,它表明企业每1元流动负债有多少流动资产作为偿还的保证,反映企业用可在短期内部变成现金的流动资产偿还到期流动负债的能力。

$$流动比率=\frac{流动资产}{流动负债}$$

一般认为2:1的比率比较适宜。一般情况下,流动比率越高,反映企业短期偿债能力越强,债权人的权益越有保证。究竟应保持多高水平的比率,主要视企业对待风险与收益态度予以确定。运用流动比率应注意以下三个方面的问题:

① 虽然流动比率越高,企业偿还短期债务的流动资产保证程度越强,但流动比率高也可能是存货积压、应收账款、其他应收款等增多且收账期限延长所致,而真正可用来偿债的现金/存款却严重短缺。

② 从短期债权人的角度来看，自然希望流动比率越高越好。但从企业经营者角度来看，过高的流动比率通常意味着企业闲置现金的持有量过多，必然造成企业机会成本的增加和获利能力降低，因此，企业应尽可能将流动比率维持在不使货币资金闲置的水平。

③ 流动比率是否合理，不同企业以及同一企业不同时期的评价标准是不同的。

从表10-2中得出：

$$\text{期初流动比率}=\frac{3\,130}{1\,240}=2.524$$

$$\text{期末流动比率}=\frac{3\,590}{1\,640}=2.189$$

光明公司年初、年末流动比率均大于2，说明该企业具有较强的短期偿债能力。流动比率的缺点是该比率比较容易人为操纵，并且没有揭示流动资产的构成内容，只能大致反映流动资产整体的变现能力。但流动资产中包含像存货这类变现能力较差的资产，如能将其剔除，其所反映的短期偿债能力更加可信，这个指标就是速动比率。

(2) 速动比率。速动比率是企业速动资产与流动负债之比，其计算公式为

$$\text{速动比率}=\text{速动资产}\div\text{流动负债}$$

构成流动资产的各项目，流动性差别很大。其中货币资金、以公允价值计量且其变动计入当期损益的金融资产和各种应收款项，可以在较短时间内变现，称为速动资产；另外的流动资产，包括存货、预付款项、一年内到期的非流动资产和其他流动资产等，属于非速动资产。速动资产主要剔除了存货，原因是：① 流动资产中存货的变现速度比应收账款要慢得多；② 部分存货可能已被抵押；③ 存货成本和市价可能存在差异。由于剔除了存货等变现能力较差的资产，速动比率比流动比率能更准确、可靠地评价企业资产的流动性及偿还短期债务的能力。

速动比率表明每1元流动负债有多少速动资产作为偿债保障。一般情况下，速动比率越大，短期偿债能力越强。由于通常认为存货占了流动资产的一半左右，因此剔除存货影响的速动比率至少是1。速动比率过低，企业面临偿债风险；但速动比率过高，会因占用现金及应收账款过多而增加企业的机会成本。影响此比率可信性的重要因素是应收账款的变现能力。因为应收账款的账面金额不一定都能转化为现金，而且对于季节性生产的企业，其应收账款金额存在着季节性波动，根据某一时点计算的速动比率不能客观反映其短期偿债能力。此外，使用该指标应考虑行业的差异性。如大量使用现金结算的企业其速动比率大大低于1是正常现象。

从表10-2中得出：

$$\text{期初速动比率}=\frac{135+70+65+1\,005+120}{1\,240}=1.13$$

$$\text{期末速动比率}=\frac{260+40+50+2\,000+120}{1\,640}=1.51$$

光明公司2018年年初、年末的速动比率都比一般公认标准高，说明其短期偿债能力较强，但进一步分析可以发现，在光明公司的速动资产中应收账款比重很高(分别占72%和81%)，而应收账款不一定能按时收回，所以我们还必须计算分析第三个重要比率——现金比率。

(3) 现金比率。现金资产包括货币资金和交易性金融资产等。现金资产与流动负债的比值称为现金比率。现金比率计算公式为

$$现金比率=(货币资金+交易性金融资产)\div 流动负债$$

现金比率剔除了应收账款对偿债能力的影响,最能反映企业直接偿付流动负债的能力,表明每1元流动负债有多少现金资产作为偿债保障。由于流动负债是在一年内(或一个营业周期内)陆续到期清偿,所以并不需要企业时时保留相当于流动负债金额的现金资产。经研究表明,0.2的现金比率就可以接受。而这一比率过高,就意味着企业将过多的资源集中在盈利能力较低的现金资产上,从而影响了企业盈利能力。

该指标是从现金流入和流出的动态角度对企业实际偿债能力进行考查。利用收付实现制为基础的现金比率指标,能充分体现企业经营活动所产生的现金净流量可以在多大程度上保证当期流动负债的偿还,直观反映出企业偿还流动负债的实际能力。该指标越大,表明企业经营活动产生的现金净流量较多,能够保障企业按时偿还到期债务,但也不是越大越好,太大则表示企业流动资金利用不充分,收益能力不强。

根据表10-2资料,可知光明公司的现金比率为

$$期初现金比率=\frac{135+70}{1\,240}=0.165$$

$$期末现金比率=\frac{260+40}{1\,640}=0.183$$

光明公司虽然流动比率和速动比率都较高,但现金比率偏低,说明该公司短期偿债能力还是有一定风险,应缩短应收账期,加大应收账款催账力度,以加速应收账款资金的周转。

(二) 长期偿债能力分析

长期偿债能力是指企业在较长的期间偿还债务的能力。企业在长期内,不仅需要偿还流动负债,还需偿还非流动负债,因此,长期偿债能力衡量的是对企业所有负债的清偿能力。企业对所有负债的清偿能力取决于其总资产水平,因此长期偿债能力比率考察的是企业资产、负债和所有者权益之间的关系。其财务指标主要有四项:资产负债率、产权比率、权益乘数和利息保障倍数。

(1) 资产负债率。资产负债率又称负债比率,是企业负债总额对资产总额的比率。它表明企业资产对债权人权益的保障程度。

$$资产负债率=\frac{负债总额}{资产总额}\times 100\%$$

资产负债率反映总资产中有多大比例是通过负债取得的,可以衡量企业清算时资产对债权人权益的保障程度。当资产负债率高于50%时,表明企业资产来源主要依靠的是负债,财务风险较大。当资产负债率低于50%时,表明企业资产的主要来源是所有者权益,财务比较稳健。这一比率越低,表明企业资产对负债的保障能力越高,企业的长期偿债能力越强。事实上,利益主体不同,看待该指标的立场也不同。从债权人的立场看,债务比率越低越好,企业偿债有保证,贷款不会有太大风险;从股东的立场看,其关心的是举债的效益。在全部资本利润率高于借款利息率时,负债比率越大越好,因为股东所得到的利润就会越大。从经营者的角度看,其进行负债决策时,更关注如何实现风险和收益的平衡。资产负债率较

低表明财务风险较低，但同时也意味着可能没有充分发挥财务杠杆的作用，盈利能力也较低；而较高的资产负债率表明有较大的财务风险和较高的盈利能力。只有当负债增加的收益能够涵盖其增加的风险时，经营者才能考虑借入负债。而在风险和收益实现平衡条件下，是选择较高的负债水平还是较低的负债水平，则取决于经营者的风险偏好等多种因素。

对该指标进行分析时，应结合以下几个方面：① 结合营业周期分析，营业周期短的企业，资产周转速度快，可以适当提高资产负债率；② 结合资产构成分析，流动资产占的比率比较大的企业可以适当提高资产负债率；③ 结合企业经营状况分析，兴旺期间的企业可适当提高资产负债率；④ 结合客观经济环境分析，如利率和通货膨胀率水平。当利率提高时，会加大企业负债的实际利率水平，增加企业的偿债压力，这时企业应降低资产负债率；⑤ 结合资产质量和会计政策分析；⑥ 结合行业差异分析，不同行业资产负债率有较大差异。

根据表10-2资料，光明公司的资产负债率为

$$年初资产负债率=4\,170\div 8\,600\times 100\%=48.49\%$$

$$年末资产负债率=5\,470\div 10\,200\times 100\%=53.63\%$$

光明公司年初资产负债率为48.49%，年末资产负债率为53.63%，有所上升，表明企业负债水平提高，但偿债能力强弱还需结合行业水平进一步分析。如果光明公司所属的行业平均资产负债率为60%，说明尽管光明公司资产负债率上升，财务风险有所加大，但相对于行业水平而言其财务风险仍然较低，长期偿债能力较强。企业仍有空间进一步提高负债水平，以发挥财务杠杆效应。

(2) 产权比率。产权比率又称资本负债率，是负债总额与所有者权益之比，它是企业财务结构稳健与否的重要标志。其计算公式为

$$产权比率=负债总额\div 所有者权益\times 100\%$$

产权比率不仅反映了由债权人提供的资本与所有者提供的资本的相对关系，即企业财务结构是否稳定；而且反映了债权人资本受股东权益保障的程度，或者是企业清算时对债权人利益的保障程度。一般来说，这一比率越低，表明企业长期偿债能力越强，债权人权益保障程度越高。在分析时同样需要结合企业的具体情况加以分析，当企业的资产收益率大于负债利息率时，负债经营有利于提高资金收益率，获得额外的利润，这时的产权比率可适当高些。产权比率高，是高风险、高报酬的财务结构；产权比率低，是低风险、低报酬的财务结构。

根据表10-2资料，光明公司的产权比率为

$$年初产权比率=4\,170\div 4\,430\times 100\%=94.13\%$$

$$年末产权比率=5\,470\div 4\,730\times 100\%=115.64\%$$

由计算可知，光明公司年末的产权比率提高，表明年末该公司举债经营程度提高，财务风险有所加大。但仍然低于行业水平，行业的产权比率是150%(行业的资产负债率是60%，因此产权比率是60%÷40%=1.5，即150%。产权比率与资产负债率对评价偿债能力的作用基本一致，只是资产负债率侧重于分析债务偿付安全性的物质保障程度，产权比率则侧重于揭示财务结构的稳健程度以及自有资金对偿债风险的承受能力。

(3) 权益乘数。权益乘数是总资产与股东权益的比值。其计算公式为

$$权益乘数=总资产\div 股东权益$$

权益乘数表明股东每投入1元钱可实际拥有和控制的金额。在企业存在负债的情况下,权益乘数大于1。企业负债比例越高,权益乘数越大。产权比率和权益乘数是资产负债率的另外两种表现形式,是常用的反映财务杠杆水平的指标。

根据表10-2资料,光明公司的权益乘数为

年初权益乘数=8 600÷4 430=1.94

年末权益乘数=10 200÷4 730=2.16

(4) 利息保障倍数。利息保障倍数是指企业息税前利润与应付利息之比,又称已获利息倍数,用以衡量偿付借款利息的能力。其计算公式为

利息保障倍数=息税前利润 ÷ 应付利息

=(净利润+利润表中的利息费用+所得税)÷ 应付利息

公式中的分子"息税前利润"是指利润表中扣除利息费用和所得税前的利润。公式中的分母"应付利息"是指本期发生的全部应付利息,不仅包括财务费用中的利息费用,还应包括计入固定资产成本的资本化利息。资本化利息虽然不在利润表中扣除,但仍然是要偿还的。利息保障倍数主要是衡量企业支付利息的能力,没有足够大的息税前利润,利息的支付就会发生困难。

利息保障倍数反映支付利息的利润来源(息税前利润)与利息支出之间的关系,该比率越高,长期偿债能力越强。从长期看,利息保障倍数至少要大于1(国际公认标准为3),也就是说,息税前利润至少要大于应付利息,企业才具有偿还债务利息的可能性。如果利息保障倍数过低,企业将面临亏损、偿债的安全性与稳定性下降的风险。在短期内,利息保障倍数小于1也仍然具有利息支付能力,因为计算息税前利润时减去的一些折旧和摊销费用并不需要支付现金。但这种支付能力是暂时的,当企业需要重置资产时,势必发生支付困难。因此,在分析时需要比较企业连续多个会计年度(如5年)的利息保障倍数,以说明企业付息能力的稳定性。

根据表10-3资料,假定表中财务费用全部为利息费用,资本化利息为0,则光明公司利息保障倍数为

上年利息保障倍数=(1 155+490)÷ 490=3.36

本年利息保障倍数=(980+560)÷ 560=2.75

从以上计算结果看,光明公司的利息保障倍数减少,利息支付能力有所下降,但盈利能力还能支付将近3期的利息,有一定的偿债能力,但还需要与其他企业特别是本行业平均水平进行比较来分析评价。

(三) 影响偿债能力的其他因素

1. 可动用的银行贷款指标或授信额度

当企业存在可动用的银行贷款指标或授信额度时,这些数据不在财务报表内反映,但由于可以随时增加企业的支付能力,因此可以提高企业偿债能力。

2. 资产质量

在财务报表内反映的资产金额为资产的账面价值,但由于财务会计的局限性,资产的账面价值与实际价值可能存在差异,如资产可能被高估或低估,一些资产无法进入到财务报表

等。此外,资产的变现能力也会影响偿债能力。如果企业存在很快变现的长期资产,会增加企业的短期偿债能力。

3. 或有事项和承诺事项

如果企业存在债务担保或未决诉讼等或有事项,会增加企业的潜在偿债压力。同样各种承诺支付事项,也会加大企业偿债义务。

4. 经营租赁

当企业存在经营租赁时,意味着企业要在租赁期内分期支付租赁费用,也即有固定的、经常性的支付义务。但是经营租赁的负债未反映在资产负债表中,因此经营租赁作为一种表外融资方式,会影响企业的偿债能力,特别是经营租赁期限较长、金额较大的情况。因此,如果企业存在经营租赁时,应考虑租赁费用对偿债能力的影响。

二、营运能力分析

营运能力主要指资产运用、循环的效率高低。一般而言,资金周转速度越快,说明企业的资金管理水平越高,资金利用效率越高,企业可以以较少的投入获得较多的收益。因此,营运能力指标是通过投入与产出(主要指收入)之间的关系反映。企业营运能力分析主要包括:流动资产营运能力分析、固定资产营运能力分析和总资产营运能力分析三个方面。

(一) 流动资产营运能力分析

反映流动资产营运能力的指标主要有应收账款周转率、存货周转率和流动资产周转率。

1. 应收账款周转率

应收账款在流动资产中有着举足轻重的地位,及时收回应收账款,不仅增强了企业的短期偿债能力,也反映出企业管理应收账款的效率。反映应收账款周转情况的比率有应收账款周转率(次数)和应收账款周转天数。

应收账款周转次数,是一定时期内商品或产品销售收入净额与应收账款平均余额的比值,表明一定时期内应收账款平均收回的次数。其计算公式为

$$\text{应收账款周转率(次)}=\frac{\text{销售收入净额}}{\text{平均应收账款余额}}$$

其中

$$\text{销售收入净额}=\text{销售收入}-\text{销售折扣与折让}$$

$$\text{应收账款余额}=\left(\text{应收账款年初数}+\text{应收账款年末数}\right)\div 2$$

$$\text{应收账款周转天数}=\frac{\text{计算期天数}}{\text{应收账款周转率}}$$

通常,应收账款周转次数越高(或周转天数越短)表明应收账款管理效率越高。在计算和使用应收账款周转率指标时应注意以下问题:

(1) 营业收入指扣赊销售折扣和折让后的销售净额。从理论上讲,应收账款是由赊销引起的,其对应的收入应为赊销收入,而非全部营业收入。但是赊销数据难以取得,且可以假设现金销售是收账时间为零的应收账款,因此只要保持计算口径的历史一致性,使用销售净额不影响分析。营业收入数据使用利润表中的“营业收入”。

(2) 应收账款包括会计报表中“应收账款”和“应收票据”等全部赊销账款在内,因为应收票据是销售形成的应收款项的另一种形式。

(3) 应收账款应为未扣除坏账准备的金额。应收账款在财务报表上按净额列示,计提坏账准备会使财务报表上列示的应收账款金额减少,而营业收入不变。其结果是,计提坏账准备越多,应收账款周转率越高、周转天数越少,对应收账款实际管理欠佳的企业反而会得出应收账款周转情况更好的错误结论。

(4) 应收账款期末余额的可靠性问题。应收账款是特定时点的存量,容易受季节性、偶然性和人为因素的影响。在用应收账款周转率进行业绩评价时,最好使用多个时点的平均数,以减少这些因素的影响。

应收账款周转率反映了企业应收账款周转速度的快慢及应收账款管理效率的高低。在一定时期内周转次数多(或周转天数少)表明:

(1) 企业收账迅速,信用销售管理严格。

(2) 应收账款流动性强,从而增强企业短期偿债能力。

(3) 可以减少收账费用和坏账损失,相对增加企业流动资产的投资收益。

(4) 通过比较应收账款周转天数及企业信用期限,可评价客户的信用程度,调整企业信用政策。

根据表10-2、表10-3资料,光明公司2018年度营业收入为15 010万元,2018年应收账款、应收票据年末数为2 050(2 000+50)万元,年初数为1 070(1 005+65)万元,假设年初、年末坏账准备均为零。2018年该公司应收账款周转率指标计算如下:

$$\text{应收账款周转率}=\frac{15\,010}{(2\,050+1\,070)/2}=9.62(\text{次/年})$$

$$\text{应收账款周转天数}=360\div 9.62=37(\text{天})$$

运用应收账款周转率指标评价企业应收账款管理效率时,应将计算出的指标与该企业前期、与行业平均水平或其他类似企业相比较来进行判断。

2. 存货周转率

它是一定时期内企业营业成本与存货平均资金占用额的比率,是衡量企业生产经营各环节中存货运营效率的一个综合指标。

$$\text{存货周转率(次数)}=\frac{\text{销售成本}}{\text{平均存货}}$$

$$\text{平均存货}=\frac{\text{存货年初数}+\text{存货年末数}}{2}$$

$$\text{存货周转天数}=\frac{\text{计算期天数}}{\text{存货周转率}}$$

根据表10-2、表10-3资料,光明公司2018年度营业成本为13 230万元,期初存货为1 640万元,期末存货为605万元,该公司存货周转率指标为

$$\text{期末:存货周转率(次数)}=\frac{13\,230}{(1\,640+605)/2}=11.79(\text{次/年})$$

一般来讲,存货周转速度越快,存货占用水平越低,流动性越强,存货转化为现金或应收

账款的速度就越快,这样会增强企业的短期偿债能力及盈利能力。通过存货周转速度分析,有利于找出存货管理中存在的问题,尽可能降低资金占用水平。

在具体分析时,应注意以下几点:① 存货周转率的高低与企业的经营特点有密切联系,应注意行业的可比性;② 该比率反映的是存货整体的周转情况,不能说明企业经营各环节的存货周转情况和管理水平;③ 应结合应收账款周转情况和信用政策进行分析。

3.流动资产周转率

它是流动资产在一定时期所完成的周转额(营业收入)与流动资产的平均占用额之间的比率,是反映企业流动资产周转速度的指标。

$$\text{流动资产周转率(次数)}=\frac{\text{销售收入净额}}{\text{平均流动资产余额}}$$

$$\text{流动资产周转期(天数)}=\frac{\text{平均流动资产余额}\times\text{计算期天数}}{\text{销售收入净额}}$$

$$\text{流动资产平均余额}=(\text{期初流动资产}+\text{期末流动资产})\div 2$$

在一定时期内,流动资产周转次数越多,表明以相同的流动资产完成的周转额越多,流动资产利用效果越好。流动资产周转天数越少,表明流动资产在经历生产销售各阶段所占用的时间越短,可相对节约流动资产,增强企业盈利能力。

根据表10-2、表10-3资料,光明公司2018年营业收入为15 010万元,2018年流动资产期初数为3 130万元,期末数为3 590万元,则该公司流动资产周转指标计算如下:

$$\text{期末流动资产周转率(次数)}=\frac{15\,010}{(3\,130+3\,590)/2}=4.47(\text{次/年})$$

(二) 固定资产营运能力分析

反映固定资产营运能力的指标为固定资产周转率。固定资产周转率(次数)是指企业年营业收入与固定资产平均额的比率。它是反映企业固定资产周转情况,从而衡量固定资产利用效率的一项指标。其计算公式为

$$\text{固定资产周转率}=\frac{\text{营业收入净额}}{\text{固定资产平均净值}}$$

$$\text{固定资产平均净值}=(\text{期初固定资产净值}+\text{期末固定资产净值})\div 2$$

固定资产周转率高(即一定时期内固定资产周转次数多),说明企业固定资产投资得当,结构合理,利用效率高;反之,如果固定资产周转率不高,则表明固定资产利用效率不高,提供的生产成果不多,企业的营运能力不强。

根据表10-2、表10-3资料,光明公司2017年、2018年的营业收入分别为14 260万元、15 010万元,2018年年初固定资产为4 775万元,2018年年末固定资产为6 190万元。假设2017年年初固定资产为4 000万元,则固定资产周转率计算如下:

$$\text{2017年固定资产周转率}=\frac{14\,260}{(4\,000+4\,775)/2}=3.25(\text{次/年})$$

$$\text{2018年固定资产周转率}=\frac{15\,010}{(4\,775+6\,190)/2}=2.74(\text{次/年})$$

通过以上计算可知,2018年固定资产周转率为2.74次,2017年固定资产周转率为3.25

次，说明2018年度周转速度要比上年慢，其主要原因在于固定资产增长幅度要大于营业收入增长幅度，说明企业营运能力有所减弱，这种减弱幅度是否合理，还要视公司目标及同行业水平的比较而定，需要考虑固定资产因计提折旧的影响，其净值在不断地减少以及因更新重置，其净值突然增加的影响。同时，由于折旧方法不同，可能影响其可比性。故在分析时，一定要剔除这些不可比因素。

（三）总资产营运能力分析

反映总资产营运能力的指标是总资产周转率。总资产周转率(次数)是企业营业收入与企业资产平均总额的比率。计算公式为

$$\text{总资产周转次数}=\text{营业收入}\div\text{平均资产总额}$$

如资金时间占用的波动性较大，企业应采用更详细的资料进行计算，如按各月份的资金占用额来计算。如果各期占用额比较稳定，波动不大，季度、年度的平均资金占用可以直接用公式来计算，则

$$\text{平均总资产}=(\text{期初总资产}+\text{期末总资产})\div 2$$

在既定的情况下，总资产周转率的驱动因素是各项资产。因此，对总资产周转情况的分析应结合各项资产的周转情况，以发现影响企业资产周转的主要因素。

根据表10-2、表10-3资料，2017年光明公司营业收入为14 260万元，2018年为15 010万元，2018年年初资产总额为8 600万元，2018年年末资产总额为10 200万元。

假设2017年初资产总额为7 800万元，则该公司2017年、2018年总资产周转率计算如下：

$$2017\text{年总资产周转率}=\frac{14\,260}{(7\,800+8\,600)/2}=1.74(\text{次}/\text{年})$$

$$2018\text{年总资产周转率}=\frac{15\,010}{(8\,600+10\,200)/2}=1.60(\text{次}/\text{年})$$

从以上计算可知，光明公司2018年总资产周转速度比上年减慢，这与前面计算分析得出的固定资产周转速度减慢结论一致，该公司应扩大销售额，处理闲置资产，以提高资产使用效率。

总之，各项资产的周转率指标用于衡量各项资产赚取收入的能力，经常和企业盈利能力的指标结合在一起，以全面评价企业的盈利能力。

三、盈利能力分析

不论是投资人、债权人还是经理人员，都会非常重视和关心企业的盈利能力。盈利能力是企业获取利润、实现资金增值的能力。因此，盈利能力指标主要通过收入与利润之间的关系、资产与利润之间的关系反映。反映企业盈利能力的指标主要有营业毛利率、营业净利率、总资产净利率和净资产收益率等。

（一）营业毛利率

营业毛利率是营业毛利与营业收入之比，其计算公式如下

$$营业毛利率=营业毛利\div营业收入\times100\%$$

其中,营业毛利=营业收入-营业成本。营业毛利率反映产品每1元营业收入所包含的毛利润是多少,即营业收入扣除营业成本后还有多少剩余可用于弥补各期费用和形成利润。营业毛利率越高,表明产品的盈利能力越强。将营业毛利率与行业水平进行比较,可以反映企业产品的市场竞争地位。那些营业毛利率高于行业水平的企业意味着实现一定的收入占用了更少的成本,表明它们在资源、技术或劳动生产率方面具有竞争优势。而那些营业毛利率低于行业水平的企业则意味着在行业中处于竞争劣势。此外,将不同行业的营业毛利率进行横向比较,也可以说明行业间盈利能力的差异。

根据表10-3资料,可计算光明公司营业毛利率如下

$$2017年营业毛利率=(14\,260-12\,525)\div14\,260=12.17\%$$

$$2018年营业毛利率=(15\,010-13\,230)\div15\,010=11.86\%$$

(二) 营业净利率

营业净利率是净利润与营业收入之比,其计算公式为

$$营业净利率=(净利润\div营业收入)\times100\%$$

营业净利率反映每1元营业收入最终赚取了多少利润,用于反映产品最终的盈利能力。在利润表上,从营业收入到净利润需要扣除营业成本、期间费用、税费等项目。因此,将营业净利率按利润的扣除项目进行分解可以识别影响营业净利率的主要因素。

根据表10-3资料,可计算营业净利率如下

$$2017年营业净利率=770\div14\,260=5.40\%$$

$$2018年营业净利率=650\div15\,010=4.33\%$$

从上述计算分析可以看出,2018年各项营业利润率指标均比上年有所下降。说明企业盈利能力有所下降,企业应查明原因,采取相应措施,提高盈利水平。

(三) 总资产净利率

总资产净利率指净利润与平均总资产的比率,反映每1元资产创造的净利润。其计算公式为

$$总资产净利率=(净利润\div平均总资产)\times100\%$$

总资产净利率衡量的是企业资产的盈利能力。总资产净利率越高,表明企业资产的利用效果越好。影响总资产净利率的因素是营业净利率和总资产周转率。

$$总资产净利率=\frac{净利润}{平均总资产}=\frac{净利润}{营业收入}\times\frac{营业收入}{平均资产总额}$$

$$=营业净利率\times总资产周转率$$

因此,企业可以通过提高营业净利率、加速资产周转来提高总资产净利率。

根据表10-2、表10-3资料,光明公司2017年净利润为770万元,年末总资产为8 600万元;2018年净利润为650万元,年末总资产为10 200万元。假设2017年年初总资产为7 800万元,则光明公司总资产净利率计算如下

$$2017年总资产净利率=770\div[(7\,800+8\,600)/2]\times100\%=9.39\%$$

$$2018年总资产净利率=650\div[(10\,200+8\,600)/2]\times100\%=6.91\%$$

由以上计算结果可知,总资产净利率下降明显,表明企业盈利能力减弱。结合前面计算的营业净利率和总资产周转率发现,营业净利率和资产周转率均下降是总资产净利率下降的原因,表明企业产品的盈利能力和资产运用效率均存在问题。企业应进一步分析产品盈利能力和资产周转能力下降的原因,通过提高营业净利率和资产周转率改善企业整体盈利水平。

(四) 净资产收益率

净资产收益率又叫权益净利率或权益报酬率,是净利润与平均所有者权益的比值,表示每1元权益资本赚取的净利润,反映权益资本经营的盈利能力。其计算公式为

$$净资产收益率=(净利润\div平均所有者权益)\times100\%$$

该指标是企业盈利能力指标的核心,也是杜邦财务指标体系的核心,更是投资者关注的重点。一般来说,净资产收益率越高,所有者和债权人的利益保障程度越高。如果企业的净资产收益率在一段时期内持续增长,说明权益资本盈利能力稳定上升。但净资产收益率不是一个越高越好的概念,分析时要注意企业的财务风险。

$$\begin{aligned}净资产收益率&=\frac{净利润}{平均净资产}=\frac{净利润}{平均资产总额}\times\frac{平均资产总额}{平均净资产}\\&=资产净利率\times权益乘数\end{aligned}$$

通过对净资产收益率的分解可以发现,改善资产盈利能力和增加企业负债都可以提高净资产收益率。而如果不改善资产盈利能力,单纯通过加大举债力度提高权益乘数进而提高净资产收益率的做法是十分危险的。因为,企业负债经营的前提是有足够的盈利能力保障偿还债务本息,单纯增加负债对净资产收益率的改善只具有短期效应,最终将因盈利能力无法涵盖增加的财务风险而使企业面临财务困境。因此,只有企业净资产收益率上升,同时财务风险没有明显加大,才能说明企业财务状况良好。

根据表10-2、表10-3资料,光明公司2017年净利润为770万元,年末所有者权益为4 430万元;2018年净利润为650万元,年末所有者权益为4 730万元。假设2017年年初所有者权益为4 000万元,则光明公司净资产收益率为

$$2017净资产收益率=\frac{770}{(4\,000+4\,430)\div2}\times100\%=18.27\%$$

$$2018净资产收益率=\frac{650}{(4\,430+4\,730)\div2}\times100\%=14.19\%$$

由于该公司所有者权益的增长快于净利润的增长,2018年净资产收益率要比上年低了4个多百分点,说明权益资本的盈利能力明显降低。由前面的计算结果可以发现,企业权益乘数有所增加,但由于资产盈利能力下降较快导致了净资产收益率的下降。因此,光明公司盈利水平下降的同时面临财务风险加大。企业应尽快改善盈利能力,通过提高产品竞争能力、加快资产周转同时控制财务风险以改善企业所面临的问题。

(五) 每股收益

每股收益是指上市公司本年净利润与年末普通股总数的比值。如果公司发行了不可转换优先股,则计算时要扣除优先股股数及其分享的股利,以便更好地反映普通股所取得的利润。其计算公式为

每股收益=(净利润-优先股股利)÷年末普通股股数

每股收益是衡量上市公司赢利能力的最重要的财务指标,它反映了普通股的获利水平。每股收益越高,说明公司的获利能力越强。

(六)每股股利

每股股利是指上市公司本年发放的普通股现金股利总额与年末普通股总数的比值。其计算公式为

每股股利=普通股现金股利总额÷年末普通股总数

每股股利是上市公司普通股股东从公司实际分得的每股利润,它受到公司净利润、股利政策和普通股股数等多种因素的影响。

(七)市盈率

它是指普通股每股市价与每股收益的比率,它反映普通股股东愿意为每1元净利润支付的价格。其中,每股收益是指可分配给普通股股东的净利润与流通在外的普通股加权平均股数的比率,它反映每只普通股当年创造的净利润。

市盈率=每股市价÷每股收益

每股收益=普通股股东净利润÷流通在外普通股加权平均数

假设光明公司期末无优先股,期末12月31日普通股股价市价为10元,期末流通在外普通股加权平均数为200万股,可分配给普通股股东的净利润为650万元,则

$$2018\text{年市盈率}=\frac{10}{650\div 200}=3.08(\text{倍})$$

每股市价实际上反映了投资者对未来收益的预期。然而,市盈率是基于上年的收益。因此,如果投资者预期收益将大幅增长,市盈率将会相当高。但是如果投资者预期收益将下降,市盈率将会相当低。成熟市场上的成熟公司有非常稳定的收益,通常市盈率达到10~12倍。

应注意以下问题:① 每股市价实际上反映了投资者对未来收益的预期;② 市盈率被广泛评估股票价值,该方法具有很强的适应性,易于理解,不需要耗费大量时间进行数据分析;③ 应用该方法仅须知道准备评估企业的收益和企业所属行业的市盈率。

(八)每股净资产

每股净资产是指上市公司年末净资产(即股东权益)与年末普通股总数的比值。其计算公式为

每股净资产=年末股东权益÷年末普通股总数

每股净资产反映了公司每股普通股所拥有的净资产额,该比值越大,说明公司的财务实力越强。从理论上讲,每股净资产提供了股票的最低价值。把每股净资产与每股市价联系起来,可以说明市场对公司资产质量的评价。

(九)市净率

市净率也称为市账率,是指普通股每股市价与每股净资产的比率,它反映普通股股东愿意为每1元净资产支付的价格,说明市场对公司资产质量的评价。其中,每股净资产也称为

每股账面价值,是指普通股股东权益与流通在外普通股股数的比率,它反映每只普通股享有的净资产,代表理论上的每股最低价值。

$$市净率=\frac{每股市价}{每股净资产}$$

$$每股净资产=\frac{普通股股东权益}{流通在外普通股股数}$$

在计算市净率和每股净资产时,应注意使用的是资产负债表日流通在外普通股股数,而不是当期流通在外普通股加权平均股数,因为每股净资产的分子为时点数,分母应与其口径一致,应当选择同一时点数。

该比率仅可用于整个企业的评估,不能用于企业某一部分(如一个部门、一个产品或一个品牌)的评估。应注意的是,该比率依赖于报表数据,会计政策和会计估计有可能扭曲该比率。另外,净资产受过去留存收益政策影响,如果一家公司持续支付比较低的股利,而把利润投入到经营活动中,那么其账面价值可能比较高,市净率就较低。

四、发展能力分析

衡量企业发展能力的指标主要有:营业收入增长率、总资产增长率、营业利润增长率、资本保值增值率和所有者权益增长率等。

(一) 营业收入增长率

该指标反映的是相对化的营业收入增长情况,是衡量企业经营状况和市场占有能力、预测企业经营业务拓展趋势的重要指标。在实际分析时应考虑企业历年的销售水平、市场占有情况、行业未来发展及其他影响企业发展的潜在因素,或结合企业前三年的营业收入增长率进行趋势性分析判断。其计算公式为

$$营业收入增长率=本年营业收入增长额\div上年营业收入\times100\%$$

其中

$$本年营业收入增长额=本年营业收入-上年营业收入$$

计算过程中,营业收入可以使用利润表中的“营业收入”数据。营业收入增长率大于零,表明企业本年营业收入有所增长。该指标值越高,表明企业营业收入的增长速度越快,企业市场前景越好。

根据表10-3资料,光明公司2017年营业收入为14 260万元,2018年营业收入为15 010万元。则光明公司营业收入增长率为

$$2018年营业收入增长率=(15\,010-14\,260)/14\,260\times100\%=5.26\%$$

(二) 总资产增长率

总资产增长率是企业本年资产增长额同年初资产总额的比率,反映企业本期资产规模的增长情况。其计算公式为

$$总资产增长率=本年资产增长额/年初资产总额\times100\%$$

其中

本年资产增长额＝年末资产总额－年初资产总额

总资产增长率越高，表明企业一定时期内资产经营规模扩张的速度越快。但在分析时，需要关注资产规模扩张的质和量的关系，以及企业的后续发展能力，避免盲目扩张。

根据表10-2资料，光明公司2018年年初资产总额为8 600万元，2018年年末资产总额为10 200万元。则光明公司总资产增长率为

2018年总资产增长率＝(10 200－8 600)/8 600×100%＝18.60%

（三）营业利润增长率

营业利润增长率是企业本年营业利润增长额与上年营业利润总额的比率，反映企业营业利润的增减变动情况。其计算公式为

营业利润增长率＝本年营业利润增长额/上年营业利润总额×100%

其中

本年营业利润增长额＝本年营业利润－上年营业利润

根据表10-3资料，光明公司2017年营业利润为1 095万元，2018年营业利润为1 030万元。则光明公司营业利润增长率为

2018年营业利润增长率＝(1 0 301－1 095)/1 095×100%＝－5.94%

（四）资本保值增值率

资本保值增值率是指扣除客观因素影响后的所有者权益的期末总额与期初总额之比。其计算公式为

资本保值增值率＝扣除客观因素影响后的期末所有者权益÷期初所有者权益×100%

在其他因素不变的情况下，如果企业本期净利润大于0，并且利润留存率大于0，则必然会使期末所有者权益大于期初所有者权益，所以该指标也是衡量企业盈利能力的重要指标。这一指标的高低，除了受企业经营成果的影响外，还受企业利润分配政策影响。

根据前面净资产收益率的有关资料，光明公司资本保值增值率计算如下

2017年资本保值增值率＝4 430/4 000×100%＝111%

2018年资本保值增值率＝4 730/4 430×100%＝107%

可见该公司2018年资本保值增值率比上年有所降低。

（五）所有者权益增长率

所有者权益增长率是企业本年所有者权益增长额与年初所有者权益的比率，反映企业当年资本的积累能力。其计算公式为

所有者权益增长率＝本年所有者权益增长额/年初所有者权益×100%

本年所有者权益增长额＝年末所有者权益－年初所有者权益

所有者权益增长率越高，表明企业的资本积累越多，应对风险、持续发展的能力越强。

根据表10-2资料，光明公司2018年年初所有者权益为4 430万元，2018年年末所有者权益为4 730万元。则光明公司所有者权益增长率为

2018年所有者权益增长率＝(4 730－4 430)/4 430×100%＝6.77%

任务三　财务综合分析的实践应用

前面介绍的指标分析，通常都是就企业某一方面的经营活动所做的分析，这种分析不足以全面评价企业的总体状况，为弥补这一不足，有必要将有关指标按其内在联系结合起来进行综合分析。综合财务分析的目的在于：① 明确企业财务活动与经营活动的相互关系，找出制约企业发展的“瓶颈”所在；② 全面评价企业财务状况及经营业绩，明确企业的经营水平、位置及发展方向，为完善企业财务管理和经营管理提供依据；③ 为企业利益相关者进行投资决策提供参考。

一、杜邦财务分析体系

杜邦财务分析体系，亦称杜邦财务分析法，是指根据各主要财务比率指标之间的内在联系，建立财务分析指标体系，综合分析企业财务状况的方法。该体系是以净资产收益率为龙头，以总资产利润率和权益乘数为分支，重点揭示企业活力能力及杠杆水平对净资产收益率的影响，以及各相关指标间的相互作用关系。由于该指标体系是由美国杜邦公司最先采用的，故称为杜邦财务分析体系，如图10-1所示。

该体系是一个多层次的财务比率分解体系，各项财务比率可在每个层次上与本企业历史或同行财务比率比较，逐级向下分解，逐步覆盖企业经营活动的每个环节，以达到系统、全面评价企业经营成果和财务状况目的。

（一）净资产收益率

净资产收益率是综合性最强的财务指标，是企业综合财务分析的核心。这一指标反映了投资者的投入资本获利能力的高低，能体现企业经营的目标。从企业财务活动和经营活动的相互关系来看，净资产收益率的变动取决于企业资本经营、资产经营和商品经营。所以净资产收益率是企业财务活动和经营活动效率的综合体现。

（二）总资产周转率

总资产周转率是反映企业营运能力最重要的指标，是企业资产经营的结果，是实现净资产收益率最大化的基础。企业总资产由流动资产和非流动资产构成，流动资产体现企业的偿债能力和变现能力，非流动资产则体现企业经营规模、发展潜力和盈利能力。各类资产的收益性又有很大区别，如现金、应收账款几乎没有收益。所以，资产结构是否合理、营运效率的高低是企业资产经营的核心，并最终影响企业的经营业绩。

（三）销售净利率

销售净利率是反映企业商品经营盈利能力最重要的指标，是企业商品经营的结果，是实现净资产收益率最大化的保证。企业从事商品经营，目的在于获利，其途径只有两条：一是扩大营业收入；二是降低成本费用。

（四）权益乘数

权益乘数既是反映企业资本结构的指标，也是反映企业偿债能力的指标，是企业资本经营即筹资活动的结果，它对提高净资产收益率起着杠杆作用。适度开展负债经营，合理安排企业资本结构，可以提高净资产收益率。资产负债率越高，权益乘数就越高，说明企业的负债程度比较高，给企业带来了较多的杠杆利益，同时，也带来了较大的风险。

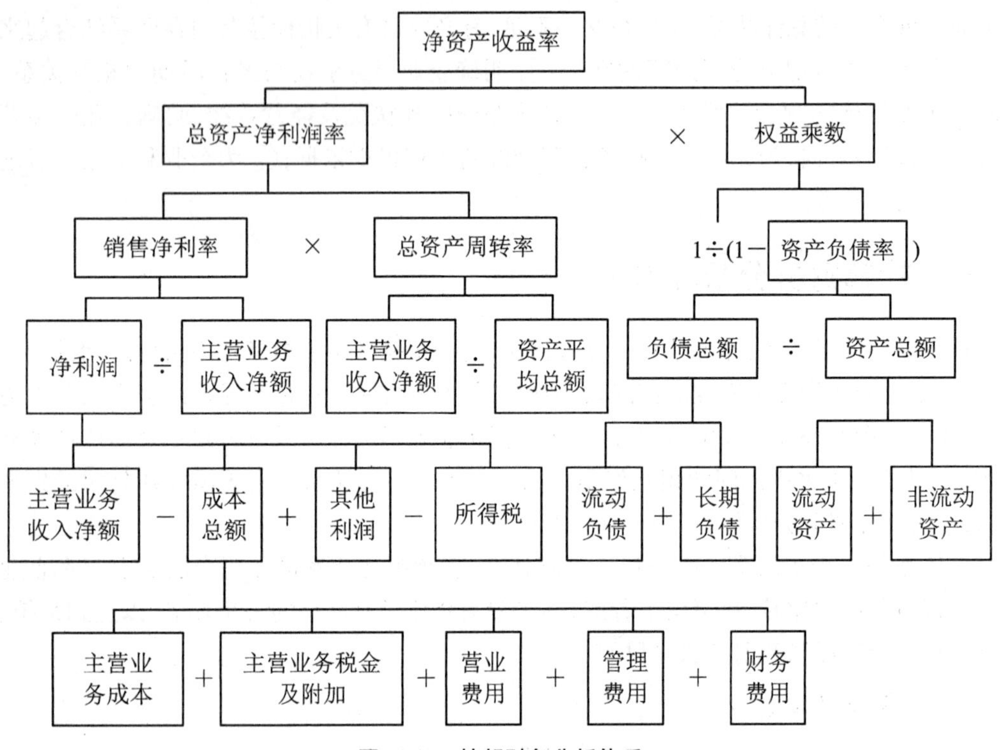

图10-1　杜邦财务分析体系

（1）净资产收益率是一个综合性最强的指标，是杜邦分析体系的起点。

（2）权益乘数=资产/所有者权益，在杜邦分析中一般分子分母均应用平均数。

（3）权益乘数与资产负债率呈同方向变化，并且两者是可以相互推算的：

权益乘数＝1/(1－资产负债率)(资产负债率也根据平均数计算)

（4）销售净利率的高低取决于销售收入与成本总额的高低。

（5）影响总资产周转率的一个重要因素是资产总额。

【例10-3】 某企业有关财务数据如表10-4、表10-5所示。分析该企业净资产收益率变化的原因。

表 10-4 基本财务数据

单位:万元

年度	净利润	营业收入	平均资产总额	平均负债总额	全部成本	制造成本	销售费用	管理费用	财务费用
2017	10 284.04	411 224.01	306 222.94	205 677.07	403 967.43	373 534.53	10 203.05	18 667.77	1 562.08
2018	12 653.92	757 613.81	330 580.21	215 659.54	736 747.24	684 261.91	21 740.96	25 718.20	5 026.17

表 10-5 财务比率

年 度	2017	2018
净资产收益率	10.23%	11.01%
权益乘数	3.05	2.88
资产负债率	67.2%	65.2%
总资产净利率	3.36%	3.83%
营业净利率	2.5%	1.67%
总资产周转率(次)	1.34	2.29

(1) 对净资产收益率的分析。该企业的净资产收益率在2017年至2018年间出现了一定程度的好转,从2017年的10.23% 增加至2018年的11.01%。企业的投资者在很大程度上依据这个指标来判断是否投资或是否转让股份,考察经营者业绩和决定股利分配政策。这些指标对企业的管理者也至关重要。

净资产收益率 = 权益乘数 × 总资产净利率

2017年:10.23% = 3.05 ×3.36%

2018年:11.01% = 2.88 × 3.83%

通过分解可以明显地看出,该企业净资产收益率的变动是资本结构(权益乘数)变动和资产利用效果(总资产净利率)变动两方面共同作用的结果,而该企业的总资产净利率太低,显示出很差的资产利用效果。

(2) 对总资产净利率的分析:

总资产净利率 = 营业净利率 × 总资产周转率

2017年:3.36% = 2.5% ×1.34

2018年:3.83% = 1.67% × 2.29

通过分解可以看出2018年该企业的总资产周转率有所提高,说明资产的利用得到了比较好的控制,显示出比上一年较好的效果,表明该企业利用其总资产产生营业收入的效率在增加。总资产周转率提高的同时营业净利率减少,阻碍了总资产净利率的增加。

(3) 对营业净利率的分析:

营业净利率 = 净利润 ÷ 营业收入

2017年:2.5% = 10 284.04 ÷ 411 224.01

2018年:1.67% = 12 653.92 ÷ 757 613.81

该企业2018年大幅度提高了营业收入,但是净利润的提高幅度却很小,分析其原因是成本费用增多,从表10-4可知:全部成本从2017年的403 967.43万元增加到2018年的736 747.24万元,与营业收入的增加幅度大致相当。

(4) 对全部成本的分析:

全部成本＝制造成本＋销售费用＋管理费用＋财务费用

2017年:403 967.43＝373 534.53 ＋ 10 203.05 ＋ 18 667.77 ＋ 1 562.08

2018年:736 747.24＝684 261.91 ＋ 21 740.96 ＋ 25 718.20 ＋ 5 026.17

本例中,导致该企业净资产收益率小的主要原因是全部成本过大。也正是因为全部成本的大幅度提高导致了净利润提高幅度不大,而营业收入大幅度增加,就引起了营业净利率的降低,显示出该企业销售盈利能力的降低。总资产净利率的提高应当归功于总资产周转率的提高,营业净利率的减少却起到了阻碍的作用。

(5) 对权益乘数的分析。该企业权益乘数有所下降,说明企业的资本结构在2017年至2018年发生了变动,2018年的权益乘数较2017年有所减小。权益乘数越小,企业负债程度越低,偿还债务能力越强,财务风险有所降低。这个指标同时也反映了财务杠杆对利润水平的影响。该企业的权益乘数一直处于2～5之间,即负债率在50%～80%之间,属于激进战略型企业。管理者应该准确把握企业所处的环境,准确预测利润,合理控制负债带来的风险。

(6) 结论。对于该企业,最为重要的就是要努力降低各项成本,在控制成本上下功夫,同时要保持较高的总资产周转率。这样,可以使营业净利率得到提高,进而使总资产净利率有大的提高。

二、沃尔评分法

(一) 沃尔评分法的概念

沃尔评分法是指将选定的财务比率用线性关系结合起来,并分别给定各自的分数比重,然后通过与标准比率进行比较,确定各项指标的得分及总体指标的累计分数,从而对企业的信用水平作出评价的方法。

选定的财务比率7项,即流动比率、产权比率、固定资产比率、存货周转率、应收账款周转率、固定资产周转率和自有资金周转率,分别给定各指标的比重,然后确定标准比率(以行业平均数为基础),将实际比率与标准比率相比,得出相对比率,将此相对比率与各指标比重相乘,得出总评分,以此来评价企业的财务状况。

(二) 对沃尔评分法的评价

这种综合分析分法解决了在分析公司各项财务指标时如何评价其指标的优良,以及公司整体财务状况在同行业中的地位等问题。但原始意义上的沃尔比重评分法有两个缺陷:一是选择这7个比率及给定的比重,在理论上难以证明,缺乏说服力;二是从技术上讲,由于评分是相对比率与比重相乘计算出来的,当某一个指标严重异常(过高或过低,甚至是负数)时,会对总评分产生不合逻辑的重大影响。因而,在采用此方法进行财务状况综合分析和评

价时,应注意以下几个方面的问题:

(1) 同行业的标准值必须准确无误。

(2) 标准分值的规定应根据指标的重要程度合理确定。

(3) 分析指标应尽可能全面,采用指标越多,分析的结果越接近现实。

尽管沃尔比重评分法在理论上还有待证明,但它在实践中已被应用。根据财政部公布的企业经济效益评价指标体系,利用沃尔比重评分法,可对我国企业经济效益进行综合评分,这套体系包括:销售利润率、总资产报酬率、资本收益率、资本保值增值率、资产负债率、流动比率或速动比率、应收账款周转率、存货周转率、社会贡献率和社会积累率10个指标。这里的关键技术是标准评分法和标准比率的建立。只有长期连续实践、不断修正,才能取得较好效果。标准比率应以本行业平均数为基础,适当进行理论修正。在给每个指标评分时,应规定上限(最高评分)和下限(最低评分),以减少个别指标异常对总分造成不合理的影响。上限可定为正常评分值的1到5倍,下限定为正常评分值的1/2。此外,给分时不采用乘的关系,而采用加或减的关系来处理,以克服沃尔比重评分法的缺点。

学习小结

◇ 财务分析就是以财务报表和其他资料为依据和起点,采用专门方法,系统分析和评价企业的财务状况、经营成果和现金流量状况的过程。财务分析是评价财务状况及经营业绩的重要依据,是实现理财目标的重要手段,也是实施正确投资决策的重要步骤。

◇ 财务分析方法多种多样,但常用的有以下三种方法:比率分析法、因素分析法和趋势分析法。

◇ 财务分析的内容主要包括以下四个方面:偿债能力分析、营运能力分析、盈利能力分析和现金流量分析。企业偿债能力分析包括短期偿债能力分析和长期偿债能力分析。企业短期偿债能力的衡量指标主要有流动比率、速动比率和现金比率。长期偿债能力是指企业偿还长期负债的能力,其分析指标主要有三项:资产负债率、产权比率和利息保障倍数。企业营运能力分析主要包括:流动资产周转情况、固定资产周转率和总资产周转率三个方面。企业盈利能力的一般分析指标主要有销售利润率、成本利润率、资产利润率、净资产收益率和资本保值增值率。

◇ 财务综合分析就是将企业营运能力、偿债能力和盈利能力等方面的分析纳入到一个有机的分析系统之中,全面地对企业财务状况、经营状况进行解剖和分析,从而对企业经济效益作出较为准确的评价与判断。财务综合分析的方法主要有两种:杜邦财务分析体系法和沃尔比重评分法。

◇ 杜邦财务分析体系是一个多层次的财务比率分解体系,各项财务比率可在每个层次上与本企业历史或同行财务比率比较,逐级向下分解,其中净资产收益率是综合性最强的财务指标,是企业综合财务分析的核心。沃尔评分法是指将选定的财务比率用线性关系结合起来,并分别给定各自的分数比重,确定各项指标的得分及总体指标的累计分数,从而对企业的信用水平作出评价的方法。

一、单项选择题

1. 如果流动比率大于1,则下列结论成立的是(　　)。
   A. 速动比率大于1　　B. 现金比率大于1
   C. 营运资金大于零　　D. 短期偿债能力绝对有保障
2. 在计算速动资产时,之所以要扣除存货等项目,是由于(　　)。
   A. 这些项目价值变动较大　　B. 这些项目质量难以保证
   C. 这些项目数量不易确定　　D. 这些项目变现能力较差
3. 不是评价企业短期偿债能力的指标是(　　)。
   A. 产权比率　　B. 流动比率　　C. 现金比率　　D. 资产负债率
4. 杜邦财务分析体系的核心指标是(　　)。
   A. 总资产报酬率　　B. 总资产周转率
   C. 净资产收益率　　D. 主营业务净利率
5. 权益乘数是指(　　)。
   A. 1/(1－产权比率)　　B. 1/(1－资产负债率)
   C. 产权比率/(1－产权比率)　　D. 资产负债率/(1－资产负债率)
6. 在企业总资产周转率为1.6时,会引起该指标下降的经济业务是(　　)。
   A. 销售商品取得收入　　B. 借入一笔短期借款
   C. 用银行存款购入一台设备　　D. 用银行存款支付一年的电话费

二、多项选择题

1. 影响速动比率的因素有(　　)。
   A. 应收账款　　B. 存货　　C. 待摊费用　　D. 应付票据
2. 反映企业盈利状况的财务指标有(　　)。
   A. 主营业务利润率　　B. 总资产报酬率
   C. 净资产收益率　　D. 资本保值增值率
3. 关于财务分析有关指标的说法中,正确的有(　　)。
   A. 尽管流动比率可以反映企业的短期偿债能力,但有的企业流动比率较高,却没有能力支付到期的应付账款
   B. 产权比率揭示了企业负债与资本的对应关系
   C. 与资产负债率相比,产权比率侧重于揭示财务结构的稳健程度以及权益资本对偿债风险的承受能力
   D. 较之流动比率或速动比率,以现金流动负债比率来衡量企业短期债务的偿还能力更为保险
4. 反映企业营运能力的指标包括(　　)。
   A. 净资产收益率　　B. 流动资产周转率

C. 固定资产周转率　　　　　　　　　D. 存货周转率

三、判断题

1. (　　)现金比率的提高不仅增加资产的流动性,也会使机会成本增加。

2. (　　)若固定资产净值增加幅度低于销售收入净额增长幅度,则会引起固定资产周转率增大,表明企业的营运能力有所提高。

3. (　　)本应借记应付账款,却误借记应收账款,这种错误必然会导致流动比率上升。

4. (　　)在总资产报酬率不变的情况下,资产负债率越低,权益资金利润率越高。

5. (　　)权益乘数的高低取决于企业的资金结构,负债比率越高,权益乘数越低,财务风险越大。

6. (　　)采用比率分析法,可以分析引起变化的主要原因、变动性质,并可预测企业未来的发展前景。

7. (　　)将不同时期报表中相同的项目加以对比,即可求出相关比率。

8. (　　)因素分析法既可以全面分析各因素对某一经济指标的影响,又可以单独分析某个因素对某一经济指标的影响。

四、计算分析题

1. 已知某公司2018年度会计报表有关资料,如表10-6所示。请计算杜邦分析体系中的下列指标:

(1) 净资产收益率;

(2) 总资产净利率;

(3) 主营业务净利率;

(4) 总资产周转率;

(5) 权益乘数。

表10-6　会计报表资料

(单位:万元)

资产负债表项目	年初数	年末数
资产	16 000	20 000
负债	9 000	12 000
所有着权益	7 000	8 000
利润表项目	上年数	本年数
主营业务收入净额	(略)	40 000
净利润	(略)	1 000

2. 星光公司2018年度资产负债表如表10-7所示。请计算下列指标:

(1) 计算权益乘数;

(2) 计算产权比率;

(3) 计算速动比率。

表10-7　资产负债表

单位:万元

项　目	金　额	项　目	金　额
现金	42	应付账款	60
银行存款	140	预收账款	16
短期投资	40	短期借款	60
应收账款	12	长期借款	200
应收票据	12	发行债券	20
原材料	62	负债总额	356
固定资产原值	1 700	所有者权益总额	1 624
累计折旧	28	固定资产净值	1 672
资产总额	1 980	负债所有者权益总额	1 980

3. 某公司2017年和2018年年末的资产负债表中有关数据如表10-8所示,请编制该公司的“比较资产负债表”,并根据计算结果对资产和权益的变动情况进行分析:

(1) 哪些项目发生了显著变化?

(2) 变动的原因或应进一步调查的事项。

(3) 该公司应采取的改进措施。

表10-8　比较资产负债表

单位:万元

项　目	2017年	2018年	增减变动	
			差额	比例(%)
流动资产:				
速动资产	3 000	2 800		
存货	5 000	6 200		
流动资产合计	8 000	9 000		
固定资产合计	14 000	16 000		
资产合计	22 000	25 000		
负债:				
流动负债	4 000	4 600		
长期负债	2 000	2 500		
所有者权益:				
实收资本	13 000	13 000		
盈余公积	1 800	2 700		
未分配利润	1 200	2 200		
所有者权益合计	16 000	17 900		
负债和所有者权益	22 000	25 000		

一、实训目的

1. 掌握偿债能力分析的主要指标。
2. 掌握营运能力分析的主要指标。
3. 掌握盈利能力分析的主要指标。
4. 掌握企业发展能力分析的主要指标。

二、实训资料

光明公司2018年资产负债表、利润表如表10-9和表10-10所示。

表10-9 资产负债表

编制单位：光明公司　　　　2018年12月31日　　　　单位：万元

资　　产	年初余额	期末余额	负债和所有者权益（或股东权益）	年初余额	期末余额
流动资产：			流动负债：		
货币资金	800	900	短期借款	2 000	2 300
以公允价值计量且其变动计入当期损益的金融资产	1 000	500	应付账款	1 000	1 200
应收账款	1 200	1 300	预收账款	300	400
预付账款	40	70	其他应付款	100	100
存货	4 000	5 200	流动负债合计	3 400	4 000
其他流动资产	60	80	非流动负债：		
流动资产合计	7 100	8 050	长期借款	2 000	2 500
非流动资产：			非流动负债合计	2 000	2 500
长期股权投资	400	400	负债合计	5 400	6 500
固定资产	12 000	14 000	所有者权益（或股东权益）：		
无形资产	500	550	实收资本（或股本）	12 000	12 000
			资本公积	1 600	1 600
			未分配利润	1 000	2 900
非流动资产合计	12 900	14 950	所有者权益（或股东权益）合计	14 600	16 500
资产总计	20 000	23 000	负债和所有者权益（或股东权益）总计	20 000	23 000

表10-10 利 润 表

编制单位:光明公司　　2018年度　　单位:万元

项　　目	本期金额	上期金额
一、营业收入	21 000	18 600
减:营业成本	12 200	10 700
税金及附加	1 200	1 080
销售费用	1 900	1 620
管理费用	1 000	800
财务费用	300	200
资产减值损失		
加:公允价值变动收益(损失以"—"号填列)		
投资收益	300	300
其中:对联营企业和合营企业的投资收益		
二、营业利润(亏损以"—"号填列)	4 700	4 500
加:营业外收入	150	100
减:营业外支出	650	600
其中:非流动资产处置损失		
三、利润总额(亏损总额以"—"号填列)	4 200	4 000
减:所得税费用(25%)	1 050	1 000
四、净利润(净亏损以"—"号填列)	3 150	3 000
五、每股收益:		
(一)基本每股收益		
(二)稀释每股收益		
六、其他综合收益		
七、综合收益总额		

该公司其他资料如下:

(1) 2017年度和2018年度经营现金流量分别是3 000万元和5 000万元;

(2) 2016年应收账款年末余额为1 100万元,存货年末余额为3 800万元,流动资产年末余额为6 000万元,年末全部资产总额为19 000万元,非流动资产年末余额为11 800万元,年末所有者权益合计13 000万元;

(3) 2016年年末利润总额3 600万元,年末所有者权益总额10 200万元;

(4) 公司财务费用全部为利息费用;
(5) 本行业近3年利润平均增长率为5.22%。

三、实训要求

试根据以上资料对紫金公司重要财务指标进行分析。操作流程如下:

1. 偿债能力分析

(1) 进行短期偿债能力分析,填入表10-11。

表10-11 短期偿债能力主要指标计算表

短期指标 年份	流动比率	速动比率	现金流量比率
2017年年初			
2017年年末			

(2) 进行长期偿债能力分析,填入表10-12。

表10-12 长期偿债能力主要指标计算表

长期指标 年份	资产负债率	产权比率	利息保障倍数	长期资产适合率
2017年年初				
2017年年末				

2. 营运能力分析

(1) 进行应收账款周转率分析,填入表10-13。

表10-13 应收账款周转率计算表

项 目	2016年	2017年	2018年
营业收入(万元)			
应收账款年末余额(万元)			
应收账款平均余额(万元)			
应收账款周转率(次)			
应收账款平均收账期(天)			

(2) 进行存货周转率分析,填入表10-14。

表10-14　存货周转率计算表

项　目	2016年	2017年	2018年
营业成本(万元)			
存货年末余额(万元)			
存货平均余额(万元)			
存货周转率(次)			
存货周转天数(天)			

(3) 进行流动资产周转率分析,填入表10-15。

表10-15　流动资产周转率计算表

项　目	2016年	2017年	2018年
营业收入(万元)			
流动资产年末余额(万元)			
流动资产平均余额(万元)			
流动资产周转率(次)			
流动资产周转天数(天)			

(4) 进行非流动资产周转率分析,填入表10-16。

表10-16　非流动资产周转率计算表

项　目	2016年	2017年	2018年
营业收入(万元)			
非流动资产年末余额(万元)			
非流动资产平均余额(万元)			
非流动资产周转率(次)			

(5) 进行总资产周转率分析,填入表10-17。

表10-17　总资产周转率计算表

项　目	2016年	2017年	2018年
营业收入(万元)			
总资产年末余额(万元)			
总资产平均余额(万元)			
总资产周转率(次)			

3. 盈利能力分析

进行盈利能力分析，填入表10-18。

表10-18 盈利能力指标分析计算表

项　目	营业成本利润率	总资产利润率	净资产报酬率
2018年年初			
2018年年末			

4. 发展能力分析

进行发展能力分析，填入表10-19。

表10-19 发展能力指标分析计算表

项　目	营业收入	资本积累	总资产	三年平均利润	三年平均资本
2016年					
2017年					
2018年					
增长率%					

附　　表

附表1　复利终值系数表

期数	1%	2%	3%	4%	5%	6%	7%	8%	9%	10%
1	1.010 0	1.020 0	1.030 0	1.040 0	1.050 0	1.060 0	1.070 0	1.080 0	1.090 0	1.100 0
2	1.020 1	1.040 4	1.060 9	1.081 6	1.102 5	1.123 6	1.144 9	1.166 4	1.188 1	1.210 0
3	1.030 3	1.061 2	1.092 7	1.124 9	1.157 6	1.191 0	1.225 0	1.259 7	1.295 0	1.331 0
4	1.040 6	1.082 4	1.125 5	1.169 9	1.215 5	1.262 5	1.310 8	1.360 5	1.411 6	1.464 1
5	1.051 0	1.104 1	1.159 3	1.216 7	1.276 3	1.338 2	1.402 6	1.469 3	1.538 6	1.610 5
6	1.061 5	1.126 2	1.194 1	1.265 3	1.340 1	1.418 5	1.500 7	1.586 9	1.677 1	1.771 6
7	1.072 1	1.148 7	1.229 9	1.315 9	1.407 1	1.503 6	1.605 8	1.713 8	1.828 0	1.948 7
8	1.082 9	1.171 7	1.266 8	1.368 6	1.477 5	1.593 8	1.718 2	1.850 9	1.992 6	2.143 6
9	1.093 7	1.195 1	1.304 8	1.423 3	1.551 3	1.689 5	1.838 5	1.999 0	2.171 9	2.357 9
10	1.104 6	1.219 0	1.343 9	1.480 2	1.628 9	1.790 8	1.967 2	2.158 9	2.367 4	2.593 7
11	1.115 7	1.243 4	1.384 2	1.539 5	1.710 3	1.898 3	2.104 9	2.331 6	2.580 4	2.853 1
12	1.126 8	1.268 2	1.425 8	1.601 0	1.795 9	2.012 2	2.252 2	2.518 2	2.812 7	3.138 4
13	1.138 1	1.293 6	1.468 5	1.665 1	1.885 6	2.132 9	2.409 8	2.719 6	3.065 8	3.452 3
14	1.149 5	1.319 5	1.512 6	1.731 7	1.979 9	2.260 9	2.578 5	2.937 2	3.341 7	3.797 5
15	1.161 0	1.345 9	1.558 0	1.800 9	2.078 9	2.396 6	2.759 0	3.172 2	3.642 5	4.177 2
16	1.172 6	1.372 8	1.604 7	1.873 0	2.182 9	2.540 4	2.952 2	3.425 9	3.970 3	4.595 0
17	1.184 3	1.400 2	1.652 8	1.947 9	2.292 0	2.692 8	3.158 8	3.700 0	4.327 6	5.054 5
18	1.196 1	1.428 2	1.702 4	2.025 8	2.406 6	2.854 3	3.379 9	3.996 0	4.717 1	5.559 9
19	1.208 1	1.456 8	1.753 5	2.106 8	2.527 0	3.025 6	3.616 5	4.315 7	5.141 7	6.115 9
20	1.220 2	1.485 9	1.806 1	2.191 1	2.653 3	3.207 1	3.869 7	4.661 0	5.604 4	6.727 5
21	1.232 4	1.515 7	1.860 3	2.278 8	2.786 0	3.399 6	4.140 6	5.033 8	6.108 8	7.400 2
22	1.244 7	1.546 0	1.916 1	2.369 9	2.925 3	3.603 5	4.430 4	5.436 5	6.658 6	8.140 3
23	1.257 2	1.576 9	1.973 6	2.464 7	3.071 5	3.819 7	4.740 5	5.871 5	7.257 9	8.954 3
24	1.269 7	1.608 4	2.032 8	2.563 3	3.225 1	4.048 9	5.072 4	6.341 2	7.911 1	9.849 7
25	1.282 4	1.640 6	2.093 8	2.665 8	3.386 4	4.291 9	5.427 4	6.848 5	8.623 1	10.835
26	1.295 3	1.673 4	2.156 6	2.772 5	3.555 7	4.549 4	5.807 4	7.396 4	9.399 2	11.918
27	1.308 2	1.706 9	2.221 3	2.883 4	3.733 5	4.822 3	6.213 9	7.988 1	10.245	13.110
28	1.321 3	1.741 0	2.287 9	2.998 7	3.920 1	5.111 7	6.648 8	8.627 1	11.167	14.421
29	1.334 5	1.775 8	2.356 6	3.118 7	4.116 1	5.418 4	7.114 3	9.317 3	12.172	15.863
30	1.347 8	1.811 4	2.427 3	3.243 4	4.321 9	5.743 5	7.612 3	10.063	13.268	17.449
40	1.488 9	2.208 0	3.262 0	4.801 0	7.040 0	10.286	14.975	21.725	31.409	45.259
50	1.644 6	2.691 6	4.383 9	7.106 7	11.467	18.420	29.457	46.902	74.358	117.39
60	1.816 7	3.281 0	5.891 6	10.520	18.679	32.988	57.946	101.26	176.03	304.48

注　计算公式：复利终值系数 $=(1+i)^n$，$F=P(1+i)^n$，其中 P 为现值或初始值，i 为报酬率或利率，n 为计息期数，F 为终值或本利和。

复利终值系数表(续表)

期数	12%	14%	15%	16%	18%	20%	24%	28%	32%	36%
1	1.120 0	1.140 0	1.150 0	1.160 0	1.180 0	1.200 0	1.240 0	1.280 0	1.320 0	1.360 0
2	1.254 4	1.299 6	1.322 5	1.345 6	1.392 4	1.440 0	1.537 6	1.638 4	1.742 4	1.849 6
3	1.404 9	1.481 5	1.520 9	1.560 9	1.643 0	1.728 0	1.906 6	2.097 2	2.300 0	2.515 5
4	1.573 5	1.689 0	1.749 0	1.810 6	1.938 8	2.073 6	2.364 2	2.684 4	3.036 0	3.421 0
5	1.762 3	1.925 4	2.011 4	2.100 3	2.287 8	2.488 3	2.931 6	3.436 0	4.007 5	4.652 6
6	1.973 8	2.195 0	2.313 1	2.436 4	2.699 6	2.986 0	3.635 2	4.398 0	5.289 9	6.327 5
7	2.210 7	2.502 3	2.660 0	2.826 2	3.185 5	3.583 2	4.507 7	5.629 5	6.982 6	8.605 4
8	2.476 0	2.852 6	3.059 0	3.278 4	3.758 9	4.299 8	5.589 5	7.205 8	9.217 0	11.703
9	2.773 1	3.251 9	3.517 9	3.803 0	4.435 5	5.159 8	6.931 0	9.223 4	12.167	15.917
10	3.105 8	3.707 2	4.045 6	4.411 4	5.233 8	6.191 7	8.594 4	11.806	16.060	21.647
11	3.478 5	4.226 2	4.652 4	5.117 3	6.175 9	7.430 1	10.657	15.112	21.199	29.439
12	3.896 0	4.817 9	5.350 3	5.936 0	7.287 6	8.916 1	13.215	19.343	27.983	40.038
13	4.363 5	5.492 4	6.152 8	6.885 8	8.599 4	10.699	16.386	24.759	36.937	54.451
14	4.887 1	6.261 3	7.075 7	7.987 5	10.147	12.839	20.319	31.691	48.757	74.053
15	5.473 6	7.137 9	8.137 1	9.265 5	11.974	15.407	25.196	40.565	64.359	100.71
16	6.130 4	8.137 2	9.357 6	10.748	14.129	18.488	31.243	51.923	84.954	136.97
17	6.866 0	9.276 5	10.761	12.468	16.672	22.186	38.741	66.461	112.14	186.28
18	7.690 0	10.575	12.376	14.463	19.673	26.623	48.039	85.071	148.02	253.34
19	8.612 8	12.056	14.232	16.777	23.214	31.948	59.568	108.89	195.39	344.54
20	9.646 3	13.744	16.367	19.461	27.393	38.338	73.864	139.38	257.92	468.57
21	10.804	15.668	18.822	22.575	32.324	46.005	91.592	178.41	340.45	637.26
22	12.100	17.861	21.645	26.186	38.142	55.206	113.57	228.36	449.39	866.67
23	13.552	20.362	24.892	30.376	45.008	66.247	140.83	292.30	593.20	1 178.7
24	15.179	23.212	28.625	35.236	53.109	79.497	174.63	374.14	783.02	1 603.0
25	17.000	26.462	32.919	40.874	62.669	95.396	216.54	478.90	1 033.6	2 180.1
26	19.040	30.167	37.857	47.414	73.949	114.48	268.51	613.00	1 364.3	2 964.9
27	21.325	34.390	43.535	55.000	87.260	137.37	332.96	784.64	1 800.9	4 032.3
28	23.884	39.205	50.066	63.800	102.97	164.84	412.86	1 004.3	2 377.2	5 483.9
29	26.750	44.693	57.576	74.009	121.50	197.81	511.95	1 285.6	3 137.9	7 458.1
30	29.960	50.950	66.212	85.850	143.37	237.38	634.82	1 645.5	4 142.1	10 143
40	93.051	188.88	267.86	378.72	750.38	1 469.8	5 455.9	19 427	66 521	*
50	289.00	700.23	1 083.7	1 670.7	3 927.4	9 100.4	46 890	*	*	*
60	897.60	2 595.9	4 384.0	7 370.2	20 555	56 348	*	*	*	*

*:>99 999。

附表2　复利现值系数表

期数	1%	2%	3%	4%	5%	6%	7%	8%	9%	10%
1	0.990 1	0.980 4	0.970 9	0.961 5	0.952 4	0.943 4	0.934 6	0.925 9	0.917 4	0.909 1
2	0.980 3	0.961 2	0.942 6	0.924 6	0.907 0	0.890 0	0.873 4	0.857 3	0.841 7	0.826 4
3	0.970 6	0.942 3	0.915 1	0.889 0	0.863 8	0.839 6	0.816 3	0.793 8	0.772 2	0.751 3
4	0.961 0	0.923 8	0.888 5	0.854 8	0.822 7	0.792 1	0.762 9	0.735 0	0.708 4	0.683 0
5	0.951 5	0.905 7	0.862 6	0.821 9	0.783 5	0.747 3	0.713 0	0.680 6	0.649 9	0.620 9
6	0.942 0	0.888 0	0.837 5	0.790 3	0.746 2	0.705 0	0.666 3	0.630 2	0.596 3	0.564 5
7	0.932 7	0.870 6	0.813 1	0.759 9	0.710 7	0.665 1	0.622 7	0.583 5	0.547 0	0.513 2
8	0.923 5	0.853 5	0.789 4	0.730 7	0.676 8	0.627 4	0.582 0	0.540 3	0.501 9	0.466 5
9	0.914 3	0.836 8	0.766 4	0.702 6	0.644 6	0.591 9	0.543 9	0.500 2	0.460 4	0.424 1
10	0.905 3	0.820 3	0.744 1	0.675 6	0.613 9	0.558 4	0.508 3	0.463 2	0.422 4	0.385 5
11	0.896 3	0.804 3	0.722 4	0.649 6	0.584 7	0.526 8	0.475 1	0.428 9	0.387 5	0.350 5
12	0.887 4	0.788 5	0.701 4	0.624 6	0.556 8	0.497 0	0.444 0	0.397 1	0.355 5	0.318 6
13	0.878 7	0.773 0	0.681 0	0.600 6	0.530 3	0.468 8	0.415 0	0.367 7	0.326 2	0.289 7
14	0.870 0	0.757 9	0.661 1	0.577 5	0.505 1	0.442 3	0.387 8	0.340 5	0.299 2	0.263 3
15	0.861 3	0.743 0	0.641 9	0.555 3	0.481 0	0.417 3	0.362 4	0.315 2	0.274 5	0.239 4
16	0.852 8	0.728 4	0.623 2	0.533 9	0.458 1	0.393 6	0.338 7	0.291 9	0.251 9	0.217 6
17	0.844 4	0.714 2	0.605 0	0.513 4	0.436 3	0.371 4	0.316 6	0.270 3	0.231 1	0.197 8
18	0.836 0	0.700 2	0.587 4	0.493 6	0.415 5	0.350 3	0.295 9	0.250 2	0.212 0	0.179 9
19	0.827 7	0.686 4	0.570 3	0.474 6	0.395 7	0.330 5	0.276 5	0.231 7	0.194 5	0.163 5
20	0.819 5	0.673 0	0.553 7	0.456 4	0.376 9	0.311 8	0.258 4	0.214 5	0.178 4	0.148 6
21	0.811 4	0.659 8	0.537 5	0.438 8	0.358 9	0.294 2	0.241 5	0.198 7	0.163 7	0.135 1
22	0.803 4	0.646 8	0.521 9	0.422 0	0.341 8	0.277 5	0.225 7	0.183 9	0.150 2	0.122 8
23	0.795 4	0.634 2	0.506 7	0.405 7	0.325 6	0.261 8	0.210 9	0.170 3	0.137 8	0.111 7
24	0.787 6	0.621 7	0.491 9	0.390 1	0.310 1	0.247 0	0.197 1	0.157 7	0.126 4	0.101 5
25	0.779 8	0.609 5	0.477 6	0.375 1	0.295 3	0.233 0	0.184 2	0.146 0	0.116 0	0.092 3
26	0.772 0	0.597 6	0.463 7	0.360 7	0.281 2	0.219 8	0.172 2	0.135 2	0.106 4	0.083 9
27	0.764 4	0.585 9	0.450 2	0.346 8	0.267 8	0.207 4	0.160 9	0.125 2	0.097 6	0.076 3
28	0.756 8	0.574 4	0.437 1	0.333 5	0.255 1	0.195 6	0.150 4	0.115 9	0.089 5	0.069 3
29	0.749 3	0.563 1	0.424 3	0.320 7	0.242 9	0.184 6	0.140 6	0.107 3	0.082 2	0.063 0
30	0.741 9	0.552 1	0.412 0	0.308 3	0.231 4	0.174 1	0.131 4	0.099 4	0.075 4	0.057 3
35	0.705 9	0.500 0	0.355 4	0.253 4	0.181 3	0.130 1	0.093 7	0.067 6	0.049 0	0.035 6
40	0.671 7	0.452 9	0.306 6	0.208 3	0.142 0	0.097 2	0.066 8	0.046 0	0.031 8	0.022 1
45	0.639 1	0.410 2	0.264 4	0.171 2	0.111 3	0.072 7	0.047 6	0.031 3	0.020 7	0.013 7
50	0.608 0	0.371 5	0.228 1	0.140 7	0.087 2	0.054 3	0.033 9	0.021 3	0.013 4	0.008 5
55	0.578 5	0.336 5	0.196 8	0.115 7	0.068 3	0.040 6	0.024 2	0.014 5	0.008 7	0.005 3

注　计算公式：复利现值系数$=(1+i)^{-n}$，$P=\frac{F}{(1+i)^n}=F(1+i)^{-n}$，其中$P$为现值或初始值，$i$为报酬率或利率，$n$为计息期数，$F$为终值或本利和。

复利现值系数表(续表)

期数	12%	14%	15%	16%	18%	20%	24%	28%	32%	36%
1	0.892 9	0.877 2	0.869 6	0.862 1	0.847 5	0.833 3	0.806 5	0.781 3	0.757 6	0.735 3
2	0.797 2	0.769 5	0.756 1	0.743 2	0.718 2	0.694 4	0.650 4	0.610 4	0.573 9	0.540 7
3	0.711 8	0.675 0	0.657 5	0.640 7	0.608 6	0.578 7	0.524 5	0.476 8	0.434 8	0.397 5
4	0.635 5	0.592 1	0.571 8	0.552 3	0.515 8	0.482 3	0.423 0	0.372 5	0.329 4	0.292 3
5	0.567 4	0.519 4	0.497 2	0.476 1	0.437 1	0.401 9	0.341 1	0.291 0	0.249 5	0.214 9
6	0.506 6	0.455 6	0.432 3	0.410 4	0.370 4	0.334 9	0.275 1	0.227 4	0.189 0	0.158 0
7	0.452 3	0.399 6	0.375 9	0.353 8	0.313 9	0.279 1	0.221 8	0.177 6	0.143 2	0.116 2
8	0.403 9	0.350 6	0.326 9	0.305 0	0.266 0	0.232 6	0.178 9	0.138 8	0.108 5	0.085 4
9	0.360 6	0.307 5	0.284 3	0.263 0	0.225 5	0.193 8	0.144 3	0.108 4	0.082 2	0.062 8
10	0.322 0	0.269 7	0.247 2	0.226 7	0.191 1	0.161 5	0.116 4	0.084 7	0.062 3	0.046 2
11	0.287 5	0.236 6	0.214 9	0.195 4	0.161 9	0.134 6	0.093 8	0.066 2	0.047 2	0.034 0
12	0.256 7	0.207 6	0.186 9	0.168 5	0.137 2	0.112 2	0.075 7	0.051 7	0.035 7	0.025 0
13	0.229 2	0.182 1	0.162 5	0.145 2	0.116 3	0.093 5	0.061 0	0.040 4	0.027 1	0.018 4
14	0.204 6	0.159 7	0.141 3	0.125 2	0.098 5	0.077 9	0.049 2	0.031 6	0.020 5	0.013 5
15	0.182 7	0.140 1	0.122 9	0.107 9	0.083 5	0.064 9	0.039 7	0.024 7	0.015 5	0.009 9
16	0.163 1	0.122 9	0.106 9	0.093 0	0.070 8	0.054 1	0.032 0	0.019 3	0.011 8	0.007 3
17	0.145 6	0.107 8	0.092 9	0.080 2	0.060 0	0.045 1	0.025 8	0.015 0	0.008 9	0.005 4
18	0.130 0	0.094 6	0.080 8	0.069 1	0.050 8	0.037 6	0.020 8	0.011 8	0.006 8	0.003 9
19	0.116 1	0.082 9	0.070 3	0.059 6	0.043 1	0.031 3	0.016 8	0.009 2	0.005 1	0.002 9
20	0.103 7	0.072 8	0.061 1	0.051 4	0.036 5	0.026 1	0.013 5	0.007 2	0.003 9	0.002 1
21	0.092 6	0.063 8	0.053 1	0.044 3	0.030 9	0.021 7	0.010 9	0.005 6	0.002 9	0.001 6
22	0.082 6	0.056 0	0.046 2	0.038 2	0.026 2	0.018 1	0.008 8	0.004 4	0.002 2	0.001 2
23	0.073 8	0.049 1	0.040 2	0.032 9	0.022 2	0.015 1	0.007 1	0.003 4	0.001 7	0.000 8
24	0.065 9	0.043 1	0.034 9	0.028 4	0.018 8	0.012 6	0.005 7	0.002 7	0.001 3	0.000 6
25	0.058 8	0.037 8	0.030 4	0.024 5	0.016 0	0.010 5	0.004 6	0.002 1	0.001 0	0.000 5
26	0.052 5	0.033 1	0.026 4	0.021 1	0.013 5	0.008 7	0.003 7	0.001 6	0.000 7	0.000 3
27	0.046 9	0.029 1	0.023 0	0.018 2	0.011 5	0.007 3	0.003 0	0.001 3	0.000 6	0.000 2
28	0.041 9	0.025 5	0.020 0	0.015 7	0.009 7	0.006 1	0.002 4	0.001 0	0.000 4	0.000 2
29	0.037 4	0.022 4	0.017 4	0.013 5	0.008 2	0.005 1	0.002 0	0.000 8	0.000 3	0.000 1
30	0.033 4	0.019 6	0.015 1	0.011 6	0.007 0	0.004 2	0.001 6	0.000 6	0.000 2	0.000 1
35	0.018 9	0.010 2	0.007 5	0.005 5	0.003 0	0.001 7	0.000 5	0.000 2	0.000 1	*
40	0.010 7	0.005 3	0.003 7	0.002 6	0.001 3	0.000 7	0.000 2	0.000 1	*	*
45	0.006 1	0.002 7	0.001 9	0.001 3	0.000 6	0.000 3	0.000 1	*	*	*
50	0.003 5	0.001 4	0.000 9	0.000 6	0.000 3	0.000 1	*	*	*	*
55	0.002 0	0.000 7	0.000 5	0.000 3	0.000 1	*	*	*	*	*

*:<0.0001。

附表3 年金终值系数表

期数	1%	2%	3%	4%	5%	6%	7%	8%	9%	10%
1	1.000 0	1.000 0	1.000 0	1.000 0	1.000 0	1.000 0	1.000 0	1.000 0	1.000 0	1.000 0
2	2.010 0	2.020 0	2.030 0	2.040 0	2.050 0	2.060 0	2.070 0	2.080 0	2.090 0	2.100 0
3	3.030 1	3.060 4	3.090 9	3.121 6	3.152 5	3.183 6	3.214 9	3.246 4	3.278 1	3.310 0
4	4.060 4	4.121 6	4.183 6	4.246 5	4.310 1	4.374 6	4.439 9	4.506 1	4.573 1	4.641 0
5	5.101 0	5.204 0	5.309 1	5.416 3	5.525 6	5.637 1	5.750 7	5.866 6	5.984 7	6.105 1
6	6.152 0	6.308 1	6.468 4	6.633 0	6.801 9	6.975 3	7.153 3	7.335 9	7.523 3	7.715 6
7	7.213 5	7.434 3	7.662 5	7.898 3	8.142 0	8.393 8	8.654 0	8.922 8	9.200 4	9.487 2
8	8.285 7	8.583 0	8.892 3	9.214 2	9.549 1	9.897 5	10.260	10.637	11.029	11.436
9	9.368 5	9.754 6	10.159	10.583	11.027	11.491	11.978	12.488	13.021	13.580
10	10.462	10.950	11.464	12.006	12.578	13.181	13.816	14.487	15.193	15.937
11	11.567	12.169	12.808	13.486	14.207	14.972	15.784	16.646	17.560	18.531
12	12.683	13.412	14.192	15.026	15.917	16.870	17.889	18.977	20.141	21.384
13	13.809	14.680	15.618	16.627	17.713	18.882	20.141	21.495	22.953	24.523
14	14.947	15.974	17.086	18.292	19.599	21.015	22.551	24.215	26.019	27.975
15	16.097	17.293	18.599	20.024	21.579	23.276	25.129	27.152	29.361	31.773
16	17.258	18.639	20.157	21.825	23.658	25.673	27.888	30.324	33.003	35.950
17	18.430	20.012	21.762	23.698	25.840	28.213	30.840	33.750	36.974	40.545
18	19.615	21.412	23.414	25.645	28.132	30.906	33.999	37.450	41.301	45.599
19	20.811	22.841	25.117	27.671	30.539	33.760	37.379	41.446	46.019	51.159
20	22.019	24.297	26.870	29.778	33.066	36.786	40.996	45.762	51.160	57.275
21	23.239	25.783	28.677	31.969	35.719	39.993	44.865	50.423	56.765	64.003
22	24.472	27.299	30.537	34.248	38.505	43.392	49.006	55.457	62.873	71.403
23	25.716	28.845	32.453	36.618	41.431	46.996	53.436	60.893	69.532	79.543
24	26.974	30.422	34.427	39.083	44.502	50.816	58.177	66.765	76.790	88.497
25	28.243	32.030	36.459	41.646	47.727	54.865	63.249	73.106	84.701	98.347
26	29.526	33.671	38.553	44.312	51.114	59.156	68.677	79.954	93.324	109.18
27	30.821	35.344	40.710	47.084	54.669	63.706	74.484	87.351	102.72	121.10
28	32.129	37.051	42.931	49.968	58.403	68.528	80.698	95.339	112.97	134.21
29	33.450	38.792	45.219	52.966	62.323	73.640	87.347	103.97	124.14	148.63
30	34.785	40.568	47.575	56.085	66.439	79.058	94.461	113.28	136.31	164.49
40	48.886	60.402	75.401	95.026	120.80	154.76	199.64	259.06	337.88	442.59
50	64.463	84.579	112.80	152.67	209.35	290.34	406.53	573.77	815.08	1 163.9
60	81.670	114.05	163.05	237.99	353.58	533.13	813.52	1 253.2	1 944.8	3 034.8

注 计算公式:年金终值系数$=\frac{(1+i)^n-1}{i}$,$F=A\frac{(1+i)^n-1}{i}$,其中A为每期等额支付(或收入)的金额,i为报酬率或利率,n为计息期数,F为年金终值或本利和。

年金终值系数表(续表)

期数	12%	14%	15%	16%	18%	20%	24%	28%	32%	36%
1	1.000 0	1.000 0	1.000 0	1.000 0	1.000 0	1.000 0	1.000 0	1.000 0	1.000 0	1.000 0
2	2.120 0	2.140 0	2.150 0	2.160 0	2.180 0	2.200 0	2.240 0	2.280 0	2.320 0	2.360 0
3	3.374 4	3.439 6	3.472 5	3.505 6	3.572 4	3.640 0	3.777 6	3.918 4	4.062 4	4.209 6
4	4.779 3	4.921 1	4.993 4	5.066 5	5.215 4	5.368 0	5.684 2	6.015 6	6.362 4	6.725 1
5	6.352 8	6.610 1	6.742 4	6.877 1	7.154 2	7.441 6	8.048 4	8.699 9	9.398 3	10.146
6	8.115 2	8.535 5	8.753 7	8.977 5	9.442 0	9.929 9	10.980	12.136	13.406	14.799
7	10.089	10.731	11.067	11.414	12.142	12.916	14.615	16.534	18.696	21.126
8	12.300	13.233	13.727	14.240	15.327	16.499	19.123	22.163	25.678	29.732
9	14.776	16.085	16.786	17.519	19.086	20.799	24.713	29.369	34.895	41.435
10	17.549	19.337	20.304	21.322	23.521	25.959	31.643	38.593	47.062	57.352
11	20.655	23.045	24.349	25.733	28.755	32.150	40.238	50.399	63.122	78.998
12	24.133	27.271	29.002	30.850	34.931	39.581	50.895	65.510	84.320	108.44
13	28.029	32.089	34.352	36.786	42.219	48.497	64.110	84.853	112.30	148.48
14	32.393	37.581	40.505	43.672	50.818	59.196	80.496	109.61	149.24	202.93
15	37.280	43.842	47.580	51.660	60.965	72.035	100.82	141.30	198.00	276.98
16	42.753	50.980	55.718	60.925	72.939	87.442	126.01	181.87	262.36	377.69
17	48.884	59.118	65.075	71.673	87.068	105.93	157.25	233.79	347.31	514.66
18	55.750	68.394	75.836	84.141	103.74	128.12	195.99	300.25	459.45	700.94
19	63.440	78.969	88.212	98.603	123.41	154.74	244.03	385.32	607.47	954.28
20	72.052	91.025	102.44	115.38	146.63	186.69	303.60	494.21	802.86	1 298.8
21	81.699	104.77	118.81	134.84	174.02	225.03	377.46	633.59	1 060.8	1 767.4
22	92.503	120.44	137.63	157.42	206.34	271.03	469.06	812.00	1 401.2	2 404.7
23	104.60	138.30	159.28	183.60	244.49	326.24	582.63	1 040.4	1 850.6	3 271.3
24	118.16	158.66	184.17	213.98	289.49	392.48	723.46	1 332.7	2 443.8	4 450.0
25	133.33	181.87	212.79	249.21	342.60	471.98	898.09	1 706.8	3 226.8	6 053.0
26	150.33	208.33	245.71	290.09	405.27	567.38	1 114.6	2 185.7	4 260.4	8 233.1
27	169.37	238.50	283.57	337.50	479.22	681.85	1 383.1	2 798.7	5 624.8	11 198
28	190.70	272.89	327.10	392.50	566.48	819.22	1 716.1	3 583.3	7 425.7	15 230
29	214.58	312.09	377.17	456.30	669.45	984.07	2 129.0	4 587.7	9 802.9	20 714
30	241.33	356.79	434.75	530.31	790.95	1 181.9	2 640.9	5 873.2	12 941	28 172
40	767.09	1 342.0	1 779.1	2 360.8	4 163.2	7 343.9	22 729	69 377	207 874	609 890
50	2 400.0	4 994.5	7 217.7	10 436	21 813	45 497	195 373	819 103	*	*
60	7 471.6	18 535	29 220	46 058	114 190	281 733	*	*	*	*

*:>999 999.99。

附表4 年金现值系数表

期数	1%	2%	3%	4%	5%	6%	7%	8%	9%	10%
1	0.990 1	0.980 4	0.970 9	0.961 5	0.952 4	0.943 4	0.934 6	0.925 9	0.917 4	0.909 1
2	1.970 4	1.941 6	1.913 5	1.886 1	1.859 4	1.833 4	1.808 0	1.783 3	1.759 1	1.735 5
3	2.941 0	2.883 9	2.828 6	2.775 1	2.723 2	2.673 0	2.624 3	2.577 1	2.531 3	2.486 9
4	3.902 0	3.807 7	3.717 1	3.629 9	3.546 0	3.465 1	3.387 2	3.312 1	3.239 7	3.169 9
5	4.853 4	4.713 5	4.579 7	4.451 8	4.329 5	4.212 4	4.100 2	3.992 7	3.889 7	3.790 8
6	5.795 5	5.601 4	5.417 2	5.242 1	5.075 7	4.917 3	4.766 5	4.622 9	4.485 9	4.355 3
7	6.728 2	6.472 0	6.230 3	6.002 1	5.786 4	5.582 4	5.389 3	5.206 4	5.033 0	4.868 4
8	7.651 7	7.325 5	7.019 7	6.732 7	6.463 2	6.209 8	5.971 3	5.746 6	5.534 8	5.334 9
9	8.566 0	8.162 2	7.786 1	7.435 3	7.107 8	6.801 7	6.515 2	6.246 9	5.995 2	5.759 0
10	9.471 3	8.982 6	8.530 2	8.110 9	7.721 7	7.360 1	7.023 6	6.710 1	6.417 7	6.144 6
11	10.367 6	9.786 8	9.252 6	8.760 5	8.306 4	7.886 9	7.498 7	7.139 0	6.805 2	6.495 1
12	11.255 1	10.575 3	9.954 0	9.385 1	8.863 3	8.383 8	7.942 7	7.536 1	7.160 7	6.813 7
13	12.133 7	11.348 4	10.635 0	9.985 6	9.393 6	8.852 7	8.357 7	7.903 8	7.486 9	7.103 4
14	13.003 7	12.106 2	11.296 1	10.563 1	9.898 6	9.295 0	8.745 5	8.244 2	7.786 2	7.366 7
15	13.865 1	12.849 3	11.937 9	11.118 4	10.379 7	9.712 2	9.107 9	8.559 5	8.060 7	7.606 1
16	14.717 9	13.577 7	12.561 1	11.652 3	10.837 8	10.105 9	9.446 6	8.851 4	8.312 6	7.823 7
17	15.562 3	14.291 9	13.166 1	12.165 7	11.274 1	10.477 3	9.763 2	9.121 6	8.543 6	8.021 6
18	16.398 3	14.992 0	13.753 5	12.659 3	11.689 6	10.827 6	10.059 1	9.371 9	8.755 6	8.201 4
19	17.226 0	15.678 5	14.323 8	13.133 9	12.085 3	11.158 1	10.335 6	9.603 6	8.950 1	8.364 9
20	18.045 6	16.351 4	14.877 5	13.590 3	12.462 2	11.469 9	10.594 0	9.818 1	9.128 5	8.513 6
21	18.857 0	17.011 2	15.415 0	14.029 2	12.821 2	11.764 1	10.835 5	10.016 8	9.292 2	8.648 7
22	19.660 4	17.658 0	15.936 9	14.451 1	13.163 0	12.041 6	11.061 2	10.200 7	9.442 4	8.771 5
23	20.455 8	18.292 2	16.443 6	14.856 8	13.488 6	12.303 4	11.272 2	10.371 1	9.580 2	8.883 2
24	21.243 4	18.913 9	16.935 5	15.247 0	13.798 6	12.550 4	11.469 3	10.528 8	9.706 6	8.984 7
25	22.023 2	19.523 5	17.413 1	15.622 1	14.093 9	12.783 4	11.653 6	10.674 8	9.822 6	9.077 0
26	22.795 2	20.121 0	17.876 8	15.982 8	14.375 2	13.003 2	11.825 8	10.810 0	9.929 0	9.160 9
27	23.559 6	20.706 9	18.327 0	16.329 6	14.643 0	13.210 5	11.986 7	10.935 2	10.026 6	9.237 2
28	24.316 4	21.281 3	18.764 1	16.663 1	14.898 1	13.406 2	12.137 1	11.051 1	10.116 1	9.306 6
29	25.065 8	21.844 4	19.188 5	16.983 7	15.141 1	13.590 7	12.277 7	11.158 4	10.198 3	9.369 6
30	25.807 7	22.396 5	19.600 4	17.292 0	15.372 5	13.764 8	12.409 0	11.257 8	10.273 7	9.426 9
35	29.408 6	24.998 6	21.487 2	18.664 6	16.374 2	14.498 2	12.947 7	11.654 6	10.566 8	9.644 2
40	32.834 7	27.355 5	23.114 8	19.792 8	17.159 1	15.046 3	13.331 7	11.924 6	10.757 4	9.779 1
45	36.094 5	29.490 2	24.518 7	20.720 0	17.774 1	15.455 8	13.605 5	12.108 4	10.881 2	9.862 8
50	39.196 1	31.423 6	25.729 8	21.482 2	18.255 9	15.761 9	13.800 7	12.233 5	10.961 7	9.914 8
55	42.147 2	33.174 8	26.774 4	22.108 6	18.633 5	15.990 5	13.939 9	12.318 6	11.014 0	9.947 1

注　计算公式：年金现值系数$=\frac{1-(1+i)^{-n}}{i}$，$P=A\frac{1-(1+i)^{-n}}{i}$，其中$A$为每期等额支付(或收入)的金额，$i$为报酬率或利率，$n$为计息期数，$P$为年金现值或本利和。

年金现值系数表(续表)

期数	12%	14%	15%	16%	18%	20%	24%	28%	32%	36%
1	0.892 9	0.877 2	0.869 6	0.862 1	0.847 5	0.833 3	0.806 5	0.781 3	0.757 6	0.735 3
2	1.690 1	1.646 7	1.625 7	1.605 2	1.565 6	1.527 8	1.456 8	1.391 6	1.331 5	1.276 0
3	2.401 8	2.321 6	2.283 2	2.245 9	2.174 3	2.106 5	1.981 3	1.868 4	1.766 3	1.673 5
4	3.037 3	2.913 7	2.855 0	2.798 2	2.690 1	2.588 7	2.404 3	2.241 0	2.095 7	1.965 8
5	3.604 8	3.433 1	3.352 2	3.274 3	3.127 2	2.990 6	2.745 4	2.532 0	2.345 2	2.180 7
6	4.111 4	3.888 7	3.784 5	3.684 7	3.497 6	3.325 5	3.020 5	2.759 4	2.534 2	2.338 8
7	4.563 8	4.288 3	4.160 4	4.038 6	3.811 5	3.604 6	3.242 3	2.937 0	2.677 5	2.455 0
8	4.967 6	4.638 9	4.487 3	4.343 6	4.077 6	3.837 2	3.421 2	3.075 8	2.786 0	2.540 4
9	5.328 2	4.946 4	4.771 6	4.606 5	4.303 0	4.031 0	3.565 5	3.184 2	2.868 1	2.603 3
10	5.650 2	5.216 1	5.018 8	4.833 2	4.494 1	4.192 5	3.681 9	3.268 9	2.930 4	2.649 5
11	5.937 7	5.452 7	5.233 7	5.028 6	4.656 0	4.327 1	3.775 7	3.335 1	2.977 6	2.683 4
12	6.194 4	5.660 3	5.420 6	5.197 1	4.793 2	4.439 2	3.851 4	3.386 8	3.013 3	2.708 4
13	6.423 5	5.842 4	5.583 1	5.342 3	4.909 5	4.532 7	3.912 4	3.427 2	3.040 4	2.726 8
14	6.628 2	6.002 1	5.724 5	5.467 5	5.008 1	4.610 6	3.961 6	3.458 7	3.060 9	2.740 3
15	6.810 9	6.142 2	5.847 4	5.575 5	5.091 6	4.675 5	4.001 3	3.483 4	3.076 4	2.750 2
16	6.974 0	6.265 1	5.954 2	5.668 5	5.162 4	4.729 6	4.033 3	3.502 6	3.088 2	2.757 5
17	7.119 6	6.372 9	6.047 2	5.748 7	5.222 3	4.774 6	4.059 1	3.517 7	3.097 1	2.762 9
18	7.249 7	6.467 4	6.128 0	5.817 8	5.273 2	4.812 2	4.079 9	3.529 4	3.103 9	2.766 8
19	7.365 8	6.550 4	6.198 2	5.877 5	5.316 2	4.843 5	4.096 7	3.538 6	3.109 0	2.769 7
20	7.469 4	6.623 1	6.259 3	5.928 8	5.352 7	4.869 6	4.110 3	3.545 8	3.112 9	2.771 8
21	7.562 0	6.687 0	6.312 5	5.973 1	5.383 7	4.891 3	4.121 2	3.551 4	3.115 8	2.773 4
22	7.644 6	6.742 9	6.358 7	6.011 3	5.409 9	4.909 4	4.130 0	3.555 8	3.118 0	2.774 6
23	7.718 4	6.792 1	6.398 8	6.044 2	5.432 1	4.924 5	4.137 1	3.559 2	3.119 7	2.775 4
24	7.784 3	6.835 1	6.433 8	6.072 6	5.450 9	4.937 1	4.142 8	3.561 9	3.121 0	2.776 0
25	7.843 1	6.872 9	6.464 1	6.097 1	5.466 9	4.947 6	4.147 4	3.564 0	3.122 0	2.776 5
26	7.895 7	6.906 1	6.490 6	6.118 2	5.480 4	4.956 3	4.151 1	3.565 6	3.122 7	2.776 8
27	7.942 6	6.935 2	6.513 5	6.136 4	5.491 9	4.963 6	4.154 2	3.566 9	3.123 3	2.777 1
28	7.984 4	6.960 7	6.533 5	6.152 0	5.501 6	4.969 7	4.156 6	3.567 9	3.123 7	2.777 3
29	8.021 8	6.983 0	6.550 9	6.165 6	5.509 8	4.974 7	4.158 5	3.568 7	3.124 0	2.777 4
30	8.055 2	7.002 7	6.566 0	6.177 2	5.516 8	4.978 9	4.160 1	3.569 3	3.124 2	2.777 5
35	8.175 5	7.070 0	6.616 6	6.215 3	5.538 6	4.991 5	4.164 4	3.570 8	3.124 8	2.777 7
40	8.243 8	7.105 0	6.641 8	6.233 5	5.548 2	4.996 6	4.165 9	3.571 2	3.125 0	2.777 8
45	8.282 5	7.123 2	6.654 3	6.242 1	5.552 3	4.998 6	4.166 4	3.571 4	3.125 0	2.777 8
50	8.304 5	7.132 7	6.660 5	6.246 3	5.554 1	4.999 5	4.166 6	3.571 4	3.125 0	2.777 8
55	8.317 0	7.137 6	6.663 6	6.248 2	5.554 9	4.999 8	4.166 6	3.571 4	3.125 0	2.777 8

参 考 文 献

[1] 财政部会计资格评价中心．财务管理学[M]．北京：经济科学出版社，2018.

[2] 中国注册会计师协会．财务成本管理[M]．北京：中国财政经济出版社，2018.

[3] 张超英．财务管理模拟实训[M]．北京：中国人民大学出版社，2010.

[4] 宋秋萍．财务管理[M]．3版，北京：高等教育出版社，2014.

[5] 张加乐．财务管理[M]．大连：东北财经大学出版社，2017.

[6] 黄海燕，袁峰．财务管理习题与案例[M]．天津：天津大学出版社，2011.

[7] 财政部．企业财务通则[M]．北京：中国方正出版社，2007.

[8] 财政部．企业会计准则：2018年版[M]．上海：立信会计出版社，2018.

[9] 财政部．企业会计准则应用指南：2018年版[M]．上海：立信会计出版社，2018.